क्या खाएं जब मां बनें

हैइदी मर्कऑफ

सहयोग

शैरॉन मेजेल

डायमंड बुक्स

दुनिया में उन तीन लोगों के नाम
जिनके साथ मुझे बेहतर खानपान बहुत पसंद है
(और जिन्हें मैं सबसे ज्यादा चाहती हूं):
एरिक, इम्मा और बयात
और एरलीन, हमेशा और हमेशा के लिए

ISBN : 978-93-5083-248-6

प्रकाशकः डायमंड पॉकेट बुक्स (प्रा.) लि.
X-30, ओखला इंडस्ट्रियल एरिया, फेज-II
नई दिल्ली
फोन : 011-40712200
ई-मेल : sales@dpb.in
वेबसाइट : www.diamondbook.in

KYA KHAYEN JAB MAA BANE
by : Heidi Murkoff with Sharon Mazel
Translated by : Rachna Bhola 'Yamini'

एक बार फिर से धन्यवाद

मैं अक्सर कहती हूं कि पुस्तक लिखना काफी हद तक किसी शिशु को जन्म देने जैसा ही तो है (मैं किसी अनुभव से कह रही हूं क्योंकि मेरे पास दोनों ही अनुभव हैं। मेरी किताबों की संख्या मेरे बच्चों के बराबर है...... भरोसा रखें, यह सिलसिला जारी रहेगा)। मेरा मानना है कि आप गर्भधारण करती हैं, गर्भवती होती हैं, काफी ऊर्जा व्यय करती हैं, नींद खोती हैं और अंतत: समय पर प्रसव करती हैं।

और आपको इन सभी कामों के लिए सहायता की आवश्यकता होती है। सौभाग्य से मुझे भी ऐसे अद्भुत लोगों का साथ मिला, जो मेरे लिए काफी सहायक रहे (पहले दिन व पहली पुस्तक से ही)। निश्चित रूप से उनकी गिनती तक नहीं कर सकती, तभी तो 'यह आभार' लिखना इतना चुनौतीपूर्ण रहा, किंतु महत्त्वपूर्ण भी था–आप सबको लाखों धन्यवाद! मेरे पति व साथी एरिक को (हर प्रकार से) मेरा साथ देने के लिए (हालांकि वह कुछ स्थानों पर नहीं भी होना चाहता होगा); खासतौर पर हमेशा कुछ चखने को लालायित इंसान को धन्यवाद (हालांकि अदरक के मामले में ऐसा नहीं था); फिर चाहे उसे कॉकटेल के समय में मॉकटेल पीने पड़े हों या फिर ब्लूबेरी पैनकेक के दूसरे रंग का हिस्सा बनना पड़ा हो। और हमारे बड़े हो चुके शिशुओं को भी धन्यवाद। ईमा और बयात–मैं तुम दोनों को बहुत प्यार करती हूं।

शैरॉन मेजेल के प्रति आभार, जो सबसे बेहतर लेखन सहयोगी होने के साथ-साथ अच्छी दोस्त भी है। जो कि 'व्हाट टू एक्सपेक्ट' के लिए सही मायनों में काम करती है और सुपरमम्मा होने के अलावा मम्मी एंड मी क्लास को भी बखूबी संभाल लेती है। तुम्हारे सहयोग के लिए धन्यवाद! लड़कियों को भी धन्यवाद (डेनियेला, एरियन, कीरा) व खासतौर से सोफिया को धन्यवाद जिसने हमें बहुत प्रेरणा दी (शैरॉन के गर्भाशय में रहने के दौरान प्रेरणा देने के साथ-साथ उसका जी भी मिचलाती रही)। रेसिपी चखने के मामले में तो ये सब बेजोड़ हैं। उनके डॉक्टर पिता 'जे' को कैसे भुलाया जा सकता है जो कभी भी मेडिकल प्रश्नों से जुड़े उत्तर देने में संकोच नहीं करते और न ही शैरॉन को दिन में सोलह घंटे काम करने के लिए कुछ कहते हैं। उम्मीद तो यही करती हूं।

मेरी संपादिका सुजैन राफर के प्रति आभार, मेरी अच्छी दोस्त को उसकी हास्यप्रियता, समर्थन व पुस्तक के लिए किए गए अंतहीन प्रयासों के लिए धन्यवाद! उसकी बिटिया 'जो' ने सुजैन के पहले नाती के पालन के साथ-साथ हमें 'इटिंग वेल' के कार्य में सहयोग दिया। पीटर वर्कमैन एक उल्लेखनीय प्रकाशक के रूप में धन्यवाद के पात्र हैं।

पुस्तक निर्माण से जुड़े प्रत्येक व्यक्ति को धन्यवाद! लीजा होलैंडर को धन्यवाद,

जिसके पास एक कलाकार की नज़र व संत जैसा धैर्य है। जूडी फ्रांसिस अपने चित्रों के लिए सराही जाती हैं। एनी चैरी व बारबरा पैरागिन ने कॉपी तैयार करने में सहयोग दिया। बेथ डोटी व रॉबिन श्वार्टज़ ने बड़े धैर्य से मेरे ई-मेल के अपडेट किताब में शामिल किए। वर्कमैन में मेरे सभी दोस्त; सूज़ी बोलोटिन, जैनी मेंडल, किम कॉक्स हिक्स, डेविड स्किलर, सांड्रा पीयरसन, बेथ स्वीनारिच, पैट उपटन व लिली टिलटन को धन्यवाद! जिम एवर व केट टाइलर नहीं हैं, पर वे हमेशा मेरे दिल में रहेंगे।

हमारी व्यंजन सलाहकार रेना कोयले भी अपने कार्य के लिए समर्पण रखने वालों में से हैं। वे उन सभी स्वादिष्ट व्यंजन विधियों व अंतहीन ई-मेल व प्रश्नों के उत्तर देने के लिए धन्यवाद की पात्रा हैं। 'द फर्म' के एलेने नेविन्स के सहयोग, मार्गदर्शन व भरपूर मस्ती के लिए धन्यवाद! मार्क कैमलिन, जो मेरे दोस्त होने के अलावा एक वकील हैं, मेरी इतनी अच्छी देखरेख करने के लिए शुक्रिया! 'व्हाट टू एक्सपेक्ट' फाउंडेशन को यथार्थ रूप देने वाली लीसा बर्नस्टीन एक अच्छी दोस्त भी हैं। केन नैबक के सहयोग के लिए आभार!

विक्टर शरगई व जॉन एनीलो को उनके प्रेम व सहारे के लिए आभार! मेरे प्यारे पापा हावर्ड आइसनबर्ग, मेरी सुंदर-सी बहन सैंडी हैथवे को धन्यवाद! मेरे प्यारे सास-ससुर एवी व नारमन मर्कऑफ को धन्यवाद, जिन्होंने हमेशा मुझ पर भरोसा रखा। हालांकि हमेशा मेरी बात नहीं सुनी।

एरलीन आइसनबर्ग के लिए आभार, आपने जो भी दिया था, आज भी देती आ रही हैं। आपकी विरासत जीवित है, आप हमेशा इसी तरह प्यार पाएंगी व कभी भी भुलाई नहीं जा सकतीं।

मैं एसीओजी संस्था (अमेरिकन कॉलेज ऑफ ऑबस्टेट्रिशिएंस एंड गायनोशेलोलिस्ट) को धन्यवाद देती हूं जो हमेशा से महिलाओं व शिशुओं की सच्ची साथी रही है। वे सब डॉक्टर, दाइयां, नर्स आदि व्यक्ति भी धन्यवाद के पात्र हैं जो गर्भवती दंपतियों के जीवन को खुशनुमा बनाने के लिए कार्यरत हैं। इन सबसे अधिक, मेरे पाठकों को धन्यवाद जो हमेशा से मेरे हर कार्य के प्रेरणास्रोत रहे हैं। यही कारण है कि मैं यह कार्य करती आ रही हूं.... करती आ रही हूं. .... करती आ रही हूं।

एक बार फिर से, सभी को धन्यवाद!

–हैइदी

विषय सूची

बेहतर खानपान के लिए व्यंजन

क्या आपने कभी ध्यान दिया है कि पौष्टिकता का प्रश्न आते ही कितना कुछ बदल जाता है? लो-कार्ब, लो-फैट, कच्चा भोजन और न जाने क्या-क्या, किंतु एक बार इस डाइट ट्रेडमिल से गुजरने के बाद आप पाएंगी कि इतने लंबे समय के दौरान, स्वस्थ खानपान से जुड़े नियम अभी तक वैसे ही हैं। पौष्टिकता के लिए, डॉक्टर व आपकी मॉम का भी झुकाव सालों से प्रोटीन, कैल्शियम युक्त भोजन, साबुत अनाज, फल व सब्जियों तथा स्वस्थ वसा से बने संतुलित आहार को वरीयता देने की ओर रहा है व इन पर लिखी पुस्तकें भी बेस्टसेलर की श्रेणी में हैं, पर जैसे ही कोई नया डाइट क्रेज हेडलाइन में आता है तो आप सब भूल जाती हैं।

और गर्भवती माताएं क्या करें? क्या गर्भावस्था के दौरान भी स्वस्थ खानपान के नियमों में कुछ बदलाव आया है? वैसे दो लोगों के लिए, किसी एक के खाने से कुछ खास अलग नहीं होता। हो सकता है कि थोड़ा अनुपात बदल जाए, पर बेसिक तो वही होते हैं।

तो यदि गर्भावस्था के दौरान आपने पूर्ण संतुलित आहार लेने का फैसला कर ही लिया है तो इसके लिए इस पुस्तक की क्या आवश्यकता है?

इस सवाल के जवाब के लिए, मुझे पिछले कुछ सालों में लौटना होगा। करीब बाईस साल; पहले मेरी पहली गर्भावस्था के छठे सप्ताह में। मुझे गर्भावस्था के बारे में कुछ देर बाद पता चला। मैं चाहती थी कि जो समय अनजाने में निकल चुका था, उसकी पूर्ति भी बाकी बचे साढ़े सात महीने में कर लूं। मैं तेईस वर्षीया स्वस्थ गर्भवती थी, जो एक स्वस्थ जीवनशैली जीते हुए, स्वस्थ आहार लेती थी और जानती थी कि स्वयं को तथा शिशु को स्वस्थ रखने के लिए मुझे क्या खाना चाहिए। तो मैंने फ्रिज में खाद्य पदार्थ भर लिए व ताजे चिकन ब्रेस्ट, मदलों, डेयरी, साबुत अनाज व ताजे फल-सब्जियों से भोजन तैयार करने लगी।

और फिर मुझे उसे निकालने के लिए बाथरूम भागना पड़ता।

मेरा मनपसंद प्रोटीन; चिकन ब्रेस्ट; मेरे पहले नापसंद भोजन की लिस्ट में अचानक ऊपर आ गया। अचानक वह मुझे मांस लगने लगा। सालमन को फिलेट रैपर से निकालने से पहले ही उबकाई आ जाती। दूध तो मैं लेती थी, लेकिन अब इसे लेने का विचार भी बर्दाश्त नहीं होता था। हालांकि साबुत अनाज अंदर जा रहे थे। शुक्र है। फल भी ले सकती थी। शहद नहीं ले पाती थी। पर जो ब्रोकली बड़े मजे से खाती थी, उसी ने पेट में हलचल मचा दी।

जानती थी कि रोज हरी सब्जियां खाना आवश्यक था, किंतु कोई भी (मेरी डॉक्टर भी नहीं) यह नहीं बता सका कि उन्हें कैसे खाऊं? मुझे पता था कि प्रोटीन मानव कोशिकाओं का निर्माण करता है। यानी एक शिशु निर्माण के लिए ढेर सारा प्रोटीन। पर यह नहीं जानती थी कि मांस के मुकाबले पनीर से कितना प्रोटीन मिलेगा। पहली तिमाही तक तो सब कुछ उलझा ही हुआ था। मुझे यह भी नहीं पता था कि सालमन को माइक्रोवेव करने से उसकी गंध निकल जाती है या यह जरूरी नहीं कि दूध पीकर ही कैल्शियम मिल सकता है। यह भी पता नहीं था कि मैं संतरे के जूस के बजाय एक समुद्री से भी विटामिन सी ले सकती थी या सूजी व ख़ूबानी से विटामिन ए की कमी पूरी हो सकती थी।

तो मैंने बाकी बची गर्भावस्था, दूध पीकर व चिकन निगलकर बिताई व हमेशा चिंतित रही कि मैं बेहतर खानपान नहीं ले पा रही थी। काश! मैं यह सब कुछ पहले जानती तो गर्भावस्था के दौरान बेहतर खानपान इतना यंत्रणादायक नहीं होता और न ही इतना चुनौतीपूर्ण लगता। यह बहुत आसान, मजेदार व पौष्टिक हो सकता है, फिर चाहे गर्भावस्था के कोई भी लक्षण सामने क्यों न हों। आप आसानी से पसंद-नापसंद के हिसाब से खा सकती हैं। मॉर्निंग सिकनेस से बचाव कर सकती हैं, अपने अपच के बावजूद स्वयं को तथा शिशु को पोषक तत्त्व दे सकती हैं।

मुझे बाईस साल की देर हुई, पर उम्मीद है कि आप सही वक्त पर हैं। 'क्या खाएं जब मां बनें' को खोलें, जहां आप हकीकत से भरी दुनिया में भी शिशु व अपने लिए बेहतर खानपान को चुन सकती हैं, चाहे मेन्यू पर आपके जी मिचलाने का असर पड़ता हो। वह एक गिलास ठंडा अदरक एले व दो क्रेकर्स ही क्यों न हो। चाहे छाती की जलन सब्जियां खाने का संकल्प ही तोड़ दें; चाहे हमेशा कुछ मनचाहा खाने को जी ललचाए; चाहे आप कॉन्फ्रेंस हॉल में लंच मीटिंग के दौरान दर्जनों डोनट्स से गुजारा चलाएं; चाहे एयर लाइन सेवा में खाने को कुछ न मिले। आपने सबसे पहले तो अपने प्रयासों की मात्रा व खुशियों को दुगना करना है - इसमें खरीददारी से लेकर स्मार्ट स्पीकिंग, गर्भावस्था की पार्टी की योजना बनाना, नाश्ते के दौरान लंच ले जाना भी शामिल है। यहां आपके लिए कई मजेदार व पौष्टिक व्यंजन विधियां दी गई हैं। जो कि आसानी से पौष्टिकता प्रदान करने के साथ-साथ आपकी गर्भावस्था के हालातों के लिए भी अनुकूल हैं। संक्षेप में, गर्भावस्था के दौरान बेहतर खानपान के लिए सब कुछ उपलब्ध है।

आपको पूरे नौ माह के बेहतर खानपान के साथ स्वाद व पौष्टिकता की ढेरों शुभकामनाएं।

—हैइदी

भाग एक

बेहतर खानपान

दो के लिए बेहतर खानपान

बधाई हो! आपने केमिस्ट की दुकान से जो प्रेगेनेंसी स्ट्रिप ली थी, वह गुलाबी निकली, फिर डॉक्टर ने भी नतीजे की पुष्टि कर दी। आपने कैलेंडर पर लाल रंग का गोला लगाकर प्रसव की तिथि भी स्पष्ट कर ली है। बेशक प्रसन्नता तो है ही, किंतु बैठे-बैठे यह भी सोच रही हैं कि अभी-अभी क्या हुआ व क्या होने वाला है। आप पढ़ें, न पढ़ें, आपका शरीर व आप अपने जीवन की एक अद्‌भुत यात्रा, गर्भावस्था के सफर पर निकलने वाली हैं। आठ माह में ही आपका शिशु मांस का कोई टुकड़ा नहीं, बल्कि एक जीता-जागता नवजात शिशु बनकर आप तक पहुंच जाएगा, जिसे जी भरकर बाहों में दुलारा जा सकेगा।

आप इस यात्रा को, जहां तक संभव हो, सुरक्षित बनाने के लिए क्या कर सकती हैं? आप कोशिकाओं के उस विभाजित पुलिंदे को एक नन्हें शिशु में बदलने में, कैसे सहायक हो सकती हैं, जिसे एक दिन बाहों में भरा जा सके। आप कैसे तय कर सकती हैं कि वह खुशियों की पोटली स्वस्थ रूप से आप तक पहुंचे।

आप गर्भावस्था की इस प्रारंभिक अवस्था में भी शिशु की सहायक हो सकती हैं—बेशक प्रेगनेंसी टेस्ट ने केवल पुष्टि की है कि आप मां बनने वाली हैं, अतः अच्छी मेडिकल देखभाल तो आरंभ से ही देना आवश्यक है। धूम्रपान व मदिरापान जैसी आदतें त्याग दें ताकि स्वस्थ शिशु का जन्म हो सके। गर्भावस्था के दौरान बेहतर तरीके से खाएं-पिएं।

बेशक, यह भी हो सकता है कि आप पहले से जानती हों कि गर्भावस्था में बेहतर खानपान एक स्वस्थ शिशु के जन्म में सहायक होता है या फिर आप पहले से ही इस संभावना की प्राथमिकता के साथ चल रही हों। हो सकता है कि आपको यकीन दिलाने के लिए किसी तरह के आंकड़ों की आवश्यकता ही न हो।

किंतु एक अच्छे पोषण व अच्छे गर्भावस्था परिणामों का जुड़ाव-आपकी सोच से कहीं ज्यादा हो सकता है। तकरीबन प्रतिदिन, वैज्ञानिक तर्कों व शोधों के साथ यह सच सामने आ रहा है कि मां के खानपान का शिशु के सर्वांगीण विकास से कितना गहरा नाता हो सकता है। अध्ययन कहते हैं कि स्वस्थ खानपान गर्भावस्था को सुरक्षित बनाने के अलावा आरामदेह भी बनाता है।

बेहतर खानपानः शिशु के लिए

जरा सोचें कि आप इन नौ महीनों में गर्भावस्था के दौरान आने वाले कितने बदलावों से गुजरने वाली हैं? सोचें कि 40 सप्ताह में, भ्रूण में क्या-क्या बदलाव होंगे? कोशिकाएं अविश्वसनीय गति से विभाजित हो रही हैं; अंग बन रहे हैं; परिसंचरण, पाचन, मूत्र विसर्जन तंत्र व अन्य तंत्र विकसित हो रहे हैं। इंद्रियां भी तैयार हो रही है। शिशु को आपके आहार से वृद्धि व विकास के लिए सभी अनिवार्य पोषक तत्त्व, विटामिन, खनिज लवण, कैलोरी, प्रोटीन व तरल पदार्थ चाहिए।

हालांकि औसत खानपान वाली माताओं के बच्चे भी औसत रूप से स्वस्थ होते हैं। अध्ययनों से पता चला है कि स्वस्थ खानपान अपनाने वाली मां का शिशु भी स्वस्थ होता है।

जरा सोचें कि उचित खानपान आपके भावी शिशु के लिए किसी उपहार से कम नहीं है। आपका आहार, शिशु के विकास के निम्नलिखित पहलुओं को प्रभावित कर सकता है।

शिशु के मस्तिष्क का विकास : हालांकि गर्भावस्था में मध्य तक शिशु के सभी अंग विकसित हो जाते हैं, किंतु शिशु के दिमाग का विकास आखिरी तिमाही में तेजी से होता है। मस्तिष्क के पूर्ण विकास के लिए प्रोटीन, कैलोरी व ओमेगा-3 फैटी एसिड का होना जरूरी है। चाहे आपने गर्भावस्था के आरंभ में वजन ही क्यों न बढ़ा लिया हो, आखिर में आकर कटौती न करें। यह भी सच है कि पहली तिमाही में तबीयत खराब होने के कारण आप जो पोषण नहीं ले सकीं, उसकी पूर्ति अंत में हो सकती है।

शिशु का व्यक्तित्व : माने न माने, शिशु के व्यक्तित्व का निर्धारण गर्भाशय में ही हो जाता है। इसमें आपके डी.एन.ए. व खान-पान का विशेष योगदान होता है। शोधकर्ताओं ने पाया कि कुपोषण ग्रस्त मां के बच्चे कम मुस्कुराते हैं तथा स्वस्थ मां के स्वस्थ शिशु की तुलना में निस्तेज होते हैं। यह भी पाया गया कि आखिरी तिमाही में भरपूर ओमेगा 3 फैटी एसिड लेने वाली मां के शिशु की नींद दूसरे शिशुओं के मुकाबले बेहतर थीं। बेशक जब सुबह 3 बजे उठना नहीं पड़ेगा तो इसकी अहमियत समझ आएगी।

शिशु के खानपान की आदतें: पता चला है कि आप गर्भावस्था या स्तनपान कराने के दौरान जो भी खाती हैं, वह शिशु की सेहत व उसके स्वाद को भी प्रभावित करता है। भ्रूण को उन सब स्वादों की आदत हो जाती है जो मां के भोजन से एमीनायोटिक तरल तक जाते हैं। उसके कुछ खाने से पहले ही पसंद-नापसंद बनने लगती है।

अध्ययन से पता चला है कि जिस गर्भवती मां ने पहले-पहल गाजर का जूस लिया, उसके शिशु ने गाजर के जूस में मिले

सिरियल को स्वाद से खाया, जबकि संतरे का जूस पीने वाली मां के शिशु को गाजर के रस वाला सिरियल नहीं भाया।

यदि चाहती हैं कि बच्चा बाद में ब्रोकली खाए तो आप अभी से इसे खाएं। स्तनपान के दौरान भी इस नियम को न भूलें।

जन्म के समय शिशु का वजनः सही खानपान न होने से शिशु के वज़न में कमी होगी, अधिक खाने से वह ज्यादा बड़ा व मोटा होगा। कम वज़न वाले शिशु सामान्य वज़न वाले शिशुओं के मुकाबले ज्यादा बीमार होते हैं। यदि शिशु का वज़न अधिक हो तो प्रसव में समस्या हो सकती है। ऐसे में ऑप्रेशन करना पड़ सकता है या चीरा लगाना पड़ता है।

उचित मात्रा में संतुलित आहार लेने से शिशु का वज़न भी सामान्य रूप से बढ़ता है। भोजन की केवल मात्रा पर ही नहीं अपितु गुणवत्ता पर भी ध्यान दें। यदि जिंक की मात्रा कम लेंगी तो जन्म के समय शिशु का वजन कम होगा। यदि फॉलिक एसिड कम लेंगी तो भ्रूण के विकास में कमी होगी। उचित मात्रा में संतुलित भोजन लेने से प्रसव में भी आसानी होती है।

शिशु के अंगों का विकास : इन नौ महीनों में आपका शरीर यानी बेबी का निर्माण कारखाना पूरी गति से काम कर रहा है। ताकि उसके शरीर के सभी अंग उचित रूप से बन सकें। एक फर्टीलाइज्ड अंडे को हंसते-खेलते शिशु में बदलने के लिए जो कच्चा माल चाहिए, वह आपके भोजन से ही मिलेगा।

ये कर पाना इतना मुश्किल भी नहीं होता। बस ध्यान दें कि विटामिन डी व कैल्शियम की कमी से दांत व हड्डियों के विकास में कमी आ सकती है। फॉलिक एसिड की कमी से न्यूटल ट्यूब दोष हो सकते हैं।

आपके शिशु का दीर्घकालीन स्वास्थ्य : इस विषय में अनेक अध्ययन जारी हैं कि मां के आहार का अजन्मे शिशु की दीर्घकालीन सेहत पर कितना असर होता है। वैसे यह तो साफ है कि पर्याप्त पोषण के अभाव में शिशु मां की कोख में ही कई रोगों का शिकार हो सकता है। वैज्ञानिकों ने पता लगाया है कि जिन शिशुओं को पहली तिमाही में पूरा पोषण नहीं मिलता या तीसरी तिमाही में अधिक पोषण मिलता है, उनमें मोटापे का गंभीर खतरा हो सकता है। कुछ शोधकर्ताओं का कहना है कि गर्भावस्था के दौरान पोषण से न केवल शिशु के जन्म के समय की सेहत, बल्कि व्यस्कावस्था तक की सेहत प्रभावित होती है।

बेहतर खानपान आपके लिए क्यों ?

आप जब भी कोई फल खाती हैं या ग्रीसी टाको की जगह ग्रिल्ड चिकन सलाद का कौर लेती हैं तो केवल शिशु को ही फायदा नहीं होता। मां यह भूल जाती है कि बेहतर खानपान शिशु के साथ-साथ उसे भी प्रभावित करता है। आप जो भी खाएंगी, उससे आपके शरीर को गर्भ धारण करने व प्रसव की चुनौती का सामना करने की ताकत मिलेगी।

संतुलित व पौष्टिक आहार लेने से आपकी गर्भावस्था में आप पर निम्नलिखित प्रभाव हो सकते हैं।

गर्भावस्था के दौरान आपका आरामदेह रहना : बेशक सभी गर्भवती महिलाएं पूरे नौ महीनों तक सुंदर नहीं दिखतीं। कईयों के चेहरे पर तो पीलापन छा जाता है तो कई कब्ज, थकान, हीरॉयड्स, सीने में जलन,

बेहतर खानपान की ए बी सी डी

अपने भोजन की योजना बनाते समय निम्नलिखित बातें ध्यान में रखें :

विविधता : विविधता में जीवन का सार छिपा है। आपकी गर्भावस्था डाइट में किसी एक पोषक तत्त्व की कमी व दूसरे की अधिकता नहीं होनी चाहिए। अगर टर्की ब्रेस्ट, चीज़, सलाद के पत्ते व टमाटर के साथ होल व्हीट का टोस्ट अच्छा लंच है तो इसका मतलब यह नहीं कि आप रोज यही खाएं। भोजन के समुचित मेल से भ्रूण को पूरा पोषण मिलेगा। हालांकि मॉर्निंग सिकनेस में यह नियम काम नहीं आता, वहां तो वही खाना पड़ता है, जो आसानी से पेट में टिक जाए; चाहे रोज वही सैंडविच ही क्यों न हो।

संतुलन : संतुलन व संयम किसी भी स्वस्थ आहार का आधार है। यदि विटामिन ए आपके लिए अच्छा है तो इसकी अति हानिकारक भी हो सकती है। गर्भावस्था के दौरान स्वस्थ व असंतुलित भोजन से पड़ने वाले प्रभावों की जानकारी रखें। अति से दूर रहें।

रंग : अपनी प्लेट को विविध रंगों के खाद्य पदार्थों से भरें ताकि पोषण की सारी जरूरतें पूरी हो सकें। अलग-अलग रंग के फल-सब्जियों से अलग तरह के पौष्टिक तत्त्व मिलेंगे।

डाइटिंग न करें : गर्भावस्था में शिशु ने आपके गर्भाशय में निरंतर पोषण पाना है। इसलिए डाइटिंग के बारे में न सोचें। आप जो भी वज़न बढ़ा रही हैं, वह एक शिशु के निर्माण में काम आने वाला है। आपको अपने प्रसव के लिए भी तो ऊर्जा बचानी है। प्रसव के बाद वज़न घटाने के लिए काफी समय होगा।

प्रयोग : गर्भावस्था में विभिन्न खाद्य पदार्थों का प्रयोग करें। नए स्वाद, फल व सब्जियां चखें। एक खाद्य पदार्थ से कई व्यंजन बनाएं। हमारी पुस्तक की मदद लें।

आहार योजना : भले ही यह बोरिंग लगे, पर इसे मनोरंजक बनाना तो आपका काम है। अपने नीरस भोजन को थोड़ा-सा नयापन दे दें। यदि कुछ कम स्वास्थ्यवर्द्धक खाने का मन करे तो किसी भी प्रकार की शर्मिंदगी का अहसास किए बिना मजे से खा लें, बस ध्यान रहे कि कहीं भी अति अच्छी नहीं होती।

वैरीकोज़ वेल, रंगत में कमी, मसूड़ों की समस्याओं, टांगों की ऐंठन व सूजन जैसी तकलीफों का सामना करती हैं - जी हां, आपको इस हकीकत को मानना ही होगा। इनमें से कुछ लक्षण हारमोंस की भी देन होते हैं। एक अच्छे पोषक आहार से इन प्रभावों को काफी हद तक घटाया जा सकता है। कॉर्न से भरपूर आहार थकान घटायेगा। कम वसा वाले भोजन से सीने की जलन घटेगी। फाइबर व तरलयुक्त आहार से कब्ज ठीक होगी। पर्याप्त मात्रा में विटामिन बी से उल्टी व जी मिचलाने जैसी परेशानी नहीं होगी। इस तरह संतुलित आहार से गर्भावस्था को काफी हद तक आरामदेह बना सकती हैं।

गर्भावस्था की सुरक्षा : अध्ययनों से साफ हो चुका है कि पर्याप्त व संतुलित पौष्टिक आहार लेने वाली महिलाओं की तुलना में कुपोषण ग्रस्त महिलाओं की गर्भावस्था, जटिल व असुरक्षित होती है। आहार में कमी व गर्भावस्था की जटिलताओं का गहरा संबंध होता है। यदि आयरन की कमी होगी तो आप रक्ताल्पता की शिकार हो सकती हैं। इसी तरह आहार में कमी से प्री-इक्लैंपसिया (उच्च रक्तचाप) की शिकायत हो सकती है।

पाया गया है कि चीनी व पोली अनसैचुरेटिड वसा की अधिक मात्रा लेने से भी प्री-इक्लैंपसिया का खतरा बढ़ जाता है। दूसरे अध्ययन कहते हैं कि विटामिन सी की अपर्याप्त मात्रा भी इसका एक कारण हो सकती है। विटामिन ई व मैग्नीशियम का अभाव भी इसी से संबंध रखता है।

बेहतर, संतुलित व पौष्टिक आहार लेने से गर्भावस्था को जटिलता रहित, स्वस्थ व आरामदेह बना सकती हैं और यह इतना मुश्किल भी तो नहीं है। तो एक गिलास संतरे का जूस हो जाए।

आपका प्रसव व डिलीवरी : गर्भावस्था के दौरान तो लाभ हो ही रहा है, प्रसव के समय में भी यह आदत आपके लिए बोनस होगी। प्रसव सही समय पर होगा। पर्याप्त मात्रा में खनिज, लवण व विटामिन लेने से, समय से पूर्व प्रसव का खतरा नहीं रहेगा।

शिशु के जन्म के समय जो ऊर्जा चाहिए, वह आपके आहार के माध्यम से आपके पास होगी। आप आसानी से प्रसव पीड़ा (या जटिलता हो) का सामना कर सकती हैं, जबकि कुपोषण ग्रस्त गर्भवती के लिए इस चुनौती से पार पाना कठिन होगा।

जिस तरह एक बेहतर खानपान करने वाला स्वस्थ खिलाड़ी कुपोषण ग्रस्त खिलाड़ी की तुलना में लंबे समय तक टिका रह सकता है व बेहतर प्रदर्शन देता है। उसी तरह आप भी शिशु को जन्म देने की इस चुनौती का हंसकर सामना कर पाएंगी। (बेशक किसी भी मां से पूछें, जीवन का यह प्रसंग किसी बड़ी खेल चुनौती से कम नहीं होता।)

प्रसव के बाद सार-संभाल : प्रसव के बाद आपके पास केवल शिशु ही नहीं होगा। चाहे प्रसव आसानी से हो या कठिनाई से, शिशु के जन्म के बाद आपके शरीर को कई माह तक पर्याप्त संसाधन चाहिए ताकि आप खून की कमी, शारीरिक कमजोरी, थकान, टांको की तकलीफ व नींद की कमी जैसी तकलीफों से जूझ सकें। साथ ही नवजात शिशु के लिए ताकत की देखभाल के लिए ताकत भी चाहिए। इसके लिए जरूरी है कि आप संपूर्ण आहार लें। एक संपूर्ण व संतुलित आहार ही मातृत्व की मांगों व चुनौतियों को स्वीकार करने में सहायक सिद्ध होता है। (विस्तार से जानने के लिए अध्याय 10 देखें।)

आपका दीर्घकालीन स्वास्थ्य : जहां तक पोषक तत्त्वों का सवाल है, प्रकृति पहले भावी मां के शरीर की कमी पूरी करती है, फिर अवशेष भ्रूण तक जाते हैं, किंतु कैल्शियम के मामले में ऐसा नहीं है। यदि आप गर्भावस्था में पर्याप्त मात्रा में कैल्शियम नहीं लेतीं तो आपकी हड्डियों से शिशु तक तो चला जाएगा, पर आप बाद में ऑस्टियोपोरोसिस से ग्रस्त हो सकती हैं।

इस अवस्था में आपने शिशु के साथ-साथ अपना ध्यान भी रखना है। यदि गर्भावस्था के बाद भी आपने अच्छे खानपान की आदतें बरकरार रखीं तो हाइपरटेंशन, मधुमेह व कैंसर जैसे कई रोगों से बची रहेंगी। यहीं से एक स्वस्थ खानपान से भरे जीवन की नींव डालें व परिवार को भी इस यात्रा में शामिल कर लें।

तो सही मायनों में बेहतर खानपान क्या है?

एक स्वस्थ गर्भावस्था के दौरान खानपान योजना क्या है? आपको क्या खाना-पीना चाहिए? क्या नहीं खाना चाहिए? यह कैसे तय हो कि शिशु तक सभी अनिवार्य पोषक तत्त्व पहुंचे। गर्भावस्था में जी मिचलाने, उल्टी आने, कुछ पसंद न होने, गैस बनने के बावजूद सभी पोषक तत्त्व शिशु तक कैसे जाएं?

हो सकता है कि आप पहले से जानती हों कि यह योजना, आम दैनिक जीवन में खानपान योजना जैसी ही है। सबसे पहले स्वस्थ आहार से आरंभ करें; खूब फल-सब्जी खाएं, रिफाइंड की जगह साबुत अनाज लें। कैल्शियम व प्रोटीन की मात्रा बढ़ाएं, वसा कम लें, किंतु यहां थोड़े अंतर भी है; बेशक किसी भी व्यस्क के लिए जो स्वस्थ आहार है, गर्भवती के लिए भी वही अच्छा होगा, किंतु गर्भावस्था में कुछ पोषक तत्त्वों की अधिक मात्रा हानि पहुंचा सकती है, जैसे - अनपॉश्चराइज चीज़, सुशी व रेड वाइन आदि कुछ खाद्य पदार्थ शिशु के साथ मां के लिए भी हानिकारक हो सकती हैं।

दो के लिए बेहतर तरीके से खाएं; दोनों स्वस्थ रहें।

आरंभ करने के लिए हो जाएं तैयार

आने वाले पृष्ठों में आप सारी जानकारी पा लेंगी। इस पुस्तक के सभी टिप्स, परामर्श, पोषण जानकारी व व्यंजन विधियां, एक स्वस्थ गर्भावस्था खानपान के लिए सहायक है। स्वस्थ व संतुलित आहार लें जो शिशु के संपूर्ण विकास के लिए अनिवार्य हैं। अपना वजन भी संतुलित बनाए रखें ताकि प्रसव के बाद आपको सामान्य रूप में, लौटने में मुश्किल न हो। अपने व शिशु के लिए कुछ बेहतर पाने की उम्मीद न छोड़ें।

चूंकि हर गर्भवती महिला अलग होती है, इसलिए पुस्तक की बातों को सलाह के तौर पर ही लें। इसके हिसाब से व्यक्तिगत खानपान योजना तैयार करें। यहां तो हमने कहा है कि एक आदर्श महिला को आदर्श जगत में, आदर्श परिस्थितियों में कैसा स्वस्थ खानपान लेना चाहिए। याद रखें कि गर्भावस्था का हर दिन आदर्श नहीं होता व कईयों के लिए और भी दूर होता है। (मितली के कारण कुछ खा नहीं सकती तो एक दिन दूसरे बच्चे की फरमाइश पर फास्ट फूड खाना पड़ता है, फिर एक मीटिंग, काम की डेडलाइन और फिर ट्रैफिक जाम, ऐसे में संतुलित खानपान का समय कहां।)

जब तक आपका संपूर्ण गर्भावस्था खानपान, सेहत से भरपूर व संतुलित है और आप इसे पाने के लिए प्रयत्नशील हैं तो बेशक आप कुछ गलत नहीं कर रही हैं।

तो बैठिए, एक फ्रूट स्मूदी पीते हुए जानें कि गर्भावस्था के दौरान बेहतर खानपान कैसे अपना सकती हैं?

एक आरामदेह गर्भावस्था के लिए बेहतर खानपान

कैसा विरोधाभास है और थोड़ा कुंठित करनेवाला भी। आप गर्भवती होने के नाते स्वस्थ खानपान चाहती हैं और स्वस्थ खानपान में बाधा आ रही है क्योंकि आप गर्भवती हैं। हमें इनका सामना करना ही होगा। मॉर्निंग सिकनेस, खाने से अरुचि, कब्ज, पेट की दूसरी समस्याएं, गर्भावस्था के दौरान आने वाली शिकायतें ही स्वस्थ खानपान तक जाने नहीं देतीं। यदि आप किस्मतवाली हैं तो आप व आपके शिशु तथा स्वस्थ खानपान के बीच एक-दो लक्षण ही आड़े आएंगे। अगर भाग्य साथ नहीं देता तो शायद सारे ही लक्षण सहन करने पड़ें।

हालांकि मॉर्निंग सिकनेस व छाती की जलन जैसे लक्षण जो पहली तिमाही में ही चले आते हैं, पूरे नौ महीनों का साथ निभा सकते हैं। हो सकता है कि आप शिशु को पोषण युक्त आहार देने की बजाय अपनी समस्या के हल में ही उलझी रहें। गर्भावस्था के कारण कई बार भूख लगनी भी बंद हो जाती है और स्वस्थ खानपान का कोई उपाय ही नहीं बचता। शिशु मां के गर्भ में जो पोषण पाता है, वह उसके जीवन के बेहतर जीवनारंभ के लिए अनिवार्य है। आप भी जब पोषणयुक्त आहार लेती हैं तो उसका आनंद व लाभ दोनों मिलने लगते हैं।

मॉर्निंग सिकनेस

क्या टमाटर सॉस की गंध से आपको उल्टी आ जाती है? इतना जी मिचलाता है कि आप अपना मनपसंद सिरियल भी नहीं खा पा रही है। सलाद देखने का भी मन नहीं करता। तो आप भी उन 75 प्रतिशत गर्भवती महिलाओं में से हैं जो गर्भावस्था की पहली तिमाही में मॉर्निंग सिकनेस की चुनौती का सामना करती हैं। यह आपके सूंघने व स्वाद लेने की क्षमता को प्रभावित करती है। वैसे तो इस लक्षण से गुजरने वाली हर महिला जानती है कि इस तकलीफ को मॉर्निंग सिकनेस का नाम देने वाले का इससे कभी पाला नहीं पड़ा होगा क्योंकि यह केवल सुबह ही नहीं, दोपहर या शाम को भी हो जाती है। कभी भी जी मिचला जाता है, चक्कर आते हैं या वमन हो जाती है।

प्रत्येक महिला में इसके अलग-अलग लक्षण हो सकते हैं। कईयों का कभी-कभी जी मिचलाता है तो कई लगातार काफी समय तक जी मिचलाने व उल्टी होने की शिकायत करती हैं। प्रायः ये लक्षण तीसरे-चौथे माह तक ही रहते हैं, पर बेचारी कुछ गर्भवतियां ऐसी भी हैं, जो पूरे नौ माह तक इसके चक्कर में फंसी रहती हैं।

जिन्होंने टॉयलेट या सिंक में सिर झुकाया हो, जो प्याज से प्लेग की तरह बचती हों व अदरक एले व क्रेकर्स पर जी रही हों, उनके लिए यह मानना मुश्किल होगा कि मॉर्निंग सिकनेस का भी कोई फायदा हो सकता है।

आपको पता होना चाहिए कि पहली तिमाही के ये लक्षण गर्भावस्था पर बचावकारी प्रभाव डालते हैं। वैसे तो यह तकलीफ आपकी है, शिशु पर इसका कोई असर नहीं होता। हो सकता है कि पहली तिमाही में आपका वज़न घटे, पर शिशु पर कोई प्रभाव नहीं होता। सुनने में चाहे अच्छा लगा हो, पर लक्षण तो वहीं के वहीं हैं, चलिए हमारे कुछ उपाय आजमाकर देखें :

नाक की संवेदनशीलता से बचें: गर्भवती महिलाओं में हारमोनल बदलाव के कारण गंध के प्रति संवेदनशीलता बढ़ जाती है। हल्की व तेज दोनों तरह की गंध उन्हें बीमार कर देती हैं। यदि रसोई की गंध से उबकाई आती हो तो खाना पकाने में किसी की मदद लें। यदि कोई सहायता न मिले तो गैस के बजाय माइक्रोवेव में खाना पकाएं। रसोई की खिड़कियां खोल दें। आसानी से या जल्दी बनने वाले खाद्य पदार्थ पकाएं। ऐसी ही चीजें पकाएं, जिनकी गंध सिर पर न चढ़े। मिर्च-मसाले युक्त भोजन न पकाएं। यदि बाहर खाने जाएं तो रेस्तरां से आती गंध से बचें।

मॉर्निंग सिकनेस व विविधता

बेशक मॉर्निंग सिकनेस के दौरान आप विविध प्रकार के भोजन नहीं खा पातीं। आपको एक ही तरह का भोजन खाना पड़ सकता है जो आसानी से हजम हो जाए। घबराएं नहीं, मॉर्निंग सिकनेस दूर होने के बाद आप आराम से सब कुछ खा सकती हैं। तब तक यूं ही चलने दें।

खाली पेट न रहें : यदि पेट खाली हो तो उल्टी आने की संभावना बढ़ जाती है। दिन में छः बार थोड़ा-थोड़ा नियमित अंतराल पर खाएं। सूखे मेवे, फल, ब्रेड स्टिक, क्रेकर्स और स्नैक भी बीच-बीच में खाती रहें।

जरूरत से ज्यादा न खाएं : ज्यादा खाने से भी उल्टी आ जाती है। गर्भावस्था में भोजन की पाचन प्रक्रिया मंद हो जाती है, ताकि पोषक पदार्थों का अधिक मात्रा में अवशोषण हो।

बिस्तर में ही खाएं : रात को सोने से पहले प्रोटीन व कार्बयुक्त खाद्य पदार्थ खाएं; जैसे फ्रूट बार व दूध, मेवे, दही, ब्रेड स्टिक्स या टोस्टेड चीज़। इस तरह ब्लड शुगर का स्तर बना रहेगा व सुबह उठते ही उबकाई नहीं आएगी। सुबह उठते ही पहले कुछ खा लें, फिर बिस्तर से निकलें। बिस्तर के पास ही खाद्य पदार्थ रख लें। जब वह पेट में टिक जाएं तब काम पर लगें। शायद आप मॉर्निंग सिकनेस से बच पाएं। उल्टी आने व उबकाई के कुछ निश्चित समय व क्षण हों तो पहले ही पेट भर लें ताकि तब तक भोजन हजम हो जाए।

कार्ब पर दें ध्यान : पहली तिमाही में कार्बयुक्त आहार लेना फायदेमंद होता है। कई महिलाएं सुबह उठकर ताजे फल लेती हैं तो कईयों को किशमिश व ख़ूबानी जैसे सूखे मेवे लेने से आराम आता है।

प्रोटीन : हो सके तो अपने क्रेकर्स के साथ थोड़ा चीज़ मिला लें। यदि गर्भवती महिला हाई-प्रोटीन स्नैक लेती है तो उबकाई आने की समस्या घट सकती है। आप कुछ भी ऐसा खाएं, जिसे आपका पेट स्वीकार ले व उल्टी न हो, जैसे-चीज़ स्टिक, बादाम, सख्त उबला अंडा या दही आदि।

तले-भुने व उच्च वसायुक्त आहार से बचें : इस तरह के भोजन को पचाने में

सिक्स मील सोल्यूशन

जब छाती की जलन, जी मिचलाने व गैस जैसे गर्भावस्था के लक्षण जीना दूभर कर दें तो दिन में छः बार थोड़ा-थोड़ा कुछ खाएं। इससे ब्लड शुगर का स्तर बना रहेगा। भूख खुलकर लगेगी व पाचनतंत्र को आराम भी मिलेगा। आज या तो अपने स्वस्थ आहार को हिस्सों में बांट लें या मिनी मील व स्नैक पर जोर दें।

- **कद्दूकस चीज़ व क्रोटन के साथ सूप**
- **होल व्हीट रोल पर चिकन सलाद**
- **एक मफिन चीज़ का टुकड़ा व कटे फल**
- **आधा बैगल व एक अंडे की भुर्जी**
- **थेड्डर व ब्रोकली से भरा बेक्ड आलू**
- **होल ग्रेन सिरियल सहित दूध व केला**
- **मेवे व अंडों से टॉप सलाद**
- **दही व फलों की स्मूदी**
- **आधा ग्रिल्ड चिकन ब्रेस्ट व आड़ू**
- **मुसली व ब्लूबेरी के साथ एक कप दही**

पारंपरिक मान्यताएं

बी सी यानी बिफोर क्रेकर्स भी मॉर्निंग सिकनेस दूर करने में कारगर होते हैं। प्राचीन काल में मॉर्निंग सिकनेस दूर करने के और कई तरीके होते थे। गर्भवती महिलाओं को जिमीकंद व पपीता खाना चाहिए। एक नींबू का रस चूसती रहें, उससे भी लाभ होगा या हमारी पुस्तक में दिए दूसरे टिप्स भी आजमा सकती हैं।

कठिनाई होती है। तेल-घी से उबकाई भी ज्यादा आती है।

तरल पदार्थों की मात्राः उल्टियां करके बेहाल हैं। इस समय तो आपको पानी व दूसरे तरल पदार्थों की सख्त जरूरत है। दिन में कम से कम आठ गिलास पानी पिएं व जूस-सूप आदि लें। बस खाने के दौरान ज्यादा पानी न लें, भोजन के पाचन में कठिनाई होती है। यदि पानी न पी सकें तो तरबूज खाएं, बर्फ का टुकड़ा चूसें या फ्रूट जूस पॉप्सीकल्स खाएं। यदि कुछ ठोस पेट में न टिके तो सूप ले सकती हैं।

भोजन का चुनाव : सोच-समझकर ही अपने लिए आहार का चुनाव करें। ऐसे खाद्य पदार्थ चुनें जो भरपूर मात्रा में पोषण दे सकें, जैसे-एवोकाडो, शकरकंदी, गाजर, लाल शिमला मिर्च, खरबूजा, सूखी ख़ूबानी, बींस, चीज़, बादाम, ब्राउन राइस व सोयाबीन।

मन की सुनें : यदि कुछ मन को न भाए तो जबरदस्ती न खाएं; चाहे वह पौष्टिक ही क्यों न हो। यदि चीज़ देखते ही उबकाई आए तो उसे खाने की गलती न करें। वैसे इस दौरान जी भरकर मनपसंद चीज़ खा लें। खट्टा व तीखा खाने का मन हो तो अचार हाजिर है। यदि कुछ खास तरह के खाद्य पदार्थ न खा रही हों तो उनके विकल्प तलाशें।

अदरक पर दें ध्यान : सदियों से अदरक हमें इलाज व स्वाद देता आ रहा है। यह पेट की मरोड़ दूर करता है, जी मिचलाना रोकता है व पेट की गड़बड़ी को शांत करता है। यह ऐसा खाद्य पदार्थ है जो रसोईघर से निकलकर मेडिकल की किताबों तक गया है। यह आपके लिए एक अच्छा विकल्प हो सकता है। इसे बाजार से लाकर कैपसूल के रूप में खाएं। वह भी डॉक्टर से पूछकर।

विटामिन से भरपूर : कई शोध कहते हैं कि विटामिनों के अभाव का मॉर्निंग सिकनेस से गहरा संबंध है। पर्याप्त मात्रा में विटामिन बी लेने से भी गर्भावस्था में राहत मिलती है। मॉर्निंग सिकनेस के लक्षण घटते हैं। प्रीनैटल विटामिन भी फायदा देता है।

विटामिन पेट में टिके रहे हैं : जी हां, यदि विटामिन के पेट में जाते ही उल्टी आ जाए तो उनका फायदा कैसे होगा? अपना विटामिन सप्लीमेंट तब लें, जब जी न मिचला रहा हो। यदि खाने से पहले खाली पेट लेंगी तो भी ठीक रहेगा। कई महिलाओं को परत वाली विटामिन सप्लीमेंट लेना आसान लगता है तो कई ब्रांड बदलकर आराम पा लेती हैं।
आप भी डॉक्टर से पूछकर अपने लिए अनुकूल सप्लीमेंट बदल सकती हैं। कुछ विटामिन सप्लीमेंट ऐसे भी होते हैं, जिनमें आयरन भी नहीं होता और वे पूरा दिन शरीर को विटामिन देते रहते हैं।

गंभीर मॉर्निंग सिकनेस : यदि मॉर्निंग सिकनेस इतनी गंभीर है कि आपका खाना-पीना, सोना, बैठना व चलना तक आफत होता जा रहा है

तो डॉक्टर की राय लें। वे आपको विटामिन 'बी' के साथ हिस्टामाइन गोलियां दे सकते हैं। यह गर्भावस्था के लिए सुरक्षित भी है व मॉर्निंग सिकनेस के गंभीर लक्षणों को भी घटाएंगी। डॉक्टर की राय के बिना, इसके लिए कोई भी घरेलू उपचार या हर्बल दवा न लें, हो सकता है कि वह गर्भावस्था के लिए सुरक्षित न हो।

प्र. मैं रोज सुबह उठते ही सूखे क्रेकर्स चबा-चबा कर तंग आ गई हूं। क्या सुबह उठते ही मैं कुछ और नहीं खा सकती?

उ. बेशक आप भी उन गर्भवती महिलाओं में से हैं, जो क्रेकर्स के कम से कम 27 क्रेट खाली करने के बाद उनसे तंग आ गई हैं। बेशक, कई बार क्रेकर्स खाना भी बेचैनी की वजह बन जाता है। अगर कोई विकल्प तलाश रही हैं तो आपको सूखे व ब्लांड खाद्य पदार्थ ही देखने होंगे। सूखा सिरियल, ब्रेड स्टिक, राइस केक, बिना मक्खन के पॉपकॉर्न, डाइजेस्टिव बिस्कुट या प्रेटजेल्स खाएं, ये बिस्तर के पास भी रख सकती हैं। वैसे अदरक एले, नट्स, फॉयल में लिपटा होल व्हीट टोस्ट व सूखे मेवे भी अच्छा विकल्प है।

क्विक-फिक्स

पेट में ठोस आहार नहीं टिक रहा तो कोई बात नहीं, एक स्वादिष्ट फल स्मूदी ले लें। ये ठंडी है, इसलिए हजम भी हो जाएगी। मार्निंग सिकनेस के बाद भी इसे आहार का हिस्सा बनाए रखें।

आप इस पुस्तक में दिए गए व्यंजनों की मदद से, मॉर्निंग सिकनेस के समय को भी आसान बना सकती हैं। सूप, अदरक गाजर मफिन और अदरक युक्त ब्रेडकेक का टुकड़ा आज़माकर देख सकते हैं।

अदरक वाली चाय पिएं या अदरक वाले दूसरे व्यंजन खाएं। अदरक का टुकड़ा चूसने से भी राहत मिलेगी। कई महिलाओं को तो इसका ताजा कटा टुकड़ा सूंघने से भी मितली में आराम मिलता है।

प्र. मैं तो मॉर्निंग सिकनेस के जाल में फंसी हूं। खाने से उल्टी आती है और न खाने से ज्यादा आती है, मैं क्या करूं?

उ. थोड़ा आराम से चलें। थोड़ा पानी पीकर देखें। हर पंद्रह मिनट बाद कुछ घूंट पानी की लें। तबीयत संभलते ही जरा-सा ठोस भोजन लें, पर ऐसा न हो कि आप पूरी प्लेट पर टूट पड़ें। इससे तो दोबारा वही कहानी शुरू हो जाएगी। जब थोड़ा मन टिके तो पौष्टिक व हल्का भोजन लेने की कोशिश करें। उसमें कांपलैक्स, कार्बोहाइड्रेट व प्रोटीन का मेल होना चाहिए।

प्र. मैं तो उबकाई से परेशान हूं। मैंने अदरक की चाय के बारे में सुना, पर क्या मैं इसे पचा सकती हूं?

उ. आप अदरक से बने कई मीठे या नमकीन व्यंजन ले सकती हैं, जो खास तौर से मॉर्निंग सिकनेस के लिए ही बने हैं, जैसे हार्ड स्वीट, सॉफ्ट च्यू या लॉलीपॉप आदि। बेहतर होगा कि आप अदरक स्नैक लें। वे ज्यादा कारगर होंगे।

अपने व्यंजनों में भी अदरक मिलाएं; जैसे - अदरक गाजर मफिन या अदरक गाजर सूप।

प्र. शायद मुंह में ज्यादा बनने वाली लार से मुझे उबकाई आती है या मितली होने से लार ज्यादा बनती है। जो भी हो, मैं क्या कर सकती हूं,

उ. थोड़ा मिंटी मैजिक इस्तेमाल करें। इससे फालतू लार नहीं बनेगी। कईयों के लिए यह तरीका काम नहीं करता। आप अपने हिसाब से आजमाएं।

भोजन की इच्छा

क्या आप कल रात फ्रीजर में कुकीज व क्रीम खोजती रहीं या अचार खाने के लिए मन करता रहा। कल आप लंच टाइम में भटकती रहीं ताकि कहीं किशमिश वाले ब्रेड पर सलामी सैंडविच व मूंगफली का मक्खन मिल जाए। पिछले सप्ताह आपने बुफे टेबल पर कॉकटेल सॉस में तरबूज बॉल्स को डिप करके अपने साथी को शर्मिंदा कर दिया था।

क्रेविंग क्लब में आपका स्वागत है। प्राय: गर्भवती महिलाएं पहली तिमाही में मनचाहा खाने की इस लालसा से जूझती हैं। वैसे तकरीबन महिलाएं यह बताना नहीं चाहती पर वे मीठा, नमकीन व डेयरी उत्पाद खाना चाहती हैं। ये इच्छाएं चीज़ केक पर ब्लैक ऑलिव से लेकर फज ब्राउनी व दूध, खट्टे फल, मिट्टी, चीज़ या सॉस में डिप हरे सेब तक कुछ भी हो सकती है। कई विशेषज्ञ कहते हैं कि शरीर में हारमोनों के नाटकीय बदलाव के कारण ऐसा होता है। सूंघने व चखने वाली इंद्रियों की तीव्रता के कारण भी कुछ मनचाहे भोजन बुरे लगने लगते हैं। तो कुछ के लिए रात को 2 बजे साथी को बाजार भी भगाया जा सकता है।

एक लोकप्रिय मिथक है कि यह लालसा

इन्हें भी आजमाएं

हल्के मीठे, नमकीन, खट्टे, कसैले, तीखे व चटपटे; हर तरह के खाद्य पदार्थ का पौष्टिक विकल्प मौजूद होता है। बेशक चॉकलेट का मन हो और खरबूजा खाना पड़े तो किसे अच्छा लगेगा, पर हमारे कुछ विकल्प तो आपके काम आ ही सकते हैं; जैसे–

इनके बजाय	इन्हें खाएं
चॉकलेट बार	स्किम्ड दूध से बना हॉट चॉकलेट
शुगर फ्रास्टिड सिरियल	कटे खजूर, किशमिश या स्ट्रॉबेरी के साथ साबुत अनाज का सिरियल
एक केक स्लाइस	कोई भी पौष्टिक केक, कुकीज या मफिन
मीठा	मेवे, फ्रोजन अंगूर
टॉपिंग सहित आइसक्रीम	फ्रोजन दही या सोरबेट
क्रिस्प	सोया क्रिस्प, चीज़ पफ, टाको चिप्स आदि
फ़िज़ी ड्रिंक	स्पार्कलिंग वाटर मिला फ्रूट जूस

इन्हें न खाएं

कुछ चीजें अच्छी लगने पर भी खतरनाक हो सकती हैं, जैसे-चॉक स्लेटी, मिट्टी व साबुन आदि। ऐसी इच्छा आयरन या कैल्शियम की कमी से होती है। डॉक्टर की राय लें।

यदि आप मॉर्निंग सिकनेस के लिए ज्यादा बर्फ चूस रही हैं तो एनीमिया भी हो सकता है। इसलिए जरा संभलकर ही बर्फ चबाएं।

कि आपके आहार की पौष्टिकता प्रभावित न हो। एक ब्राउनी के बजाय सारी खा लेना। अगर मॉर्निंग सिकनेस से दुःखी हों तो अपना मनपसंद भोजन करें। शायद वह आराम से खाया जा सके। बस वे मिट्टी या स्लेट जैसे विकल्प न हों।

पारंपरिक मान्यता

दाईयां भी गर्भावस्था के दौरान भोजन की पसंद-नापसंद के बारे में अलग-अलग धारणाएं रखती हैं:

- **यदि मीठा खाना पसंद है तो लड़की पैदा होगी।**
- **मीट या पनीर पसंद है तो लड़का होगा।**
- **यदि गर्भावस्था में कुछ मनचाहा खाने को न मिले तो नवजात के शरीर पर उसी प्रकार का निशान होगा।**

♦ दिन की सही शुरुआत करें। सुबह एक बढ़िया नाश्ता कर लेंगी तो बेहतर होगा।

♦ विकल्प बनाएं। ऐसे पौष्टिक विकल्प खोजें जो आपकी कम पौष्टिक पसंद की जगह लिए जा सकें। यदि क्रिस्प खाने का मन है तो सोया क्रिस्प लें जो प्रोटीन देंगे। डबल माचो डिप आइसक्रीम खाना चाहें तो उसे फ्रोजन कॉफी योगर्ट में डिप करें। बेशक कुछ बहुत अच्छा लगे तो अवश्य खाएं, पर सीमित मात्रा में प्रयोग करें।

♦ थोड़ी मात्रा लें। जो चॉकलेट लेने का मन हो तो बड़ा बार लेने की बजाय छोटा बार लें व खाने से पहले फ्रीजर में रखें। इस तरह यह ज्यादा देर तक खाई जाएगी। छोटा आइसक्रीम बार लें। उसी में से खाने की बजाए, उसका टुकड़ा प्लेट में रखें व छोटे चम्मच से खाएं।

भोजन के प्रति अरुचि

अब चिकन नगेट देखकर नहीं सुहाते और ड्रम स्टिक देखते ही आपको बाथरूम जाना पड़ता है। फ्रिज खोलते ही आपके सिर को चीज़ की बदबू चढ़ जाती है, जिसे आपके साथी ने आधा खुला छोड़ दिया था। पर आपको तो चीज़ पसंद था न।

लगता है आपको कुछ ख़ास तरह के खाद्य पदार्थों से अरुचि हो गई है।

तकरीबन 85 प्रतिशत गर्भवती महिलाओं के साथ ऐसा ही होता है। उन्हें किसी न किसी खाद्य पदार्थ से नफरत हो जाती है और कई बार तो यह काफी शक्तिशाली हो जाती है। कई महिलाएं तो ऐसा भोजन सूंघ भी नहीं पाती।

कई अध्ययनों से पता चला है कि इनका आपके हारमोन स्तर से काफी गहरा संबंध है। पहली तिमाही में तो खाने की पसंद-नापसंद की इच्छा शिखर पर होती है। इनका मॉर्निंग सिकनेस से भी संबंध होता है।

हो सकता है कि शरीर आपको किसी ऐसे खाद्य पदार्थ से दूर रखना चाहता हो जिससे शिशु को नुकसान हो सकता है, जैसे एल्कोहल या कॉफी। इस दौरान रोग प्रतिरोधक क्षमता भी कम होती है, इसलिए इसे एक सेफ साइड भी मान सकते हैं। हो सकता है कि जब फ्रिज नहीं होते थे तो गर्भवती महिलाएं खाने की गंध से ही जान जाती थीं कि उसे खाना ठीक होगा या नहीं। अब भी शायद वही प्रवृत्ति चली आ रही हो। शायद प्रकृति ने उन्हें हानिकारक बैक्टीरिया व पैरासाइट से बचाने के लिए यह तरीका अपनाया हो।

शायद आदिम युग में गर्भवती मां को गंधयुक्त पौधों से दूर रखने के लिए प्रकृति ने यह उपाय किया हो ताकि वह कोई विषाक्त पौधा खाकर अपना या शिशु का नुकसान न करें। पर यह तर्क वहां काम नहीं आते, जब पता चलता है कि इस दौरान गर्भवती मां कई बार अपने व शिशु के लिए स्वस्थ भोजन को भी नापसंद करने लगती है।

इसका मॉर्निंग सिकनेस से भी संबंध है। उसके बारे में पढ़ने के अतिरिक्त इन बातों पर भी ध्यान दें :

- किसी स्वस्थ अरुचि से न लड़ें। यदि कॉफी व शराब से नफरत हुई है तो आप किस्मतवाली हैं। वरना उन्हें इतनी आसानी से छोड़ा नहीं जा सकता था।

- कभी कोई ऐसा खाना जबरन न खाएं क्योंकि वह स्वस्थ है। उसके विकल्प तलाशें, जैसे आपका शरीर चिकन, मीट या मछली की गंध न सह पाए तो आप प्रोटीन के दूसरे विकल्प तलाशें।

इस दौरान हल्की गंध वाले स्वादिष्ट खाद्य पदार्थ ही लें। शिशु भी खुश रहेगा और आप भी इन खाद्य पदार्थों के प्रति अरुचि प्रकट नहीं कर पाएंगी।

क्विक फिक्स

अगर मांसाहार न ले पा रही हों तो क्विनोवा भी प्रोटीन पाने का स्त्रोत हो सकता है। आप इन्हें आजमाएं:

- **क्विनोवा पर्ल्स विद वाइल्ड मशरूम**
- **लीक टमाटर क्विनोवा**
- **दूसरी अनाज से बनी व्यंजन विधियां भी प्रस्तुत हैं।**

प्र. मैं चिकन, मीट व मछली नहीं खा सकती। उनकी गंध से जी मिचलाता है तो शिशु को भरपूर प्रोटीन कैसे मिलेगा?

उ. जबरन कुछ न खाएं। प्रोटीन तो कई अन्य स्रोतों से भी मिल सकता है। पनीर, योगर्ट, सोया उत्पाद व बींस आदि लें। यदि चाहें तो अंडे भी ले सकती हैं। यदि मीट/मछली को सूप/स्ट्यू के रूप में ले सकें तो खाकर देखें। पकी चिकन ब्रेस्ट को कैसेरोल में मिलाकर खाएं।

प्र. मैं गर्भवती होने से पहले रोज सलाद लेती थी। अब पहली तिमाही में सलाद देखने को भी मन नहीं करता। मैं इसके बदले क्या खा सकती हूं?

उ. जब तक सलाद खाने का मन न करे तो पालक व ब्रोकली आदि से दूर ही रहें। गाजर या यैम जैसी पीली सब्जी लें। जिनका रंग व स्वाद तो अलग है, किंतु पोषक मूल्य वही है या चाहें तो बीटा-कैरोटिन युक्त मीठे फल भी ले सकती हैं; जैसे—खरबूजा, आम, आड़ू व ख़ूबानी।

प्र. पहली तिमाही के दौरान मेरे मुंह में मेटैलिक स्वाद घुला रहता है। यह न केवल बेस्वाद है, इससे मेरा खाना खाने को भी मन नहीं करता। मैं इसके बारे में क्या कर सकती हूं?

उ. क्या करें, यह भी आपके हारमोनों के कारण ही हैं। हमेशा ऐसा लगता होगा कि आपने कोई सिक्का निगला है।

यह भी मॉर्निंग सिकनेस व छाती की जलन की तरह आम बात है जो दूसरी तिमाही तक आते-जाते ठीक हो जायेगी। इस दौरान खट्टे फलों व सिरके आदि की मात्रा बढ़ाएं। उनसे मुंह में लार की मात्रा बढ़ेगी व बुरा स्वाद घटेगा। अपने डॉक्टर से पूछकर प्रीनैटल विटामिन बदलें। इससे भी फर्क आएगा।

हर बार दांत साफ करते समय, जीभ की भी सफाई करें और बेकिंग सोडा सोल्यूटान से कुल्ला करें। इससे मुंह का जी. एच. लेवल न्यूटरालाइज हो जाएगा। आप मुंह में मिंट फ्लेवर रखकर भी राहत की सांस ले सकती हैं।

कब्ज

तो आपने अपने शरीर को डेली डज़न के हिसाब से खाना खाने की आदत डाल ही ली। चलो, अच्छा हुआ, लेकिन अब अधिकतर गर्भवती महिलाओं की तरह दिक्कत यह हो रही है कि व्यर्थ पदार्थों को शरीर से कैसे निकालें - जी हां, आप भी कब्ज की शिकार हैं।

गर्भावस्था के कई लक्षणों की तरह कब्ज भी एक ऐसा लक्षण है, जिसका एक वाजिब कारण है। गर्भावस्था के दौरान बनने वाला प्रोस्टेरॉन शरीर में पाचन तंत्र की क्रिया को मंद कर देता है ताकि शिशु के लिए पोषक तत्त्वों का बेहतर अवशोषण हो सके। शरीर में अधिक समय तक पड़ा रहने वाला मल कड़ा हो जाता है व उसे बाहर निकालने में कठिनाई होती है। फिर बढ़ते पेट का भार भी कब्ज की परेशानी को दुगना कर देता है।

पाचन तंत्र को अपना काम करने दें व आप कब्ज से बचने के लिए निम्नलिखित उपाय अपनाएं :

रेशे पर केंद्रित हों : अपने भोजन में रेशे की मात्रा बढ़ाएं। इससे मल नरम पड़ेगा व उसे बाहर निकलने में आसानी होगी। ओट मील व ओट ब्रान जैसे सिरियल लें। साबुत अनाज से बनी ब्रेड, क्रेकर्स व मफिन खाएं। ताजे फल, सब्जी व सूखे मेवे लें। रोज 25 से 30 ग्राम रेशे की मात्रा लें, किंतु इसका हिसाब रखना जरूरी नहीं है। जब मल त्याग में दिक्कत नहीं होगी तो आप स्वयं ही जान जाएंगी कि भरपूर मात्रा में फाइबर ले रही हैं, पर यह भी ध्यान दें कि रेशे की अत्यधिक मात्रा लेने से डायरिया भी हो सकता है, जिसमें आपके लिए अनिवार्य पोषक तत्त्वों का भी नुकसान हो जाएगा।

कीवी का मजा

यदि कब्ज है तो मजेदार जूसी कीवी से बढ़िया फल क्या होगा। विटामिन सी व ई से भरपूर कीवी को सलाद, दही, चीज़ या सिरियल के साथ खाएं या बस यूं ही निगल लें। यह स्वाद के साथ-साथ कब्ज में भी राहत देगा।

क्विक-फिक्स

फाइबर से भरपूर सूप, कब्ज के लिए अच्छा उपाय है। साथ ही प्रोटीन सर्विंग भी मिलेगी। काली बींस की सूप या दूसरे मजेदार सूप आजमाएं। बींस खाने के बजाए किशमिश नान, मफिन खाएं तो बेहतर होगा।

भरपूर मात्रा में पानी पिएं : जी हां, दिन में छह से आठ गिलास पानी पिएं। फलों का रस पिएं। यह याद रखें कि रेशे की अधिक मात्रा लेने पर पानी की मात्रा भी बढ़ानी होगी। यदि रेशे के लिए भरपूर पानी न मिला तो वह स्वयं कब्ज की वजह हो जाएगा। जहां भी जाएं, पानी की बोतल पास रखें व पानी पीती रहें।

बैक्टीरिया पर दें ध्यान : दही में मौजूद बैक्टीरिया पाचनतंत्र के बैक्टीरिया को उत्तेजित करता है ताकि वे बेहतर तरीके से भोजन का पाचन कर सकें। इससे आपको कब्ज से भी राहत मिलेगी।

कुछ तथ्य

मिथक : यदि रोज मल त्याग नहीं कर पाती तो आपको कब्ज है।
तर्क : यदि आप बिना किसी दिक्कत के सप्ताह में तीन दिन भी मल त्याग करती हैं तो आपको कब्ज नहीं है। मल त्याग की कोई उचित संख्या नहीं होती। सबके शरीर का हिसाब अलग होता है। बस ये ध्यान दें कि आप कब्ज के अन्य लक्षणों से पीड़ित तो नहीं।

गोलियां बदलें : यदि आप आयरन की गोलियां ले रही हैं तो वे भी कब्ज का कारण हो सकती है। डॉक्टर से पूछकर कोई हल्के फार्मूले वाली गोली लें या कुछ समय के लिए इसे लेना बंद कर दें। हो सकता है कि डॉक्टर कोई दूसरा प्रीनैटल विटामिन लिख दें, जिसमें आयरन की मात्रा कम हो।

– ऐसा कोई भी भोजन न लें जो कब्ज का कारण बनें; जैसे रिफाइंड बेक्ड खाद्य पदार्थ व सिरियल, सफेद चावल व केले। केला एकमात्र ऐसा फल है जो कब्जी करता है।

पहले जांच लें : डॉक्टर से पूछ लें कि क्या थोड़ी-सी मैग्नीशियम की मात्रा बढ़ाने से समस्या हल हो सकती है? फिर भोजन में मेवे, सूखी ख़ूबानी, मुनक्के, व्हीट जर्म, बींस व हरी पत्तेदार सब्जियां शामिल करें। अपने आप कोई भी लेक्सेटिव, हर्बल या घरेलू उपचार न लें। पहले डॉक्टर या मिडवाइफ की राय ले लें।

हीमरॉयड्स की तकलीफ

गर्भावस्था में कब्ज के कारण हीमरॉयड्स हो सकते हैं। इसमें गुदा मार्ग की नसों में सूजन के कारण रक्तस्त्राव या दर्द होता है। यह गर्भाशय के बढ़ते दबाव के कारण होता है। यदि कब्ज नहीं होने देंगी तो इस तकलीफ से बच सकती हैं।

गैस बनना

हैरानी की बात है न कि बेबी तो नन्हा-सा है, फिर आपका पेट इतना कैसे फूल जाता है। हो सकता है कि आप कब्ज के दूसरे उपजात गैस की शिकार हों। गैस बनना यानी पेट में अफारा। जबकि हमारा शिशु तो अभी मटर के दाने के आकार का है। कई महिलाओं में यह सब कुछ समय में ठीक हो जाता है तो कईयों को पूरे नौ माह तक इसका सामना करना पड़ता है। इस बार भी आप पाचन तंत्र की शिथिलता को दोष दे सकती हैं। जब भोजन के पाचन में समय लगता है तो पेट में गैस बनने लगती है। कब्ज से तो दिक्कत और भी ज्यादा हो जाती है।

वैसे तो आपको व शिशु को कोई नुकसान नहीं होता, पर सामाजिक रूप से गैस नुकसान करती है। किंतु आप अफारा घटाने व बेचैनी दूर करने के लिए निम्नलिखित उपाय अपना सकती हैं।

फास्ट फैक्ट

क्या आप जानती हैं कि गर्भवती मां को कई बार भ्रूण की गतिविधि भी गैस लगती है। अगर आपको भी बिना कुछ खाए ज्यादा गैस सता रही है व 16 से 18 सप्ताह हो चुके हैं तो यह आपके शिशु की हलचल भी हो सकती है।

इन्हें भी आजमाएं

बेशक अब तो आप जान चुकी हैं कि शिशु के लिए कई पोषक पदार्थ, आपके लिए गैस की वजह बनते हैं व आप उन्हें खा नहीं पाती तो आपके लिए कुछ विकल्प प्रस्तुत हैं :

इनके बजाय	यह खाएं
प्रोटीन के लिए बेक्ड बींस	पके खसखस
विटामिन ए के लिए ब्रोकली	आम/खरबूजा
विटामिन सी के लिए कॉलेस्ला	पकी अस्पारागस
विटामिन सी के लिए हरी मिर्च	स्ट्रॉबेरी
तले-भुने भोजन आदि :	
तली मछली/ चिकन फिंगर्स	पोच्ड चिकन क्रेस्ट
क्रिस्प	सोया क्रिस्प, बेक्ड आलू या टाको क्रिस्प,
स्पार्कलिंग वॉटर	पानी

गो स्लो : एक धीमा पाचनतंत्र कहता है कि आप भी धीरे-धीरे खाएं। भागते-भागते मुंह में नाश्ता ठूंसना, खाना बनाते-बनाते या दूसरे बच्चे को स्कूल का होमवर्क कराते-कराते क्रेकर्स निगलना या किसी व्यावसायिक मीटिंग में समय मिलते ही फटाफट चिकन सैंडविच से पेट भरना; ये सब ठीक नहीं है।

इस तरह आप भोजन के साथ वायु भी निगल रही हैं। यह आंतों में जमा होकर दबाव पैदा करेगी व गैस की तकलीफ को बढ़ा देगी। आराम से बैठकर खाने का वक्त निकालें। फिर चाहे आपको नाश्ता करने के लिए सुबह दस मिनट जल्दी ही क्यों न उठना पड़े। भोजन को निगलने के बजाए अच्छी तरह चबाने के बाद ही गले से नीचे उतारें।

जरूरत से ज्यादा न ठूंसे : जरूरत से ज्यादा खाने से पाचनतंत्र पर भार बढ़ेगा व आपको भी अफारा महसूस होगा। एक साथ काफी सारा खाने के बजाय दिन में कई बार नियमित अंतराल पर खाती रहें।

कब्ज न होने दें : जी हां, पेट साफ रहेगा तो गैस भी नहीं बनेगी।

फाइबर की अधिक मात्रा : यह भी न हो कि कब्ज से बचने के चक्कर में आप फाइबर की अधिक मात्रा लेना आरंभ कर दें। इन्हें धीरे-धीरे अपनाएं ताकि पेट पर भार न पड़े।

बींस पर लगाएं रोक : प्याज, ब्रोकली, पत्तागोभी, हरी शिमला मिर्च, तला भोजन व बींस आदि की मात्रा कम लें तथा कार्बोनेटिड ड्रिंक भी कम मात्रा में पिएं।

छाती की जलन

आपने सोचा होगा कि सिर्फ तनावग्रस्त लोगों या ज्यादा मिर्च खानेवालों को ही छाती की जलन होती है, नहीं मैडम, एक गर्भवती का नंबर इन सबसे आगे है। हां अगर आप मिर्च भी खूब खाती हैं और तनावग्रस्त गर्भवती हैं तो उन गर्भवती महिलाओं से और भी आगे हैं।

दरअसल छाती की जलन कहलाने के बावजूद इसका छाती से कोई लेन-देन नहीं है।

आपको वहां जलन महसूस होती है, जहां से पेट का अम्ल रिसकर ऑसोफेगस तक जाता है। वैसे तो यहां से, पेट में भोजन जाने का रास्ता है, यहां से कुछ वापिस नहीं आता, पर गर्भावस्था के दौरान पेट के ऊपर की मांसपेशियां छाती की जलन व अपच का शिकार बनती हैं।

तीसरी तिमाही में यह शिकायत प्राय: पाई जाती है। शिशु का भार बढ़ने से गर्भाशय पेट पर दबाव डालता है और अम्ल वापिस उस ओर चल देते हैं। जहां उनका कोई काम नहीं है।

वैसे तो यह समस्या शिशु को परेशान नहीं करती, पर मां की मुसीबत बन जाती है। इसके लिए सावधानी व बचाव ही अपेक्षित है। कृपया इन बातों का ध्यान रखें :

♦ धीरे-धीरे चबाकर खाना खाएं। यदि चबाकर खाएंगी तो पेट को खाना हजम करने के लिए ज्यादा मेहनत नहीं करनी होगी।

♦ रात को सोने से दो घंटे पहले ही खाना खा लें ताकि खाना हजम करने में आसानी हो।

♦ कई बार आपका तनाव भी छाती की जलन का कारण बनता है। खाना खाते समय शांत भाव से बैठकर खाएं।

♦ भरपूर मात्रा में एक साथ खाने की बजाय थोड़ी-थोड़ी मात्रा में कई बार खाएं।

♦ तरल पदार्थ भोजन के साथ न लें। खाने से पहले या बाद में पानी पिएं। चाहें तो बीच में थोड़ा-सा पी सकती हैं। खाने में तरल की मात्रा ज्यादा होने से भी छाती में जलन होगी।

♦ खाना खाते समय आरामदेह मुद्रा में बैठें व सिर ऊंचा रखें। लेट कर खाना न खाएं। खाने के तुरंत बाद न लेटें।

♦ अपने वज़न का ध्यान रखें। वज़न ज्यादा होने से भी समस्या बढ़ सकती है।

♦ अपने आहार में से उन खाद्य

कब्ज

छाती की जलन से छुटकारा पाने के लिए प्राकृतिक एंटीएसिड इस्तेमाल करें।

♦ बादाम पेट के लिए फायदेमंद है। ये शिशु के लिए फैटी एसिड देने के अलावा प्रोटीन व कैल्शियम की भी स्वस्थ खुराक देंगे।

♦ एक गिलास गर्म दूध में शहद मिलाकर लें। यदि सूट करे सके तो दूध/दही भी ले सकती हैं, चूंकि यह सबको माफिक नहीं आते, लेकिन आपको कैल्शियम की खुराक तो मिल ही जाएगी।

पारंपरिक मान्यताएं

यदि दाईयां सही कहती हैं (हालांकि ऐसा प्रायः नहीं होता) तो गर्भावस्था के दौरान छाती में ज्यादा जलन होने का मतलब यह होता है कि नवजात के सिर पर घने बाल होंगे।

पदार्थों को निकाल दें जो छाती में जलन पैदा करते हैं; जैसे अधिक मात्रा में चाय, कॉफी, मिर्च व मसालेदार भोजन। वसा युक्त भोजन की मात्रा भी घटाएं।

♦ खाने के बाद चीनी रहित गम चबाने से भी लार ज्यादा बनती है। इससे एसिड का स्तर न्यूटरलाइज हो जाता है।

♦ गर्भावस्था में हमेशा सुरक्षित एंटीएसिड लें। यदि बात न बनें तो डॉक्टर की सलाहानुसार कोई दूसरी सुरक्षित दवा लें।

थकान

बेशक, आप कभी भी दस बजे वाले समाचार सुनना नहीं छोड़ती थीं। अब आठ बजे ही नींद आने लगती है। आप लंच के बाद ही मीटिंग करती थीं। अब दो बजते ही शरीर निढाल होने लगता है। अब आप सप्ताहांत में कुछ करने की बजाय झपकियां लेती रहती हैं।

थकान से कैसे बचें?

आपके भोजन से ही ऊर्जा का स्तर प्रभावित नहीं होता, बल्कि इस बात का भी फर्क पड़ता है कि कैसे खाती हैं? थकान के लिए इन टिप्स पर ध्यान दें :

- **भरपेट खाने से सारी ऊर्जा पाचन पर लग जाती है व शरीर निढाल हो जाता है, अतः थोड़ा-थोड़ा भोजन कई बार लें।**
- **घर से बाहर निकलने से पहले बढ़िया नाश्ता लें। कांपलैक्स, कार्ब व प्रोटीन को अपना साथी बनाएं। इस तरह दिन-भर ब्लड शुगर का स्तर बना रहेगा।**
- **आपको ऊर्जा को भरपूर करने के लिए लंच भी चाहिए। कुछ भी खाएं, पर यह प्रोटीन से भरपूर व स्वस्थ लंच होना चाहिए।**
- **रात को डिनर को भारी न होने दें। दिन में ही कैलोरी की अधिकतम मात्रा ले लें। सक्रियावस्था में लिया गया भोजन बेहतर तरीके से ऊर्जा ग्रहण कर पाएगा व आपको रात की नींद भी बेहतर आएगी।**
- **भोजन के दौरान कुछ-कुछ खाती रहें। अपने लिए स्नैक का चुनाव सोच-समझ कर करें। प्रोटीन व कांपलैक्स कार्ब पर केंद्रित रहें व पुस्तक में दिए गए विकल्पों पर ध्यान दें।**
- **थकान का संबंध डीहाइड्रेशन से भी होता है। इसलिए पर्याप्त मात्रा में तरल पदार्थ लेती रहें, किंतु वे कैफीन युक्त न हो।**

अनिद्रा से बचाव

जरा सोचें तो सही कि इतनी थकान के बावजूद जब रात को नींद न आए तो क्या हाल हो जाता है? इसके लिए :

- **सोने से पहले हल्का गुनगुना दूध लें व कुछ खा लें।**
- **6 बजे के बाद तरल की मात्रा घटा लें ताकि बार-बार बाथरूम न जाना पड़े।**
- **दोपहर के बाद चॉकलेट व कैफीन से बचें।**
- **यदि कब्ज के लिए मैग्नीशियम सप्लीमेंट लेती हैं तो रात को बिस्तर पर जाने से पहले लें। इससे टांगों की जकड़न में आराम आएगा व सुबह तक आप मल त्याग के लिए तैयार होंगी।**

तकरीबन गर्भवती महिलाओं में पहली व तीसरी तिमाही में ऊर्जा के स्तर घटते-बढ़ते रहते हैं। दरअसल मां का शरीर शिशु निर्माण में जुटा है, इसलिए उसे ज्यादा मेहनत करनी पड़ रही है। आप ज्यादा खून पैदा कर रही हैं, पानी व पोषक पदार्थों का अधिक मात्रा में अवशोषण कर रही हैं, इसलिए यह थकान होती है। वैसे तो अच्छी नींद एक बेहतर उपाय है, पर आहार में भी कुछ फेरबदल कर सकती हैं; जैसे :

अतिरिक्त कैलोरी : आपको दूसरी व तीसरी तिमाही में रोज 300 कैलोरी के करीब चाहिए। इसे घटाने से थकान बढ़ेगी।

अतिरिक्त पोषण : ये कैलोरी पोषण से भरपूर होनी चाहिए। एक स्वस्थ आहार ऊर्जा प्रदान करता है। साथ ही प्रीनैटल विटामिन लेना न भूलें।

दिमाग से काम लें : एनर्जी देने का दावा करने वाली चॉकलेट बार के विज्ञापनों पर न जाएं । इन्हें खाने के बाद एनर्जी तो मिलती है, पर कुछ ही देर में ज्यादा थकान होने लगती है। इनमें कैफीन का नंबर सबसे ऊपर है। चीज़, अंडे वगैरह को कांपलैक्स कार्ब से लें।

अतिरिक्त आयरन : कई बार एनीमिया के कारण भी ज्यादा थकान रहने लगती है। डॉक्टर आपकी जांच के बाद आयरन सप्लीमेंट देंगे। वैसे तकरीबन डॉक्टर एहतियातन पहले ही देने लगते हैं। इसके अलावा अपने भोजन में आयरनयुक्त आहार भी शामिल करें; जैसे - सिरियल, पालक व लीन रेड मीट आदि।

आपको क्या खा रहा है? शायद वही, जो आप खा रही हैं

अच्छा खानपान ही गर्भावस्था की हर शिकायत का हल नहीं होता। पर यह आपके दर्द, तकलीफ व कष्ट के लिए सकारात्मक प्रभाव तो छोड़ ही सकता है। यहां ध्यान दें कि आहार से आपको क्या लाभ हो सकते हैं।

दांत व मसूड़ों की समस्याएं : डेंटिस्ट से मिलने, दिन में दो बार ब्रश करने व नियमित रूप से फलॉस करने के बावजूद कैल्शियम व विटामिन सी की भरपूर मात्रा लें ताकि आपके व शिशु के दांत व मसूड़े स्वस्थ रह सकें। यदि ब्रश करने का मौका न मिले तो चीज़, सूखे मेवे, मिठास रहित गम चबा लें।

सिर चकराना : यदि आप काफी देर खाली पेट रहेंगी तो ब्लड शुगर नीचे आ जाएगी - घुटने लड़खड़ाएंगे व सिर चकराएगा। इससे डीहाइड्रेशन भी हो सकता है। ब्लड शुगर का स्तर बनाए रखने के लिए नियमित तौर पर खाएं-पिएं।

टांगों की अकड़न : दूसरी व तीसरी तिमाही में टांगों की अकड़न से बुरी तकलीफ क्या होगी। एक थ्योरी तो कहती है कि शरीर में फॉस्फोरस की कमी व कैल्शियम की अधिकता से क्रेम्पिंग होती है। कुछ कहते हैं कि ऐसा मैग्नीशियम की कमी से होता है। अपने भोजन में कैल्शियम व मैग्नीशियम की पर्याप्त मात्रा लें व दिन में कम से कम आठ गिलास पानी पिएं।

सूजन : गर्भावस्था के दौरान थोड़ी-बहुत सूजन तो स्वाभाविक है। पर जब यह इतनी बढ़ जाए कि आपके लिए सूजे पैरों के साथ खड़े रहना या चलना भी तकलीफदेह होने लगे तो काफी मात्रा में पानी पिएं। बार-बार मूत्र त्याग से शरीर के व्यर्थ पदार्थ निकालने में भी आसानी होगी।

त्वचा की समस्याएं : चाहे त्वचा की कोई भी समस्या क्यों न हो, पर बेशक आपके पास डाइट के रूप में कोई न कोई इलाज होगा ही। यदि त्वचा शुष्क हो रही हो तो तरल पदार्थों की मात्रा बढ़ाएं। यदि त्वचा चकत्तेदार हो रही है तो लिवोलिक एसिड की कमी हो सकती है। यह फैटी एसिड बीज, मेवों तथा अंकुरित अनाज में मिलता है।

त्वचा का रंग बदल रहा है तो फॉलिक एसिड की कमी हो सकती है। प्रीनैटल सप्लीमेंट लेने के अलावा सही समय पर हरी सब्जी, साबुत अनाज की ब्रेड व सिरियल खाएं। विटामिन बी सप्लीमेंट मुंहासों के लिए ठीक रहेगा। यदि त्वचा पीली पड़ जाए तो डॉक्टर से पूछें, आयरन की कमी हो सकती है। आयरन से भरपूर खाद्य पदार्थ लें। त्वचा में खिंचाव लगे तो विटामिन सी की मात्रा लें ताकि उसमें लोच आए व चेहरे की आभा बनी रहे।

शुष्क व रुखे बाल : बेशक इससे शरीर को कोई फर्क नहीं पड़ता, किंतु मन तो दुःखी होता ही है। तकरीबन महिलाओं के बाल, इस दौरान पहले से मोटे हो जाते हैं। कईयों के बाल सामान्य चमक खो

देते हैं। कईयों के बालों में रूसी हो जाती है। विटामिनों की भरपूर मात्रा लेने से बालों की समस्याओं से बची रहेंगी। विटामिन ए बालों को मुलायम व खोपड़ी को स्वस्थ रखता है। विटामिन बी बालों की लंबाई व रंग का ध्यान रखता है। विटामिन सी उनकी मजबूती पर ध्यान देता है। ओमगा-3 फैटी एसिड बालों तथा खोपड़ी की त्वचा को पोषण देते हैं। किसी भी तरह की नमी, बालों व खोपड़ी की त्वचा के लिए जरूरी है, किंतु तरल पदार्थों की भरपूर मात्रा का भी ध्यान रखें।

शिशु का सही वज़न कैसे पाएं

आजकल पतले दिखने की होड़ है, बेस्टसेलर डाइट पुस्तकें हाथों-हाथ बिक जाती हैं, उनके समर्थन में होने वाले वैज्ञानिक शोध भी इस गति का मुकाबला नहीं कर पाते। कई महिलाएं तो ऐसी हैं, जो वज़न बढ़ने की बात सोचते ही, सबसे पास वाले जिम में पहुंच जाती हैं।

किंतु एक महिला के जीवन में ऐसा समय भी आता है, जब वज़न बढ़ना कोई बुरी बात नहीं होती - जब 30 पौंड वज़न बढ़ना गर्व की बात मानी जाती है और सही मायनों में, गर्भावस्था ही वह समय है। एक महिला के लिए औसतन 25 से 35 पौंड वज़न बढ़ना जरूरी है ताकि भ्रूण का समुचित विकास हो सके। गर्भावस्था की जटिलताएं दूर रहें व सारा वक्त आराम से बीते। तो आज से ही वज़न घटाने का दावा करने वाली किताबों की पोटली बांध दें। वैसे ये काम भी कहां आती हैं और नौ महीने के विस्तार को गले लगाने के लिए तैयार हो जाइए।

आपको कितना वज़न बढ़ाना चाहिए?

हालांकि आपने इस बात को स्वीकार कर लिया है कि वज़न तो बढ़ेगा ही, पर आपको यह तो पता होना ही चाहिए कि कितना वज़न बढ़ाना आदर्श होगा। आपके लिए उचित वज़न क्या है?

हर गर्भवती महिला के लिए इसका अलग-अलग उत्तर होता है। गर्भावस्था में आपका वज़न कितना होगा, यह कई कारकों पर निर्भर करता है। इसमें गर्भधारण से पहले आपकी लंबाई व भार भी शामिल है।

हो सकता है कि डॉक्टर आपके बॉडी मास इंडेक्स (बी.एम.आई.) के आधार पर आदर्श वज़न का अंदाजा दे दें। यदि आपका बी.एम.आई. औसतन है तो आपको 25 से 35 पौंड वज़न बढ़ाने की सलाह दी जाएगी। यदि वह औसत से कम है यानी आप कम वज़न वाली हैं तो थोड़ा अतिरिक्त वज़न बढ़ाने की सलाह दी जा सकती है। यदि बी.एम.आई. आपको ओवरवेट श्रेणी में रखता है तो आपको 15 से 25 पौंड के बीच वज़न बढ़ाने की सलाह दे सकते हैं।

इसके अतिरिक्त आपने वास्तव में कितना वज़न बढ़ाया या कितनी जल्दी बढ़ाया, वह आपके चयापचय जेनेटिक व गतिविधि के स्तर पर निर्भर करता है। यदि आप सक्रिय हैं तथा व्यायाम भी करती हैं तो आपको अतिरिक्त कैलोरी की आवश्यकता होगी। यदि आप आरामदायक जीवनशैली जीती हैं व मेटाबालिज्म भी धीमा है तो इसके विपरीत होगा। शरीर पर चर्बी जमा होने लगेगी। ऐसे में आपको कम कैलोरी से अधिक पौष्टिकता पाने की कला सीखनी होगी ताकि वज़न ज्यादा न बढ़ सके।

उचित दर से वज़न में वृद्धि

अब आप जानती हैं कि नौ माह में आपका वज़न कितना हो जाना चाहिए। किंतु आप कितनी तेजी से इसे पाने की योजना बना रही हैं।

वैसे तो हमेशा वज़न का धीरे-धीरे बढ़ना ही सही होता है। यह शिशु व आपके लिए ठीक रहेगा। जिस दर से वज़न बढ़ता है, वह भी वज़न जितना ही महत्त्व रखता है। गर्भाशय में निरंतर पल रहे भ्रूण को पोषक पदार्थों व ऊर्जा की निरंतर आपूर्ति चाहिए। यदि आप की वज़न दर असंतुलित रही तो उसे भी पोषण की संतुलित व सम आपूर्ति नहीं हो पाएगी।

पहली तिमाही में शिशु की पौष्टिकता ज्यादा मायने नहीं रखती, लेकिन आने वाले महीनों में तो उसे शरीर का विकास करना है।

आपकी संतुलित वज़न दर से आपको भी लाभ होगा। शरीर बड़ी आसानी से धीरे-धीरे बढ़ते वज़न से समायोजन कर लेगा। इस तरह कम से कम स्ट्रैचमार्क्स होंगे व पूरे शरीर में वज़न का सही वितरण होगा। प्रसव के बाद आप आसानी से पहले वाली

बीएमआई	19	20	21	22	23	24	25	26	27	28	29	30	35	40
ऊंचाई (इंच)	वजन (पाउंड)													
58	91	96	100	105	110	115	119	124	129	134	138	143	167	191
59	94	99	104	109	114	119	124	128	133	138	143	148	173	198
60	97	102	107	112	118	123	128	133	138	143	148	153	179	204
61	100	106	111	116	122	127	132	137	143	148	153	158	185	211
62	104	109	115	120	126	131	136	142	147	153	158	164	191	218
63	107	113	118	124	130	135	141	146	152	158	163	169	197	225
64	110	116	122	128	134	140	145	151	157	163	169	174	204	232
65	114	120	126	132	138	144	150	156	162	168	174	180	210	240
66	118	124	130	136	142	148	155	161	167	173	179	186	216	247
67	121	127	134	140	146	153	159	166	172	178	185	191	223	255
68	125	131	138	144	151	158	164	171	177	184	190	197	230	262
69	128	135	142	149	155	162	169	176	182	189	196	203	236	270
70	132	139	146	153	160	167	174	181	188	195	202	207	243	278
71	136	143	150	157	165	172	179	186	193	200	208	215	250	286
72	140	147	154	162	169	177	184	191	199	206	213	221	258	294
73	144	151	159	166	174	182	189	197	204	212	219	227	265	302
74	148	155	163	171	179	186	194	202	210	218	225	233	272	311
75	152	160	168	176	184	192	200	208	216	224	232	240	279	319
76	156	164	172	180	189	197	205	213	221	230	238	246	287	328

बी.एम.आई. की गणना

वज़न :- ऊंचाई X 703

यदि महिला 5 फीट 5 इंच है, वज़न 145 पौंड है तो उसका बी.एम.आई. होगा

5 फीट 5 इंच = 65 इंच

65 इंच X 65 इंच
= 4225 इंच
145 ÷ 4225
= 0.0343
0.0343 X 703 = 24.1

चार्ट से जानें कि 20 से कम बी.एम.आई. यानी अंडरवेट है।
- 20 से 26 के बीच यानी औसत वज़न है।
- 26 से 29 के बीच ओवर वेट है।
- 29 से अधिक है तो मोटापा माना जाएगा।

फिगर व कपड़े अपना सकेंगी।

यह समझना भी बहुत महत्त्व रखता है कि धीमी गति का अर्थ यह भी नहीं कि आप 30 पौंड की वज़न वृद्धि को 40 सप्ताह की गर्भावस्था में समान रूप से वितरित कर दें।

पहले-पहल जब शिशु चावल के दाने जितना छोटा है तो वज़न नाममात्र ही बढ़ना चाहिए।

पहली तिमाही में इसका 4 पौंड तक वज़न बढ़ना ही काफी है। मां को भी शिशु के साथ - साथ ही आगे बढ़ना चाहिए। औसत गर्भावस्था में चार से छः माह तक आदर्श वज़न वृद्धि; 1½ पौंड प्रति सप्ताह होगी और फिर आखिरी तीन माह में यह घट कर प्रति सप्ताह एक पौंड या उससे भी कम पर आ जाएगी। अक्सर इन लंबे नौ माह के दौरान अंत में कुछ मांओं का वज़न काफी हो जाता है। कुछ महिलाओं का वज़न आखिरी

वजन बढ़ने की दर

बी.एम.आई	पहली तिमाही (2 से 13 सप्ताह)	(14 से 40 सप्ताह) के लिए साप्ताहिक वजन वृद्धि	वजन में कुल वृद्धि
वजन कम होना (20 से कम बी.एम.आई)	5 पौंड	प्रति सप्ताह 1 पौंड से थोड़ा अधिक	28 से 40 पौंड
सामान्य वजन (20 से 26 बी.एम.आई)	3.5 पौंड	लगभग 1 पौंड प्रति सप्ताह	25 से 35 पौंड
अधिक वजन (26 से 29 बी.एम.आई)	2 पौंड	लगभग 2/3 पौंड प्रति सप्ताह	15 से 25 पौंड
मोटापा (29 से अधिक बी.एम.आई)	2 पौंड	लगभग 2/3 पौंड प्रति सप्ताह	15 से 20 पौंड

फास्ट फैक्ट

दूसरी तिमाही में उत्तकों के फैलने से ही आपके वज़न में ज्यादा वृद्धि होती है। तीसरी तिमाही में शिशु का वज़न भी दुगना हो जाता है। बस अब सारा दोष मीठे खानपान को न दें।

माह में एक पौंड तक बढ़ता है तो कुछ का आखिरी दो सप्ताह में भी वज़न घटता है।

क्या प्रत्येक गर्भवती महिला को वज़न का यही फार्मूला अपनाना चाहिए। जो महिलाएं पहले कुछ महीनों में, पूरी उत्सुकता से वज़न बढ़ाती हैं, वे आने वाले समय में निढाल हो जाती हैं। कुछ के लिए पहली तिमाही में पानी की बूंद तक पीना मुहाल हो जाता है।

वैसे गर्भावस्था में वज़न के उतार-चढ़ाव का भूख से भी काफी गहरा नाता है। आप पाएंगी कि कभी तो जोरों की भूख सताती है तो कभी भूख ही नहीं लगती। कभी जी मिचलाता है तो कभी पेट गड़बड़ हो जाता है। पहली तिमाही में किसी खास भोजन या गंध के कारण भी खाने से अरुचि हो जाती है। वैसे 12 से 17 सप्ताह के दौरान, अचानक जी मिचलाना बंद हो जाता है व भूख खुल जाती है पर इस भूख से जरा बच के भी रहें, हो सकता है कि भरपेट खाने में बड़ा मजा आ रहा हो, पर आपने शिशु के लिए पौष्टिकता पर पहले ध्यान देना है। सिर्फ स्वाद के लिए कुछ भी खाती रहीं तो शरीर पर अतिरिक्त चर्बी ही चढ़ेगी।

वज़न की जांच

वज़न में अचानक कमी या तेजी खतरे का संकेत होती है, डॉक्टर की राय लें।

चार से आठ माह के दौरान अगर दो सप्ताह तक बिल्कुल वज़न न बढ़े तो डॉक्टर से मिलें।

यदि डॉक्टर निश्चिंत हो तो आप भी कोई चिंता न करें। स्वस्थ आहार लेती रहें व पुस्तक में दिए उपाय अपनाएं ताकि जल्दी से वज़न बढ़ सके।

कम वज़न बढ़ने से हानि

वैसे तो तकरीबन महिलाएं गर्भावस्था के दौरान ज्यादा वज़न होने से चिंतित रहती हैं, पर वज़न का कम बढ़ना भी आपके व शिशु के लिए हानिकारक हो सकता है। ऐसी महिलाओं में निम्नलिखित खतरे हो सकते हैं :

समय से पहले प्रसव : कम वज़न वाली महिलाओं में समय से पहले प्रसव की जटिलता हो सकती है। यह तब होता है, जब खासतौर पर उनका वज़न कम हो। गर्भावस्था से पहले औसत वज़न रहा हो।

कम वज़न वाले शिशु का जन्म : यदि आपका वज़न कम होगा तो गर्भाशय में पल रहे शिशु का वज़न भी नहीं बढ़ पाएगा। गर्भावस्था में कैलोरी पर पाबंदी व पर्याप्त

वेटफोबिया

यदि आप भी गर्भावस्था में बढ़ते वज़न से भयभीत है तो जान लें कि और भी बहुत-सी महिलाओं को इस दौरान वेटफोबिया होता है। इससे पहले कि बढ़ता वज़न आप पर नकारात्मक प्रभाव डाले, इसकी चंगुल से छूटें व खुद को याद दिलाएं कि गर्भावस्था में बढ़ा वज़न आपके शिशु व आपके लिए सुंदर व स्वस्थकर है।

वज़न का न बढ़ना, धूम्रपान जितना ही हानिकारक हो सकता है। कम वज़न वाले शिशुओं में स्वास्थ्य व विकास संबंधी समस्याएं हो सकती हैं।

गर्भावस्था की जटिलताएं : मां का वज़न कम होने से एमीनायोटिक द्रव्य के संक्रमण का खतरा बढ़ जाता है। प्रसव से पहले ही प्लेसेंटा गर्भाशय से अलग हो सकता है। मैक्ब्रेन समय से पहले फट सकती है, प्लेसेंटा को नुकसान हो सकता है या उसकी स्थिति असामान्य हो सकती है। इन जटिलताओं के कारण समय से पूर्व प्रसव व दूसरी जटिलताएं भी हो सकती हैं।

अधिक वज़न होने से हानि

यह तो साफ है कि आपका कम वज़न, शिशु के विकास को प्रभावित करके, गर्भावस्था की कई जटिलताएं पैदा कर सकता है। किंतु जरूरत से ज्यादा वज़न भी मुसीबत की जड़ है। तकरीबन तकलीफें मां से जुड़ी होती हैं (हालांकि वे अप्रत्यक्ष रूप से शिशु को भी प्रभावित करती हैं)। अधिक वज़न वाली महिलाओं को गर्भकाल में निम्नलिखित समस्याएं हो सकती हैं।

मुश्किलों से भरी गर्भावस्था : जरूरत से ज्यादा वज़न गर्भावस्था की कई समस्याओं को और भी बढ़ा देता है; जैसे – पीठ में दर्द, थकान, टांगों में दर्द, वेरीकोज़ वेन्स, छाती में जलन, हीमरॉयडस, सांस लेने में तकलीफ व जोड़ों की जकड़न।

प्रसव व डिलीवरी की जटिलता : प्राय: अधिक वज़न वाली महिलाएं अधिक वज़न वाले शिशुओं को ही जन्म देती हैं। भारी शिशु, औसत वज़न वाले बच्चों की तुलना में डिलीवरी के समय परेशानी बढ़ा देता है। हो सकता है कि कुछ मेडिकल साधनों का प्रयोग करना पड़े या सर्जरी भी हो सकती है।

स्तनपान में कठिनाई : एक अध्ययन से पता चला है कि अधिक भार वाली 75 प्रतिशत महिलाओं को, अपने शिशुओं को स्तनपान कराने में कठिनाई होती है।

भावी मोटापा : अध्ययन कहते हैं कि यदि गर्भावस्था में अधिक वज़न पाने वाली मां प्रसव के बाद छह माह में भी अपना वज़न घटा नहीं पाती तो आनेवाले दस सालों में, उनके लिए मोटा होने का खतरा ज्यादा होता है।

भावी स्वास्थ्य संबंधी समस्याएं : अधिक वज़न वाली महिलाएं हाइपरटेंशन, मधुमेह, हृदयघात व हृदय रोग जैसी कई भयंकर बीमारियों से घिर जाती हैं।

तो सारा वज़न जाता कहां है

आप पूछ सकती हैं जब एक औसत शिशु का वज़न 7 से 8 पौंड होता है और मैं 25 से 35 पौंड वज़न बढ़ाती हूं तो बाकी वज़न कहां जायेगा? क्या यह चर्बी मेरी बाहों, जांघों व नितंबों पर चढ़ जाएगी? या मेरी कमर ही कमरा दिखने लगेगी ?

चिंता न करें। वैसे तो आपको प्रसव व डिलीवरी के अलावा स्तनपान के लिए थोड़ा भंडार बचा कर रखना है। पर तकरीबन मातृत्व वसा शिशु निर्माण के काम आता है। यह सभी महिलाओं में अलग-अलग होता है। यह सामान्यत: इस रूप में होता है।

शिशु का औसत वज़न .....7½ पौंड

स्तनों का विस्तार..........................2 पौंड

प्लेसेंटा................................1½ पौंड

गर्भाशय का विस्तार....................2 पौंड

एमीनायोटिक तरल पदार्थ ....2 पौंड

आपका फालतू रक्त....................4 पौंड

शरीर का फालतू वसा...............7 पौंड

शिशु के फालतू ताव....................4 पौंड

औसत कुल वज़न......................30 पौंड

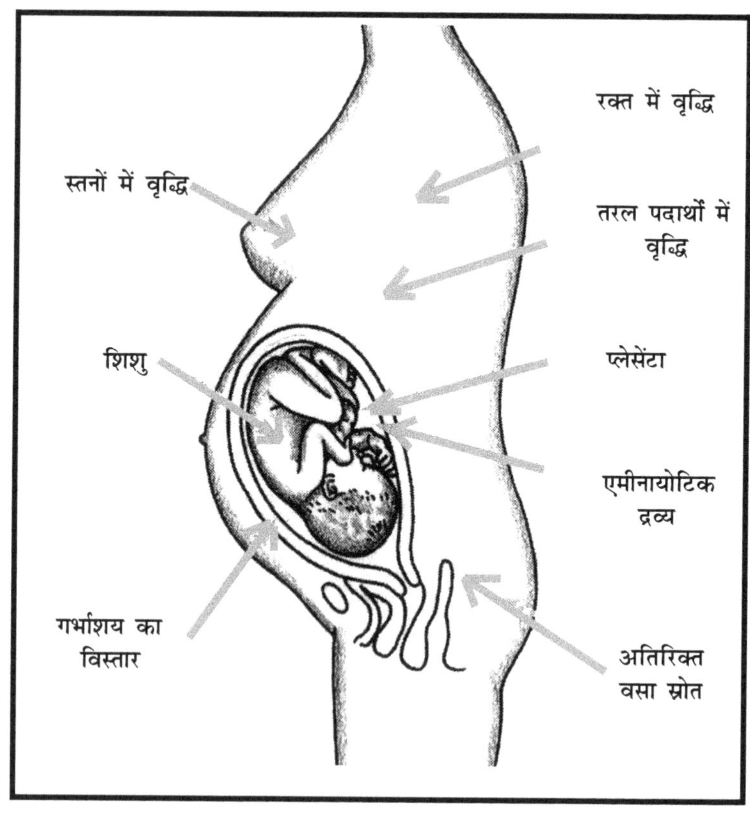

वज़न की माप

अधिकतर महिलाएं बाथरूम में, एकांत या डॉक्टर के सामने अपने वज़न की जांच करती हैं, किंतु सौभाग्य से आपको गर्भावस्था के दौरान नियमित रूप से अपने वज़न की जांच करते रहना जरूरी नहीं है। बेहतर होगा कि आप रोज वज़न देखने की बजाय हर सप्ताह अपना वज़न देखें।

वहीं दूसरी ओर, यदि अपने बेहतर खानपान के बारे में संदेह हो तो डॉक्टर से भेंट करने तक इंतजार करें। उस जांच से सारे संदेह दूर हो जायेंगे।

यदि रोज वज़न जांचे बिना मन न माने तो रोज का वज़न लें, उसे जोड़कर 7 दिन से भाग करें। इस तरह वज़न का साप्ताहिक औसत निकल आएगा।

इस तरह आप अपनी प्रगति का बेहतर अनुमान लगा सकेंगी। जब भी वज़न लें तो नियमित समय व अवस्था में लेने का प्रयास करें। यदि हो सके तो मल त्याग के बाद व कम से कम वस्त्रों में व एक ही मशीन से वज़न तोलें। आपकी घरेलू मशीन व डॉक्टर के यहां पड़ी मशीन के माप में अंतर आ सकता है।

थोड़ा समझदारी से चलें। यह न मानें कि आप रोज प्रति सप्ताह के हिसाब से नियमित दर से वज़न बढ़ाएंगी। थोड़ा-बहुत उतार-चढ़ाव स्वाभाविक है। नमकीन या जलयुक्त भोजन, जहां वज़न में वृद्धि दिखा सकता है, वहीं एक दिन का डायरिया इस अंक को नीचे भी ला सकता है। दोनों ही स्थितियां अस्थायी हैं जो एक-दो दिन में स्वयं ठीक हो जायेंगी।

जब भी गर्भावस्था के लिए वज़न मापने की बात आए तो हमेशा बिग पिक्चर पर ही ध्यान देना चाहिए।

वज़न में वृद्धि का प्लॉट बनाएं

आप पाएंगी कि गर्भावस्था के दौरान किसी भी बात का ब्यौरा रख पाना बड़ा चुनौतीपूर्ण हो जाता है। इस दौरान वज़न का हिसाब रख पाना भी आसान नहीं होता। यदि घर में वज़न जांचने की मशीन है तो हर एक-दो सप्ताह में अपना वज़न देखें। फिर वज़न में वृद्धि को ग्राफ पर डालें। ग्राफ के निचले हिस्से में गर्भावस्था के सप्ताह लिखें। वज़न में वृद्धि को पौंड में (ग्राफ के बाईं ओर) दर्शाएं। जहां पौंड व सप्ताह मिले, वहां एक बिंदु लगाएं। फिर बिंदु मिलाकर ग्राफ पूरा करें।

पहली तिमाही **दूसरी तिमाही** **तीसरी तिमाही**

वज़न में वृद्धि

44
42
40
38
36
34
32
28
26
24
22
20
18
16
14
12
10
8
6
4
2
0
–2
–4

0 2 4 6 8 10 12 14 16 18 20 22 24 26 28 30 32 34 36 38 40 42

सप्ताह

अगर वज़न तेजी से बढ़ रहा है

आप कैसे कह सकती हैं कि वज़न तेजी से बढ़ रहा है? अध्ययन कहते हैं कि पहली तिमाही ही इसे जानने की कुंजी है। अगर आपने पहले 12 सप्ताह में $3\frac{1}{2}$ पौंड से ज्यादा वज़न ले लिया है। यदि ओवरवेट हैं तो 2 पौंड, यदि अंडरवेट हैं तो 5 पौंड, फिर आपको अपने आहार पर ध्यान देना होगा।

हालांकि अधिकतर डॉक्टर पहली तिमाही के दौरान थोड़े-बहुत अधिक वज़न के कारण चिंतित नहीं होते क्योंकि पूरी गर्भावस्था के दौरान उसे समय पर आने में देर नहीं लगती।

यदि डॉक्टर व आपने देखा कि वज़न तेजी से बढ़ रहा है तो बचाव के निम्नलिखित उपाय अपना सकती हैं :

कैलोरी घटाएं : हालांकि गर्भावस्था में डाइटिंग की कोशिश कभी न करें, पर आपको वज़न बढ़ने की गति घटानी है इसलिए कैलोरी को घटाने की तकनीकें अपनाएं। कम कैलोरी से अधिक पोषण लेने का प्रयास करें। जैसे–लो फैट दूध लें, सूखी ख़ूबानी के बजाय ताजा खरबूजा या स्ट्रॉबेरी लें, अपने चिप्स बेक करें। चिकन टंगड़ी की जगह चिकन ब्रेस्ट लें। तलने-भूनने की बजाय रोस्टिंग, पोचिंग या ग्रिलिंग करें।

वसा की मात्रा घटाएं : वैसे तो गर्भावस्था के दौरान आहार में थोड़ी वसा चाहिए, पर इसकी अधिक मात्रा आपके लिए नुकसानदायक है। डेली डज़न जरूरत में से वसा की सर्विंग घटाकर देखें कि क्या वज़न पर कोई असर होता है। याद रखें कि आपको अनेक स्रोतों से वसा मिलती है, जैसे– तेल, मार्जरीन व मक्खन आदि। विविध खाद्य पदार्थों में छिपी वसा को भी नजरअंदाज न करें।

सक्रिय रहें : हो सकता है कि अधिक वज़न का संबंध आपके भोजन से न होकर, जीवन शैली से हो। डॉक्टर की अनुमति से सैर पर जाएं; हल्का व्यायाम करें व हमारी पुस्तक में दिए गए व्यायाम (क्या करें जब मां बनें) भी आजमाएं।

फैट फैक्ट

मिथक : फैट फ्री लेबल वाले मफिन, क्रिस्प व कुकीज़ आदि से वज़न नहीं बढ़ता।

सत्य : इस लेबल से कुछ नहीं होता। लगातार सर्विंग लेने से भी शुगर व रिफाइंड कार्ब तो अंदर जा ही रहे हैं। इसलिए चाहे कोई उत्पाद फैट फ्री हो या न हो, उसका प्रयोग सीमित मात्रा में करें।

मिथक : 'लो-कार्ब' फूड में वसा नहीं होती, इसलिए उन्हें भी मजे से खा सकते हैं।

सत्य : वे उत्पाद भी प्रोसेस्ड व गैर-पौष्टिक हो सकते हैं। उनमें कैलोरी तथा वसा भी पाई जाती है, इसलिए यह मिथक सच नहीं है। वैसे भी वे गर्भवती महिलाओं के लिए नहीं होते। आपको तो कार्ब की भरपूर मात्रा चाहिए।

यदि कभी खाना भी चाहें तो पहले सावधानीपूर्वक लेबल पढ़ लें।

वज़न में वृद्धि का प्लांट : वैसे तो इस दौरान किसी भी चीज का रिकार्ड रखना चुनौतीपूर्ण होता है, पर एक-दो सप्ताह में अपना वज़न स्वयं देखती रहें।

खाने की मेज पर आंखें खुली रखें कि आप वास्तव में क्या खा रही हैं। अखबार पढ़ते हुए , एक के बाद दूसरा मफिन खाना या ई मेल करते हुए पूरा बैग भरकर क्रिस्प खाना बड़ा आसान होता है या टी.वी. के आगे स्नैक्स का मजा दुगना हो जाना। आप देखती कुछ है और मुंह लगातार चलता रहता है। इस तरह ओवरडाइटिंग की शिकार हो जाती हैं। भोजन को अच्छी तरह चबाकर पूरा स्वाद लें ताकि कम भोजन से भी संतुष्टि मिल जाए।

डॉक्टर से पूछें : यदि आप उचित मात्रा में खाती हैं, व्यायाम करती हैं और फिर भी वज़न बढ़ता है तो कोई मेडिकल कारण भी हो सकता है। हो सकता है कि डॉक्टर आपके थायराइड की जांच करना चाहें। वज़न में अचानक वृद्धि के साथ हाथ-पैर में सूजन, सिरदर्द व नजर धुंधलाने जैसी समस्याएं होने लगे, तो उसी समय डॉक्टर से मिलें।

क्विक-फिक्स

यदि वज़न ज्यादा तेजी से बढ़े तो कम कैलोरी युक्त व्यंजन चुनें - पर्याप्त मात्रा में खाएं ताकि बार-बार कुछ न खाना पड़ें।

यदि वज़न बहुत धीरे बढ़े तो

मॉर्निंग सिकनेस व अन्य गर्भावस्था लक्षणों के कारण हो सकता है कि आप अनिवार्य दर से वज़न न बढ़ा पा रही हों। वैसे पहली तिमाही में तो इतनी चिंता न करें, पर इसके बाद इस ओर थोड़ा ध्यान देना होगा।

डाइट बढ़ाएं : अपने भोजन में कैलोरी तथा वसा की मात्रा बढ़ाएं। पौष्टिक आहार को पाने के लिए विविध स्रोतों पर ध्यान दें।

ज्यादा समझदारी न दिखाएं : कई महिलाएं ऐसा भोजन चुनती हैं जो कम कैलोरी में अधिक पौष्टिकता दें। पर अगर आपका वज़न नहीं बढ़ रहा है तो यह तरीका आपके लिए ठीक नहीं है। आपको इसके विपरीत करना होगा। आपके आहार में कैलारी व पौष्टिकता का संतुलित अनुपात होना चाहिए। एवोकाडो, मेवे, पनीर, बींस आदि पर ध्यान दें।

स्नैक्स को शामिल करें : प्रमुख भोजन के दौरान, दिन में दो-तीन बार स्नैकस ब्रेक लें। वह पौष्टिकता से भरपूर हो पर ज्यादा कैलोरी वाला न हो, वरना खाने की भूख नहीं रहेगी।

थोड़ा-सा आराम : यदि आप डाइट लेने के साथ-साथ कड़ी मेहनत से कैलोरी को व्यय कर रही हैं तो वज़न कैसे बढ़ेगा? यह कैलोरी तो आपके व शिशु के शरीर के लिए है। यदि मेहनत ज्यादा करती हैं तो उसी अनुपात में कैलोरी की मात्रा भी बढ़ाएं। यदि आपका काम तनावपूर्ण हैं तो लंच व स्नैक्स ब्रेक के दौरान थोड़ा रिलैक्स होना न भूलें।

डॉक्टर से मिलें : यदि वज़न फिर भी न बढ़े तो डॉक्टर से मिलें। हो सकता है कि थायराइड या दूसरा मेडिकल कारण आड़े आ रहा हो। उनकी मदद से समस्या हल हो जाएगी।

जुड़वां बच्चों के लिए वज़न बढ़ाना

एक से अधिक शिशु को जन्म देने वाली हैं? फिर तो आपको एक सामान्य गर्भवती मां से अधिक वज़न बढ़ाना है। आपको दो प्लेसेंटा की पूर्ति करनी है। यानी सब कुछ तकरीबन दुगना होगा। पर वज़न के मामले में इसे सामान्य श्रेणी से दुगना न मानें। यदि औसत आकार की महिला जुड़वां बच्चों को जन्म देने वाली हो तो उसके लिए 35 से 45 पौंड की वृद्धि आदर्श होगी। यदि शिशु तीन हैं तो यह वज़न 45 से 55 पौंड तक हो सकता है।

गर्भावस्था में वज़न बढ़ाना आसान है पर प्रसव के बाद वज़न घटाना थोड़ा कठिन हो सकता है। (हमारे अध्याय दस में दिए टिप्स पढ़ें।)

पारंपरिक मान्यताएं

हमारी दाईयां आरंभ से ही, अपने अनुमानों के बल पर जन्म से पूर्व शिशु का लिंग बताने का प्रयत्न करती आई हैं। जी हां, आप भी सुनें, सिर्फ पेट का वज़न बढ़े तो लड़का पैदा होगा। यदि पूरे शरीर में फैले तो लड़की पैदा होगी।

हालांकि इन अनुमानों के बल पर पहले ही नर्सरी की तैयारी करना ठीक नहीं है। इन अनुमानों को 50-50 प्रतिशत मानकर चलने में ही भलाई है।

गर्भधारण करने वाले शरीर से लगाव

कितना अच्छा होता कि प्रत्येक गर्भवती महिला उचित मात्रा में ही वज़न बढ़ाती व हर पौंड उसके नन्हें से खूबसूरत पेट में ही जमा होता। अच्छा लगता है पर हकीकत नहीं है।

तकरीबन महिलाओं की गर्भावस्था के दौरान शरीर के हर हिस्से का वज़न बढ़ता है। वज़न बढ़ने से आपके पेट का उभार दिखने लगता है, पर कई बार यही वज़न आपके नितंबों, गालों व जांघों पर भी दिखने लगता है।

कुछ महिलाएं तो इसे स्वस्थ शिशु के आगमन से जोड़कर, अपने मन को तसल्ली दे लेती हैं, किंतु जो पहले भी वज़न संबंधी दिक्कतों से जूझ चुकी हैं, उनके लिए अपनी फिगर से जुड़ी इस समस्या से पार पाना थोड़ा मुश्किल हो जाता है। वे स्वयं को मोटी व भद्दी मानने लगती हैं।

कुछ महिलाओं को इस बात से कोई फर्क नहीं पड़ता कि पिछले शुक्रवार से इस सोमवार तक इतना वज़न कैसे बढ़ गया? कुछ के लिए गर्भधारण से वज़न बढ़ने का फोबिया

लड़का हो सकता है

अगर आप किसी किशोर लड़के की तरह डर कर खा रही हैं तो हो सकता है कि किसी लड़के का जन्म होने वाला हो। अध्ययन कहते हैं कि लड़के को गर्भ में धारण करने वाली मां, दूसरी गर्भवती की तुलना में 10 प्रतिशत अधिक कैलोरी, 8 प्रतिशत अधिक प्रोटीन व अधिक वसा तथा कार्ब लेती है। उनका वजन भी दूसरों के मुकाबले इतना नहीं होता।

संभवतः तभी लड़के लड़कियों के मुकाबले जन्म के समय भारी होते हैं। ऐसी गर्भवती महिलाओं को अपने भ्रूण के संकेत पर बार-बार फ्रिज के चक्कर लगाने पड़ते हैं। यानी भूख मिटाने का कोई प्रबंध। शायद मां को अभ्यास करवाया जाता हो कि आने वाले सालों में यही सब होना है।

भी बढ़ जाता है; जैसे-जैसे वज़न बढ़ता है, उनका आत्मविश्वास डांवाडोल होने लगता है।

बेशक आप भी वज़न बढ़ने से परेशान हैं, पर आपको अपने गर्भवती शरीर को मान देना सीखना होगा। इस तरह आप छवि से जुड़ी मानसिक समस्याएं हल कर पाएंगी।

♦ थोड़ा अलग तरह से सोचें। अपने शरीर पर जमी चर्बी को नजरअंदाज करें। हर सप्ताह वज़न न तोलें। अपने वज़न को इस अध्याय में दिए गए ग्राफ के हिसाब से न देखें। डॉक्टर के पास जाने पर, वज़न तोलने की मशीन को झांके भी नहीं। जब नर्स वज़न का आंकड़ा बोलने लगे तो उसे अनसुना कर दें। यदि डॉक्टर या दाई आपके वज़न की प्रगति से संतुष्ट हैं तो आपको भी होना चाहिए। यदि आप पीछे से भी काफी मोटी हो गई हैं तो मेटरनिटी दुकानों में ऐसे आईनों में न झांके जो शरीर का पिछला हिस्सा भी दिखाते हों।

♦ उचित प्रकार से खाएं व आनंद मनाएं, भोजन का पूरा आनंद लें, अपराध बोध न पालें। गर्भावस्था न केवल खाने बल्कि स्वस्थ खानपान का भी बेहतर अवसर है। हर कैलोरी गिनने की बजाए पोषक तत्त्व गिनें। यदि छवि पर पड़ने वाले दीर्घकालीन प्रभावों से चिंतित हैं तो ध्यान दें : यदि आप गुणवत्ता पूर्ण भोजन से वज़न बढ़ा रही हैं तो शिशु निर्माण के लिए सम्पूर्ण पोषक तत्त्व मिलते रहेंगे और जांघों-नितंबों पर चर्बी नहीं जमेगी। यह आपके व शिशु दोनों के लिए ही फायदेमंद होगा।

♦ जैसा भी है, अपने आप को सराहें। अपने बदलते शरीर के साथ अच्छा महसूस करें। एंटीनैटल कक्षा में जाए, शरीर को टोनअप कर पाएंगी व साथ ही दूसरी गर्भवती महिलाओं से बात करके भी मन हल्का होगा। अपने पेट के उभार को छिपाने के बजाय ऐसे कपड़े पहने जो आपके शरीर को खूबसूरत दिखा सकें। हर माह इन कपड़ों में अपनी तस्वीर अवश्य खिंचवाए ताकि आपको गर्भावस्था की प्रगति का अंदाजा हो सके।

♦ याद रखें कि आप अपना वज़न किसके लिए बढ़ा रही हैं। आपका वज़न बढ़ने से शिशु का वज़न भी बढ़ रहा है। गर्भावस्था के इस समय में आप एक सुंदर शिशु का निर्माण कर रही हैं और यह तो खुश होने वाली बात है।

♦ याद रखें, यह सब हमेशा के लिए नहीं है। यह नौ माह के लिए अस्थायी

तौर पर हो रहा है। शिशु का जन्म होने के बाद आप धीरे-धीरे फिर से अपना फिगर पा लेंगी।

♦ किसी की मदद लें। बेशक आपका साथी/पति इस बारे में मदद कर सकते हैं। पुरुषों को हमेशा से ही गर्भवती स्त्री का शरीर कामुक लगता है, किंतु वे उसे ही कह नहीं पाते, जिसे यह सब सुनना चाहिए। किसी दूसरी गर्भवती या पहले गर्भवती हो चुकी महिला से भावनाएं बांटें। यदि फिर भी छवि से जुड़ी नकारात्मक सोच पर काबू न हो पाएं तो किसी थेरेपिस्ट की मदद लें।

प्र. मिडवाइफ ने कहा कि तीसरे महीने के अंत तक मेरा वज़न 3 से 4 पौंड तक बढ़ना चाहिए। 12 सप्ताह का गर्भ होने के बावजूद मैं अभी तक उचित मात्रा में वज़न नहीं बढ़ा पाई व 5 पौंड वज़न घट गया है। मैं शिशु के लिए चिंतित हूं।

उ. कई महिलाओं के लिए पहली तिमाही में वज़न बढ़ाना बेहद आसान होता है पर कईयों के लिए मॉर्निंग सिकनेस व भोजन से अरुचि के कारण यह एक बड़ा सघर्ष हो जाता है। इस तरह वज़न बढ़ने की बजाय घटने लगता है।

वैसे पहली तिमाही में भ्रूण को इतनी अधिक कैलोरी की आवश्यकता नहीं होती जितनी कि आने वाले छः महीनों में होगी। इसलिए इसमें कोई हर्ज नहीं है। अब आपको थोड़ी फुर्ती दिखाते हुए, खानपान पर ज्यादा ध्यान देना होगा ताकि पिछली कमी पूरी हो सकें और अब इसमें ज्यादा मुश्किल भी नहीं होगी, बस आपके आहार में पौष्टिकता का समावेश होना चाहिए।

प्र. मुझे 34 सप्ताह का गर्भ है और पहले से ही काफी वज़न हो चुका है। क्या मैं अभी से डाइटिंग शुरू कर दूं ताकि प्रसव के बाद अपने फिगर में आने में दिक्कत न हो।

उ. गर्भावस्था में डाइटिंग के बारे में कभी न सोचें। हो सकता है कि आपने जरूरी वज़न बढ़ा लिया हो पर शिशु को तो लगातार बढ़ने के लिए कैलोरी पाने की आवश्यकता है। उसे जन्म के लिए स्वयं को तैयार करने के लिए ऊर्जा चाहिए, वह आपसे ही मिलती है।

उसे दांतों व हड्डियों के लिए कैल्शियम चाहिए यानी आपको दूध, पनीर व दही खाना है। आंखें, त्वचा व स्नायु के विकास के लिए वसा व खासतौर पर ओमेगा-3 फैटी एसिड चाहिए। तीसरी तिमाही में शिशु का वज़न बढ़ता है। यदि कैलोरी घटा देंगी तो उसका वज़न नहीं बढ़ पाएगा।

वैसे आप खाते समय थोड़ा ध्यान रख सकती हैं कि ऐसे खाद्य पदार्थ चुनें जिनसे कम कैलोरी में अधिक पोषण मिल सकें।

शिशु के अनिवार्य पोषक तत्त्व

आप प्रत्येक फूड लेबल पर लिखा देखती हैं रिकमेंडिड डायटरी एलाउंसिस स्टैंडर्ड। यदि आप पढ़ सकती हैं तो वे बारीक अक्षर आपको बताते हैं कि यह उत्पाद कितना पौष्टिक है, इसमें प्रोटीन, वसा, कार्ब व सोडियम की कितनी मात्रा है या कितना विटामिन व मिनरल शामिल है।

आजकल सुपर मार्केट शेल्फ में मिलने वाले तकरीबन हर खाद्य पदार्थ पर उसका पोषक मूल्य व पोषक तत्त्व लिखे होते हैं। इनके अलावा आप डॉक्टर द्वारा बताया गया प्रीनैटल विटामिन भी ले रही हैं। पर जब आप घर में मुसली बार या फ्रोजन स्ट्रॉबेरी पर लिखे पोषक तत्त्वों को पढ़कर घर ले जाती हैं तो क्या वास्तव में आपकी दैनिक खुराक की पूर्ति हो पाती है। क्या उनसे वास्तव में शिशु को कोई लाभ होता है।

पांचवें अध्याय से आप जान सकती हैं कि किस खाद्य समूह से कितनी सर्विंग ली जानी चाहिए ताकि एक स्वस्थ गर्भावस्था बरकरार रहे। वैसे पहले आपको यह भी जान लेना चाहिए कि ये पौष्टिक तत्त्व इतने खास क्यों हैं और शिशु के मानसिक व शारीरिक विकास में क्या व कितनी भूमिका निभाते हैं।

एक शिशु का निर्माण

तकरीबन 266 दिनों में आपका शिशु एक कोशिका से संपूर्ण मनुष्य में बदल जाएगा। इस दौरान जबरदस्त बदलाव होंगे। उसके शरीर के महत्त्वपूर्ण अंग (फेफड़े, हृदय, पेट) से लेकर महत्त्वपूर्ण तंत्र (पाचन, मूत्र व परिसंचरण) आदि बनेंगे। हाथों-पैरों का विकास होगा। उसका केंद्रीय तंत्रिका तंत्र व मस्तिष्क विकसित होगा। आपके सामने उन्हीं परिवर्तनों की एक झलक प्रस्तुत है :

पहली तिमाही

स्पर्म व अंडे का मेल होते ही, निषेचित अंडा आपकी फैलोपियन ट्यूब में आ जाएगा। गर्भधारण के सात से दस दिन के भीतर कोशिकाओं का बंडल आपके गर्भाशय में स्थित हो जाएगा। बाहरी कोशिकाओं से प्लेसेंटा तथा भीतरी कोशिकाओं (तीन परतों से बनी) से शिशु का निर्माण होगा।

यह नया स्थापित भ्रूण वैयक्तिक होने लगेगा। बाहरी परत (एक्टोडर्म) मस्तिष्क, स्नायु तंत्र, बाल व त्वचा में विकसित होगा। बीच वाली परत (मीसोडर्म) मांसपेशी, हड्डियां, कार्डियो वास्क्युलर व उत्सर्जन तंत्र में विकसित होगी। भीतरी परत (एंडोडर्म) पाचन तंत्र, फेफड़ों व ग्रंथियों में विकसित होगी । गर्भावस्था के आरंभ के साथ ही शिशु के मस्तिष्क व मेरुदंड के विकास का आरंभ हो जाएगा। पांचवें सप्ताह के मध्य में

प्लेसेंटा का काम

प्लेसेंटा के कारण ही शिशु का निर्माण संभव हो पाता है। रक्त नलिकाओं व उत्तकों का एक जटिल नेटवर्क गर्भाशय की दीवार तथा शिशु से नाल द्वारा जुड़ा होता है, प्लेसेंटा में दो रक्त आपूर्तियां होती हैं आपकी व शिशु की, ये भले ही संपर्क रखें, किंतु कभी एक-दूसरे को छूती नहीं। यह कई महत्त्वपूर्ण भूमिकाएं निभाता है, इसके द्वारा बनाए गए हारमोन वृद्धि व विकास में सहायक होते हैं। इसकी एक विशेषज्ञ पाइपलाइन आपके माध्यम से शिशु को पोषक तत्त्व पहुंचाती है और उसके व्यर्थ पदार्थ आप तक पहुंचाती है ताकि आप उन्हें निकाल सकें। जब आप कुछ खाती हैं तो उसके पोषक तत्त्व आपकी रक्तधारा में प्रवाहित हो जाते हैं। आपके शरीर की जरूरत पूरी होने के बाद वे ऑक्सीजन, तरल पदार्थों व दूसरे महत्त्वपूर्ण पदार्थों के साथ आपके भ्रूण तक पहुंच जाते हैं। फिर उसी माध्यम से शिशु के व्यर्थ पदार्थ आपके उत्सर्जन अंगों तक आते हैं। शिशु के बढ़ने से प्लेसेंटा भी बढ़ता है, किंतु इसमें आपके आहार का भी हाथ है। पूरा आहार लेने वाली मां का प्लेसेंटा भी बड़ा व उत्पादक होगा। वैसे याद रखें कि इसी माध्यम से शिशु तक आपके शराब, तंबाकू, धूम्रपान का हानिकारक असर भी जा सकता है।

दिल धड़कने लगेगा। हाथ-पांव उगने लगेंगे। जब भ्रूण चावल के दाने जितना होगा तो लीवर, किडनी व थायराइड ग्रंथि दिखने लगेंगे। आंखों की पलकें उभरने लगेंगी व नाक, कान, होंठ, दांत, मसूड़े व जबड़ा आकार लेने लगेंगे। पहली तिमाही के बीच किडनी काम करने लगेगी, लीवर में रक्त व पेट में पाचक रस बनने लगेंगे। अब भ्रूण कॉफी बीन के आकार जितना होगा। शिशु का ढांचा पहले ही बन चुका है व हाथ-पैर की अंगुलियां तैयार हो रही हैं। हाथों की छाप बन रही है और भीतरी अंग परिपक्व हो रहे हैं।

पहली तिमाही के अंत तक आपका शिशु इंसानी बालक की तरह दिखेगा व चेहरे पर भाव ला सकता है। उसका स्वर तंत्र विकसित हो रहा है, हड्डियां तथा नाखून बन रहे हैं व दांतों की भी शुरुआत हो रही है। गुप्तांग भी विकसित हो रहे हैं।

दूसरी तिमाही

हड्डियां विकसित होकर मजबूत हो रही हैं। भ्रूण अपनी मुड़ी हुई अवस्था से सीधा हो रहा है। बाल पैदा हो रहे हैं। मांसपेशियां विकसित हो रही हैं। 10 से 20 सप्ताह में वह लातें चलाने लगेगा।

छठे महीने से वह सुनने लगेगा व तेज आवाजों से डर जाएगा। त्वचा पर मोमयुक्त परत जम जाएगी जो लंबे समय तक एमीनायोटिक द्रव्य में रहने पर भी त्वचा का बचाव करती है। दूसरी तिमाही के अंत तक भ्रूण सोने व जागने लगेगा व संयोजित गतिविधियां करेगा, जैसे आंखें खोलना व बंद करना, प्रकाश के लिए प्रतिक्रिया देना। इस दौरान लड़के के अंडकोश भी विकसित होने लगते हैं।

तीसरी तिमाही

इस तिमाही में प्रति सप्ताह शिशु का वजन बढ़ेगा। उसकी त्वचा के नीचे वसा का जमाव होगा व उसका शरीर भरा-भरा दिखने लगेगा। सिर पर काफी बाल होंगे। आंख की भवें व पुतलियां बन जाएंगी। मेनीक्योर के लिए नाखून आ जाएंगे। फेफड़े व पाचनतंत्र परिपक्व अवस्था में होंगे, किंतु इस दौरान दिमाग का विकास सबसे तेज गति से होगा। उसकी रोग प्रतिरोधक क्षमता में भी वृद्धि होगी। इस तरह करीब चालीस सप्ताह की प्रतीक्षा के बाद शिशु जन्म लेने के लिए तैयार होगा।

ए से जिंक तक : विटामिन व मिनरल का विश्वकोश

कुछ लोग सुबह का दलिया या दोपहर का सैंडविच खाते समय प्रोटीन के बारे में सोचते तक नहीं कि वे कौन से विटामिन या मिनरल खा रहे हैं। आप जो भी भोजन लेते हैं, उसमें किसी न किसी विटामिन, मिनरल आदि पोषक तत्त्वों का समावेश होता ही है। जो आपकी सेहत व जीवन को बरकरार रखता है। गर्भावस्था के दौरान तो यह मिशन और भी खास हो जाता है, उन्हें एक नहीं दो-दो शरीरों का ध्यान रखना होता है।

आपको पहले से कहीं ज्यादा विटामिन व मिनरल की मात्रा लेनी होगी। हालांकि प्रीनैटल विटामिन सप्लीमेंट से मदद मिलेगी, किंतु इसके लिए प्राकृतिक स्रोत अधिक महत्त्व रखते हैं। यदि आप देखें कि किन स्रोतों से विटामिन व खनिज लवण पा रही हैं तो आसानी से अपना लक्ष्य पूरा

कर सकती हैं। आप शरीर के लिए सभी जरूरी विटामिन व मिनरल की जानकारी पाकर अपने ज्ञान में भी वृद्धि कर सकती हैं।

विटामिन

आप पहले ही जानती हैं कि गर्भवती महिला होने के नाते आपको एक वयस्क से भी अधिक मात्रा में विटामिन की आवश्यकता होगी, किंतु ये आएंगे कहां से।

शरीर में नॉन-डायटरी स्रोतों से केवल तीन प्रकार के विटामिन ही बनते हैं- डी, के, व विटामिन बी बायोटिन। अन्य विटामिन, आहार व सप्लीमेंट से लेने होते हैं। (तभी तो गर्भावस्था में अच्छा खानपान व विटामिन सप्लीमेंट और भी जरूरी होता है।)

विटामिन आपके व आपके शिशु के शरीर में कई खास भूमिकाएं निभाते हैं। वे मेटाबालिज्म, कोशिका उत्पादन, उत्तकों की मरम्मत व कई अन्य महत्त्वपूर्ण प्रक्रियाओं में सक्रिय होते हैं। वे कार्ब, वसा तथा प्रोटीन को भी आपके लिए ऊर्जा में बदलते हैं। विटामिन स्वयं ऊर्जा के स्रोत नहीं होते।

आप व आपके शिशु का उनके बिना निर्वाह नहीं हो सकता।

ये विटामिन वसा या जल में घुलनशील होते हैं। वसा में घुलनशील विटामिनों (ए, डी, ई, के) का शरीर में भंडारण कर सकते हैं। विटामिन ए व डी का अधिक संग्रह आपके लिए खतरनाक भी हो सकता है। बी व सी पानी में घुल जाते हैं, इसलिए शरीर में इनका भंडारण नहीं हो सकता। आपका शरीर प्रतिदिन विटामिन की मात्रा लेने के बाद, अतिरिक्त मात्रा को मूत्र के साथ बाहर निकाल देता है। इन्हें रोज ही लेना पड़ता है।

विटामिन ए

यह एक शक्तिशाली विटामिन है जो शिशु निर्माण के कई पहलुओं में काम आता है, जैसे- कोशिकाओं, हड्डियों,त्वचा व आंखों की वृद्धि तथा विकास व रोग प्रतिरोधक क्षमता आदि। मां के आहार में विटामिन ए की कमी से, समय से पहले प्रसव हो सकता है या उसके शिशु की विकास दर की गति धीमी हो सकती है। यदि लंबे समय तक विटामिन की भरपूर मात्रा ली जाए तो यह हानिकारक होगी। नवजात में जन्मजात दोष हो सकते हैं। वैसे आप चिंता न करें, ब्रोकली, गाजर व विटामिन ए युक्त फलों की अधिक मात्रा खाने से ऐसा कोई नुकसान नहीं होगा। गर्भावस्था के दौरान विटामिन ए का आर.डी.ए. 770 यू.जी. है। इसे आप आसानी से पूर्णतया संतुलित आहार से पा सकती हैं। प्रीनैटल विटामिन से बोनस भी मिल जाएगा। डेयरी व जंतु उत्पाद, पालक, केले, हरी पत्तेदार सब्जियां, संतरी व पीली सब्जियां, लाल मिर्च, दलिया व दूसरे होल ग्रेन, व्हीट जर्म, खरबूजा, आम व खूबानी आदि विटामिन ए के अच्छे स्रोत हैं।

विटामिन बी (थियामिन)

कार्ब को ऊर्जा में बदलने के लिए, लाल रक्त कोशिकाओं के निर्माण व स्नायु तंत्र की सामान्य गतिविधि बनाए रखने के लिए इसकी आवश्यकता होगी। इससे भूख खुलती है व गर्भावस्था में बेहतर खानपान लेना आसान हो जाता है। इसके अभाव से, मां में कमजोरी व थकान आ सकती है। शिशु का विकास थम सकता है।

गर्भावस्था के दौरान इसका आर.डी.ए. 1.4 एम.जी. होता है। इसके स्रोतों में ओटमील, व्हीट जर्म, सूखे बींस, मटर, मूंगफली, किशमिश, गोभी, कॉर्न, मेवे व सूरजमुखी के बीज शामिल हैं।

विटामिन बी 2 (रीबोफ्लेविन)

रीबोफ्लेविन वसा, प्रोटीन व कार्ब से मिली ऊर्जा को मुक्त करता है। इससे कोशिका विभाजन में मदद मिलती है। उत्तकों की

मरम्मत व वृद्धि में भी सहायक है। यह स्वस्थ त्वचा व आंखों के विकास के अलावा मस्तिष्क के विकास में भी वृद्धि करता है। इस विटामिन की कमी से रक्तालप्ता, पाचन संबंधी रोग व प्रतिरोधक क्षमता संबंधी रोग हो सकते हैं। मां को मुंह में छालों व भूख न लगने की समस्या हो सकती है।

गर्भावस्था के दौरान इस विटामिन का आर.डी.ए. 1.4 एम.जी. होता है। इसे दूध, दही, पनीर, अंडे, चिकन, मशरूम, मटर व बींस से ले सकते हैं।

विटामिन बी 3 (नियासीन)

नियासीन भोजन से ऊर्जा को आप तक पहुंचाने के अलावा रक्त प्रवाह में वृद्धि करता है, रक्त नलिकाएं खुलने से शिशु तक पौष्टिक तत्त्वों की अधिक मात्रा जाने लगती है। इसे भरपूर मात्रा में लेने से स्नायु तंत्र स्वस्थ होता है। शिशु का पाचनतंत्र व त्वचा भी स्वस्थ होते हैं, किंतु इसकी अत्यधिक मात्रा से त्वचा संबंधी या पेट से जुड़ी परेशानी हो सकती है।

इसका आर.डी.ए. गर्भावस्था के लिए 18 एम.जी. है। इसे मीट, मछली, चिकन, वील, लैम्ब, सालमन, मूंगफली व मशरूम से ले सकती हैं।

फास्ट फैक्ट

हवा व रोशनी से रीबोफ्लेविन नष्ट हो सकता है, इसलिए दूध व दही ढक कर रखें।

विटामिन बी 6 (पायरीडॉक्सिन)

यह विटामिन प्रोटीन की सहायता से शिशु निर्माण में सहायक होता है। यह उस प्रोटीन को भी प्रभावित करता है, जो मस्तिष्क व स्नायु तंत्र के लिए अहम भूमिका निभाते हैं। इसे लेने से न्यूटल ट्यूब डिफेक्ट का डर नहीं रहता। यह लाल व सफेद रक्त कोशिकाएं बनाने में सहायक है। इसे लेने से मॉर्निंग सिकनेस के लक्षण भी घटते हैं।

इसके अभाव में नवजात को भी त्वचा संबंधी समस्या हो सकती है।

गर्भावस्था के दौरान इसका आर.डी.ए. 1.9 एम.जी. होगा। आप केला, एवोकाडो, व्हीट जर्म, ब्राउन राइस, सोयाबीन, दलिया, चिकन, वील, लैम्ब, आलू, टमाटर, पालक व तरबूज से इसकी भरपूर मात्रा पा सकती हैं।

विटामिन बी 7 (बायोटिन)

यह अमीनो एसिड के उत्पादन में सहायक होता है तथा वसा, कार्ब व प्रोटीन के पाचन में मदद करता है। भ्रूण में कोशिका विभाजन के लिए इसकी बहुत आवश्यकता होती है। इसके अभाव से गर्भावस्था के कई लक्षण गंभीर हो सकते हैं; जैसे थकान, उल्टी, त्वचा संबंधी समस्या व मांसपेशी का दर्द। इसकी कमी के कारण बाल भी झड़ सकते हैं।

गर्भावस्था के दौरान इसका आर.डी.ए. 30 यू.जी. है। आप इसे मूंगफली, मेवे, अंडे, सोयाबीन, मशरूम, मटर, गोभी, दूध, केला, टमाटर व होल ग्रेन से पा सकती हैं।

विटामिन बी 12

यह लाल रक्त कणों, जेनेटिक सामग्री, स्नायु तंत्र के विकास नियमन में सहायक है। यह भ्रूण के विकास में अहम भूमिका निभाता है। इसकी कमी से न्यूटल ट्यूब दोष हो सकते हैं। भ्रूण में पाचन तंत्र व न्यूरोलॉजिकल तंत्र में गड़बड़ी हो सकती है व मां को निरंतर थकान रह सकती है।

गर्भवती महिला के लिए इसका आर.डी.ए. 2.6 यू.जी. है। इसे आप जंतु उत्पादों मीट, अंडे, डेयरी उत्पाद व मछली से ले सकती हैं। यदि आप दूध भी नहीं लेतीं तो आपको सप्लीमेंट, पौष्टिक यीस्ट व बी$_{12}$ युक्त सोया दूध लेना होगा।

कोलाइन

यह विटामिन बी$_{12}$ परिवार से है तथा

भ्रूण के मस्तिष्क विकास, शिक्षण व स्मृति में सहायक है। इसके अभाव में नवजात को जन्म के समय परेशानी हो सकती है। अधिक मात्रा लेने से आंत संबंधी रोग हो सकते हैं। गर्भावस्था के दौरान इसका आर.डी.ए. 450 एम.जी. है। मूंगफली, अंडे, गोभी, सोयाबीन व मीट इसके अच्छे स्रोत हैं।

फोलेट (फॉलिक एसिड)

यह तो हमेशा से चर्चा में रहता है। यह भ्रूण में न्यूटल ट्यूब दोष रोकने में सहायक है। अध्ययनों से पता चला है कि इसकी पर्याप्त मात्रा न लेने से ही प्रारम्भिक गर्भावस्था में 70 न्यूटल ट्यूब डिफेक्ट होते हैं। इसकी भरपूर मात्रा लेती रहेंगी तो कोशिका विभाजन व लाल रक्त कोशिकाओं के निर्माण में भी सहायक होगा। समय से पूर्व प्रसव की समस्या नहीं होगी। कई अध्ययन कहते हैं कि यह डाउन सिंड्रोम से भी रक्षा करता है। विटामिन की कमी से मां को एनीमिया हो सकता है। अधिक थकान महसूस हो सकती है।

गर्भवती महिला को प्रतिदिन 600 एम. सी.जी. फॉलिक एसिड चाहिए। इसे आप एवोकाडो, केला, संतरा, अंगूर के रस, अस्पारागस व पत्तेदार सब्जियों, दाल, बींस, गाटर व पालक से ले सकते हैं। तकरीबन ग्रेन उत्पाद भी फॉलिक एसिड युक्त होते हैं।

पैंटोथीनिक एसिड

यह वसा, कार्ब व प्रोटीन के मेटाबालिज्म में सहायक होता है तथा स्टीरॉयड हार्मोन के उत्पादन में मदद करता है। शरीर की एड्रिनल गतिविधि को नियंत्रित करते हुए एंटीबॉडीज पैदा करता है। इसके अभाव से संयोजन संबंधी समस्या हो सकती है। मां को नींद न आने की शिकायत हो सकती है व शिशु के विकास की दर धीमी हो सकती है।

गर्भावस्था में इसका आर.डी.ए. 6 एम.जी. है। मीट, दूध, अंडे, संतरे, आलू, ब्रोकली, मशरूम व हरी पत्तेदार सब्जियां इसके अच्छे स्रोत हैं।

विटामिन सी

विटामिन सी आपके लिए बहुत महत्त्व रखता है। यह कोलैजन के उत्पादन के लिए अनिवार्य है। यह प्रोटीन विकसित हो रहे शिशु के कार्टिलेज, मांसपेशियों, रक्त नलिकाओं व हड्डियों को ढांचा देता है। यह उत्तकों की मरम्मत व दूसरी कई चयापचय क्रियाओं के लिए भी चाहिए। यह आयरन के अवशोषण के अलावा संक्रमण रोकने में मदद करता है। इसकी पर्याप्त मात्रा लेने से नवजात का वज़न सही होता है व समय से पहले मैम्ब्रेन फटने का भय नहीं होता।

विटामिन सी की कमी से स्कर्वी, असमय प्रसव या प्री-इक्लैंपसिया की शिकायत हो सकती है।

गर्भावस्था के दौरान इसका आर.डी.ए. 85 एम.जी. है। संतरे के अलावा इसे खट्टे फलों, अस्पारागस, ब्रोकली, पत्तागोभी, फूल गोभी, लाल/हरी शिमला मिर्च, सोपीज़, शकरकंदी, टमाटर, सेब, खरबूजा, कॉर्नबेरी, हनीड्यू, कीवी, आम, पपीता, आड़ू, स्ट्रॉबेरी व तरबूज से ले सकती हैं।

विटामिन डी

दांतों व हड्डियों के लिए अनिवार्य विटामिन डी अवशोषण में भी सहायक होता है। यह गर्भावस्था में बहुत महत्त्व रखता है। इसकी कमी से रिकेट्स रोग होता है। इसकी अधिक (ज्यादा दूध पीने व प्रीनैटल सप्लीमेंट लेने से नहीं।) खुराक लेना विषयुक्त हो सकता है।

गर्भावस्था के दौरान विटामिन डी का आर.डी.ए. 5 यू.जी. है। यह शरीर में, सूर्य के प्रकाश में अल्ट्रावायलट किरणों की प्रतिक्रिया से बनता है। रोज सूरज की थोड़ी धूप जरूर सेंके। यह डिब्बाबंद सार्डिन, फोर्टीफाइड दूध, संतरे का रस तथा अंडे की जर्दी में भी होता है।

विटामिन ई

यह सैल मैम्ब्रेन को क्षतिग्रस्त होने से रोकता है। अध्ययन बताते हैं कि इसकी भरपूर मात्रा काफी लाभदायक है। विकसित हो रहे शिशु को एलर्जी का डर नहीं रहता। इसकी ज्यादा खुराक हानिकारक हो सकती है। इसलिए इसे केवल प्रीनैटल सप्लीमेंट व खुराक से ही लें।

गर्भावस्था के दौरान इस विटामिन का आर.डी.ए. 15 एम.जी. है। इसे शकरकंदी, एवोकाडो, पालक, आम, बादाम, मूंगफली, हेजल नटस व सूरजमुखी के बीजों से ले सकती हैं।

विटामिन के

यह रक्त के जमाव व शिशु के जन्म के बाद होने वाले रक्तस्त्राव की कमी पूरी करता है। हड्डियों की बनावट के लिए अच्छा है। इसकी कमी से रक्तस्त्राव हो सकता है व अधिक खुराक विषाक्त होगी। यह शिशु तक अधिक मात्रा में नहीं जाता, इसलिए नवजात को जन्म के तुरंत बाद विटामिन के का इंजेक्शन दिया जाता है।

गर्भावस्था के दौरान इसका आर.डी.ए. 90 यू.जी. है। इसे सफेद सरसों के तेल, ऑलिव ऑयल, ब्रोकली, शलगम के हरे पत्तों, हरी सब्जियों, दालों, हरे सेब, अस्पारागस, एवोकाडो, जामुन व केलों से ले सकती हैं।

खनिज लवण

बेशक विटामिन काम की चीज है, पर खनिज लवण भी शरीर के कई तंत्रों को सुचारु रखने के लिए अनिवार्य है। बेशक ये विटामिन के साथ ही आपको मिलते हैं। पर इससे इनका महत्त्व कम नहीं हो जाता।

आप व आपके शिशु के शरीर में 25 अनिवार्य खनिज लवण होते हैं। गर्भावस्था के दौरान इनकी आवश्यकता बढ़ जाती है।

पारंपरिक मान्यताएं

कहते हैं कि गर्भावस्था में नींबू पानी पीने वाली मां के शिशु के दांत मजबूत होते हैं। पर दिक्कत यही है कि इस प्रक्रिया में आपके दांत कमजोर हो सकते हैं। नींबू का एसिड दांतों की परत को नुकसान पहुंचाता है। इसलिए इसे लेने के बाद ब्रश करना न भूलें। यदि एक गिलास दूध लेंगी तो वह भी आपके व शिशु के दांतों के लिए अच्छा है।

कैल्शियम

कैल्शियम आपके व शिशु के दांतों व हड्डियों के लिए बहुत जरूरी है। किंतु यह मांसपेशियों के संकुचन, रक्त के थक्कों के जमाव व दिल के सामान्य धड़कनों के लिए भी जरूरी है। यह स्नायु विकास व एंजाइम गतिविधि के भी काम आता है। अगर मां पर्याप्त मात्रा में कैल्शियम न लें, उसकी अपनी हड्डियों से भ्रूण के लिए कैल्शियम की मात्रा जाने लगती है। इस तरह मां व शिशु दोनों के लिए ही कैल्शियम की कमी नुकसानदायक होती है। गर्भवती होने के दौरान दूध पीने का एक फायदा यह भी है कि इससे प्री-क्लैंपसिया व शिशु में कम रक्तचाप का खतरा घटता है।

गर्भावस्था के दौरान कैल्शियम के लिए आर.डी.ए. की मात्रा 100 मि.ग्री. होनी चाहिए। इसके अलावा आप डेयरी उत्पादों, दही, टोफू, बादाम, फोर्टीफाइड फ्रूट जूस, सूखे अंजीर, हरी सब्जी, सार्डिन, डिब्बाबंद सालमन (हड्डी सहित) व ब्रोकली से भी कैल्शियम की मात्रा ले सकती हैं।

क्रोमियम

क्रोमियम दूसरे पदार्थों के साथ काम करते हुए इंसुलिन को नियंत्रित रखता है तथा

ब्लड शुगर का सामान्य नियमन बनाए रखता है। यह प्रक्रिया गर्भावस्था में बहुत महत्त्व रखती है। क्योंकि उस समय शरीर को विकास तथा वृद्धि के लिए निरंतर आपूर्ति चाहिए। यह खनिज लवण भ्रूण के उत्तकों में प्रोटीन के सिंथेसिस को भी उत्तेजित करता है तथा शिशु के मांसपेशियों की मजबूती, मस्तिष्क की गतिविधि व इम्यूनिटी के लिए आवश्यक है। इसके अभाव से वज़न में कमी आ सकती है तथा मां को गैस्टेशनल डायबिटीज व शिशु को ग्लूकोज़ इंटालरेंस की शिकायत हो सकती है।

गर्भावस्था में इसका आर.डी.ए. 30 यू. जी. चाहिए। चीज़, होल ग्रेन, चिकन, मीट, पालक, मशरूम, मटर व बींस आदि इसके प्रमुख स्रोत हैं।

कॉपर

कॉपर आयरन के साथ मिलकर लाल रक्त कण बनाता है। यह उत्तकों के निकास, ग्लूकोज मेटाबालिज्म व स्वस्थ बालों के अलावा भ्रूण के हृदय, आर्टरी, ब्लड वैसल्स, स्केल्टल सिस्टम, मस्तिष्क व नर्वस सिस्टम के विकास के लिए भी जरूरी है। इसके अभाव में शिशु में न्यूरोलॉजिकल असमान्यताएं हो सकती हैं।

गर्भावस्था के दौरान कॉपर का आर. डी.ए. 1000 यू.जी. है। आप हरे आलू, गहरी हरे रंग की सब्जी, मशरूम, समुद्री झींगा, केकड़ा, बार्ली, सूखे बींस, ब्राउन राइस, मेवे व बीजों से ले सकती हैं।

फ्लोराइड

हर कोई जानता है कि यह दांतों के लिए अच्छा होता है व दंत क्षय से भी बचाता है। शायद आप नहीं जानती कि यह हड्डियों के लिए भी अच्छा है। यह अकेला काम नहीं करता। यह कैल्शियम व फॉस्फोरस का बॉंडिंग एजेंट है। आपको व आपके शिशु को इसके अभाव में दंत क्षय हो सकता है। इसकी अधिक मात्रा से युवा बच्चों में फ्लोरोसिस हो सकता है।

गर्भावस्था के दौरान इसका आर.डी.ए. 3 एम.जी. चाहिए। यह केवल टूथपेस्ट में नहीं होता। यह चाय, केले, पालक, दूध, डिब्बाबंद मछली (हड्डी रहित) व नल के उपचार युक्त पानी में भी होता है।

आयोडीन

आयोडीन हारमोन थायरॉक्सीन का तत्त्व है। यह थायराइड ग्रंथि व मां के वेसल मेटाबालिक रेट के नियमन के लिए आवश्यक है। यह शिशु में स्नायु विकास के लिए भी चाहिए। इसके अभाव से थायरॉक्सीन के स्तर में कमी आ सकती है। जिससे मां व भ्रूण को गोट्टाचर हो सकता है। कई बार आयोडीन की कमी का असर शिशु की बौद्धिक क्षमता पर भी होता है।

गर्भावस्था के दौरान इसका आर.डी.ए. 220 यू.जी. है। यह आयोडीन युक्त नमक से मिल जाता है। किंतु कुछ दुग्ध उत्पादों व सी-फूड में भी इसकी मात्रा पाई जाती है।

आयरन

आयरन शरीर में लाल रक्त कणों के निर्माण व पूरे शरीर में ऑक्सीजन के समान वितरण के लिए इतना उत्तरदायी है कि गर्भावस्था में अक्सर इसकी कमी एक चुनौती हो जाती है। वैसे तो हमेशा ही इसकी आवश्यकता होती है, किंतु गर्भावस्था में तो यह और भी बढ़ जाती है। जिस मां में आयरन की आपूर्ति नहीं होगी, उसका शिशु कम वजन वाला या समय से पहले जन्म लेने वाला हो सकता है। इसके अभाव में थकान या एनीमिया हो सकता है। आयरन की अधिक मात्रा लेने से कब्ज भी हो सकती है।

इसका आर.डी.ए. 27 एम.जी. है। आप पालक, टर्की, सूखे मीट, सूखे बींस, मटर, खूबानी, आलू, मसूर की दाल व पॉरिज से इसकी भरपूर मात्रा ले सकती हैं। वैसे मां को इस दौरान आयरन सप्लीमेंट भी लेना चाहिए।

मैग्नीशियम

वैसे तो यह कैल्शियम का सहायक है। किंतु यह नर्व व मांसपेशी की गतिविधियों के लिए भी सहायक है। इसकी मदद से शरीर कार्बोहाइड्रेट को प्रोसेस कर सकता है। यह इंसुलिन को नियंत्रित करते हुए ब्लड शुगर का स्तर बनाए रखता है व शरीर से विषाक्त पदार्थ निकालने में भी सहायक होता है।

इसकी भरपूर मात्रा ली जाए तो गर्भावस्था के दौरान प्री-मैच्योर लेबर से बचाव हो सकता है। यह टांगों की जकड़ व कब्ज से भी बचाता है।

मैग्नीशियम का आर.डी.ए. 350 एम.जी. है। इसे मूंगफली, मेवे, बींस, टोफू, दूध, दही, व्हीट जर्म, केले, फलों व हरी पत्तेदार सब्जियों से ले सकते हैं।

मैगनीज

यह शिशु की हड्डियों, कार्टलेज व श्रवण तंत्र के लिए आवश्यक है। यह प्रजनन तंत्र के लिए भी अच्छा है। इसके अभाव में शिशु के विकास में बाधा आ सकती है। मैगनीज का आर.डी.ए. 2 एम.जी. है। यह पालक, गाजर, ब्रोकली, होल ग्रेन, मेवे, ब्राउन राइस, स्ट्रॉबेरी, केले व किशमिश में पाया जाता है।

मोलिबडेनम

हो सकता है कि आपने पहले इस मिनरल का नाम न सुना हो, पर यह एक खास काम करता है। यह एक से दूसरे अणु तक ऑक्सीजन पहुंचाता है। प्रोटीन व वसा मेटाबालिज्म के लिए भी यह चाहिए। यह बेबी की गतिविधि व आयरन के उपयोग में सहायक है।

गर्भावस्था में इसका आर.डी.ए. 50 यू.जी. है। यह सूखे बींस, अनाज, हरी पत्तेदार सब्जियों, दूध व लीवर में पाया जाता है।

फास्फोरस

कैल्शियम का एक और सहायक फास्फोरस स्वस्थ दांतों व हड्डियों के लिए चाहिए। यह शरीर में द्रव्यों का सही संतुलन बनाए रखने के साथ, मांसपेशियों के संकुचन व दिल की सामान्य धड़कनों के लिए भी अनिवार्य है। इसके अभाव में भूख लगनी घट सकती है व कमजोरी ज्यादा हो सकती है। आपकी हड्डियों में भी कैल्शियम की कमी हो जाएगी। यदि इसकी अधिक मात्रा ली तो शरीर उचित रूप से कैल्शियम व आयरन का प्रयोग नहीं कर पाएगा।

गर्भावस्था में फॉस्फोरस का आर.डी.ए. 700 एम.जी. है। इसे आप दही, मछली, मीट, पोल्ट्री, चीज़, दलिया, अंडे व लाइम बींस से ले सकती हैं।

पोटाशियम

यह सोडियम के साथ काम करते हुए शरीर की कोशिकाओं में तरल का संतुलन बनाए रखता है। यह रक्तचाप को नियमित करता है। यह मांसपेशियों की टोन बनाए रखता है ताकि गर्भावस्था में आप मांसपेशियों की जटिलता से बची रहें।

गर्भवती महिला को प्रतिदिन 2000 एम.जी. पोटाशियम चाहिए। पोटाशियम पाने के लिए अनेक स्वादिष्ट स्रोत मौजूद हैं। इसे आप केले, ब्रान, एवोकाडो, सूखी ख़ूबानी, संतरे, आड़ू, नाशपाती, गाजर, बींस, मूंगफली, मटर, आलू, कद्दू, पालक, स्क्वैश, टमाटर, मीट, मछली, पोल्ट्री व डेयरी उत्पादों से ले सकती हैं।

फास्ट फैक्ट

फिज़ी ड्रिंक फास्फोरस से भरपूर होते हैं। इनसे शरीर में कैल्शियम का स्तर घटता है। इस प्रकार आप दूसरे स्रोतों से प्राप्त कैल्शियम का अवशोषण भी नहीं कर पाती।

सेलेनियम

यह आपको अनेक रोगों से बचाता है। कोशिकाओं को नष्ट होने से रोकता है। विटामिन ई के साथ एंटीऑक्सीडेंट की तरह काम करता है। यह शरीर के विषाक्त तत्त्वों के प्रभाव को निष्क्रिय करता है। इसके प्रभाव में भ्रूण की वृद्धि व विकास पर नकारात्मक प्रभाव हो सकता है।

आपको प्रतिदिन इसके आर.डी.ए. 60 यू.जी. की जरूरत है। इसे ब्राजील नट्स, मछली, मीट, चिकन, अंडों व साबुत अनाज से भी ले सकते हैं।

सोडियम

यह शरीर में एसिड व बेस का संतुलन बनाए रखता है व पोषक तत्त्वों का सैल मैम्ब्रेन तक पहुंचने में मदद करता है। यह रक्त व उत्तकों की उचित मात्रा बनाए रखता है जो कि गर्भावस्था में और भी आवश्यक हो जाता है।

हालांकि गर्भावस्था में सोडियम की थोड़ी अधिक मात्रा चाहिए पर आप इसे अपने आहार में भी ले सकती हैं। आपको 2400 एम.जी. सोडियम प्रतिदिन चाहिए। यह नमक युक्त भोजन व नमक से प्राप्त होता है।

जिंक

यह कोशिका विभाजन, उत्तक वृद्धि, बाल, त्वचा व हड्डियों की वृद्धि के लिए अनिवार्य है। इससे स्वादेंद्रियां भी विकसित होती हैं।

पता चला है कि इसके अभाव से गर्भपात, कम वजन वाले नवजात, समय से पहले प्रसव तथा भ्रूण में कई रोगों के होने का खतरा बढ़ जाता है।

गर्भावस्था के दौरान इसका आर.डी.ए. 11 एम.जी. है। टर्की, व्हीट जर्म, दही, ओटमील, कॉर्न, पके ओयस्टर शैल, मछली व अंडे इसके अच्छे स्रोत हैं।

पारंपरिक मान्यताएं

इंडोनेशिया की दाईयां गर्भवती के जख्मों पर नमक छिड़कना भली-भांति जानती हैं। वे कहती हैं कि गर्भवती को नमकदानी में चम्मच नहीं डालना चाहिए। यदि नमक हिल गया तो उनके प्रसव के दौरान कई समस्याएं आ सकती हैं।

विटामिन व खनिज लवणों से परे

क्या आपको लगता है कि एक प्रीनैटल सप्लीमेंट लेकर ही आपने शिशु को भरपूर पोषण देने का काम पूरा कर दिया? आपको स्वस्थ गर्भावस्था के लिए और भी कई पोषक तत्त्व चाहिए। कुछ तो डेली डज़न में दिए गए हैं और कुछ सुपरस्टार नीचे लिखे हैं :

फाइबर

ये कॉलेस्ट्राल के ब्लड शुगर का स्तर घटाते हैं व मल त्याग को आसान बना देते हैं। इनसे कैंसर, मधुमेह व हृदय रोग का खतरा भी घटता है। इन्हें आप फल, सब्जियों, बींस व साबुत अनाज से पा सकती हैं।

ओमेगा-3 फैटी एसिड

ये अच्छे फैट सैल मेम्ब्रेन, हारमोन व प्रोस्टाग्लेवंडिस बनाने के लिए चाहिए। भ्रूण के मस्तिष्क व नेत्र विकास में भी इनके महत्त्व को नकारा नहीं जा सकता। मछली, मेवे, नट ऑयल, और डी.एच.ए. अंडे इसके प्रमुख स्रोत हैं।

फाइटोकेमिकल

ये सभी वनस्पति उत्पादों (फल, सब्जी, अनाज) में पाए जाते हैं। वे पौधे की प्राकृतिक हानि से रक्षा करते और सूर्य की तेज धूप व कीड़े-मकोड़ों से बचाते हैं।

माना जाता है कि इन्हें खाने वाले इंसानों को हृदयघात का खतरा घटता है, रक्त नलिकाएं मजबूत होती हैं। कैंसर की वृद्धि में कमी होती है। दिन-ब-दिन इनके कई और गुण सामने आ रहे हैं। इसे सप्लीमेंट के माध्यम से नहीं ले सकते, अत: इन्हें पाने के लिए भरपूर फल व सब्जियां खाएं।

प्रेगनेंसी डाइट

अब तो आप जानती ही हैं कि एक स्वस्थ शिशु के लिए क्या-क्या चाहिए। विटामिन ए चाहिए आंखों के लिए जिससे वह आपको पहली बार देखेगा। मैगनीज जो नन्हें कानों को सुनने में मदद करेंगी। मजबूत दांत, हड्डियों व नन्हें नाखूनों की बढ़त के लिए कैल्शियम चाहिए और ओमेगा - 3 फैटी एसिड उसके दिमाग का विकास करेंगे जिसने आजीवन जाने कितना कुछ सीखना है।

अब अगला कदम यह है कि आपने शिशु व अपने द्वारा लिए जाने वाले सभी पौष्टिक पदार्थों को एक समुचित खानपान योजना में बदलना है, जिसका पालन करना आसान हो, जो व्यवहारिक तौर पर कारगर हो व जिसे गर्भावस्था के दौरान खाना आनंददायक भी हो। आपको अपनी कैलोरी के लिए अधिक से अधिक पोषक मूल्य चाहिए।

प्रेगनेंसी डाइट में आपका स्वागत है।

नौ माह के स्वस्थ खानपान के लिए नौ बुनियादी नियम

वैसे तो ये नियम गर्भावस्था के लिए हैं, किंतु अगर आप सामान्य तौर पर भी इनका इस्तेमाल करना चाहें तो कोई हर्ज नहीं है। इससे शिशु को अपने नए जीवन का प्रारंभ करने में आसानी होगी, गर्भावस्था आरामदेह व सुरक्षित हो जाएगी और यदि आपका पूरा परिवार भी नौ माह तक इन्हीं नियमों पर चला तो आप सब पूरे जीवन के लिए एक स्वस्थ जीवन का उपहार पा लेंगे।

कुछ खाने से पहले सोचें

आप एक दिन में जितने भी कौर खाती हैं, वे आपके शिशु से आप तक आते हैं। यदि आप उन्हें खाने से पहले थोड़ा सोचने का अभ्यास रखेंगी तो आपको व शिशु, दोनों को ही लाभ होगा। हां, चॉकलेट लेयर वाले केक के एक टुकड़े से शिशु को कोई नुकसान नहीं होगा, पर अगर आप सुबह काफी सारा केक खाने के बाद दोपहर में लंच के बाद बिस्कुट खाती हैं या रात को डिनर के समय चिप्स चबाती हैं तो यह नुकसान करेगा।

आपके दिन का हर कौर शिशु को पोषण देने का एक अवसर हो सकता है।

सभी कैलोरी एक-सी नहीं होती

कैलोरी तो कैलारी है, फिर चाहे वह कार्ब से मिले, प्रोटीन से या फिर वसा से। कैलोरी का पैकेज ज्यादा मायने रखता है। शिशु को उस कैलोरी से ज्यादा फायदा होगा जिसे आप पोषण के साथ चुनेंगी। वसा व चीनी युक्त कैलोरी से उसे खास फायदा नहीं होने वाला, जैसे– एक डोनट की 200 कैलोरी किशमिश मफिन की 200 कैलोरी के बराबर नहीं होगी। हॉटडॉग विद कैचअप व्हाइट बन के बजाय ग्रिल्ड चिकन सैंडविच, सलाद पत्ता, टमाटर व मस्टर्ड से 300 कैलोरी लेंगी तो बेहतर होगा।

इससे न केवल शिशु को पोषण मिलेगा बल्कि प्रसव के बाद शरीर को भी लाभ मिलेगा।

वसा व चीनी से जमा कैलोरी को प्रोटीन व साबुत अनाज से मिली कैलोरी के मुकाबले घटाना मुश्किल होता है।

आप भूखी हैं तो शिशु भूखा है

क्या कभी सोचा है कि नवजात भूख से रो रहा है। आपको उसे खिलाने का समय नहीं मिल रहा या नवजात का नाश्ता रह जाएगा क्योंकि आप पकाने के मूड में नहीं हैं, नहीं न, पर आप अजन्मे शिशु के साथ ऐसा करती हैं तो कभी इस बारे में सोचती हैं ? जब आप व्यस्तता या मूड के कारण कुछ नहीं खाती तो गर्भस्थ शिशु को भी भूखा रहना पड़ता है। शिशु को प्रतिदिन अपने शरीर निर्माण के लिए आपसे पोषक तत्त्व चाहिए। हो सकता है कि नाश्ते व लंच के बजाय स्नैक से आपको मजा आए पर शिशु को नहीं आता। उसे अगले पोषणदायक आहार के लिए प्रतीक्षा करना पसंद नहीं होता।

लंच में कुछ न खाने के कारण आप थोड़ी परेशान होंगी या सिर में दर्द होगा, पर शिशु को तो विकास के कई घंटे खोने पड़ेंगे।

वैज्ञानिकों ने भी माना है कि मां के आहार का भ्रूण के विकास से गहरा नाता होता है। बेशक ये बातें सुनने में भली लगें, पर गर्भावस्था के लक्षण उन्हें

मेरा शिशु पैरासाइट

मिथक : शिशु अपने विकास व वृद्धि के लिए उसकी मां से सब कुछ लेता है, चाहे उसका आहार कुछ भी हो।

तथ्य : भ्रूण कोई पैरासाइट नहीं होता। मां के आहार में उन दोनों के लिए पर्याप्त पोषक तत्त्व होते हैं। यदि आहार व पोषण कम हो तो प्रकृति पहले मां पर ध्यान देती है ताकि वह पुनः प्रसव धारण कर सके। दरअसल अभावरहित मां के गर्भ से भी ऐसे शिशु जन्म ले सकते हैं जिनमें विटामिनों की कमी हो।

क्रियान्वित नहीं होने देते। आप अपनी परेशानियों में उलझ कर कैलोरी व पोषण जैसे शब्द ही भूल जाती हैं । अपने इन समस्याओं से जूझते हुए भी बेहतर खानपान के लिए रास्ते निकालने हैं। (इसके लिए अध्याय 2 देखें।)

थोड़ी-सी समझदारी

डेली डज़न की जरूरत पूरी करने के लिए दिन में तीन बार पूरा खाना व स्नैक लेना कोई आसान काम नहीं है। भला आप इसे कैसे कर सकती हैं?

हम कहेंगे कि थोड़ी-सी समझदारी। जी हां, इस तरह आप गर्भवती होने पर भी अतिरिक्त भार से बची रहेंगी। आपने सीखना है कि डेली डज़न की पूर्ति कैसे करें कि जरूरत से ज्यादा खाए बिना भी सारे पोषक तत्त्व मिल सकें।

पहले तो पोषणयुक्त खाद्य पदार्थ लें। जैसे प्रोटीन सर्विंग के लिए 180 कैलोरी का तो फैट चीज़ लें। अगर 240 कैलोरी का फुल फैट चीज़ लेंगी तो 60 कैलोरी का अंतर पड़ेगा। इसके बदले आप 60 कैलोरी में होल व्हीट ब्रेड या बड़ा आडू ले सकती हैं। प्रीमियम आइसक्रीम के बजाय फ्रोजन योगर्ट से कैल्शियम लें। आइसक्रीम में 500 कैलोरी हैं व योगर्ट में 300 कैलोरी हैं।

जहां तक हो सके, एक ही कीमत में दो जरूरतें पूरी करें। ब्रोकली से विटामिन सी, हरी पत्तेदार सब्जियों की जरूरत के साथ कैल्शियम का बोनस भी मिल जाएगा। कैल्शियम युक्त संतरे के जूस से एक ही गिलास में कैल्शियम, तरल पदार्थ व विटामिन सी तीनों मिल सकते हैं। एक पीले फल की बजाय सूखी ख़ूबानी से आयरन के साथ रेशे की भी पूर्ति होगी।

अगर वज़न बढ़ाने में दिक्कत पेश आ रही हो तो ऐसा भोजन चुनें जो पोषक होने के साथ-साथ कैलोरी में भी अधिक हो।

कार्ब स्टोरी

गर्भावस्था के दौरान आपको कार्ब की भी भरपूर मात्रा चाहिए।

कार्ब की भरपूर मात्रा कब्ज से बचाएगी व मॉर्निंग सिकनेस के लिए विटामिन बी भी देगी। भ्रूण के पूर्ण विकास के लिए आपको 82 प्रकार के संतुलित आहार की आवश्यकता होती है। इस तथ्य को नजरअंदाज न करें।

कोई एक जटिल मामला है

सादे कार्ब खाली कैलोरी व पोषण रहित होते हैं। किंतु सभी कार्बों की यही कहानी नहीं होती। गर्भवती महिला को चाहिए कि वह जंक फूड को छोड़कर हर तरह के खाद्य पदार्थ ले। एक पूर्णतया पौष्टिक व संतुलित आहार प्रोटीन व कार्ब से भरपूर होता है, शिशु को इसी की आवश्यकता है।

कार्ब की कैलोरी भी एक-सी नहीं होती। गर्भवती के शरीर को ऐसे कार्ब चाहिए जो कांपलैक्स हों व रिफांइड न हों क्योंकि ये ऊर्जा के भंडार होते हैं। वे न केवल विटामिन बी व मिनरल प्रदान करते हैं बल्कि फाइबर भी देते हैं। जिससे कब्ज व गैस्टेशनल डायबिटीज, दोनों का खतरा नहीं रहता।

मीठे की शौकीन

क्या आप भी मीठे की शौकीन हैं और चाह कर भी इसे छोड़ नहीं सकतीं? हालांकि आपको गर्भावस्था के दौरान इस मोह को पूरी तरह से छोड़ना भी नहीं चाहिए, वरना मन मारने पर आप शायद उससे भी दुगना खा लें, पर ध्यान रहे कि मीठे में भी कुछ ऐसा चुनें जो कुछ विटामिन व मिनरल की भरपाई तो कर सकें।

चीनी कैसे हो कम...

बेशक गर्भावस्था में आप चीनी की मात्रा घटाने के लिए कुछ उपाय अपना सकती है जैसे -

- बिना चीनी का सिरियल लें। उसमें स्वयं थोड़ी चीनी/शहद मिलाकर खाएं। कटे मीठे फलों की टॉपिंग भी मीठा स्वाद देगी। शुगर फ्री या शुक्रालोस भी डाल सकती है।
- दूध के साथ बस दो कुकीज लें। चॉकलेट डिप के बजाए ओटमील किशमिश कुकीज लें।
- फ्रूट ड्रिंक्स के बजाए ताजे फलों का रस पिएं या स्वयं ही ताजा जूस निकालें।
- फज केक के बजाए अपने ब्लयूबेरी पाई बेक करें। चीनी की जगह फ्रूट जूस कंसन्ट्रेट भी एक अच्छा विकल्प है।

ताजे फल खाएं, वे पौष्टिक व मीठे होते हैं। होल ग्रेन से बने कुकीज व केक स्वाद व सेहत दोनों के लिए अच्छे होते हैं। वैसे शुगर फ्री टेबलेट जैसे लो-कैलोरी शुगर विकल्प भी आपके काम आ सकते हैं यानी आप खाली कैलोरी ग्रहण किए बिना भी कॉफी या दही को मीठा बनाकर खा सकती हैं।

भोजन का प्राकृतिक रूप

यह तो तय है कि प्रकृति से हमें विटामिन व मिनरल आदि पाने के सबसे बेहतर स्रोत मिलते हैं। ताजे फल व सब्जी पाने के लिए आपको खेतों या बागों में जाने की जरूरत नहीं है। ये बड़ी आसानी से आपके खाने की मेज तक आ सकते हैं। ताजगी का पता लगाना चाहें तो रूप, गंध व बनावट पर ध्यान दें।

यदि ब्रोकली हल्की पीली व नरम दिखे तो जान लें कि काफी समय तक रेफ्रिजेटिड होकर आई है व पोषक तत्त्वों से भरपूर नहीं है। ढीली, हल्के रंग की गाजरें हों या मुरझाए हुए अस्पारागस, ये भरपूर पोषण व स्वाद नहीं देंगे। समय से पहले टूटे टमाटर या स्ट्रॉबेरी कच्चे दिखेंगे और स्वाद नहीं देंगे। यदि ताजे फल-सब्जी न मिल सकें तो फ्रोजन फूड ट्राई करें। जब उत्पाद का पोषक मूल्य भरपूर होता है तो उसे इसी समय फ्रोजन कर दिया जाता है। इस तरह उनकी ताजगी काफी हद तक बरकरार रहती है। यह ध्यान रहे कि उनमें कोई सॉस, चीनी, नमक, मक्खन या केमिकल न मिले हों। ऐसे उत्पाद न लें, जो दिखने में ऐसे लगें कि उन्हें दोबारा फ्रोजन किया गया है। हमेशा ताजगी को अपनी खरीददारी का लक्ष्य मानकर चलें, काफी फायदे में रहेंगी।

परिवार के साथ लें सेहतमंद भोजन

अपनी गर्भावस्था के दौरान परिवार को भी सेहतमंद भोजन खाने का साथी बना लें। यदि आपके पतिदेव क्रंची चिप्स चबा रहे हैं तो शायद आपके लिए कच्ची गाजर खाना थोड़ा मुश्किल होगा। यदि आपका पूरा परिवार इस दौरान सेहतमंद खानपान पर ध्यान देने लगा तो बेशक यह एक फायदेमंद

सौदा होगा। इस तरह जीवनशैली व आहार जनित रोगों से भी बचाव हो पाएगा।

बुरी आदतें व अच्छा आहार

जी हां, अच्छा आहार लेने के बावजूद अगर आप जीवनशैली संबंधी दूसरी बुरी आदतों की शिकार हैं तो शिशु को काफी नुकसान हो सकता है। एक पूर्ण संतुलित व पौष्टिक आहार के साथ एक गिलास वाइन या डिनर के बाद पी गई सिगरेट आप पर व आपके शिशु पर काफी हानिकारक प्रभाव डालेगी। आहार के साथ जीवनशैली संबंधी अच्छी आदतें भी अपनाएं। गर्भावस्था के दौरान शराब, तंबाकू व नशीले पदार्थों के सेवन से दूर रहें।

गर्भावस्था का डेली डज़न

आपको विटामिन ए, के, मैगनीज या फाइबर आदि का हिसाब रखने के लिए कोई चार्ट बनाने की जरूरत नहीं है। गर्भावस्था के आहार का डेली डज़न आपको व आपके शिशु को बारह आसान खाद्य समूहों में भरपूर विटामिन, मिनरल व पोषक पदार्थ देता है।

यह भी याद रखें कि कई खाद्य पदार्थ दो तरह की जरूरत भी पूरी करते हैं। इससे आपको दोहरा लाभ हो जाता है।

कैलोरी (तकरीबन 300 कैलोरी प्रतिदिन)

यदि आपको वज़न घटाने के लिए कैलोरी का हिसाब-किताब रखना होता तो बेशक आप इसके बारे में कुछ अच्छा न कहती। कैलोरी वही है न, जो चॉकलेट व चिप्स में होती है और व्यक्ति को मोटा बना देती है।

दरअसल वास्तव में कैलोरी यही नहीं होती। गर्भावस्था के दौरान आपको इनकी जरूरत है। भोजन में मौजूद कार्ब, प्रोटीन व वसा से मिलनेवाली ऊर्जा की मात्रा ही कैलोरी कहलाती है। ये जीवन के लिए अनिवार्य है व एक गर्भवती मां के लिए तो इसकी जरूरत और भी बढ़ जाती है। जब वह शिशु निर्माण के महत्त्वपूर्ण कार्य में जुटी है।

हालांकि इसका मतलब यह भी नहीं कि आप गर्भावस्था के दौरान, जो भी दिखे, उसे खाने को तैयार हो जाएं। आपको इन दिनों प्रतिदिन 300 कैलोरी की मात्रा चाहिए, जो कि प्रारंभिक गर्भावस्था में और भी कम होगी। जुड़वां की मां को थोड़ी अधिक कैलोरी चाहिए। वैसे ज्यादा मुश्किल नहीं - एक पका केला या एक गिलास लो-फैट दूध 100 कैलोरी देगा। एक होल व्हीट ब्रेड का स्लाइस, एक औंस चेड्डर चीज़ व आधा कप अंगूर 200 कैलोरी देंगे। तो खाते समय थोड़ा संभलकर खाएं।

चालीस सप्ताह के दौरान शिशु निर्माण में अनुमानतः 75,000 कैलोरी चाहिए। इन्हें एक बार में ही लेने का प्रयास न करें।

वैसे कैलोरी की गिनती के लिए इतनी परेशान भी न हों। प्रत्येक व्यक्ति के लिए कैलोरी की यह गणना थोड़ी-सी अलग परिणामों वाली हो सकती है। यानी वज़न का घटना-बढ़ना, जो कि उसकी दूसरी गतिविधियों पर निर्भर करता है; जैसे कसरत, खेल-कूद व शारीरिक गतिविधियां आदि।

अपने वज़न को सीमित रूप से बढ़ते देखें तो जान लें कि आप पूरी कैलोरी ले रही हैं। यदि वज़न तेजी से घटे तो जान लें कि डेली डज़न कैलोरी पूरी तरह से नहीं ले पा रहीं। यदि वज़न तेजी से बढ़ रहा है तो

इसका मतलब है कि आप जरूरत से ज्यादा ले रही हैं।

प्रोटीन (प्रतिदिन 3 सर्विंग)

प्रोटीन के अमीनो एसिड मानव उत्तकों का निर्माण करते हैं, इसलिए आपके शिशु को इस समय प्रोटीन की भरपूर मात्रा चाहिए। एक भ्रूण को कैलोरी की बजाय प्रोटीन की आवश्यकता अधिक होती है। हर रोज 60 से 75 ग्राम प्रोटीन की मात्रा अवश्य लें।

प्रोटीन लेने से गर्भावस्था की कई जटिलताओं पर भी रोक लग सकती है। यह आखिरी तिमाही में भ्रूण के मस्तिष्क विकास में अहम भूमिका निभाता है।

वैसे आपको प्रोटीन की इतनी मात्रा प्रतिदिन लेने में कोई ख़ास दिक्कत नहीं होगी। यदि आप प्रत्येक सर्विंग में प्रोटीन की पूरी मात्रा ले रही हैं और यदि कई बार ले रही हैं तो हर बारी में कुछ कम या आधी लें, प्रोटीन की पूर्ति हो जाएगी। यदि आप नाश्ते में फुल प्रोटीन आहार के आमलेट की बजाय सिरियल ले रही हैं तो लंच/डिनर में पोल्ट्री या मछली का डबल हिस्सा ले सकती हैं।

आप होल ग्रेन ब्रेड, पास्ता या सिरियल से भी अतिरिक्त प्रोटीन ले सकती हैं। यह भी याद रखें कि आपके कैल्शियम युक्त भोजन में भी प्रोटीन की मात्रा होती है। एक गिलास दूध व चीज़, एक कटोरा योगर्ट–इनसे आपको प्रोटीन भी मिलेगा।

प्रतिदिन निम्नलिखित मेल में से तीन सर्विंग प्रोटीन लें। याद रखें कि आप कैल्शियम के लिए भी यही सर्विंग इस्तेमाल कर सकती हैं।

- 250 मिली दूध/बटरमिल्क
- 175 ग्राम पनीर
- 400 ग्राम दही
- 90 ग्राम चीज़
- 4 बड़े साबुत अंडे
- 7 अंडों की सफेदी
- 100 ग्राम डिब्बाबंद ट्यूना/सार्डिन
- 125 ग्राम डिब्बाबंद सालमन
- 125 ग्राम पका सी–फूड
- 125 ग्राम ताजी मछली
- 125 ग्राम पकाने से पहले चिकन, टर्की, डच आदि पोल्ट्री
- 125 ग्राम लैम्ब, वील, पोर्क आदि

वेज प्रोटीन अधूरे माने जाते हैं क्योंकि उनमें अमीनो एसिड नहीं होता। ये प्रोटीन हमें जंतु उत्पादों से मिलते हैं।

वैसे यह जरूरी नहीं कि शाकाहारी लोग भी नॉनवेज लेना आरंभ कर दें। वे वैकल्पिक वेज प्रोटीन स्रोतों को मिलाकर ले सकते हैं, जैसे–ग्रेन व लेग्यूम।

आप हर बार प्रोटीन ले रही हैं या नहीं, इसकी तसल्ली के लिए उपरोक्त खाद्य पदार्थों की दुगनी या दो हाफ सर्विंग लें।

सच या मिथक

मिथक : गर्भवती होने पर आपको हर चीज़ दुगनी मात्रा में खानी होगी।

सच : बेशक आप दो लोगों के लिए खा रही हैं, पर उस दूसरे का आकार तो मटर के दाने से भी छोटा है और वह आपके गर्भाशय में रहता है। आपको पहली तिमाही में रोज केवल 100 अतिरिक्त कैलोरी चाहिए। फिर धीरे-धीरे यह आवश्यकता 300 कैलोरी तक जाएगी। यदि आप ज्यादा सक्रिय नहीं हैं तो इससे ज्यादा की जरूरत नहीं है।

इस दौरान कैलोरी गिनने की बजाय स्केल पर ध्यान दें।

बांटें, मिलाएं व जीतें

क्या पूरा एक गिलास दूध नहीं पी सकतीं। आपके खाद्य-पदार्थ एक पूरी सर्विंग नहीं बना रहे। इसका मतलब यह नहीं कि आप उन्हें डेली टोटल में शामिल नहीं कर सकतीं। जब एक फुल सर्विंग ज्यादा हो जाए तो आधी या तिहाई सर्विंग एक साथ मिलाएं। जैसे–1 अंडा (1/4 प्रोटीन सर्विंग), 1 स्लाइस साबुत अनाज से बना टोस्ट (1/4 प्रोटीन सर्विंग) और 125 मि.ली. सोया दूध (1/4 प्रोटीन सर्विंग) से एक प्रोटीन फुल सर्विंग हो जाएगी व आपको एक बार में ही यह सब खाने की आवश्यकता नहीं है। इन्हें बांटें, मिलाएं व जीत जाएं–इस तरह डेली डज़न की पूर्ति के लिए ज्यादा खाना भी नहीं होगा।

याद रखें कि इनमें से कुछ होल ग्रेन तथा फैट सर्विंग में भी योगदान देंगी। नॉनवेज खानेवाली भी आसानी से इस ग्रुप में से कुछ भी ले सकती हैं।

लेग्यूम (½ प्रोटीन सर्विंग)

- 150 ग्राम पके बींस, मसूर, हरी मटर व चिक पी
- 100 ग्राम पके सोयाबीन
- 125 ग्राम हरी मटर
- 45 ग्राम मूंगफली
- 3 बड़े चम्मच मूंगफली का मक्खन
- 60 मि.ली. मीसो
- 125 ग्राम टोफू
- 90 ग्राम टेम्पे
- 350 मि.ली. सोया दूध
- 90 ग्राम सोया चीज़
- 100 ग्राम वेज ग्राउंड बीफ
- 1 बड़ा वेज हॉटडॉग
- 1 बड़ा वेज बर्गर
- 30 ग्राम सोया पत्ता

ग्रेन (½ प्रोटीन सर्विंग)

- 90 ग्राम होल व्हीट पास्ता (पकाने से पहले)
- 30 ग्राम व्हीट जर्म
- 60 ग्राम ओट ब्रान
- 90 ग्राम बिना पके ओट्स
- 150 ग्राम होल ग्रेन रेडी टू इट सिरियल
- 100 ग्राम पके बल्गर, बकवीट
- 100 ग्राम क्विनोवा
- 4 स्लाइस होल ग्रेन ब्रेड
- 2 होल व्हीट पिट्टा
- 2 होल व्हीट इंगलिश मफिन

मेवे व बीज (½ प्रोटीन सर्विंग)

- 90 ग्राम मेवे
- 60 ग्राम सूरजमुखी, तिल या कद्दू के बीज
- 90 ग्राम पिसे पटसन के बीज/अलसी पाउडर

प्र. क्या मैं पर्याप्त मात्रा में प्रोटीन पाने के लिए प्रोटीन सप्लीमेंट ले सकती हूं?

उ. आपके बाकी सारे पोषणयुक्त भोजन के अलावा प्रोटीन सप्लीमेंट भी एक अच्छा चुनाव है। परन्तु ये आपको प्रोटीन के अलावा अतिरिक्त विटामिन व हर्ब्स भी देंगे

पारंपरिक मान्यता

पहले रोम में गर्भवती महिलाओं से कहा जाता था कि वे चूहे खाएंगी तो शिशु गहरी काली आंखों वाला पैदा होगा। बेशक एक गर्भवती सांप के लिए यह अच्छा विकल्प है, पर आपको इसे नहीं अपनाना चाहिए, चाहे आप रोम में ही क्यों न हो।

जो कि गर्भावस्था में नुकसान कर सकते हैं। जरूरी प्रोटीन तो भोजन से मिल ही जाता है, इसलिए इतने महंगे प्रोटीन सप्लीमेंट क्यों लें? प्रकृति ने भोजन में जो प्रोटीन शिशु के लिए बनाया है, उसे ही लेंगी तो बेहतर होगा।

कैल्शियम (4 सर्विंग प्रतिदिन)

कैल्शियम की सर्विंग न केवल आपके लिए बल्कि शिशु के दांत व हड्डियों के निर्माण के लिए भी आवश्यक है। औरतों में तीस के बाद बहुत तेजी से कैल्शियम की कमी होने लगती है और अगर ये कैल्शियम शिशु के पास भी जाने लगता है तो उनके शरीर में इसकी भारी कमी हो सकती है। यदि आने वाले समय में ऑस्टियोपोरोसिस से अपना बचाव करना चाहती हैं तो गर्भावस्था के दौरान भरपूर मात्रा में कैल्शियम लें।

वैसे तो दूध को कैल्शियम का अच्छा स्रोत माना जाता है और अगर आप इसे पीना पसंद करती है तो चिंता की कोई बात ही नहीं है।

यदि आप दूध नहीं पचा सकती तो भी कोई बात नहीं। इसे मिल्कशेक, स्मूदी, सूप, स्किम्ड दूध, लो-फैट चॉकलेट दूध के रूप में लें। इसे आप पुडिंग, ब्रेड, सिरियल, मीट, मछली, वेज लोव्स, पैनकेक, होममेड फ्रोजन डेजर्ट, कैसरोल व सॉस आदि के रूप में भी खा सकती हैं।

यदि आपको लगता है कि दूध ही केवल कैल्शियम का एक मात्र स्रोत है तो हमारी सूची को ध्यान से देखें। आपको बहुत कुछ पसंद आनेवाला है।

लैक्टोस इन्टॉलरेंट या वेगन के लिए भी गैर-डेयरी स्रोतों की कमी नहीं है।

एल्कोहल, कैफीन, लेक्सेटिव, डायरेटिक पिल्स, अधिक नमक व फास्फोरस का सेवन न करें। अपने कैल्शियम भोजन के साथ रेशे की अधिक मात्रा न लें, जैसे कि ब्रान (चोकर युक्त) मफिन को दूध से लेना।

कुछ खाने से पहले सोचें

प्रायः कैल्शियम युक्त जूस, सोया दूध या दूध में कैल्शियम की मात्रा बोतल या डिब्बे के तले में जमा हो जाती है। इसे हिला लेंगी तो ठीक रहेगा। वरना अगर आप आखिरी घूंट फेंकने वालों में से हैं तो कैल्शियम से वंचित रह जाएंगी।

इस लिस्ट से रोज़ के लिए चार सर्विंग चुनें। यह न भूलें कि कई डेयरी उत्पादों से प्रोटीन भी मिलता है। कई गैर-डेयरी उत्पाद विटामिन सी भी देते हैं।

- 30 ग्राम कद्दूकस चीज़
- 45 ग्राम चीज़
- 90 ग्राम पॉश्चराइज़ रिकोट्टा चीज़
- 20 मि.ली. दूध / बटरमिल्क
- 150 मि.ली. कैल्शियम युक्त दूध
- 250 मि.ली. योगर्ट

एक हकीकत

कई बार आपको प्लेट में रखे भोजन को देखकर यह अंदाजा नहीं हो पाता कि आप हकीकत में कितना खा रही हैं; जैसे प्लेट में रखा बिग चिकन दो प्रोटीन सर्विंग के बराबर हो सकता है या एक प्लेट स्पेगटी तीन ग्रेन सर्विंग के बराबर हो सकती है। डेली डज़न के हिसाब से इन चित्रों को ध्यान में रखें : इस आकार को याद रखें।

पोल्ट्री/मछली–कंप्यूटर माउस

फल/सब्जी - लाइटबल्ब

एक सर्विंग पास्ता - एक स्कूप आइसक्रीम

एक सर्विंग मक्खन/तेल - आपके अंगूठे पर एक बूंद

- 350 मि.ली. फ्रोजन योगर्ट
- 125 मि.ली. इवेपोरेटिड स्किम्ड दूध
- 250 मि.ली. वसारहित दूध
- 250 मि.ली. कैल्शियम युक्त संतरे का रस
- 45 ग्राम कैल्शियम युक्त सोया चीज़
- 125 ग्राम डिब्बाबंद सालमन (बोन्स सहित)
- 90 ग्राम डिब्बाबंद सार्डिन (बोन्स सहित)
- 3 बड़े चम्मच तिल
- 200 ग्राम पकी हरी सब्जी
- 300 ग्राम पकी बोक-च्वॉय
- 300 ग्राम पकी सोयाबीन
- 1 3/4 बड़े चम्मच ब्लैकस्ट्रैप मोलासिस

अन्य कैल्शियम युक्त खाद्य पदार्थ

- क्रीम चीज़ 1/4 सर्विंग
- कॉटेज चीज़ ½ सर्विंग
- टोफू ½ सर्विंग
- खट्टी क्रीम ½ सर्विंग
- सूखे अंजीर 1/4 सर्विंग
- बादाम 1/4 सर्विंग
- मूंगफली का मक्खन 1/3 सर्विंग
- ब्रोकली 1/3 सर्विंग
- पालक 1/4 सर्विंग
- पके बींस ½ सर्विंग
- अलसी पाउडर 1/4 सर्विंग

प्र. मुझे दूध से नफरत है। क्या मुझे कैल्शियम की जरूरत पूरी करने के लिए रोज चार गिलास दूध पीना होगा?

उ. अगर दूध नहीं पी सकती तो कैल्शियम लेने के और भी कई तरीके हैं। उबली सब्जियों पर वसा रहित चीज़ सॉस डालें। वसा रहित योगर्ट से डिप व ड्रेसिंग बनाएं। चिकन को पिसे बादाम या तिल से कोटेड करें।

कैल्शियम युक्त जूस लें।

यदि लैक्टोस इन्टालरेंट के कारण दूध नहीं ले सकती तो उसके भी उपाय मौजूद हैं। यदि दूध लेती ही नहीं तो कई हाई कैल्शियम व्यंजन मौजूद हैं।

आप इन्हें आजमाना न भूलें

- ब्रोकली व चीज़ सूप

- हार्टी फिश व आलू चेड्डर
- मैक्सिकन लासागने
- टमाटर चिकन पारमेसन
- टमाटर लेयर्ड मिनी मीट लोव्स
- अलोटा ब्रोकली विद चिकन एंड पैने
- टमाटर व रोस्टेड लाल शिमला मिर्च फ्रिटाटा

विटामिन सी (3 सर्विंग प्रतिदिन)

शरीर विटामिन सी को स्टोर नहीं कर सकते, इसलिए आपके शिशु को रोज विटामिन सी की ताजी खुराक चाहिए। आप कई स्वादिष्ट व्यंजनों से विटामिन सी की भरपूर खुराक ले सकती हैं। बेहतर होगा कि आप बिना पकाए, छिले व काटे, खाद्य पदार्थों से विटामिन सी लें क्योंकि यह ताप, प्रकाश व वायु से नष्ट होता है। खाने से ठीक पहले फल या सब्जी काटें ताकि उसका विटामिन सी नष्ट न हो।

हमारे शरीर में विटामिन सी की आपूर्ति हरी पत्तेदार व पीली सब्जियों तथा फलों द्वारा होती है।

कुछ खाने से पहले सोचें

सर्विंग साइज के लिए ज्यादा माथापच्ची न करें। चम्मच व कप से गिनने के बजाए अनुमान के आधार पर चलें। प्राय: डिब्बों पर दी गई सर्विंग औसतन आधार पर होती है। यदि कुछ अच्छा व पौष्टिक खा रही हों तो सिर्फ सर्विंग के चक्कर में एकाध टुकड़ा न छोड़ें। फायदेमंद चीज़ खाना तब तक लाभदायक ही होगा जब तक कि आप अति न कर दें।

बार-बार गिनें

कभी-कभी तो कुछ खाद्य पदार्थ ऐसे भी होते हैं जो आपको गिनी-चुनी मात्रा में पोषक पदार्थ देते हैं। जब भी उन्हें खाएं तो उनके सभी गुणों व खूबियों को गिनना न भूलें, जैसे- ब्रोकली से हरी पत्तेदार सब्जी के गुण के साथ कैल्शियम का भी बोनस मिलता है।

यदि विटामिन सी उत्पादों की शौकीन हैं तो निम्नलिखित सूची से एक्स्ट्रा सर्विंग चुनें।

- 45 ग्राम ताजी स्ट्रॉबेरी
- 90 ग्राम ताजी ब्लैकबेरी/रसभरी
- 1/8 छोटा खरबूजा
- 1/8 छोटा हनीड्यू
- ½ मध्यम आकार का ग्रेप फ्रूट
- ½ कप ग्रेप फ्रूट जूस
- ½ मध्यम संतरा
- 125 मि.ली. संतरे का रस
- 60 मि.ली. ताजे नींबू का रस
- 2 बड़े चम्मच संतरे का जूस (आवश्यक)
- 2 बड़े चम्मच सफेद अंगूर का जूस (आवश्यक)
- 1 बड़ा टैंगोरिन
- ½ बड़ा अमरूद
- ½ मध्यम आकार का कीवी
- ½ मध्यम अकार का आम
- ½ मध्यम आकार का पपीता
- 90 ग्राम कटा ताजा अन्नानास
- 125 ग्राम डिब्बाबंद अन्नानास जूस
- 1 मध्यम आकार का प्लैनटेन
- 1 तरबूज
- लाल/हरे अंगूरों का छोटा गुच्छा

- 90 ग्राम कच्ची/पकी ब्रोकली
- 90 ग्राम पके अंकुरित ब्रूसल्स
- 75 ग्राम कतरी हरी पत्तागोभी
- 60 ग्राम कॉलेस्ला मिक्स
- 150 ग्राम पके बोंक च्वॉय
- 60 ग्राम कच्ची लाल पत्तागोभी
- 60 ग्राम चीनी मूली
- 90 ग्राम कच्ची या पकी फूलगोभी
- 100 ग्राम पके केले
- 12 गुच्छी अस्पारागस
- 150 ग्राम पकी हरी सब्जी
- 100 ग्राम पकी केल
- 225 ग्राम पका पालक
- 30 ग्राम जलकुंभी
- 90 ग्राम रॉकेट
- 60 ग्राम सलाद पत्ता
- ½ मध्यम हरी शिमला मिर्च
- 1/4 मध्यम लाल, पीली या संतरी शिमला मिर्च
- 1 मध्यम टमाटर
- 150 ग्राम डिब्बाबंद टमाटर
- 350 मि.ली. टमाटर का सॉस
- 175 मि.ली. टमाटर का जूस
- 125 मि.ली. वेज जूस
- 75 ग्राम स्नैप पी
- 100 ग्राम ग्रीन गार्डन पी
- 1 शकरकंदी छिलका सहित बेक्ड
- 1 आलू छिलका सहित बेक्ड
- 75 ग्राम पकी सोयाबीन।

हरी पत्तेदार व पीली सब्जियां तथा फल (3 से 4 सर्विंग रोज)

ये सुपरस्टार फल व सब्जियां प्रकृति की ओर से पौष्टिक तत्त्वों का अनुपम भंडार हैं। ये केरोटीनॉयड्स नामक फाइटोकेमिकल्स (इनमें अल्फा केरोटीन, बीटा केरोटीन, ल्यूटिन, जेक्सरनथिन व बीटा क्रिप्टोएक्सनथिन शामिल हैं) होते हैं। दिन-ब-दिन इनके गुणों पर प्रयोग हो रहे हैं। माना जाता है कि भ्रूण के विकास में बीटा केरोटिन बहुत महत्त्व रखता है। आप अपने भोजन में पीली व हरी सब्जी तथा फल के मेल से भरपूर मात्रा में ये पोषक तत्त्व पा सकती हैं।

हरी व पीली सब्जी, फल में विटामिन ई, रीबोफ्लेविन, विटामिन बी 6, फॉलिक एसिड, मैग्नीशियम व कई दूसरे मिनरल भी पाए जाते हैं। यदि कच्चे खाए जाएं तो बोनस के रूप में फाइबर भी देते हैं।

बेशक आप सब्जी पसंद नहीं करती या पहली तिमाही में सब्जी के नाम से जी मिचलाता हो, फिर भी कुछ सब्जियां तो चुन ही सकती हैं। उन्हें सब्जी, सूप, कैसेरोल, भरावन के रूप में खाएं। इनके कुछ व्यंजनों के नाम निम्नलिखित हैं।

ग्लैंड गाजर एवं अन्नानास, स्पाइसी ग्रीन विद अदरक ड्रेसिंग, स्टोव टॉप ब्राउन राइस पुलाव, टमाटर सूप विद एवोकाडो, मीठे आलू विशीसोस, अदरक गाजर सूप, सालमन केक विद ट्रॉपिकल साल्सा, रेड स्नैपर विद मैंगो साल्सा, अदरक गाजर मफिन, गाजर अन्नानास केक।

अगर कोई सब्जी खाने का मूड न हो तो कोई फल खा लें। कुछ चबाने का मूड न हो तो वेज सूप ले सकती हैं।

आप रंगों के आधार पर पौष्टिक हरी व पीली सब्जियां चुन सकती हैं। हरी व पीली सब्जियों में विटामिन की मात्रा अधिक होती है। यानी हल्के पीले की बजाय गहरे पीले फल-सब्जी।

निम्नलिखित सूची में से, कम से कम तीन से चार सर्विंग चुनें। याद रखें कि कई मामलों में आप एक ही सर्विंग से विटामिन सी की जरूरत भी पूरी कर लेंगी।

- 2 ताजी खूबानी
- 6 सूखी खूबानी
- 125 मि.ली. खूबानी जूस-डिब्बाबंद
- 1/8 खरबूजा
- ½ मध्यम आकार का आम

- 1/4 मध्यम आकार का पपीता
- 1 नेकटेराइन
- 1 बड़ा पीला आड़ू
- 145 मिली. गुलाबी ग्रेप फ्रूट जूस
- 1 गुलाबी या रूबी लाल ग्रेप फ्रूट
- 1 फ्लेमेटाइन
- 2 छोटे टैंगेरिन
- 1 छोटा तैंदू फल
- 45 ग्राम पकी बोंक च्वॉय
- 75 ग्राम कतरी पत्तागोभी
- 250 ग्राम कॉलेस्ला मिक्स
- 90 ग्राम कच्ची/ पकी ब्रोकली
- 8 ग्राम कच्चा पालक
- 45 ग्राम पकी हरी सब्जी
- 30 ग्राम कटी पार्सले
- ½ गाजर
- 60 मि.ली. गाजर का जूस
- ½ मध्यम लाल शिमला मिर्च
- 1/4 कप पका विंटर स्क्वैश
- ½ छोटा मीठा आलू
- 2 मध्यम आकार के टमाटर
- 175 मि.ली. वेज जूस

अन्य फल व सब्जियां (1 से 2 सर्विंग प्रतिदिन)

• ये पौष्टिक तौर पर ज्यादा ग्लैमरयुक्त नहीं दिखते क्योंकि कोई भी किसी भी एक पोषक तत्त्व की भरपूर मात्रा नहीं देते। पर ये अपने विटामिन सी, ए व कई दूसरी श्रेणियों के लिए जाने जाते हैं। सेब से लेकर जामुन तक (एंटीऑक्सीडेंट से भरपूर) काफी मात्रा में फाइबर देते हैं तथा विविध विटामिन, मिनरल व फाइटोकेमिकल की भी भरपूर मात्रा देते हैं।

वैसे भी काफी अध्ययन हो रहे हैं। हो सकता है कि आज का अन्य कल का सुपरस्टार हो जाए। निम्नलिखित सूची में से रोज अपने लिए एक या दो चुनें।

- 1 मध्यम आकार का सेब
- 125 ग्राम सेब का सॉस (बिना मिठास का)
- 125 मि.ली. सेब का जूस
- 2 बड़े चम्मच सेब का जूस (आवश्यक)
- 1 मध्यम आकार का केला
- 75 ग्राम ब्लूबेरी
- 100 ग्राम ताजी चेरी
- 100 ग्राम पकी क्रॉनबेरी
- 2 छोटे ताजे/ सूखे अंजीर
- 1 मध्यम आकार का सफेद आड़ू
- 1 मध्यम आकार की नाशपाती
- 125 मि.ली. अनार का जूस
- 90 ग्राम अनार के दाने
- 2 छोटे आलूबुखारा
- 3 सूखे खजूर
- 125 मि.ली. प्रून जूस
- 45 ग्राम सूखा सेब
- 45 ग्राम किशमिश
- 45 ग्राम सूखे फल
- 75 ग्राम फ्रीज मेवे
- ½ मध्यम एवोकाडो
- 30 ग्राम डिब्बाबंद बैंबू शूट्स
- 30 ग्राम डिब्बाबंद सिंघाड़े
- 60 ग्राम पके हरे बींस
- 100 ग्राम पका चुकंदर
- 2 बड़ी रिब सेलेरी
- 1 छोटा पीला भुट्टा
- ½ छोटा छिला खीरा
- 75 ग्राम पकी अबर जाइन
- 75 ग्राम स्लाइस सनचोक
- 30 ग्राम कतरा सलाद पत्ता
- 45 ग्राम ताजी मशरूम
- 125 ग्राम पकी भिंडी
- 45 ग्राम प्याज स्लाइस
- 125 ग्राम पकी पार्सनिप
- 125 ग्राम पका शलगम
- 75 ग्राम ताजे हरे मटर या स्नो पीज़
- 125 ग्राम पका कॉरगेट
- 4 से 6 मूली

कुछ खाने से पहले सोचें

वैसे तो प्रकृति ने सभी अनाज पौष्टिक बनाए हैं, पर हम उसकी नकल करने से बाज नहीं आते। हम भी अनाजों को विटामिन व मिनरल से भरपूर बनाने के प्रयत्न में उसके कई अनिवार्य तत्त्व खो देते हैं। अभी भी इसके बारे में कई अध्ययन होने शेष हैं। हमेशा अनाज से बना कोई भी पदार्थ लेने से पहले लेबल अच्छी तरह देखें कि कहीं आपको होल व्हीट के नाम पर कृत्रिम पदार्थ तो नहीं दिए जा रहे।

साबुत अनाज व लेग्यूम (6 व इससे अधिक सर्विंग प्रतिदिन)

साबुत अनाज गर्भवती महिला के लिए काफी फायदेमंद हो सकते हैं। ये कांपलैक्स कार्ब विटामिन से भरपूर होते हैं जो शिशु के प्रत्येक अंग के विकास के लिए बहुत महत्त्व रखते हैं। ये जिंक, सेलेनियम, क्रोमियम व मैग्नीशियम से भी भरपूर होते हैं व गर्भावस्था के आरंभिक महीनों में कई तकलीफदेह लक्षणों से भी छुटकारा दिलाते हैं।

कब्ज से बचने के लिए बहुत जरूरी है कि आप फाइबर, विटामिन व मिनरल की खान 'होल ग्रेन' को अपने डेली ड़जन में शामिल करें, ऐसा नहीं कि आप रिफाइंड अनाज से कुछ नहीं चुन सकतीं। होल ग्रेन चुनने का एक और फायदा यह भी होता है कि इनसे हृदय रोग, मधुमेह व कुछ निश्चित प्रकार के कैंसर का भी खतरा घटता है।

निम्नलिखित में से चुनें

- 175 ग्राम ब्राउन/वाइल्ड राइस
- 75 ग्राम गेहूं/सोया आटा
- 100 ग्राम (पका बाजरा, जई, क्विनोवा व दूसरे साबुत अनाज)
- 60 ग्राम होल ग्रेन कॉर्नमील
- 250 ग्राम पका होल ग्रेन सिरियल/पॉरिज
- 45 ग्राम रोल्ड/क्विक कुक ओट्स
- 125 ग्राम होल ग्रेन सिरियल
- 60 ग्राम मुसली
- 2 बड़े चम्मच व्हीट जर्म
- 45 ग्राम अलसी पाउडर/ओट ब्रान
- 1 स्लाइस होल व्हीट
- ½ स्लाइस होल व्हीट पिट्टा
- ½ बड़ा होल व्हीट रोल
- ½ साबुत व्हीट बैगल/इंगलिश मफिन
- 1 छोटा कॉर्न टार्टिला
- ½ छोटा होल व्हीट टार्टिला
- 2 से 6 होल ग्रेन क्रेकर्स
- 2 होल ग्रेन क्रिस्पब्रेड
- 2 ब्राउन राइस केक
- 100 ग्राम पके बींस/ मसूर
- 100 ग्राम पकी सोयाबीन
- 30 ग्राम होल ब्रेन सोया पास्ता
- 60 ग्राम पॉपकॉर्न
- 1 बड़ा चम्मच ब्रूअर्स यीस्ट

आयरन से भरपूर कुछ खाद्य पदार्थ प्रतिदिन लें

इस समय आपके शरीर को आयरन की सबसे अधिक जरूरत है। यह शिशु निर्माण के लिए लाल रक्त कोशिकाएं बनाने में अतिव्यस्त हैं। इस मांग को पूरा न किया तो आप एनीमिया ग्रस्त हो सकती हैं।

इसकी पूर्ति केवल आहार से ही नहीं हो पाती, इसलिए डॉक्टर आपको आयरन सप्लीमेंट देते हैं। यदि इसे संतरे या टमाटर के जूस से लेंगी तो शरीर आयरन का बेहतर अवशोषण कर पाएगा। चाय, कॉफी, एंटीएसिड या उच्च फाइबर युक्त भोजन इस

अवशोषण में बाधा देते हैं।

पौधीय उत्पादों की बजाय जंतु उत्पादों से मिलने वाले आयरन का अवशोषण कहीं आसान होता है। यदि आप एक ही समय में दोनों का प्रयोग करती हैं तो अवशोषण में आसानी होगी।

आयरन से भरपूर निम्नलिखित खाद्य पदार्थ लें।

- डक
- सार्डिन
- सोयाबीन व सोया उत्पाद
- ओट ब्रान
- बार्ली
- कद्दू के बीज
- सूखे मेवे
- पालक
- सी-फूड
- ब्लैक स्ट्रैप मोलासिस

सूची में नहीं मिला

आपका प्रिय फल, अनाज या प्रोटीन स्रोत इस सूची में नहीं है? दरअसल हमें स्थानाभाव में ऐसा करना पड़ रहा है। केवल सामान्य खाद्य पदार्थों को ही इसमें शामिल किया गया है। इस बारे में चिंतित न हों कि लिस्ट में नाम नहीं आया। मजे से मनपसंद व पौष्टिक खाद्य पदार्थ खाएं।

फैट व हाई फैट फूड (रोज 4 सर्विंग) वज़न के हिसाब से

वैसे इनकी ओर से डेली डज़न की जरूरत पूरा करने में देर नहीं लगती। हमारे इन उपायों पर ध्यान दें :

गर्भावस्था में वसा को एकदम से न घटाएं। क्योंकि शिशु को वृद्धि व विकास के लिए फैटी एसिड चाहिए। ओमेगा-3 फैटी एसिड शिशु के मस्तिष्क के विकास में बहुत महत्त्व रखते हैं।

वैसे आपको गर्भावस्था के दौरान अपने आहार में विविध प्रकार के वसा पदार्थ शामिल करने चाहिए व हर खाद्य पदार्थ से मिलनेवाली वसा पर नज़र रखनी चाहिए, जैसे - चिकन सलाद, सैंडविच पर पड़ी मेयोनीज़, सलाद ड्रेसिंग का तेल या रोल पर लगा मक्खन।

यदि वज़न तेजी से बढ़ रहा हो तो वसा की एकाध सर्विंग घटा दें। यदि कोई खाद्य पदार्थ वसा से तो भरपूर है पर अधिक पौष्टिक नहीं तो उन्हें घटाना ही ठीक रहेगा।

अगर वजन धीरे-धीरे बढ़ रहा हो तो वसा की एकाध सर्विंग शामिल कर लें, जैसे– सूखे मेवे व एवोकाडो आदि, पर यह ध्यान दें कि आपको डेली इलेवन से भी भरपूर पोषण मिलता रहे।

- 1 बड़ा चम्मच तेल (वनस्पति, ऑलिव, सफेद सरसों, तिल)
- 15 ग्राम मार्जरिन/मक्खन
- 1 बड़ा चम्मच मेयोनीज़
- 2 बड़े चम्मच रेगुलर सलाद ड्रेसिंग
- 3 बड़े चम्मच हल्की क्रीम
- 2 बड़े चम्मच चम्मच फेंटी क्रीम
- 60 मि.ली. खट्टी क्रीम
- 2 बड़े चम्मच क्रीम चीज़
- 2 बड़े चम्मच मूंगफली का मक्खन

अन्य हाई फैट फूड : ये वसा से भरपूर होते हैं। इन्हें औपचारिक तौर पर गिनती में शामिल न करें। बस आपको पता होना चाहिए कि

इनकी अधिक मात्रा शरीर पर चर्बी चढ़ा सकती है।

- क्रीम सॉस
- वसा युक्त चीज़
- होल-मिल्क योगर्ट
- मेवे व बीज
- वसा युक्त मीट

वसा व वेजीस का मेल

वसा लेने का उपयुक्त समय यही है। उसे अपने सलाद व सब्जियों पर छिड़कें। हालांकि हो सकता है कि फिगर को ध्यान में रखते हुए आप वसारहित ड्रेसिंग लेना चाहें, पर वैज्ञानिकों ने पता लगाया है कि सब्जियों में पाए जाने वाले अल्फा कैरोटीन, बीटा कैरोटीन या लाइकोपिन जैसे तत्त्व वसा के अभाव में अवशोषित नहीं हो पाते। अतः सलाद के साथ वसा लेना न भूलें।

मीट, पनीर, मेवे या सब्जी; कुछ भी, के साथ थोड़ी वसा शामिल कर लें। हालांकि हम यह भी नहीं कह रहे कि आप 1 की बजाय 3 चम्मच तेल में सब्जी भूनें। यहां भी संतुलन व संयम रखना अनिवार्य है।

थोड़ा नमक भी लें

बेशक नमक की संयमित मात्रा लेने से पैरों में सूजन नहीं होगी व आप अपने ही जूते पहन सकेंगी। दरअसल यह दिक्कत नमक से नहीं गर्भावस्था के हार्मोन से होती है। थोड़ी-बहुत सूजन तो स्वाभाविक है। आहार में सोडियम की अधिक मात्रा इसे बढ़ाती है। यदि नमक बिल्कुल न लिया जाए तो वह भी तरल पदार्थ के संतुलन को बिगाड़ सकता है जो कि एक स्वस्थ गर्भावस्था के लिए आवश्यक है, तो नमकदानी न छिपाएं। थोड़ा नमक भी खाएं।

नमक युक्त भोजन का संयमित प्रयोग

खुशखबरी यह है कि सभी गर्भवती महिलाओं को नमक पर पाबंदी लगाने की जरूरत नहीं होती। वैसे भी इस दौरान आपको सोडियम भी चाहिए, लेकिन अगर आपने अचार, खट्टे खाद्य पदार्थ व चाट-पापड़ी की अति कर दी तो यह गलत होगा। कई महिलाओं को ज्यादा सोडियम लेने के कारण हाई ब्लड प्रेशर भी हो जाता है।

वैसे तो सभी महिलाओं को अपने आहार से ही पर्याप्त सोडियम मिल जाता है व अतिरिक्त नमक की जरूरत नहीं होती। चाहे कोई गर्भवती हो या न हो, एक स्वस्थ व्यक्ति को प्रतिदिन 2400 मि.ग्राम सोडियम चाहिए।

आप चाहें तो नमक की अतिरिक्त खुराक पर रोक लगा सकती हैं। मैकरोनी, चीज़ मिक्स, लंचिअन मीट, डिब्बाबंद सूप व सब्जियां तथा फास्ट फूड आदि न लें। खाने के दौरान हल्का नमक इस्तेमाल करें। आयोडीन युक्त नमक का प्रयोग करें ताकि आपकी आयोडीन की कमी भी पूरी हो जाए। अगर आपको हाइपर थायराइड हो तो आयोडीन वाला नमक न लें।

प्र. मैं डेली डज़न में सुझाए गए सारे आहार को लेने के बावजूद अपने वज़न को नियंत्रित कैसे रख सकती हूं ?

उ. आप चाहें तो बड़ी आसानी से डेली डज़न की कैलोरी मात्रा बढ़ाए बिना भी पोषण की मात्रा बढ़ा सकती हैं। दूसरे शब्दों में, आपको एक विशेषज्ञ बनना होगा। ऐसा भोजन लें जो भरपूर पोषक तत्त्व प्रदान कर सकें और आप अपना वज़न बढ़ाए बिना ही स्वस्थ रह सकें।

तरल पदार्थों की मात्रा : दिन में कम से कम आठ गिलास

एक व्यक्ति भोजन के बिना तो कई सप्ताह तक जीवित रह सकता है, पर पानी के बिना तो कुछ दिन भी नहीं कटते। शरीर की हर कोशिका व गतिविधि को पानी चाहिए। गर्भावस्था में तो यह और भी जरूरी हो जाता है। एमीनायोटिक द्रव्य, ब्लड वोल्यूम व टिश्यू के अतिरिक्त 30 पौंड गर्भावस्था का भार तो तरल पदार्थ से ही बना है। भ्रूण के शरीर में कोशिका निर्माण, परिसंचरण तंत्र के विकास, पोषक पदार्थों की आपूर्ति व व्यर्थ पदार्थों के उत्सर्जन के लिए इसकी आवश्यकता है। गर्भावस्था में अतिरिक्त तरल पदार्थों की आवश्यकता होती है ताकि कब्ज न हो, शुष्क त्वचा से बचाव हो सके, शरीर के तापमान का नियमन हो सके व मूत्र संक्रमण को घटाया जा सके। गर्म मौसम व शारीरिक श्रम के कारण भी तरल पदार्थों की मात्रा बढ़ानी पड़ सकती है क्योंकि आप कभी भी डायरिया ग्रस्त हो सकती हैं। इस तरह डीहाइड्रेशन से बचाव हो पाएगा। यदि भरपूर मात्रा में पानी लेंगी तो मूत्र भी खुलकर आएगा व जलन से बची रहेंगी।

वैसे दूध, सूप व ब्रोथ में छिपी तरल पदार्थ की मात्रा को भी गिनना न भूलें। फल व सब्जियां, डी कैफीन युक्त चाय, कॉफी, स्पार्कलिंग वाटर व जूस भी इसी श्रेणी में आते हैं। कैफीन युक्त तरल पदार्थ न गिनें। ये तो शरीर के तरल पदार्थ की मात्रा को घटाते हैं।

हो सकता है कि आप गर्भावस्था के आरंभिक व अंतिम महीनों में बार-बार मूत्र

पानी ही पानी...

- **अपने साथ पानी की छोटी-सी बोतल रखें। काम से जरा-सा समय पाते ही झट से पानी पी लें।**
- **घर या ऑफिस में अपने पास पानी का बड़ा जग रखें। ताजे फल, सब्जी व सूप लेना न भूलें। आपकी डेली डज़न फ्लयूड की कमी पूरी हो जाएगी।**
- **दिन में हर दो घंटे बाद एक गिलास पानी लें।**
- **पानी के लिए बड़ा गिलास या मग लें।**
- **खाने से पहले व खाने के बाद एक-एक गिलास पानी लें।**
- **खाने के लिए बाहर जा रही हैं तो पानी पीकर चलें - वहां ऑर्डर देने के बाद भी पानी पीती रहें।**
- **तरल पदार्थों के विकल्प लेती रहें, जैसे-सूप, फ्रूट जूस, पॉप्सीकल या तरल पदार्थ युक्त फल जैसे तरबूज।**

त्याग से बचने के लिए पानी की मात्रा घटा दें। ऐसा न करें। उस समय पानी की भरपूर मात्रा लेती रहें।

प्रीनैटल विटामिन सप्लीमेंट: गर्भावस्था में यह खुराक प्रतिदिन लें

जब गर्भावस्था में आपकी पोषण संबंधी आवश्यकता की बात आती है तो एक संपूर्ण संतुलित आहार की तुलना किसी से नहीं की जा सकती। साबुत अनाज से मिलनेवाले विटामिन, मिनरल व पोषक पदार्थ बहुत लाभदायक होते हैं। इसके अलावा प्राकृतिक भोजन में अनेक ऐसे गुण छिपे होंगे जो शायद हम जानते भी नहीं। वैसे हो सकता है कि कई बार बाथरूम के चक्कर लगाते-लगाते आपकी डाइट में विटामिन या मिनरल की कमी हो जाए।

अपना प्रीनैटल विटामिन सप्लीमेंट लेना आरंभ करें। यह इस बात का आश्वासन देगा कि अनजाने में भी कोई कमी न रहे। इस तरह खाद्य पदार्थ पकाने के दौरान नष्ट हो चुके विटामिन व मिनरल की भी पूर्ति हो जाएगी, जिसे आपने पहले ही गिन लिया था। सभी खाद्य पदार्थ आसानी से सारे पोषक तत्त्व नहीं दे पाते। ये गोलियां उस अभाव को भी पूरा करेंगी। इस तरह आपका शिशु उन रोगों से बचा रहेगा जो फॉलिक एसिड की कमी से हो सकते हैं। शिशु के असमय जन्म का खतरा भी नहीं रहेगा। याद रहे कि इन कैप्सूल से ही संतुलित आहार के लिए प्रोटीन, फाइबर, कुछ खास मिनरल व ऊर्जा मिलती है। इन्हें आप संतुलित आहार के विकल्प नहीं बल्कि पूरक मानें।

आप जो भी फार्मूला लें वह निश्चित तौर पर गर्भवती के लिए होना चाहिए। अपने डॉक्टर से पूछकर इसे तैयार करें या निम्नलिखित फार्मूले पर ध्यान दें:

- विटामिन ए की खुराक 4000 से अधिक न हो। कई निर्माता अपनी विटामिन सप्लीमेंट में विटामिन ए की मात्रा घटाकर उसमें बीटा-कैरोटीन मिलाते हैं जो कि विटामिन ए का सुरक्षित स्रोत है।
- फॉलिक एसिड की कम से कम 400 से 600 एम. जी.।
- कैल्शियम की 250 एम.जी. मात्रा। यदि खुराक से पूरा कैल्शियम न मिले तो आपको गर्भावस्था के लिए जरूरी 1200 एम.जी. पाने के लिए अतिरिक्त सप्लीमेंट लेना होगा। आयरन के साथ 250 एम.जी. से कैल्शियम न लें। यदि ज्यादा खुराक लेनी हो तो आयरन सप्लीमेंट से दो घंटा पहले या बाद में लें।
- 30 एम.जी. आयरन
- 50 से 80 एम.जी. विटामिन सी
- 15 एम.जी. जिंक
- 2 एम.जी. कॉपर
- 2 एम.जी. विटामिन $बी_6$
- विटामिन डी, जो 500 यू.जी. से ज्यादा न हो, विटामिन ई (15 एम.जी.), थायमिन (1.4 एम.जी.), रीबोफ्लेविन (1.4 एम.

पारंपरिक मान्यताएं

गर्भवती महिलाओं से कहा जाता था कि यदि वे पर्याप्त मात्रा में पानी नहीं पियेंगी तो उनके शिशु गंदे पैदा होंगे। वैसे तो इस सलाह में कोई सार नहीं है। सारे बच्चे नैपी एरिया के पास से गंदे होने में देर नहीं करते।

उनका कहने का मतलब यही था कि गर्भवती महिला काफी पानी पिये, चाहे बहाने से ही सही।

अपराधबोध से बचें

हो सकता है कि आपने सही तरह से खाने की पूरी कोशिश की हो, हो सकता है कि ऑफिस की थकान या तबीयत खराब होने के कारण आप चाहकर भी सही तरीके से नहीं खा पाई हों। जब आप डेली डज़न का हिसाब लगाते हुए पाती हैं कि आपने तो बहुत कम खाया है तो अचानक ही पेट में अजीब-सा महसूस होने लगता है। नहीं, वहां गैस नहीं बन रही। आप स्वयं को कसूरवार पा रही हैं।

इससे पहले कि अपराधबोध का यह भाव आपके ऊपर हावी हो, इसे स्वयं से दूर कर दें। इसी के कारण खानपान की अधिकतर योजनाएं असफल हो जाती हैं।

यदि आइसक्रीम खाने से मन में अपराधबोध जागेगा तो वही भाव आपको फिर से बार-बार उसी चीज़ के पास ले जाएगा। गर्भावस्था के दौरान पछतावे की भावना से दूर रहें व स्वयं को प्रसन्न रखें।

हम आपको ऐसे अनेक कारण बता सकते हैं, जिनके लिए आपको गर्भावस्था में अपने खानपान पर पूरा ध्यान देना चाहिए। यदि यकीन नहीं आता तो पिछले कुछ अध्याय फिर से पढ़ लें। यदि आप एक संतुलित जीवनशैली (शराब, तंबाकू व नशे से परे) जीते हुए, संतुलित खानपान पर बल देती हैं तो आप व आपका शिशु पूरी तरह से सुरक्षित हैं। अगर एक दिन पर्याप्त मात्रा में विटामिन सी नहीं मिला तो अगले दिन सुबह के नाश्ते में 'फलों' की स्मूदी बना लें। कुछ मनचाहा मीठा ज्यादा खा लिया तो डिनर में सलाद लेकर पूर्ति कर लें। दूसरे महीने में क्रेकर्स के सिवा कुछ भी गले से नहीं उतरा तो कोई बात नहीं, आने वाले सप्ताहों में सारी भरपाई हो जाएगी।

तो उचित खानपान के लिए अपने प्रयास जारी रखें। खुद को कसूरवार न मानें। गर्भावस्था में अच्छे आहार के अलावा सकारात्मकता व अच्छी भावनाओं का होना भी आवश्यक होता है।

जी.), नियासिन, (18 एम.जी.), विटामिन बी 12 (2.6 एम.सी.जी.), तकरीबन प्रीनैटल सप्लीमेंटों में इनसे तिगुना आर.डी.ए. होता है। इस खुराक से कोई नुकसान नहीं होता।

- कुछ फार्मूलों में मैग्नीशियम, फ्लोराइड, बायोटीन, फास्फोरस, पैंटाथीनिक एसिड या इनका मेल भी हो सकता है।
- डॉक्टर से पूछे बिना कोई भी दवा या सप्लीमेंट न लें। कुछ पोषक तत्त्वों की अधिक मात्रा से टॉक्सिन हो सकता है या कुछ सप्लीमेंट में पाए जाने वाले हर्ब्स, गर्भावस्था के लिए सेफ नहीं होते।

प्र. मेरी मिडवाइफ ने कुछ प्रीनैटल विटामिन लेने की सलाह दी है, पर उन्हें लेने से मेरा जी मिचलाता है। अगर उल्टियां ही आती रहीं तो वे सप्लीमेंट फायदा कैसे देंगे ?

उ. हिम्मत न हारें। फार्मेसी शेल्फों पर आपके लिए एक से एक प्रीनैटल सप्लीमेंट पड़े हैं। डॉक्टर आपको कोटिड या स्लो फार्मूला या फिर विटामिन $बी_6$ की अधिक मात्रा वाली खुराक दे सकते हैं। आप चाहें तो खाने के साथ या रात को सोते समय हल्के स्नैक के साथ विटामिन ले सकती हैं ताकि इनसे होनेवाली परेशानी कम से कम हो।

प्र. मैं डॉक्टर द्वारा बताए गए ब्रांड की बजाय अपनी मर्जी से प्रीनैटल विटामिन ले रही हूं। क्या यह ठीक है?

उ. इससे कोई फर्क नहीं पड़ता कि दवा

स्नैक अटैक लांच करें

अगर आप डेली डज़न की आपूर्ति के लिए फ्रिज के चक्कर लगा रही हैं तो जरा इन पौष्टिक स्नैकस पर भी ध्यान दें :

- **1 सख्त उबला अंडा और 1 गिलास वेज जूस**
- **पकी सोयाबीन**
- **मूंगफली के मक्खन के साथ सेब के स्लाइस**
- **सोया चिप्स**
- **लो-फैट चीज़ स्लाइस के साथ होल व्हीट क्रेकर्स**
- **मुसली के साथ लो-फैट योगर्ट**
- **एक मौज़रेला स्टिक व फ्रोजन ग्रेप्स**
- **फलों की स्मूदी**
- **मल्टी ग्रेन वेफर्स**
- **पारमेसन चीज़ व चिली सहित पॉपकॉर्न**
- **एक छोटा आलू (माइक्रोवेव किया) व चेड्डर चीज़**
- **एक मुट्ठी बादाम, अखरोट गिरी या किशमिश**
- **सूखी ख़ूबानी, सेब, नाशपाती, अंजीर, क्रॉनबेरी, एक वेज चीज़**
- **कतरे चीज़ व टमाटर के साथ होल व्हीट टार्टिला**
- **हर्ब्स स्प्रेड के साथ गाजर व सेलेरी स्टिक**
- **एक कप टमाटर सूप व थोड़ा कॉटेज चीज़**
- **एक गाजर मफिन के साथ दूध/चीज़**
- **एक छोटा बॉक्स सूखे सिरियल**
- **सोय नट्स व किशमिश**

का ब्रांड क्या है। तकरीबन ऐसे सभी विटामिनों का फार्मूला एक ही होता है। अपनी तसल्ली के लिए उनके लेबल व चार्ट मिलाकर देख लें व डॉक्टर से पूछ लें।

प्र. वैसे तो मैं प्रीनैटल विटामिन लेने के बारे में पूरा ध्यान देती हूं, पर कल जाने कैसे भूल गई। क्या आज एक अतिरिक्त गोली ले लूं ?

उ. याद रहे कि आपने कभी भी स्वस्थ आहार के रूप में प्रीनैटल विटामिन नहीं लेना। हम मान लेते हैं कि आप सही तरीके से गर्भावस्था की डाइट ले रही हैं और ऐसे में एकाध दिन विटामिन सप्लीमेंट न भी लिया जाए तो कोई फर्क नहीं पड़ता। आपको इससे कोई नुकसान नहीं होगा। यदि कल गोली नहीं ली तो आज डबल दवा लेने की कोई जरूरत नहीं है।

प्र. दिन में मेरे विटामिन लेने के लिए सबसे बेहतर समय क्या होगा?

उ. यदि आपका जी मिचलाता है तो दवा लेने का सबसे सही वक्त वही है, जब आप उसे पचा सकें। अगर यह बात नहीं है तो उसे थोड़े वसायुक्त भोजन के साथ लें ताकि आप फैट-सोल्यूबल विटामिन (ए, डी, व के) पचा सकें। इसके बाद काफी अधिक मात्रा में तरल पदार्थ लें। अगर आयरन ले रही हैं तो उसके साथ कैल्शियम व फाइबर युक्त आहार न लें।

कैसा हो खानपान?

यदि आप भी गर्भवती महिलाओं में से एक हैं तो बेहतर खानपान लेने का फैसला इतना चुनौतीपूर्ण नहीं होता (हर कोई अपने शिशु के लिए सबसे बेहतर ही तो चाहता है) यहां सबसे बड़ी चुनौती यह है कि आप यह ध्यान दें कि आपके खाने के तरीके में बदलाव आए।

कुछ लोगों के लिए यह काफी आसान भी हो सकता है कि बस वे रोज के आहार में कुछ फल व एक-आधा गिलास पानी शामिल कर लें। कईयों के लिए यह काफी परेशानी भरा हो सकता है। हो सकता है कि उन्हें अपने चुनावों के लिए थोड़ी ज्यादा मेहनत करनी पड़े, जैसे - होल व्हीट बैगल की जगह सादा बैगल लेना, सैंडविच के साथ चिप्स की बजाय साइड सलाद लेना, आइसक्रीम की जगह फ्रोजन दही लेना। जो अब भी यही मानती हैं कि कैचप को सब्जी मान सकते हैं व मेवे वाले चॉकलेट को प्रोटीन का स्रोत, तो उनके लिए ये बदलाव और भी महत्त्वपूर्ण हो जाते हैं। उन्हें अब ये फैसले लेने ही होंगे ताकि अपने शिशु की बेहतरी व भलाई को प्राथमिकता दी जा सके। चाहे आपके आहार में काफी बदलाव होना है या फिर थोड़े से फेरबदल की जरूरत है। आप इस अध्याय में हर तरह का विकल्प पा लेंगी। चलिए पहले हमारी इस क्विज पर ध्यान दें :

खानपान की आदतों का आकलन

हो सकता है आपको अपने खानपान के बारे में काफी जानकारी हो, लेकिन यह कहां तक सही है, इस प्रश्नावली से पता लगाएं :

1. **मेरा रोज का नाश्ता है**

अ) बेकन और अंडे, मार्जरीन के साथ व्हीट टोस्ट, कैल्शियम फोर्टीफाइड संतरे का रस।

ब) कटी चेरी व स्ट्रॉबेरी के कटोरे के साथ स्किम्ड दूध व ग्रेप फ्रूट।

स) लो-शुगर सिरियल लूप्स (दूध के बिना)।

2. **मेरा दोपहर का खाना है**

अ) ओनियल बैगल पर ट्यूना सलाद और क्रिस्प बैग।

ब) ग्रिल्ड चिकन, मौज़रेला चीज़, मल्टीग्रेन ब्रेड पर मशरूम।

स) लंच की फुर्सत किसे है? वैडिंग मशीन से एक चॉकलेट लेकर खा लेती हूं।

3. मेरा रात का खाना है

अ) डिब्बाबंद सब्जी सूप, फ्रोजन पिज्जा के दो स्लाइस व जमा हुआ दही।

ब) ग्रिल्ड मछली, बेक्ड आलू के साथ ब्रोकली व चेड्डर, लाल सलाद पत्ता, ताजे फल।

स) फास्टफूड, बर्गर, फ्राईज, सेब के स्लाइस, क्रीम कॉफी।

4. सुबह ऑफिस में जल्दी मीटिंग है, नाश्ते का समय नहीं है, रास्ते में खाने के लिए क्या लेंगी ?

अ) स्वीटकॉर्न मफिन और डीकैफले।

ब) आड़ू और दही।

स) प्रीनैटल विटामिन और डाइट कोक का केन।

5. दिन में मेरा स्नैक्स है

अ) डिब्बाबंद क्रेकर्स और चीज़ स्प्रेड।

ब) सूखी ख़ूबानी व अखरोट।

स) क्रिस्प व ओनियन डिप।

6. मेरा प्रिय फल है

अ) किशमिश।

ब) खरबूजा।

स) मीठे फल।

7. आप प्रतिदिन कितने फल खाती हैं?

अ) 1 सेर।

ब) 3 से 4।

स) क्या मीठे फल भी गिनूं?

8. आप विटामिन सी कैसे पाती हैं?

अ) एक गिलास संतरे का रस।

ब) एक ताजा संतरा।

स) प्रीनैटल विटामिन।

9. आपकी रोज की कैल्शियम की खुराक

अ) कैल्शियम युक्त संतरे, चीज़ पिज्जा व जमा हुआ दही।

ब) सिरियल में स्किम्ड दूध, फल व दही, स्मूदी, चीज़ सैंडविच, उबली ब्रोकली।

स) बर्गर पर लगे पीले स्क्वेयर या फिर क्रीमर।

10. आपकी ब्रेड का रंग है

अ) सफेद।

ब) भूरा।

स) मैं ब्रेड नहीं खाती क्योंकि यह कार्बोहाइड्रेट है।

11. आपके फ्रिज में कैसे पेय पदार्थ हैं?

अ) 2 प्रतिशत दूध, सेब का रस।

ब) स्किम्ड दूध, कैल्शियम युक्त संतरे का रस।

स) डाइट फिज़ी ड्रिंक।

12. आपके फ्रीजर में क्या है?

अ) फ्रोजन पिज्जा, फ्रोजन चिकन, फ्रोजन नगेट व दही।

ब) फ्रोजन सब्जियां, बर्गर व ब्लूबेरी।

स) फ्रोजन स्नीकर्स बार।

13. आपके सलाद में होता है

अ) रेडीमेड आइसबर्ग मिक्स, खीरा।

ब) सलाद पत्ता, लाल शिमला मिर्च, टमाटर, सूरजमुखी के बीज।

स) सलाद क्या होता है?

14. आपका प्रिय अनाज क्या है?

अ) क्विक-कुक ब्राउन राइस।

ब) बल्गर व्हीट या क्विनोवा।

स) सफेद चावल।

15. आपकी पैंट्री में क्या है?

अ) डिब्बाबंद फल सिरप में।

ब) डिब्बाबंद जूस फल सहित।
स) मिठाई।

16. दिन में कितने गिलास तरल पदार्थ लेती हैं?
अ) 6
ब) 8
स) कॉफी भी गिनते हैं, न?

17. आपका प्रिय मीठा व्यंजन
अ) ताजी सेब पाई।
ब) ताजे सेब।
स) जी भरकर चॉकलेट।

18. टी.वी. के सामने बैठकर क्या खाती हैं?
अ) नमकीन प्रेटजेल्स।
ब) कच्ची सब्जियां व ताजा टमाटर साल्सा।
स) चॉकलेट चिप कुकीज।

19. आपका पसंदीदा तेल
अ) वनस्पति।
ब) ऑलिव ऑयल।
स) मार्जरीन, पिघली हुई।

20. आप घर में फल कहां रखती हैं?
अ) डाइनिंग रूम में, कटोरे में।
ब) मेरे फ्रिज में।
स) कौन से फल ?

अब आपके अंक गिनने का समय है

अपने अंक इस तरह जोड़ें अ (1) ब (2) स (0)

तो आपके अंक कितने रहे?

31 से 40 : बढ़िया! आप बेहतर तरीके से खा-पी रही हैं।

16 से 30 : बुरा नहीं है! ठीक चल रही है, बस थोड़ी मेहनत और करें।

0 से 15 : तैयार हो जाएं। अपनी खुराक पर ध्यान देना होगा।

एक फूड डायरी की मदद से भी डाइट पर नज़र रख सकते हैं। पांच दिन तक पूरे खानपान का ब्यौरा लिखें। प्रत्येक स्तंभ के अंत में ली गई मात्रा लिखें। याद रखें, यह कोई टेस्ट नहीं बल्कि मूल्यांकन है। ईमानदारी से लिखें ताकि खानपान की आदतों का सही तरीके से पता लगा सकें, आपके अलावा इसे और कोई नहीं देखने वाला।

चार्ट देखकर, खानपान की आदतों का सही अनुमान लगा पाएंगी। फिर देखें कि कितने सुधार की आवश्यकता है। कहीं आप प्रोटीन की अधिक मात्रा तो नहीं ले रहीं। कहीं कैल्शियम की मात्रा कम तो नहीं? कहीं फलों की मात्रा अधिक व सब्जियों की मात्रा कम तो नहीं?

याद रखें कि पोषण में भी विविधता अनिवार्य है। कहीं ऐसा तो नहीं कि आप रोज एक-सा ही लंच ले रही हैं। क्या हमेशा केला खाती हैं? यदि हां, तो पोटाशियम की मात्रा तो मिलेगी, पर विटामिन सी कहां से मिलेगा, इसके साथ कीवी भी खाएं। अपनी डाइट में ऐसे फल शामिल करें, जिनसे विविध पोषण मिल सके।

डियर फूड डायरी

पहला दिन	**दूसरा दिन**
नाश्ता	नाश्ता
लंच	लंच
डिनर	डिनर
स्नैक्स	स्नैक्स
प्रोटीन भोजन______	प्रोटीन भोजन______
कैल्शियम भोजन______	कैल्शियम भोजन______
सब्जियां______	सब्जियां______
फल______	फल______
साबुत अनाज______	साबुत अनाज______
रिफाइंड अनाज______	रिफाइंड अनाज______
आयरन युक्त अनाज______	आयरन युक्त अनाज______
वसा युक्त भोजन______	वसा युक्त भोजन______
जंक फूड______	जंक फूड______
कैफीन युक्त पेय______	कैफीन युक्त पेय______
पानी व अन्य तरल पदार्थ______	पानी व अन्य तरल पदार्थ______

तीसरा दिन	चौथा दिन	पांचवां दिन
नाश्ता	नाश्ता	नाश्ता
लंच	लंच	लंच
डिनर	डिनर	डिनर
स्नैक्स	स्नैक्स	स्नैक्स
प्रोटीन भोजन______	प्रोटीन भोजन______	प्रोटीन भोजन______
कैल्शियम भोजन______	कैल्शियम भोजन______	कैल्शियम भोजन______
सब्जियां______	सब्जियां______	सब्जियां______
फल______	फल______	फल______
साबुत अनाज______	साबुत अनाज______	साबुत अनाज______
रिफाइंड अनाज______	रिफाइंड अनाज______	रिफाइंड अनाज______
आयरन युक्त अनाज______	आयरन युक्त अनाज______	आयरन युक्त अनाज______
वसा युक्त भोजन______	वसा युक्त भोजन______	वसा युक्त भोजन______
जंक फूड______	जंक फूड______	जंक फूड______
कैफीन युक्त पेय______	कैफीन युक्त पेय______	कैफीन युक्त पेय______
पानी व अन्य तरल पदार्थ__	पानी व अन्य तरल पदार्थ__	पानी व अन्य तरल पदार्थ__

बेहतरी के लिए बदलाव

इन उपायों पर ध्यान देंगी तो बेहतरी के लिए बदलाव लाना काफी आसान हो जाएगा।

अपना मन बदलें : स्वस्थ खानपान को डाइटिंग से न जोड़ें। स्वस्थ खानपान का मतलब यह नहीं कि आपको कुछ खाने से रोका जा रहा है। बस आप ऐसा आहार लेंगी जो शिशु व आपके स्वास्थ्य के लिए अच्छा होगा। स्वयं को शिशु पर केंद्रित करें। ताकि आप उसके लिए स्वस्थ खानपान का आरंभ कर सकें।

बदलाव लाएं धीरे-धीरे : जीवनशैली या खानपान की आदतों में अचानक बदलाव लाना नुकसानदायक हो सकता है। लक्ष्य की ओर छोटे कदम बढ़ाएं। पहले कुछ दिन कॉर्नफ्लेक की जगह होल ग्रेन सिरियल लें। फिर होल व्हीट ब्रेड का सैंडविच लें। सिनेकिन रोल की जगह होल ग्रेन मफिन लें। इससे पहले कि आपको पता चले, आपका कदम बढ़ चुका होगा। इस तरह का बदलाव काफी फायदेमंद होगा। अध्ययनों से पता चला है कि आप जितने लंबे समय तक इन आदतों का पालन करेंगी, उतना ही भावी स्वस्थ जीवन पाएंगी।

एक दिन के बारे में सोचें : पूरे नौ माह तक खानपान की आदतें बदलने के बारे में सोचते ही घबराहट होने लगती है। आप यही मानकर चलें कि एक-एक दिन के बारे में सोचना है। हर एक दिन पर केंद्रित हों। यदि किसी दिन न भी कर पाएं तो निराश होने की बजाय अगले दिन पर ध्यान दें। उसे ही गर्भावस्था की डाइट लेने का पहला दिन मानें व यह कहें कि यह बेहतर खानपान के आरंभ का पहला अवसर है।

भोजन पर प्रयोग : जी हां, बचपन में आप जिस पालक से नफरत करती थीं, शायद उसका कोई नया स्वाद अब आ जाए। जो कुछ नहीं खाया, उसे नए नजरिए से देखें व नए प्रयोग के साथ खाने की कोशिश करें। पालक स्ट्रॉबेरी सलाद का मजा लेकर देखें, ग्रिल्ड सालमन का स्टीम्ड ब्रेड बनाएं या फिर रोल्ड चिकन ब्रेस्ट के साथ लेकर देखें।

फल व सब्जी देखें आसपास : आप अक्सर बाजार से फल लाकर, फ्रिज में रखकर भुला देती हैं। जब वे याद आते हैं, तो बासी, पिलपिले व सड़े-गले हो जाते हैं। जिसे फ्रिज में न रखना हो, उसे मेज पर या रसोई की शेल्फ पर रखें और जिसे फ्रिज में रखना हो, उसे फ्रिज की बीच वाली शेल्फ पर रखें ताकि आपकी नजर उन पर पड़ती रहे और आप उन्हें खराब होने से पहले ही खा लें।

प्लान, प्लान, प्लान : देखिए जीवन में हर काम के लिए योजना बनानी पड़ती है। आप सुबह एक पौष्टिक लंच ले जाना चाहती थीं, पर देर तक सोने की वजह से वैडिंग मशीन से चीज़ क्रेकर्स लेकर खाने पड़े। डिनर के लिए हैल्दी चिकन स्टिर फ्राई का पूरा मूड था, पर चिकन लाना ही भूल गईं व डिनर में मूंगफली के मक्खन व जैम से काम चलाना पड़ा। तो पहले से ही प्लान करके चलें।

जीवनशैली को ध्यान में रखें : यहां यह भी जीवन की एक हकीकत है कि अगर आपको सुबह जल्दी उठकर ट्रेन पकड़नी होती है तो भरपूर पौष्टिक नाश्ता बनाने-खाने का वक्त कहां है। रात को ही तैयारी कर लें। ब्रेकफास्ट बूस्टर शेक को थर्मस में ले जाएं व ट्रेन में पिएं, साथ में क्रंची सूखे

सिरियल व फ्रीज सूखे मेवे खाएं। ट्रिपल ब्लूबेरी मफिन ले जाएं जो आपने पहले से ही बेक करके स्टोर किए हुए हैं या फिर फ्रिज से दही, आडू व कैल्शियम युक्त संतरे का जूस ले लें। अगर काम के सिलसिले में डिनर पर जाना पड़ता हो तो मेन्यू में स्वस्थ विकल्प देखें। यदि बजट तंग है तो फ्रोजन की बजाए ताजे मौसमी फल-सब्जी खाएं। घर में ही पौष्टिक व्यंजन पकाने का समय निकालें ताकि सुपर मार्केट के उत्पादों पर जेब ढीली न करनी पड़े।

दूसरों के दबाव में न आएं : एक सहकर्मी नई डील की पार्टी मनाने के लिए फ्रेंच पेस्ट्री का डिब्बा लाता है और सभी उस पर टूट पड़ते हैं। आप यह गंदी आदत न अपनाएं। यदि लालच रोकना मुश्किल लगे तो एकाध बाइट लेकर अपने पौष्टिक स्नैक पर वापस आ जाएं।

अपने ही शब्दों का रखें मान : यदि सचमुच इन आदतों में बदलाव लाने के लिए गंभीर हैं तो अपने शब्दों पर गंभीरता से ध्यान दें। ऐसा नहीं कि आज तो पौष्टिक खाना खा लिया पर फिर तीन दिन बाद दोबारा नंबर आएगा। अपनी बात पर कायम रहना सीखें।

कुछ न खाने से पहले सोचें : अगर न खाना ही आपके लिए सबसे बड़ी चुनौती है तो आपको निरंतर प्रयास करने होंगे कि आप नियमित तौर पर दिन में उसे 6 बार खाएं। क्या सुबह का नाश्ता खाने का वक्त नहीं मिलता, तो अलार्म लगाकर जल्दी उठें या नाश्ता ऑफिस ले जाएं, एक डिब्बा सिरियल, केला व ख़ूबानी , पैटीज, सूखी ख़ूबानी, ब्लूबेरी के साथ वसारहित दूध, एक डिब्बा फ्रोजन दही या स्विस एंड टमाटर इन पिट्टा।

अगर लंच खाना हैवी लगे तो खाने के बारे में न सोचें। थोड़ा सलाद खाकर, वेज क्रीम चीज़ के साथ आधा होल व्हीट बैगल खा लें।

अगर नाश्ता या लंच अच्छा न लगे तो उन्हें थोड़ा आकर्षक बना लें। यह जरूरी नहीं कि हर कोई अंडे या सिरियल का पारंपरिक नाश्ता ही करें। आपको जो अच्छा लगे, वही खाएं। वैसे भी खाने से जुड़े नियम तो होते ही तोड़ने के लिए हैं। सुबह चाहे एक पिज्जा पीस या ब्रेकफास्ट व्हीट टोस्ट ले लें। रात का बचा ठंडा चिकन या राइस स्ट्यू खा लें। अकेले खाने का मन न हो तो किसी साथी या दोस्त, अच्छी किताब, टी.वी. या संगीत की कंपनी में खाएं। खाना पैक करें व किसी पार्क में पिकनिक रख लें। अगर एक आदमी के लिए लंच बनाना पसंद नहीं तो ज्यादा बना लें। उसका बचा खाना अगले दिन स्नैक के तौर पर काम आ जाएगा व समय भी बचेगा।

शहीद न बनें : मां बनने का मतलब यह नहीं कि आप खुद को शहीद मानने लगें यानी आप चाहकर भी अपना मनपसंद खाना नहीं ले पा रहीं। अपनी पसंद के विकल्प तो खा ही सकती हैं या कुछ ऐसे तरीके खोजें, जो इस नए आहार को और भी आकर्षक व मजेदार बना सकें। अगर कभी ऐसा लगे कि मजेदार व्यंजन खाए बिना रहा नहीं जा रहा तो उसे खाने में भी कोई हर्ज नहीं, पर उसे रोज की आदत न बनाएं, इस बात का ध्यान रखें कि आप अपनी आदतें क्यों बदल रही हैं।

लुभाने वाले स्थानों को अनदेखा करें : आपके गलत खानपान से जुड़ी आदतों से संबंधित स्थानों पर जाने से बचें। अगर किसी प्यारे रेस्तरां के फ्राइड चिकन व चिकन का स्वाद नहीं भुला सकतीं तो वहां न जाएं। बर्गर व फ्राई खाने की इच्छा

हो तो कुछ और खाएं। अगर देर रात तक टी.वी. देखने के साथ फ्रिज पर भी छापे पड़ते हैं तो बेडरूम में टी.वी. देखें जहां फ्रिज न हो।

सकारात्मक सोच अपनाएं : अगर आप कहती हैं कि मैं तो स्वस्थ खानपान की आदतें नहीं अपना सकती, तो शायद आप ऐसा कर भी न पाएं। किसी प्रिय रेस्तरां में जाकर यह सोचें कि मैं तो यहां का प्रसिद्ध व्यंजन खाए बिना रह ही नहीं सकती तो बेशक आप झट से ऑर्डर कर ही देंगी। इसलिए हमेशा सकारात्मक सोच अपनाएं। आप चाहो तो सुबह उठते ही तीन कप कॉफी पीने वाली आदत भी बदल सकती हैं। रेस्तरां में अपनी प्रिय चिकन पाई को सामने देखकर भी क्रीम युक्त स्ट्रॉबेरी से काम चला सकती हैं। अपने लिए कैफीन रहित कॉफी ऑर्डर करें व खुद को तसल्ली दें कि इससे आपको गरमाहट मिलेगी, पर कैफीन से बचाव हो जाएगा। अपने मन को भटकने न दें। खुद अपनी डॉक्टर बनें। खुद से कहें कि आप स्वस्थ खानपान की आदतें अपना सकती हैं।

किचन में करें स्टॉक

खानपान की आदतों में बदलाव के साथ-साथ किचन के स्टॉक में भी थोड़े बदलाव लाने होंगे।

सबसे पहले तो पैंट्री पर ध्यान दें। शेल्फों में क्या भरा है? क्या इन पर क्रिस्प व चीज़ बॉल्स दिखते हैं? शुगर-फ्रास्टिड सिरियल पड़ा है? यहां प्रोसेस्ड फूड-फ्रूट इन सिरप, पैक्ड मैकरोनी व चीज़, हाई सोडियम सूप केन का जमावड़ा है? क्या सफेद चावल व पास्ता से आंखें चौंधिया रही हैं?

फिर फ्रिज का सर्वे करें। क्या जूस की जगह मीठा फ्रूट ड्रिंक पड़ा है? पूरे साल की डाइट कोक रखी है? चीज़ कंपार्टमेंट में वोलोगना है। सब्जी वाले खाने में बेकरी से आई चॉकलेट एक्लेयर्स है?

अगर तकरीबन सवालों के जवाब 'हां' में है तो बदलाव का वक्त आ गया है। यहां आपको पूरे दृढ़ समर्पण व संकल्पशक्ति के साथ फ्रिज में रखे इन स्वादिष्ट व्यंजनों से पीछा छुड़ाना है, इसलिए तो इन्हें सबसे पहले बाहर करें। न दिखेंगे, न खाने का मन करेगा। जूस व होलसम खाद्य पदार्थ खरीदें। किसी जंकफूड प्रिय पड़ोसी को यह सब दे दें। गर्भावस्था की डाइट को ध्यान में रखते हुए, सुपर मार्केट जाकर नए सिरे से सामान खरीदें।

एक हैल्दी रसोई की खरीददारी

सुपर मार्केट जाकर इस बारे में जरूर सोचें। आप ट्रॉली में जो भी डालेंगी, वह अंतत: आपके पेट में ही जाएगा और वहां से शिशु को मिलेगा। बस यही बात दिमाग में रखें। यह कोई मुश्किल काम नहीं है। इन टिप्स को आजमाकर, आप अपनी ट्रॉली को ऐसे सामान से भर सकती हैं, जिस पर गर्व कर सकें।

- व्यवस्थित रहें। पूरे सप्ताह का मेन्यू बनाकर, उसी के हिसाब से सामान खरीदें। इस तरह आप वहां भटकने से बच जाएंगी। फिर समय की बचत भी

तो होगी। पहले से ही राशन की सारी सूची लेकर चलें ताकि एक बार में ही सारा सामान आ जाए।

- अपनी डाइट को कूपनों के भरोसे न छोड़ें। इनसे बचत तो होती है, पर आप मनमर्जी का सामान नहीं ले सकती। यदि हो सके तो इनसे दूसरे जरूरी घरेलू सामान ले लें।

- मौसम के हिसाब से योजना बनाएं। सभी फल-सब्जियां सारे साल मिलते हैं। लेकिन ताजे मौसमी फल व सब्जियां अधिक पौष्टिक तथा सस्ते होते हैं, उन्हें ही खरीदें।

- जब ज्यादा थकान हो रही हो तो खरीददारी न करें। ऐसे में बेशक आप बिना सोचे-समझे फटाफट सामान भर लेंगी।

- जाने से पहले कुछ खा लें। पेट में गुड़गुड़ होगी तो वहां कुछ भी ऊटपटांग खाने का मन कर जाएगा। इसलिए घर से निकलने से पहले पेट भर लें।

- अगर आपके पास कोई छोटा बच्चा है तो इस काम के लिए उसे साथ न लें। वह कुकी-क्रंची सिरियल व दूसरी चीजों के लिए आपको भी ललचा देगा। उन्हें किसी मित्र या उनके पापा के पास छोड़कर जाएं।

- लिस्ट से परे जाकर, केवल ऑफर देखकर खरीदने का लालच न करें। हो सकता है कि केवल पैकेट की खूबसूरती ही आपका ध्यान खींच ले। वही खरीदें, जो चाहिए।

- बोरियत से बचने के लिए हर बार अपने लिए कोई पौष्टिक स्नैक खोजें। कोई नई सब्जी, कोई नई होलसम डिश या कोई मजेदार फल, बस झट से ले लें। आपको भी नई पर सेहतमंद चीजें खाने का पूरा हक है। आपके टेस्ट-बड भी आपके अहसानमंद होंगे।

- प्रोसेस्ड की बजाय ताजे भोजन पर केंद्रित रहें। यह आपको भरपूर मात्रा में विटामिन, मिनरल व कैलोरी देता है। यदि ताजे खाद्य पदार्थ न मिलें तो नमक व चीनी रहित डिब्बाबंद व फ्रोजन फल-सब्जी लें। यह काफी हद तक उस कमी को पूरा कर देगा।

फूड एशल की सैर

आप लिस्ट लेकर सुपर मार्केट तो चली गईं, पर यह समझ में नहीं आ रहा कि कौन-सी चीज कहां मिलेगी। इसके लिए हमारे सुझावों की मदद लें :

प्रोड्यूस उत्पाद : अपनी ट्रॉली को ताजा, खुशबूदार व रंगीन फल-सब्जियों से भरें। फल सूंघकर अंदाजा लगा लें कि वह कितना ताजा है। सलाद के लिए ऐसे फल-सब्जी लें जो ऑर्गेनिक तरीके से उगाए गए हों।

डेयरी उत्पाद : यहां से आप स्किम्ड दूध, वसारहित या लो-फैट दूध, पनीर, सख्त चीज़ व अंडे ले सकती हैं। साथ ही संतरे का या अन्य फलों का प्राकृतिक जूस लेना न भूलें। इनकी एक्सपायरी डेट भी अवश्य देख लें।

बेकरी उत्पाद : खरीददारी के दौरान आप बेकरी उत्पाद भी ले सकती हैं। बस चुनते समय

डी.एच.ए. अंडे

सालमन मछली व दूसरी वसा युक्त मछलियों से तो ओमेगा - 3 फैटी एसिड मिलते ही हैं, लेकिन आजकल डी.एच.ए. अंडे भी उपलब्ध हैं। यहां चिकन को ओमेगा-3 फैटी एसिड के स्रोतों द्वारा खुराक दी जाती है। खाने में इनका स्वाद पहले वाले अंडों जैसा ही लगेगा। ये अंडे न केवल शिशु के मस्तिष्क का पोषण करेंगे बल्कि प्री टर्म डिलीवरी के खतरे से भी बचाएंगे। तो अपने आमलेट के लिए आज से ही डी. एच.ए. अंडे इस्तेमाल करना शुरू कर दें।

थोड़ा सावधान रहें। होल व्हीट, होल ग्रेन ब्रेड, टार्टिला, रैप व कई अच्छे बेक्ड फूड भी आपके काम आ सकते हैं। बस यह देख लें कि उन पर केवल 'व्हीट' न लिखा हो, वे 'होल' होने चाहिए। कुछ ताजे रैप व टार्टिला डेयरी के रेफ्रिजरेट सेक्शन में भी हो सकते हैं।

मीट उत्पाद : केवल एक्स्ट्रा लीन, चिकन, पोर्क, टर्की, वील या लैम्ब ही लें। जरा से भी बदबूदार या पुराने लगने वाले उत्पाद न लें। चाहे वे सस्ते ही क्यों न हों।

सी-फूड उत्पाद : यहां नाक व आंख की मदद लें। जी हां, ताजी चीज़ ताजी दिखती है व उसकी गंध भी ताजी होती है। ताजी मछली के गिल्स नम होते हैं। फिलेट भी चमकदार दिखते हैं। ताजा मांस दबाने पर बिना निशान छोड़े ऊपर आता है। इनमें किसी भी तरह की बुरी गंध हो तो इन्हें न लें। सी-फूड खरीदते समय उन बातों को ध्यान रखें जो एक गर्भवती महिला को मछली के बारे में ध्यान रखनी चाहिए।

डिब्बाबंद उत्पाद : यहां आपको काफी समय लगाना होगा क्योंकि कई डिब्बाबंद पदार्थों के पोषक मूल्यों में कमी आ जाती है। कोई भी खराब, लीक या जंग लगा डिब्बा न लें। आपको यहां से लो-सोडियम वेज़, वेज़ सूप, टमाटर सॉस, डिब्बाबंद सालमन व सार्डिन, वसारहित एवोपोरेटिड दूध, फ्रूट पैक्ड इन जूस वगैरह लेना चाहिए।

ड्राई-गुड उत्पाद : रिफाइंड उत्पादों से होल ग्रेन की तरफ आती हैं, तो पूरी नई एक दुनिया आपके स्वागत के लिए तैयार है। सारे लेबल ध्यान से पढ़ें। यहां से सूखे बींस, होल ग्रेन, सोया पास्ता, ब्राउन तथा वाइल्ड राइस, होल ग्रेन फ्लोर व मिलेजुले दूसरे ग्रेन स्टॉक करें।

सिरियल उत्पाद : यहां आपको चमकदार की बजाय भूरे व हल्के रंग पर ध्यान देना है। लेबल ध्यान से पढ़ें। होल ग्रेन युक्त उत्पाद लें। अक्सर सामने रखे उत्पाद इतने स्वास्थ्यपूर्ण नहीं होते। आसपास भी नजर मारें। यहां से पॉरिज, होल व्हीट फरीना व व्हीट जर्म आदि लें तथा पोषक तत्त्वों की जांच करना न भूलें।

फ्रोजन फूड उत्पाद : यहां ज्यादा देर न ठहरें, आपका मन ललचा सकता है। हो सकता है कि आपके प्रिय व्यंजन पौष्टिक न हों। पहले आप लेबल पढ़कर देखें, वे लो-सोडियम हों। जिन रातों में डिनर बनाने की हिम्मत नहीं होगी। वहां वेज सॉसेज, वेज़ी बर्गर, प्राकृतिक फ्रोजन फ्रूट जूस कंसन्ट्रेट, होल ग्रेन वैफल, फ्रोजन सब्जी तथा फल,

लो-फैट फ्रोजन योगर्ट वगैरह काम आने वाले हैं।

दूसरे उत्पाद : कुछ सूखे व क्रंची फ्रीज्ड मेवे, विविध प्रकार के फलों के जैम, सूखे हर्ब व मसाले, नींबू का जूस, ऑलिव ऑयल, सूरजमुखी का तेल व सफेद सरसों का तेल भी लेना न भूलें।

प्र. मेरी सहेली हैल्थ फूड स्टोर से सामान लेती है, क्या वहां जाना जरूरी है?
उ. अब आपको हैल्दी खानपान के लिए हैल्थ फूड स्टोर जाने की जरूरत नहीं है। आप आम सुपर मार्केट के 'हैल्थ फूड' सेक्शन से भी ग्रेन्स, फ्रूट जूस, मीठे बेक्ड गुड्स व सिरियल, ऑर्गेनिक उत्पाद, अन्य होलसम फ्रोजन डिनर्स, सोया तथा अन्य वेज उत्पाद आदि ले सकती हैं।
वैसे यह भी ध्यान दें कि हैल्थ फूड स्टोर में सब कुछ हैल्दी नहीं होता। आपको 'आर्गेनिक' या 'ऑल नेचुरल' शब्दों के जाल से निकलकर हर तरह के लेबल को चैक करना होगा। हैल्थ फूड स्टोर का सप्लीमेंट सेक्शन गर्भवती महिला के लिए नुकसानदायक हो सकता है। ऐसा कोई भी सप्लीमेंट या हर्बल प्रीपेशन न लें, जिसके लिए डॉक्टर की तरफ से मनाही हो।

प्र. मैं गर्भावस्था के दौरान काफी स्वस्थ आहार लेना चाहती हूं, क्या मुझे आर्गेनिक उत्पाद लेने चाहिए ?
उ. यह साफ नहीं है कि ऑर्गेनिक उत्पाद पारंपरिक उत्पादों के मुकाबले पौष्टिक होते हैं या नहीं। पर यह तो साफ ही है कि वे पेस्टीसाइड रहित होते हैं। आप जो भी पेस्टीसाइड भीतर ले जाती हैं, वे भ्रूण तक और बाद में स्तनपान के माध्यम से शिशु तक भी जाते हैं। इस बारे में अभी कोई खास अध्ययन नहीं हो सका है कि पेस्टीसाइड के मुकाबले क्या ऑर्गेनिक उत्पाद पौष्टिकता में बेहतर होते हैं? हां, यह कह सकते हैं कि पेस्टीसाइड रहित आर्गेनिक फल-सब्जी ज्यादा ताजे होते हैं। वे जल्दी खराब होते हैं। इसी भय से उन्हें मार्केट में लाना पड़ता है जबकि आम उत्पाद कई दिनों-महीनों तक कोल्ड स्टोरेज के दर्शन करके आप तक पहुंचते हैं।
ऑर्गेनिक का मतलब 'सुरक्षित' नहीं है। हो सकता है कि इसमें पेस्टीसाइड न हों, पर बैक्टीरिया तो आ ही सकते हैं। इसलिए इन्हें इस्तेमाल से पहले अच्छी तरह धोना न भूलें।

विविधता में से चुनाव

शायद आपने ध्यान नहीं दिया कि आजकल सुपर मार्केट में मिलने वाले उत्पादों की संख्या इतनी बढ़ती जा रही है कि आप तय नहीं कर पाती कि क्या लें, क्या न लें। यह चुनाव का काम काफी मुश्किल हो जाता है। चुनाव अगर ज्यादा है तो यह तभी सार्थक होगा, जब आपको सभी उत्पादों के बारे में पूरी जानकारी होगी। सबसे पहले तो अपनी लिस्ट में सभी पौष्टिक पदार्थों को शामिल करें, जैसे सूप से लेकर मेवों तक।
आरामदायक कपड़ों व जूतों में आएं क्योंकि काफी चलना होगा। अपना दिमाग खुला रखें। अपना फोकस न बदलें। आपने याद रखना है कि आप पौष्टिक खाद्य पदार्थ लेने आई हैं। अपने पुराने जाने-पहचाने फूड पैकेट लेने का लालच छोड़ें व पौष्टिकता की श्रेणी में आने वाले कुछ नए खाद्य पदार्थ छांटें। यहां हमारे टिप्स की मदद लें।

हरा सलाद: सलाद तो सलाद है, चाहे आप कोई भी हरी पत्तेदार सब्जी मुंह में डालें। सलाद न खाने से तो बेहतर है कि कुछ

सलाद की सुपर ड्रेसिंग

ड्रेसिंग से सलाद में स्वाद तो आता है, पर उसके साथ जो फैट आपके भीतर चला जाता है, उसका क्या हो?

- **अपनी ड्रेसिंग खुद बनाएं। जी हां, घर में बनी विनिगर (सिरका) स्वादिष्ट होने के साथ-साथ स्वस्थ भी होंगी। 2:1 के अनुपात में सिरका व तेल इस्तेमाल करें। यदि आधा-आधा करेंगी तो टैंगी स्वाद थोड़ा बढ़ जाएगा। इसके लिए बॉलसैमिक या राइस सिरका इस्तेमाल करें या फिर संतरे व नींबू का रस भी आजमाएं। सूखे हर्ब्स इस्तेमाल करें। पारमेसन चीज़ कद्दूकस करके मिला सकती हैं। इसी पुस्तक में दिए गए लो-फैट ड्रेसिंग आइडिया देखें।**
- **क्रीमी ड्रेसिंग के लिए मेयोनीज़ या सॉटर क्रीम इस्तेमाल करने की बजाए दही/बटर मिल्क लें। मेयो बेस्ड ड्रेसिंग की बजाय होल मिल्क दही से कैलोरी तो बढ़ेगी, पर यह अधिक कैल्शियम युक्त होगी व इसमें वसा की मात्रा कम होगी।**

इसे टॉस करें। सिर्फ हिलाकर कोट करने से ज्यादा ड्रेसिंग लगेगी। थोड़ी-सी ड्रेसिंग डालकर, सलाद को टॉस करें या चम्मच की मदद लें। इस तरह थोड़ी-सी ड्रेसिंग से सलाद का भरपूर आनंद आ जाएगा।

खाएं। आपको पता होना चाहिए कि इन हरे पत्तों में भरपूर फॉलिक एसिड होता है। कईयों में विटामिन, कैल्शियम व आयरन की भरपूर मात्रा होती है। सबसे पहले तो रंग पर ध्यान दें। रंग जितना गहरा, फायदा उतना ज्यादा होगा। गहरे रंग के सलाद पत्ते में, हल्के पीले सलाद पत्ते के मुकाबले सात गुना ज्यादा बीटा केरोटीन, दुगना कैल्शियम व तिगुना पोटैशियम होता है। लाल भी अच्छा रंग है। लाल पिगमेंट वाले हरे पत्तों में विटामिन सी की मात्रा अधिक होती है। सलाद पत्ता पहले तोड़कर देखें, फिर लें।

रॉकेट : यह ओमेगा-3 फैटी एसिड, कैल्शियम तथा विटामिन के, से भरपूर खट्टा-मीठा सलाद बनाने के लिए अच्छा है, जैसे क्रंची नाशपाती सलाद या फिर सैंडविच में जैसे रॉकेट चिकन पिट्टा व रैप। इसे हल्की गर्म ड्रेसिंग से गला भी सकती हैं या हल्के गर्म चिकन व मछली के नीचे भी रख सकती हैं।

बोस्टन : यह सलाद पत्ता हल्का मुलायम व मीठा होता है तथा मुंह में डालते ही तकरीबन घुल-सा जाता है। इसका ऊपरी सिरा खिले गुलाब की तरह होता है तथा नरम पत्तों से बढ़िया सलाद बनाता है। जिसके लिए केवल जरा-सी ड्रेसिंग चाहिए। विटामिन ए व फॉलिक एसिड से भरपूर बोस्टन का टमाटरों से अच्छा स्वाद आता है।

डेंडेलियन ग्रीन : बेशक आप इस बीड (खरपतवार) को पसंद नहीं करती, पर सलाद में तो खा ही सकती हैं। ये हल्का टैंगी व कड़वाहट लिए होता है, पर विटामिन ए, ई, सी, के व कैल्शियम से भरपूर है। पर अपने लॉन में उगे सलाद पत्ते न खाएं। इन्हें बाजार से लें।

कर्ली एंडाइव एंड एस्कारोल : कर्ली एंडाइव के पत्ते गहरे हरे तथा भीतर से क्रीम युक्त

पारंपरिक मान्यता

एक पुरानी परंपरा आजकल आधुनिक रूप से प्रयोग में लाई जाती है। यह खासतौर पर गर्भवती महिलाओं के लिए थी; रोमन ताजे सलाद के साथ बैक्वेट में जाते थे, वे मानते थे कि इससे खुलकर भूख लगती थी। जबकि एलिजाबेथ के टाइम में नींद बढ़ाने के लिए सूखे सलाद पत्तों का इस्तेमाल होता था।

होते हैं। एस्कारोल के पत्ते चौड़े, खुरदरे व भीतर से हल्के होते हैं। दोनों ही सलाद को क्रंच देते हैं व विटामिन ए तथा फॉलिक एसिड का भरपूर भंडार हैं।

आइसबर्ग सलाद पत्ता : यह तो आपका जाना-पहचाना सलाद पत्ता है। यह गुच्छे में या आजकल कतरा हुआ भी आता है। यह सलाद व सैंडविच को क्रिस्प देता है। इसके दो भाग से फॉलिक एसिड की भरपूर मात्रा मिलती है। थोड़ी कतरी गाजर, टमाटर व पत्तागोभी भी मिला दें तो आपके सामने पौष्टिक फाइबर युक्त सलाद का डोंगा होगा।

यदि आप आइसबर्ग की शौकीन है तो इसे सलाद में शामिल करना न भूलें।

लीफ लेट्यूस : ये लाल या हरे पत्ते खुले या बंधे रूप में मिलते हैं। इनमें विटामिन ए, फॉलिक एसिड, पोटाशियम व कैल्शियम की मात्रा पाई जाती है। इसे आप क्रिस्पीनेस के हिसाब से रोमन व बोस्टन के बीच में मान सकती हैं। इनका स्वाद हल्का व प्यारा होता है तथा सिरके की हल्की ड्रेसिंग से स्वाद और भी निखर जाता है।

मैस्कलन ग्रीन : ये कई तरह के सलाद पत्तों का मिश्रण होते हैं, जैसे– आर्गुला, डेंडेलियन, फ्रिसी, मिजूमा, ओक लीफ, माचे, रैडीकियो व सोरेल। ये सभी पोषक तत्त्वों व खासतौर

विटामिन की करें संभाल

ताजे उत्पाद खरीद तो लिए, पर लाकर उनके ताजेपन व पोषण को बरकरार रखना भी एक चुनौती होती है। इन टिप्स को ध्यान में रखें :

- **पके ताजे फल लाते ही फ्रिज में आगे-आगे रखें ताकि वे कुछ दिन में खाए जा सकें। सलाद पर भी नजर रखें ताकि उसकी पौष्टिकता खत्म होने से पहले, आप उसे खा सकें।**
- **फल व सब्जी धोते ही फ्रिज में रखें ताकि वे कीटाणु रहित रहें। पानी में स्टोर न करें, वह सारे विटामिन सोख लेगा।**
- **पेय पदार्थों के डिब्बों को ढक्कन बंद रखें। हवा के संपर्क में आने से संतरे के रस का विटामिन सी खत्म हो जाता है। प्रकाश के संपर्क में आने से दूध की पौष्टिकता नष्ट होती है।**
- **सब्जी पकाते समय कम से कम पानी डालें और बहुत ज्यादा न पकाएं। उन्हें क्रिस्पी व टेंडर करें। जिस पानी में सब्जी उबाली हो, उसे फेंकने की बजाय फ्रिज में रखें। ब्रोथ, सूप व सॉस में उसका प्रयोग करें।**

से विटामिन ए से भरपूर होते हैं। इन्हें मेचो आम सलाद या अनार सलाद में आजमाएं।

मस्टर्ड ग्रीन : ये हल्के तीखे स्वाद वाला सलाद पत्ता है जो कि सूप व स्ट्यू के लिए अच्छा है। इसे कच्चा भी खा सकते हैं। ये विटामिन ई, सी, फॉलिक एसिड व कैल्शियम का भंडार है। ये स्पाइसी ग्रीन विद अदरक ड्रेसिंग के साथ बड़े स्वादिष्ट लगते हैं।

रोमन सलाद पत्ता : इसे हम सीजर सलाद पत्ता भी कहते हैं। इसके लंबे पत्तों के किनारे गहरे हरे होते हैं। इनकी बनावट तो क्रिस्प है, पर कड़वे नहीं होते। इसलिए किसी भी ड्रेसिंग के साथ चलते हैं। ये विटामिन सी, ए, कैल्शियम व फॉलिक एसिड से भरपूर हैं। इनसे आप 'इट्स मैडिटेरेनियन टू मी सलाद', 'प्रॉन कैसर सलाद' व 'टाको इन सलाद' बना सकती हैं।

रैडीकियो : यह लाल-सफेद पत्तागोभीनुमा सलाद पत्ता होता है जो छोटे से फल पर उगता है। पत्ते हल्की कड़वाहट वाले होते हैं। यह एक महंगा सलाद पत्ता है। इसे खास सामग्री की जगह सलाद में रंग व सुगंध के लिए इस्तेमाल करते हैं। इस पर हल्का ऑलिव ऑयल लगाकर ग्रिल करें, बढ़िया स्वाद देगा। इसमें विटामिन ई व पोटाशियम की भरपूर मात्रा होती है।

पालक : इसके गहरे हरे पत्ते छोटे व मुलायम तथा बड़े व झुर्रीदार हो सकते हैं। छोटी पालक ज्यादा स्वाद वाली परन्तु महंगी होती है। यह फॉलिक एसिड विटामिन सी, के व आयरन का भंडार है। इसे सलाद में कच्चा या सूप व पास्ता डिश में खाएं। लहसुन व हरे प्याज से भूनकर खाएं या अदरक वाली उबली हैलीबट या पोल्ट्री के लिए बेड भी बना सकती हैं।

जलकुंभी (वाटरक्रेस) : इन गहरे हरे पत्तों वाले गुच्छे का स्वाद पैपरी-मस्टर्ड जैसा होता है। विटामिन सी व के, से भरपूर जलकुंभी सजावट के काम आती है। इसे सैंडविच, सलाद या फिर किसी डिश के लिए बेड के रूप में इस्तेमाल करें।

ऐसे सलाद पत्ते चुनें, जो ताजे व साफ लगें। भूरे धब्बों, गंदी बदबू या पीले किनारों वाले पत्ते न लें। वैसे तो ये बाजार में साफ व पैक भी मिलते हैं, पर महंगे होते हैं।

यदि हरे पत्तों के गुच्छे लें तो धोकर व सुखाकर ही इस्तेमाल करें। पत्तों को डंडियों से तोड़ें। ठंडा पानी बर्तन में लेकर हाथों से मलते हुए धो लें। फिर साफ किचन तौलिए से थपथपा कर सुखा लें।

सलाद बनने से पहले, वे सूखे होने चाहिए। यदि अभी प्रयोग में नहीं ला रहीं तो पहले कागज के लिफाफे में और फिर प्लास्टिक बैग या प्लास्टिक के डिब्बे में डालकर फ्रिज में रखें। इस तरह वे एक सप्ताह तक ताजा रहेंगे।

इन्हें धोने के बाद, जितना जल्दी इस्तेमाल कर लेंगी, उतना ही ज्यादा पोषक तत्त्व पाएंगी।

ग्रेन (अनाज) : सबसे पहले तो एक बॉटनी कक्षा हो जाए :

ग्रेन किसी भी घास का वह अंग है, जिसमें बीज होता है। इसके ऊपर की परत हस्क होती है जो न खाने योग्य है। अगली परत ब्रान कहलाती है यह फाइबर से भरपूर होती है। ब्रान के अंदर एंडोस्पर्म (ग्रेन का स्टार्च युक्त हिस्सा) व जर्म होता है जो कि सबसे पौष्टिक होता है। हस्क हटाने पर मिलने वाला पदार्थ ग्रामेट या बैरी कहलाता है। ब्रान हटाने पर वह पेर्ल्ड या पॉलिश्ड हो जाता है। जब ग्रेन रिफाइंड हो तो हस्क, ब्रान व जर्म तीनों हट जाते हैं। जिससे केवल स्टार्ची एंडोस्पर्म रह जाता है, जो ज्यादा पौष्टिक नहीं होता।

रिफाइंड अनजा में फॉलिक एसिड, विटामिन बी, आयरन व जिंक जैसे तत्त्वों का अभाव होता है। इनमें सेलीनियम, मैग्नीशियम, जिंक व कॉपर जैसे मिनरल भी नहीं बचते।

देखा कि एक होल ग्रेन से कितना फर्क पड़ता है। होल व्हीट फ्लोर की व्हाइट फ्लोर से तुलना करें। साबुत गेहूं का आटा मैदे के मुकाबले चार गुना फाइबरयुक्त, दो गुना अधिक कॉपर युक्त, छः गुना अधिक मैग्नीशियम युक्त, तीन गुना अधिक पोटाशियम युक्त, दो गुना अधिक सेलेनियम युक्त, चार गुना अधिक जिंक युक्त व बीस गुना विटामिन ई युक्त होता है।

ऐसा नहीं कि आपको रिफाइंड अनाज खाना ही नहीं चाहिए। कई बार ऐसे मौके भी आते हैं, जब आपके पास, उसे खाने के सिवा कोई दूसरा चारा ही नहीं होता या फिर कई बार उसका स्वाद भी अच्छा लगता है। साबुत अनाजों को अपने आहार का प्रमुख हिस्सा बनाएं।

सुपर मार्केट में आपको कई प्रकार के अनाजों की किस्में मिल जाएंगी - जिनमें से आप मनचाहा चुनाव कर सकती हैं :

एमरैंथ : यह नटी फ्लेवर वाला अनाज है तथा प्रोटीन, आयरन, कैल्शियम, विटामिन बी व फाइबर से भरपूर होता है। इसे आप गेहूं की जगह ब्रेड, पास्ता, पैनकेक व सिरियल में इस्तेमाल कर सकते हैं। इसे गाढ़ा करने के लिए सूप या स्ट्यू में मिलाएं। यह पॉपकॉर्न की तरह फूल भी सकता है।

बार्ली (जौ) : बार्ली में फाइटोकेमिकल, थियामिन, नियासिन, विटामिन ई व कई महत्त्वपूर्ण मिनरल होते हैं। इसे साबुत अनाज के रूप में ही लें। इसे साइड डिश के रूप में परोस सकते हैं, जैसे - बार्ली रिसोट्टो विद वाइल्ड मशरूम, अनार पुलाव व सूप आदि। इसके आटे को किसी भी आटे के विकल्प के रूप में ले सकते हैं।

बकव्हीट (कासा): यह एक तेज व ग्रेनी फ्लेवर होता है। इसे चावल की जगह दूसरे अनाजों में मिलाकर बना सकते हैं, जैसे -थ्री इन वन पुलाव। इससे पैनकेक व बेक्ड पदार्थ बन सकते हैं। यह विटामिन ई, बी, फाइबर, पोटाशियम, आयरन, कैल्शियम, मैगनीज व फास्फोरस से भरपूर होता है।

बल्गर : मैडिटेरेनियन कुकिंग में इस्तेमाल होने वाला यह होल ग्रेन नियासिन, विटामिन बी 6, फॉलिक एसिड व पैंटोथीनिक एसिड व दूसरे मिनरल का भंडार है। इसे चावल की जगह स्ट्यू, सलाद, पुलाव, सूप, कैसरोल या भरावन में इस्तेमाल कर सकते हैं। यह एक यम्मी हॉट सिरियल भी है।

कॉर्न (मकई) : मकई में विटामिन ए, सी, फॉलिक एसिड, पोटेशियम, मैग्नीशियम, आयरन, जिंक व सेलेनियम का भंडार है। नीले कॉर्न में अमीनो एसिड लाइसिन पाया जाता है, जो इसे प्रोटीन से भरपूर बनाता है। आपको बेकिंग या दूसरे काम के लिए होल ग्रेन कॉर्नमील इस्तेमाल करना चाहिए, जैसे—पैन फ्राइड ट्राउट विद टमाटर एंड जलकुंभी। पकाने के लिए ताजा या फ्रोजन कॉर्न इस्तेमाल करें।

मिलेट (बाजरा) : यह हल्के स्वाद वाला क्रंची ग्रेन चावलों की जगह स्ट्यू, सूप या कैसरोल में घुल सकता है। बाजरे के आटे से रोटी/ब्रेड बनाएं या भरावन में लें; रेड पैपर स्टफड विद मिलेट पुलाव। प्रोटीन, आयरन, मैग्नीशियम, पोटैशियम व फाइबर से भरपूर मिलेट में नियासीन, थियामीन, रीबोफ्लेविन, विटामिन बी 6, फॉलिक एसिड व विटामिन ई की मात्रा भी पाई जाती है।

ओट (जई) : इसे नाश्ते में पॉरिज या मुसली के तौर पर लिया जाता है। यह नरम अनाज रिफाइनिंग प्रक्रिया से अधिक प्रभावित नहीं होता, इसलिए आप रोल्ड ओट्स भी ले

होल व्हीट का सारा सच

बेकरी में साबुत अनाज के उत्पाद चुनना कोई मुश्किल काम नहीं है, है न? गलत! व्हीट, ओट या कॉर्न लिखने से सिर्फ यह पता चलता है कि अनाज की किस्म क्या है, यह पता नहीं चलता कि वह होते हैं या नहीं। थोड़ा-सा ध्यान दें। होल व्हीट ब्रेड पर बड़े अक्षरों में लिखा होगा 100 प्रतिशत होल व्हीट। लेकिन बारीक अक्षरों में भी इसे लिस्ट में सबसे ऊपर होना चाहिए। यदि लिस्ट में उसका नाम नीचे होता जाए तो जान लें कि बड़े अक्षरों में सच नहीं कहा गया।

मल्टी ग्रेन, सेवन ग्रेन या न्यूट्री ग्रेन जैसे शब्दों के जाल में न उलझें, वे केवल इतना बताते हैं कि उनमें मल्टीपल अनाज हैं, साबुत अनाज नहीं है।

इसी तरह सिरियल पर भी ध्यान दें। वह केवल ओट फ्लोर की बजाए होल ग्रेन ओट फ्लोर से बना होना चाहिए। जरा इन बातों पर भी गौर करें :

- व्हीट फ्लोर का मतलब गेहूं का पिसा आटा, ब्रान या जर्म का नहीं।
- एनरिच्ड फ्लोर (व्हीट) मतलब इसमें ब्रान या जर्म नहीं, इसमें उन पौष्टिक तत्त्वों को भरपूर किया गया है, जो रिफाइनिंग की प्रक्रिया में खत्म हो जाते हैं।
- एनरिच्ड फ्लोर (फ्लोर) किसी भी तरह का अनाज हो सकता है, जैसे राई, ओट, बार्ली व सोयाबीन आदि।
- स्टोन ग्राउंड व्हीट फ्लोर बताता है कि उसे कैसे पीसा गया है। चाहे मशीन से पीसा हो या चक्की से। इससे यह साफ नहीं होता कि यह होल है।
- 'होल व्हीट फ्लोर' उसे कहते हैं, जिसमें ब्रान व जर्म भी शामिल हो। आपको वही होलसम उत्पाद लेना होगा।

सकती हैं। इसमें प्रोटीन, फाइबर, फॉलिक एसिड, नियासिन, पायरीडॉक्सिन, पैंटोथीनिक एसिड, आयरन, मैग्नीशियम, जिंक, पोटैशियम, मैगनीज़, कैल्शियम व कॉपर पाया जाता है। इसे टमाटर लेयर्ड मिनी मीट लोव्स, पावर ब्रेकफास्ट बार, किशमिश ब्रान मफिन, फ्रूट पॉरिज मील में आजमाएं।

क्विनोवा : अपने अलग से नाम व अच्छे स्वाद के साथ-साथ थोड़ा सख्त पर काफी पौष्टिक होता है। यह प्रोटीन, आयरन, पोटैशियम रीबोफ्लेविन, कैल्शियम, मैग्नीशियम तथा विटामिन बी 6 का भंडार है। किसी भी व्यंजन में, किसी भी अनाज की जगह इसका इस्तेमाल हो सकता है। सूप, सलाद या पुलाव, जैसे– थ्री इन वन पुलाव।

राइस : चावल कई तरह का होता है, सफेद व भूरा आदि। भूरे चावल में रेशे की भरपूर मात्रा होती है। यह छोटे व लंबे दाने में आता है। वाइल्ड राइस नटी स्वाद वाला तथा प्रोटीन से भरपूर होता है। चावल बनाते समय इसे पकाने से पहले न धोएं। इससे पोषक तत्त्व बह जाते हैं।

अनार पुलाव, ब्राउन राइस इन स्टोव, टॉप ब्राउन राइस पुलाव में वाइल्ड राइस का स्वाद लें।

स्पेल्ट : यह यूरोप में सदियों से लोकप्रिय है तथा अमरीका में भी प्रसिद्ध हो रहा है।

इसका नटी टेस्ट गेहूं की किस्मों का विकल्प है। इसका आटा गेहूं के आटे की जगह ब्रेड, पास्ता, बिस्कुट, क्रेकर्स, केक व मफिन में इस्तेमाल हो सकता है। यह प्रोटीन, थियामीन, रीबोफ्लेविन, कॉपर, आयरन, मैग्नीशियम व जिंक का भरपूर स्त्रोत होता है।

व्हीट बेरी : यह सख्त लाल विंटर व्हीट है, जिसका फ्लेवर नहीं होता है। प्रोटीन से भरपूर व्हीट बेरी का प्रयोग सिरियल, पुलाव, सूप, भरावन, ब्रेड, मफिन व दूसरे बेक पदार्थों में हो सकता है।
इन्हें व्हीट सलाद विद लाल शिमला मिर्च गाजर व लाल प्याज में भी आजमाएं।
अनाज खरीदते समय गुणवत्ता पर ध्यान दें। सभी अनाज हवाबंद डिब्बों में भरकर किसी सूखी ठंडी जगह पर रखें।

बींस : 'बींस, बींस दे आर गुड फॉर योअर हार्ट...' बचपन की यह कविता अब भी सच ही है। बींस आपके दिल के लिए फायदेमंद है। ये प्रोटीन व फाइबर के स्त्रोत होते हैं। इनमें थियामीन, फॉलिक एसिड, कॉपर, आयरन, मैग्नीशियम, मैंगनीज, फास्फोरस, पोटाशियम, जिंक, सेलेनियम, पैंटोथीनिक एसिड, कैल्शियम, रीबोफ्लेविन व नियासिन की भरपूर मात्रा पाई जाती है। सुपर मार्केट में कई तरह के बींस उपलब्ध हैं, सभी को आजमाएं।

काली बींस : काली त्वचा वाले ये बींस मैक्सिकन व्यंजनों में जान डाल देते हैं। काली बींस की सूप व काली बींस क्वेसडिलास में इनका आनंद लेकर देखें।

ब्लैक-आई पी : यह अमरीकन स्वाद, छोटी आंखयुक्त धब्बेनुमा होता है।

चिक-पी : इन्हें ग्रामबांजो बींस भी कहते हैं। यह गोल, सख्त व नटी फ्लेवर युक्त होते हैं। (इन्हें क्रंची चिक-पी में आजमाना न भूलें।)

ग्रेट नॉर्दन बींस : ये बढ़िया स्वाद वाले सफेद बींस होते हैं। सूप, ब्रेज्ड मीट व मछली में जान डाल देते हैं। जैसे-सीरड स्कैलोप सफेद बींस व केल के साथ व भुनी मैडिटेरेनियन सी वास विद लाल शिमला मिर्च व सफेद बींस।

बींस और गैस

बेशक बींस आपके लिए अच्छे हैं, पर उसके साथ बनने वाली गैस कई बार परेशानी में डाल देती है। गर्भावस्था में तो यह और भी बेचैन कर देती है क्योंकि पेट में अफारा होने से हालत बिगड़ जाती है।
अगर बींस प्रेमी, उन्हें पकाने से पहले भिगो दें तो गैस बनाने वाला स्टार्च खत्म हो जाएगा। बींस को पानी में भिगोएं, 2-3 मिनट तक गर्म करें व सारी रात ढक कर रखें। सुबह तक वह काफी हद तक गैसरहित होंगे। पकाने से पहले उस पानी को निकाल दें।
आप चाहें तो डॉक्टर से पूछ कर 'वीनो' भी ले सकती है। इसके एंजाइम बींस को जल्दी पचाने में मदद करते हैं। हालांकि यह अभी पता नहीं कि वीनो गर्भवती या स्तनपान कराने वाली मां के लिए कितना सुरक्षित है।

किडनी बींस : ये बाहर से लाल व किडनी के आकार के (राजमा) होते हैं। टर्की चिली टाको इन सलाद में इनका स्वाद देखें।

मसूर : ये छोटे लाल-भूरे, काले व हरे रंग में आते हैं। सलाद व सूप के तौर पर काम आते हैं, जैसे-लाल मसूर व टमाटर सूप।

नेवी बींस : ये मोटे, सफेद व माइल्ड स्वाद वाले बींस है। सूप, चेड्डर व स्ट्यू के लिए ठीक रहते हैं।

पिंटो बींस : हल्के लाल रंग के इन बींस पर गुलाबी या भूरी धारियां-सी होती हैं। मैक्सिकन व्यंजनों में इस्तेमाल होने वाले बींस का टेक्सचर पाउडर युक्त होता है। इन्हें चिली, रिफाइंड बींस व दूसरे मैक्सिकन व्यंजनों के साथ आजमाएं।

मेवे

कॉपर, मैगनीज, मैग्नीशियम, सेलेनियम, जिंक, पोटाशियम व विटामिन ई से भरपूर मेवे आपके शिशु के लिए बहुत फायदेमंद होते हैं। इनका फीटा भी आपके लिए नुकसानदायक नहीं होता। चाहें तो स्नैक के तौर पर खाएं या मीठे व्यंजनों, सलाद, पास्ता, मीट/मछली के व्यंजन या बेक्ड गुड्स में डालें। बस जो भी पकाएं, मेवे डालना न भूलें।

जब भी मेवे चुनें तो सूखे या हल्के भुने ही लें। वे नमकीन न हो। ज्यादा नमकीन व तैलीय मेवे सोडियम व वसा की मात्रा बढ़ा देंगे, जो आपको नुकसान भी दे सकते हैं इसलिए अनहैल्दी कैलोरी लेने से बचें।

बादाम : वैसे तो बादाम बड़े स्वादिष्ट होते हैं। पर किसी व्यंजन में डालो तो स्वाद और भी दुगना हो जाता है। इन्हें आप हैवनली चॉकलेट केक, चेरी कॉबलर में डालें या मीट, पोल्ट्री, मछली, ग्रेन डिश, सब्जी व सलाद (पालक स्ट्रॉबेरी सलाद) में डालें। बादाम कैल्शियम, रीबोफ्लेविन, नियासिन तथा विटामिन ई का अच्छा स्त्रोत है।

मूंगफली तथ्य

अध्ययनों से पता चला है कि एलर्जीग्रस्त गर्भवती महिला यदि मूंगफली जैसे एलर्जिक उत्पाद भी गर्भावस्था में लेती रहें तो शिशु को वही एलर्जी हो सकती है।

यदि ऐसा हो तो आप गर्भावस्था व स्तनपान कराने के दौरान मूंगफली न खाएं।

यदि शिशु के पिता को यह एलर्जी हो तो भी डॉक्टर से राय अवश्य लें।

ब्राजील नट : अमेजन में उगने वाले बड़े वृक्षों के ये बीज मीठे व क्रीमी होते हैं तथा नारियल जैसा स्वाद देते हैं। ये प्रोटीन, फाइबर, सेलेनियम, मैग्नीशियम, फॉस्फोरस व थियामीन देने के अलावा लिनोलेनिक एसिड से भी भरपूर होते हैं। ये स्नैक के तौर पर अच्छे हैं, ट्रॉपिकल बार नन्स में भी आजमाएं।

हैजल नट : इन्हें फिलबर्टस भी कहते हैं। इनका स्वाद मीठा होता है तथा बेकिंग के लिए ठीक रहते हैं। इनकी ऊपरी भूरी त्वचा को टोस्ट करने के बाद आराम से निकाल सकते हैं। इसके विटामिन ई, बी 6, बायोटिन व फॉलिक एसिड पाया जाता है।

इन्हें पैन फ्राइड ट्रॉउट विद टमाटर व जलकुंभी के साथ आजमाएं।

मैकडेमिया नट्स : भूरे रंग के इन नट्स का बाहरी खोल काफी सख्त होता है। यह क्रीमी व छोटा गोल बनावट वाला नट है। इनमें प्रोटीन, फैट, कैल्शियम, मैग्नीशियम, फास्फोरस व पोटाशियम की भरपूर मात्रा होती है। ये दूसरे मेवों के मुकाबले महंगे होते

बीज तथ्य

अक्सर बीजों को उनके नटी स्वाद के कारण (मेवों) में ही शामिल कर लिया जाता है। इन्हें सलाद, कुकिंग में या ऐसे ही खाएं।

अलसी (पटसन) : आजकल ये काफी लोकप्रिय है। इन्हें लिनसीड या फ्लैक्स सीड कहते हैं। ये फाइबर व ओमेगा-3 फैटी एसिड से भरपूर होते हैं। इन्हें पीसकर सिरियल, ब्रेड व बेकिंग में प्रयोग करें।

कद्दू के बीज : इन्हें भूनकर खाएं, सलाद में डालें या दूसरे अनाजों में मिलाकर इस्तेमाल करें। इसे पेस्टो में अखरोट या पाइन नट की जगह भी डाले जाते हैं। ये फाइबर, प्रोटीन, विटामिन ए, जिंक, कॉपर, आयरन, मैग्नीशियम, कैल्शियम, पोटाशियम, फास्फोरस तथा मोनो व पोली-अनसैचुरेटिड फैट का अच्छा स्त्रोत है।

तिल : ये टोस्ट होने पर तेल व स्वाद से भरपूर हो जाते हैं। ये एशियाई व मिडल ईस्टर्न कुकिंग में प्रयुक्त होते हैं। ये बेकिंग डिश में भी काम आते हैं। इनमें प्रोटीन, विटामिन ए व ई, जिंक, कैल्शियम, कॉपर, आयरन, मैग्नीशियम, फास्फोरस व पोटाशियम आदि पाया जाता है।

सोय नट्स : ये सोयाबीन का क्रंची रोस्टेड संस्करण है। ये फॉलिक एसिड व प्रोटीन से भरपूर होने के कारण अच्छे स्नैक बन सकते हैं। इन्हें ट्रैल मिक्स में भी टॉस करें।

सूरजमुखी के बीज : ये विटामिन बी 6, फॉलिक एसिड, विटामिन ई, आयरन, थियामिन, मैगनीज, कॉपर, जिंक व पोटाशियम से भरपूर होते हैं। ये ट्रैल मिक्स, सलाद, पेस्टो व बेक्ड गुड्स में डलते हैं।

हैं। इन्हें बिस्कुट के बीच में दबाकर खाएं या मैचो आम सलाद में डालें।

मूंगफली : अमरीका की ये प्रिय मूंगफलियां वास्तव में लेग्यूम्स हैं। ये प्रोटीन, नियासीन, फास्फोरस, मैग्नीशियम, फॉलिक एसिड व विटामिन ई के भंडार हैं। मूंगफली के मक्खन का इस्तेमाल कई जगह होता है। यदि आप किसी तरह की एलर्जी से ग्रस्त हैं, तो इसे खाने से पहले डॉक्टर की राय ले लें।

पीकन : बेबी फ्रेंडली, प्रोटीन, आयरन, कैल्शियम, विटामिन ए, बी, सी, पोटाशियम व फॉस्फोरस के भंडार है पीकन। इन्हें अनार, पुलाव का भरावन, क्विक ब्रेड एंड वेज डिश, सेब क्रॉनबेरी क्रिस्प या आई कांट सी ब्लैक फॉरेस्ट चेरीज़ केक में डालकर स्वाद लें।

पिस्ता : हरा-पीला कॉकटेल पार्टी का प्रिय पिस्ता प्रोटीन का भरपूर स्त्रोत है। नट परिवार में सबसे ज्यादा पोटाशियम देता है। यह विटामिन सी, ए, बी 6 के अलावा मैग्नीशियम, फॉलिक एसिड, आयरन व कैल्शियम का अच्छा भंडार है। सलाद, मीठे व्यंजन व सब्जियों में इसका स्वाद लें, जैसे–ब्रोकली विनईग्रेट पर।

अखरोट : अखरोट में प्रोटीन व महत्त्वपूर्ण ओमेगा-3 फैटी एसिड के स्वादिष्ट व भरपूर स्त्रोत होते हैं। इन्हें अपने ट्रेल मिक्स या सिरियल, फलों वाले पॉरिज में मिलाएं, अपने सलाद, भरावन, पुलाव व पास्ता डिश में डालें। अलोटा ब्रोकली विद चिकन एंड पेने या बेक्ड गुड्स (पंपकिन पाई मफिन)में डालें या फिर गाजर अन्नानास केक पर डाल कर भरपूर मजा लें।

ये तेल से भरपूर होने के कारण जल्दी खराब हो सकते हैं, इसलिए इन्हें फ्रीजर में रखें। यदि ज्यादा बदबू आने लगे तो फेंकना ही ठीक रहेगा।

हर्ब्स व मसाले : कुछ भी पकाते समय, ये हर्ब्स व मसाले डाले जाएं तो व्यंजन में नई जान आ जाती है। हो सकता है कि आप पहले से कुछ सूखी व ताजी हर्ब्स इस्तेमाल कर रही हो और कुछ का नाम भी आपके लिए नया हो। वैसे तो ताजी चीज़ की ख़ुशबू व स्वाद ही निराला होता है, पर आपको अपनी रसोई में दोनों को जगह देनी चाहिए। सूखी जड़ी-बूटी के मुकाबले ताजी जड़ी-बूटी की तिगुनी मात्रा लेनी होगी। (यह हर्ब्स की स्ट्रेंथ पर भी निर्भर करता है।) घर पर इन्हें भी आजमाएं।

बेसिल (तुलसी) : पास्ता, मीट, सब्जी, सलाद व टमाटर की डिश को नया स्वाद देने के लिए कई तरह की बेसिल की किस्में मौजूद हैं, जैसे - लेमन, पर्पल, लेट्यूस लीफ - थाई व स्वीट बेसिल। यह इतालवी तथा एशियाई व्यंजनों में डलती है। इसे टमाटर सालमन तुलसी वाली या टमाटर फ्रिटाटा में इस्तेमाल करें।

चाइव्स : सूप, सलाद, आलू, अंडे व चीज़ के व्यंजनों में परोसने से पहले इसका प्रयोग होता है। इसके लंबे तने को खाया भी जाता है। यह रंग व स्वाद के कारण सलाद में भी डलता है। इसे चिकन पॉट शेफर्डस पाई में आजमायें।

हर्ब्स सावधानी

रसोई में इस्तेमाल होने वाले हर्ब्स तथा मेडिसीनल हर्ब्स में अंतर होता है। आपको गर्भावस्था के दौरान इस अंतर का विशेष ध्यान रखना है। मेडिसीनल हर्ब्स दवाएं हैं और डॉक्टर से पूछे बिना, उन्हें लेना ठीक नहीं होगा। यहां तक कि चाय में डलने वाले कुछ हर्ब्स भी आपको नुकसान कर सकते हैं। रसोई में भी हर्ब्स चुनते समय सावधान रहें व उनकी जगह मेडिसीनल हर्ब्स का प्रयोग न करें।

सिलेंट्रो : धनिया की प्रजाति का मगर पार्सले जैसा दिखता है, पर स्वाद व गंध में उनसे काफी अलग है। यह मैक्सिकन व एशियाई व्यंजनों में खास तौर पर इस्तेमाल होता है।

ब्रेकफास्ट, बरीटोस, सालमन पोच्ड, थाई गाजर ब्रोथ, ब्रोकली टोफू करी जैसे व्यंजनों में इसका स्वाद लें।

डिल पत्तियां : ये स्वाद व गंधयुक्त डिल की पत्तियां आलू, मीट, मछली, सलाद, ब्रेड व सूप में डलती है। यह अचार व सिरके को भी नया स्वाद देता है। सालमन हैश पैटीज, सीरड स्कैलोप या सूकाटैश में इनके स्वाद का आनंद लें।

मारजोरम : यह काफी हद तक ऑरीगेनो जैसा ही है। यह हल्का मीठा व थोड़ा खरखरा होता है। मारजोरम की छोटी हरी

पिगमेंट प्रूफ

आप सबसे अच्छा आहार ले रही हैं। इस बात की निश्‍चितता के लिए फल व सब्जियों की खरीददारी के समय रंगों पर ध्यान दें। अगर खाने की थाली में भूरे व्यंजन है तो उनमें थोड़ा रंग भरें। रंगीन फल व सब्जियां एंटीऑक्सीडेंट से भरपूर होते हैं। शिशु के निर्माण में इनके महत्त्व को नकारा नहीं जा सकता।

लाल : लाल तो प्रकृति के सुपरस्टार लाइसोपीन फाइटोकेमिकल का रंग है। कच्चे व पक्के टमाटर, लाल ग्रेप फ्रूट, तरबूज, तंदू फल व अमरूद में यह होता है। इनमें एंटीऑक्सीडेंट भी होता है, जैसे स्ट्राबेरी, क्रॉनबेरी, चेरी व अनार।

संतरी व पीला : संतरी व पीले फल बीटा-केरोटिन से भरपूर होते हैं। गाजर, शकरकंदी, ख़ूबानी, पीले आड़ू, खरबूजा, आम, पपीता, कद्दू, पीले व संतरी शिमला मिर्च लें। संतरे, टैंगरीन, नींबू व अन्नानास में विटामिन सी भी होता है।

हरा : कुछ गहरी हरी सब्जियों के पोषक तत्त्व नजर तेज करते हैं, ब्रेस्ट कैंसर का खतरा घटाते हैं। कुछ में तो फॉलिक एसिड भी होता है, जैसे - ब्रोकली, मटर, बींन, एवोकाडो, पालक, केल, ओकरा, स्विस कार्ड, अंकुरित मूंग, हरे अंगूर भिंडी, हरी शिमला मिर्च, कीवी व पार्सले आदि।

नीला : ऐथोसायनिन एंटीऑक्सीडेंट ही ब्ल्यूबैरी को नीला बनाता है। इन्हें खाना न भूलें।

पर्पल : पर्पल या लाल रंग के अंगूर, प्लम, ब्लैकबैरी व पर्पल बंदगोभी एंटीऑक्सीडेंट से भरपूर है। बीट में बीटासायनिन एंटीऑक्सीडेंट पाया जाता है।

सफेद : सफेद कोई रंग नहीं है। पर इसे अनदेखा न करें। लहसुन, प्याज व हरे प्याज आदि में पाया जाने वाला कंपाउन्ड डी.एन.ए. की रक्षा करता है व कारसीनोजेन्स बनने नहीं देता। मशरूम, सेलेरी व नाशपाती फ्लेवोनॉयड्स से भरपूर होते हैं। जो सैल मैम्ब्रेन की रक्षा करते हैं।

पत्तियां, मीट व मछली की डिश के अलावा भरावन के भी काम आती हैं।

मिंट (पुदीना) : इसकी तीखी, नोकदार व दांतेदार पत्तियां कई व्यंजनों में प्रयुक्त होती हैं। इसे आप अंडे, सलाद, भाप में पकी सब्जी, फल से बने मीठे व्यंजन आदि में डाल सकते हैं; जैसे–मिंटी मेडले, एनी डे ब्रेकफास्ट परफैट, मेलन कूलर, ठंडा तरबूट पेय।

यह अच्छी सजावट के भी काम आता है।

ऑरीगेनो : ऑरीगेनो छोटी खुशबूदार पत्तियां हैं, जो ग्रीक, मैक्सिकन, स्पेनिश व इतालवी डिशों में जान डाल देती हैं, जैसे–प्रॉन विद फीटा।

पार्सले : यह एक प्राकृतिक ब्रेथ फ्रेशनर है जो पत्ते या कढ़ी पत्ते के रूप में उगता है। यह भी सब्जी, मछली, चिकन, स्ट्यू, सलाद व सूप का स्वाद बढ़ाता है। यह विटामिन तथा मिनरल से भरपूर है इसलिए इसका खुलकर प्रयोग करें, केवल सजावट न करें।

जॉय ऑफ सोय

एशियाई कल्चर में तो लोग सदियों से सोय के आनंद को जानते हैं। यह अच्छी सेहत पाने का बढ़िया विकल्प है। अब पश्चिम में भी इसकी मांग तेजी से बढ़ रही है। यह सुपरमार्केट के शेल्फों के अलावा कॉफी शॉप में भी परोसा जाने लगा है। यह प्रोटीन, कैल्शियम व फाइबर से भरपूर है, विटामिन व फाइटोकेमिकल देता है। बुरे कॉलेस्ट्राल को घटाता है व हड्डियों में कैल्शियम की कमी नहीं होने देता। यह हर तरह की कुकिंग में काम आता है व कई रूपों में मिलता है। इस पुस्तक में भी अनेक सोय व्यंजन दिए गए हैं, उनका स्वाद लें।

■ सोयाबींस को पिंटोस और रिफ्राइड बींस की जगह डालें। सलाद या बीन सूप में मिलाएं। जापान में हरे सोयाबीन को मील के तौर पर भी खाते हैं। इनसे वेज एंड एडमम सूप, केल व शीटेक मशरूम बन सकती हैं।

■ फरमेंटिड सोयाबीन से टेम्पे बनता है। यह केक की तरह होता है। इसे मीट, पोल्ट्री या फिश की तरह बना सकते हैं। यह वेज प्रोटीन देता है। इसे स्टिर फ्राई, कैसेरोल, स्टीम, बेक या ग्रिल करें।

■ टी.वी.पी. एक डीटाईड्रेटेड सोय प्रोटीन है जो आपके व्यंजनों में काम आ सकता है।

■ टोफू (बीन कर्ड) सोय दूध से बनता है व चीज़ जैसे केकों में डाला जा सकता है। इसका रंग सफेद होता है, यह कई टेक्सचर (स्मूद, क्रीमी, सख्त) में आता है। आप जो भी पकाएंगी, यह उसी का स्वाद ले लेगा। कई तरह के व्यंजनों में काम आता है।

■ गाय के दूध की जगह सोय दूध ले सकती हैं। यदि इसे विटामिन सी व डी के साथ लें तो और भी बेहतर होगा। यह रेगुलर चीज़ के लिए एक अच्छा नॉन-डेयरी विकल्प है।

■ मीसो सोयाबीन का फरमेंटिड पेस्ट है। जिसमें चावल, व्हीट या बार्ली ग्रेन होता है। इस नमकीन पेस्ट से मीसो सूप बनाएं या दूसरे खाद्य पदार्थों में डालें।

इसका आनंद पाने के साथ साथ ध्यान रहे कि आपके भोजन में केवल यही प्रोटीन पाने का एकमात्र स्त्रोत न हो। इसका भी संयमित प्रयोग ही करें।

रोजमैरी : यह एक खुशबूदार सूई की नोंक जैसी पत्तियों वाली हर्ब है। जो किसी भी भुनी, बेक्ड, स्ट्यू या ग्रिल्ड व्यंजन के अलावा चिकन, पोर्क, लैम्ब, फिश, वेज व आलू के व्यंजनों को भी स्वादिष्ट बनाती है, जैसे–रोज़मैरी लेमन चिकन।

सेज़ : इससे मीट, मछली, अंडे, भरावन व चीज़ के व्यंजन में स्वाद आता है। यह लंबी व अंडाकार पत्तियां फाइटोकेमिकल से भरपूर होती है। ये पैन रोस्ट वेज में जान डाल देती हैं।

सैवोरी : मिंट परिवार की सदस्य सैवोरी में

मिंट व थाइम का मिला-जुला स्वाद होता है। इसे मछली, सब्जी, चीज़, अंडे, सूप, बींस व टमाटर से बने व्यंजनों में डालें।

थाइम : थाइम में भी फाइटोकेमिकल होते हैं। इसकी अलग-सी खुशबू व स्वाद मीट, पोल्ट्री, मछली, सब्जी आदि को जायकेदार बनाती है। कैरेट्स विद फ्लाउंडर, फीनल एंड लीक, फेट्युसिन विद टर्की एंड वाइल्ड मशरूम में भी यह अच्छी लगेगी।

तेल व अन्य वसा

आप स्टिर फ्राई चिकन या सलाद ड्रेसिंग के लिए कौन-सा तेल इस्तेमाल करती हैं? बेकिंग में, ब्रेड स्प्रेड पर या सब्जी पर छिड़कने के लिए कौन-सी वसा प्रयोग में लाती हैं? किसी एक का नाम लें, अधिक का नहीं। कोई आपके हृदय के लिए अच्छी है तो कोई भ्रूण के लिए और कोई तो बिल्कुल अच्छी नहीं है। इन सबमें ही कैलोरी होती है जो झट से आपके आहार में आ जाती है। वैसे तो गर्भवती महिलाओं को कॉलेस्ट्रॉल से कोई दिक्कत नहीं होती, लेकिन बाकी परिवार को तो ध्यान रखना ही होगा।

ऑलिव ऑयल (जैतून का तेल) : यह हृदय के लिए स्वस्थ प्रकार की वसा है, जो मैडिटैरेनियन डाइट में विशेष रूप से शामिल किया जाता है। यह मोनोसैचुरेटिड से भरपूर होता है जो अच्छे कॉलेस्ट्रॉल को घटाए बिना बुरे कॉलेस्ट्रॉल को घटाता है। यह एंटीऑक्सीडेंट गतिविधि के दौरान सैल का भी बचाव करता है। सलाद में इसका स्वाद काफी बढ़िया होता है। इसमें सभी दूसरे अनिवार्य फैटी एसिड नहीं होते, इसलिए केवल इसे ही अपने आहार का हिस्सा न बनाएं। दूसरे तेल भी शामिल करें।

सफेद सरसों का तेल : सफेद सरसों का तेल व मछली से मिलने वाले फैटी एसिड उनके डी.एच.ए. के कारण आपकी तीसरी तिमाही में बहुत महत्त्व रखते हैं क्योंकि इसी समय भ्रूण के दिमाग का विकास तेजी से होता है। अध्ययनों से यह भी पता चला है कि सफेद सरसों में महत्त्वपूर्ण फाइटोकेमिकल्स पाए जाते हैं। इसका स्वाद ऐसा है कि आप इसे किसी भी तरह की कुकिंग या बेकिंग में इस्तेमाल कर सकती हैं। सलाद की ड्रेसिंग में तो इसका स्वाद बेजोड़ होता है।

वनस्पति तेल : वनस्पति तेल लिनोलिक एसिड से भरपूर होते हैं। ये पोली अनसैचुरेटिड फैट आपके व आपके शिशु के लिए अनिवार्य हैं। पता चला है कि ये शिशु के इम्यून तंत्र के लिए भी लाभदायक हैं और डी.एच.ए. की तरह काम करते हैं, इसलिए भ्रूण के मस्तिष्क के विकास में भी अहम भूमिका निभाते हैं। ये मां में प्री-इक्लैंपसिया का खतरा घटाते हैं। कोरोनरी हृदय रोगों व मधुमेह में लाभदायक है, पर बुरे कॉलेस्ट्रॉल को घटाने के साथ-साथ अच्छे कॉलेस्ट्रॉल को भी घटाते हैं। मूंगफली व कॉर्न ऑयल भी अच्छा विकल्प हैं। इन सबकी थोड़ी-थोड़ी मात्रा का प्रयोग ठीक रहेगा।

सैचुरेटिड फैट: यह जंतु व डेयरी उत्पादों के अलावा कई प्रोसेस फूड जैसे बेकरी उत्पाद व स्नैक फूड में भी पाया जाता है। सीमित प्रयोग करें क्योंकि ये कॉलेस्ट्रॉल का स्तर बढ़ाते हैं। इनमें पॉम ऑयल, नारियल का तेल व मक्खन आदि शामिल हैं।

ट्रांसफैटी एसिड : ये हृदय के लिए अच्छे नहीं हैं क्योंकि ये बुरे कॉलेस्ट्रॉल को बढ़ाते हैं और अच्छे कॉलेस्ट्रॉल को घटा देते हैं। ये ट्राइग्लिसराइड को बढ़ाते हैं व इंसुलिन नहीं

बनने देते, जिससे टाइप-टू डायबिटीज का खतरा बढ़ जाता है। ये प्राकृतिक नहीं, ये तो उस प्रक्रिया से बना प्रोडक्ट है जिसमें तरल वनस्पति तेल को सख्त करके मार्जरीन जैसी ठोस वसा बनती है। ये सभी प्रोसेस्ड व बेक्ड फूड में पाए जाते हैं, जैसे– स्नैक, क्रेकर्स या पेस्ट्री। वैसे खरीदते समय थोड़ा लेबल देख लें तो इनसे बच सकती हैं। यदि मार्जरीन लेनी हो तो देख लें कि वह मोनो सैचुरेटिड फैट, सफेद सरसों व ऑलिव ऑयल या जीरो ट्रांसफैट से बनी हो।

लेबलों का धोखा

फूड पर लेबल लगे हैं, इसका मतलब यह नहीं होता कि आपकी खरीददारी आसान ही होगी। निर्माता आपको सूचना देने के लिए उत्पाद के बारे में लुभाने के लिए, लेबल लगाते हैं। वे जान-बूझकर बड़े अक्षरों में वही लिखते हैं, जिसे पढ़ते ही उत्पाद आपकी ट्रॉली में आ जाए; जैसे–ग्रेट टेस्ट! प्राकृतिक सामग्री! होलसम! फिर उनकी सामग्री व पोषक सूची छोटे से छोटे अक्षरों में दी होती है कि आप पढ़ना ही न चाहें। तो ट्रॉली में किसे ले जाना है, यह तय करने से पहले छोटे-बड़े सभी लेबल ध्यान से पढ़ें व ध्यान दें।

सामग्री सूची : यह सूची पढ़कर आप उत्पाद के बारे में काफी कुछ जान सकती हैं। फिर आप असलियत जानकर चकित रह जाएंगी। सामग्री सूची में सामग्री को उसकी मात्रा के हिसाब से ही लिखा जाता है। सबसे अधिक प्रयोग में आने वाली सामग्री सबसे पहले तथा सबसे कम प्रयोग में आने वाली सामग्री सबसे नीचे लिखी गई होगी। जो फ्रूट व ग्रेन बार अपनी सामग्री सूची में, पहले चार नंबर पर चीनी, हाई फ्रूक्टोस कॉर्न सिरप, कार्न सिरप व मिक्स बेरी प्यूरी लिखता है, उससे साफ है कि उसमें काफी शर्करा है। जो होल ग्रेन ब्रेड अपनी लिस्ट में व्हीट फ्लोर व शर्करा को होल व्हीट फ्लोर से पहले लिखती हैं, इसका मतलब है कि उसमें होल व्हीट की बजाय रिफाइंड फ्लोर व चीनी की मात्रा ज्यादा है।

जो मीट व पास्ता सॉस, अपनी लिस्ट में नमक व मोडीफाइड फूड स्टार्च के बाद आखिर में मीट या (उससे भी बुरा) मीट फ्लेवर लिखती हैं तो उससे प्रोटीन मिलने की ज्यादा उम्मीद न रखें।

सबसे पहले तो जान लें कि लिस्ट की पहली पांच सामग्री की मात्रा, उत्पाद में भरपूर होती है। अगर उन पांच में पौष्टिकता की मात्रा कम होगी तो फूड में भी कम होगी।

फिर आपको बहुत छोटे अक्षरों में लिखे प्रिंट भी देखने चाहिए जो निर्माता नहीं चाहता कि ग्राहक की नजर में आएं, जैसे-हाइड्रोजिनेटिड वनस्पति वसा, लार्ड या अन्य जंतु वसा, स्टार्ची फिलर व आर्टिफिशियल प्रिजर्वेटिव, रंग तथा सुगंध।

पोषण की जानकारी : केवल वसा चाहती हैं, तो उन्हें बॉक्स के अगले हिस्से पर न खोजें। क्या आपने किसी डिब्बे पर आगे-आगे यह लिखा देखा है : सैचुरेटिड वसा या शर्करा से भरपूर। बॉक्स के पिछली ओर पोषण संबंधी जानकारी होगी। वहां से आप जान सकती हैं कि वह खरीदने लायक है या नहीं। यह बताएगा कि उस फूड में फाइबर, शर्करा, सोडियम, वसा, प्रोटीन, विटामिन, मिनरल, कॉलेस्ट्रॉल, कार्बोहाइड्रेट व ट्रांसफैट की मात्रा ग्राम या कैलोरी में कितनी है।

बिग टाइप हाइप

प्रायः खाने-पीने के डिब्बों पर तरह-तरह के लेबल होते हैं : जैसे हाई-फाइबर व लो-फैट आदि। निर्माता अपने उत्पाद को बेचने के लिए उसकी खूबियां उभारते हैं। वे अपने उत्पाद की सामग्री को इस प्रकार लिखते हैं कि सयाने से सयाने ग्राहक मूर्ख बन जाते हैं। यह जरूरी नहीं कि जिस उत्पाद पर 'होलसम' स्मार्ट या हैल्दी लिखा होगा, वह पौष्टिक ही होगा। वह भी शर्करा, रिफाइंड अनाज, अप्राकृतिक रंग व सुगंध से भरपूर हो सकता है।

■ 6 विटामिन व आयरन युक्त पढ़ने में भले ही अच्छा लगे, लेकिन केवल यही पौष्टिक नहीं होगा, इसके लिए कुछ दूसरे विटामिन व मिनरल भी चाहिए।

■ आपने जो मैकरोनी व चीज़ डिनर लिया। उस पर आपने प्राकृतिक सुगंध शब्द पढ़कर खरीदा है। लेकिन यह प्राकृतिक सुगंध है क्या? फिर आपने बॉक्स के कोने में लिखे 6 केमिकल तो पढ़ें नहीं, वे बारीक प्रिंट में जो थे। उनमें से चीज़ किस नंबर पर लिखा था?

■ आपने पैनकेक ले लिए? लिखा था 'नो-प्रिजर्वेटिव' लेकिन जरा ध्यान से देखती तो यह भी लिखा दिख जाता कि लिस्ट में अप्राकृतिक रंग व केमिकल एडीटिव्स का भी नाम था, तो इस तरह की घोषणाओं के चक्कर में आकर मूर्ख न बनें।

■ आपने तो ब्रान मफिन का पैकेट ट्रॉली में रख लिया, पर क्या यह एक अच्छा चुनाव था, हो सकता है उन्होंने एक चुटकी ब्रान डालकर ही उसे यह नाम दे दिया हो। सबसे पहले यह देखें कि सूची में ब्रान शब्द किस नंबर पर आ रहा है? यदि यह मैदे, चीनी व कॉर्न सिरप वगैरह के बाद आखिर में आ रहा है तो बेशक आप ठगी गई हैं। अगर वे लिख देते 'व्हाइट फ्लोर मफिन' तो भला कोई खरीदता?

अब हो सकता है कि आप यही सब पढ़कर संतुष्ट हो जाएं, लेकिन इतना ही कर लेना काफी नहीं होगा। उसे ट्रॉली में रखने से पहले कुछ और बातों पर ध्यान दें :

- ऐसा खाद्य पदार्थ चुनें, जिसमें प्रति 100 कैलोरी में 3 ग्राम से ज्यादा वसा न हो।
- यदि किसी उत्पाद में 5 प्रतिशत या उससे कम आर.डी.ए. है तो वह पौष्टिक नहीं है।
- भोजन में 20 प्रतिशत या उससे अधिक आर.डी.ए. हो तो उसे पौष्टिक माना जा सकता है।

- जरूरी नहीं कि 5 प्रतिशत से कम आर.डी.ए. वाले उत्पाद में वसा कम ही होगी। बाकी सारी सामग्री भी देखना न भूलें। आपको मेन कोर्स डिश में वसा के लिए 20 प्रतिशत तथा साइड डिश या स्नैक में 10

प्रतिशत से ज्यादा आर.डी.ए. से ज्यादा नहीं लेना चाहिए।

सर्विंग साइज : पोषण जानकारी तो सर्विंग साइज के हिसाब से दी जाती है, पर घर आकर तो यह इस बात पर निर्भर करता है कि इसे कौन व कितनी मात्रा में खा रहा है। अगर लेबल सर्विंग 125 ग्राम कहता है व आप 250 ग्राम लेती हैं तो सारे नंबर बदल जाएंगे। इसी तरह यदि उससे कम लेती है, तो भी फर्क आएगा।

जब हो जाये तैयारी

जब खरीददारी के बाद घर आ जाएं तो सारे सामान को सही तरीके से स्टोर करना न भूलें। (हमारे अध्याय सात में इसके लिए टिप्स देखें।)

बार नन

ये बड़ी आसानी से आपके पर्स, बैग, जेब, दस्ताने या दराज में समा जाते हैं। विटामिन व मिनरल से भरपूर भी होते हैं, पर क्या ये गर्भावस्था में भोजन की जगह ले सकते हैं? क्या स्वस्थ खानपान इतना आसान होता है? ये सब फोर्टीफिकेशन तो हैं, पर नियमित भोजन नहीं है। अगर आप प्रीनैटल विटामिन ले रही हैं तो इन्हें लेने की जरूरत भी नहीं है। वैसे तो इनसे प्रोटीन मिलेगा, पर अनियमित वसा व चीनी का क्या करेंगी। इसके लिए तो एक ही बॉटम लाइन है : कभी-कभी खाने में हर्ज नहीं, पर इसे नियमित भोजन की जगह लेकर, डेली डज़न में न गिनें।

गर्भावस्था के दौरान सुरक्षित रूप से खाएं

इस 21वीं सदी में गर्भवती महिलाएं भी आसानी से सुरक्षित खाद्य पदार्थ ले सकती हैं। वे दिन गए जब खाने की मेज पर आपके भोजन में काफी बैक्टीरिया होते थे या फिर दूध या पानी में रोगों के कीटाणु। आजकल आधुनिक तकनीकों की मदद से बने व पैक किए गए फूड को आप बड़े आराम से सुपर मार्केट शेल्फ से उठाकर अपने भोजन का हिस्सा बना सकती हैं। इस रेफ्रिजिरेशन व श्रिंक रैपिंग व वैक्यूम सीलिंग के जमाने में आपको सुरक्षा के बारे में चिंता नहीं करनी चाहिए। बस इस दौरान कुछ खानपान को थोड़ा सीमित रखना होगा। इसके अलावा आप कुछ भी मजे से खा सकती हैं। यदि थोड़ी सावधानी रखेंगी तो डॉक्टर के पास चक्कर नहीं लगाने पड़ेंगे।

किचन को रखें सुरक्षित

बेशक किचन को बेबी सेफ बनाने के लिए तो कई महीने हैं, पर आपने इसे अपनी गर्भावस्था के हिसाब से भी सुरक्षित बनाना है। आपको रसोई को कीटाणु मुक्त व भोजन को पूरी तरह से सुरक्षित रखना सीखना है। ताकि आपको या भ्रूण को कोई संक्रमण न हो। किचन में लंबा एप्रेन पहनकर काम शुरू करने से पहले जरा ध्यान दें :

अपने हाथ धोएं : सेफ कुकिंग व खानपान का पहला नियम यही है कि आप अपने हाथ धोएं। किचन के बैक्टीरिया से बचना है तो साबुन व गुनगुने पानी का इस्तेमाल करें। कच्चे मीट, पोल्ट्री, अंडे या मछली के संपर्क में आने के बाद भी साबुन से हाथ धोएं। नाक साफ करने, बाथरूम जाने, नैप्पी बदलने या कोई भी कीटाणु से भरी गतिविधि करने के बाद हाथ अवश्य धोएं।

अपने कपड़े धोएं : आपने जिस किचन टॉवल से हाथ सुखाए। वह देखने में तो साफ सुंदर है पर क्या कीटाणु रहित भी है? किचन के कपड़े, स्पंज व तौलिए बैक्टीरिया पनपने की अच्छी जगह हैं। इन्हें हल्के गर्म साबुन वाले पानी से धोना न भूलें। स्पंज बदलें व दिन के अंत में डिशवॉश में धो लें। किचन की सफाई के लिए पेपर तौलिया लगाएं। इन कीटाणुओं से जितना बचाव कर लेंगी। उतना ही आपके हक में होगा।

सतह साफ रखें : बैक्टीरिया बड़ी तेजी से फैलते हैं। खास तौर पर तब, जब आप उन्हें किचन की सतह पर फैलने की इजाजत दे देती हैं। सबसे पहले तो सिंक व ऊपरी सतहों को साबुन के पानी से धोकर सुखाएं। डीफ्रोस्ट मीट व पोल्ट्री वगैरह को सीधा ही फ्रिज की शेल्फ पर न रखें। उनके नीचे पेपर टॉवल या प्लेट रखें। मीट, पोल्ट्री व मछली के लिए अलग से कटिंग बोर्ड का इस्तेमाल करें व उसे इस्तेमाल के बाद धो दें। अगर बोर्ड पर काफी निशान हों तो उसे बदल दें क्योंकि उसकी दरारों में ही बैक्टीरिया को पनपने की काफी जगह मिल जाती है।

बर्तन अलग रखें : यदि आप एक ही चाकू से चिकन ब्रेस्ट, चीज़ व टमाटर

घर वहां, सेहत जहां, या...

मिथक : घर का बना खाना रेस्तरां के खाने के मुकाबले सुरक्षित होता है। तकरीबन भोजन से उत्पन्न रोग रेस्तरां के खाने के कारण ही होते हैं।

तथ्य : आप रेस्तरां की बजाय घर में पके खाने से ज्यादा बीमार हो सकती हैं। क्योंकि वहां तो सभी व्यवसायी नियमों का पालन करते हुए साफ-सफाई का पूरा ध्यान रखते हैं। वहां समय-समय पर स्वास्थ्य विभाग द्वारा जांच भी होती रहती है। क्या आपकी रसोई में ऐसा होता है?

बाहर से खाना लेना है

सारा दिन काम करने के बाद रात को खाना पकाने की हिम्मत नहीं। बाहर से मंगवा रही हैं, तो ध्यान दें कि साथ में बैक्टीरिया न आएं।

- कच्चे मीट, मछली या पोल्ट्री के बीच रखा भोजन घर न लाएं। यदि वे फ्रिज से बाहर हों तो भी न लें।
- सलाद बार की स्क्रीनिंग करें। क्या वह फ्रिज में था? क्या इसमें स्नीज गार्ड लगा है? क्या यह साफ दिखता है? क्या सामान अलग बर्तन में है?
- अगर भोजन का रंग अलग हो, उसमें सड़ी-गली बदबू हो या देखने में बासी लगे तो उसे न खरीदें व न खाएं।

काटने का काम लेती हैं तो बैक्टीरिया की तो मौज हो जाएगी। यदि ऐसा करती हैं तो चाकू को बीच-बीच में साबुन वाले पानी से धोती रहें। यदि इन कामों के अलग-अलग चाकू रख सकें तो ज्यादा बेहतर होगा।

भोजन रखें सुरक्षित

आपने बहुत-सी पौष्टिक सामग्री खरीद ली है। उससे आप अपने व भ्रूण के लिए मजेदार व पौष्टिक खाना भी बनाने जा रही हैं, लेकिन क्या वह सुरक्षित है? भोजन को स्टोरेज करने से पहले कुछ खास बातें ध्यान में रखें :

- ठंडे भोजन को ठंडा रखें। मीट, मछली, पोल्ट्री या डेयरी उत्पादों को दो घंटे से ज्यादा 40^0 फॉरेनहाइट से कम तापमान पर न रखें। जिस भोजन को अभी परोसना या पकाना न हो, उसे झट से फ्रिज में रखें। जल्दी खराब होने वाले भोजन को फ्रिज में पीछे रखें क्योंकि दरवाजे के पास रखे खाद्य पदार्थ उतने ठंडे नहीं रह पाते।

- गर्म भोजन को परोसने तक गर्म रखें। बचे भोजन को काफी अच्छी तरह से भाप में गर्म करें। सूप व तरी में उबाल आने के बाद ही परोसें।

- समर बारबेक्यू के दौरान काफी सावधानी रखें। अगर मेज पर दो घंटे से ज्यादा पहले परोसा गया खाना पड़ा है तो वह आपको नुकसान कर सकता है। बचे खाने को जल्दी से जल्दी फ्रिज में रखें। किचन संभालने के बाद भी तो कॉफी पीकर गप्पें मारी जा सकती हैं।

- कच्चे व पके भोजन को अलग-अलग रखें।

- जो भोजन एक बार पिघला कर कमरे के तापमान पर लाया गया हो, उसे दोबारा फ्रीजर में न रखें। यदि उसे पिघलाए हुए एक-दो

तारीख देखकर खरीदें

● आप कैसे पता लगा सकती हैं कि आपने जो खाद्य पदार्थ खरीदा है, वह फ्रिज में रखने लायक नहीं रहा। उसकी तारीख निकल गई है।

● जब आटा व अनाज, बेक्ड सामान व सिरियल पर 'बेस्ट बिफोर', 'बेस्ट इफ यूज्ड बाय' वगैरह लिखा हो तो लिखी गई तारीख तक वे खतरनाक रूप से खराब तो नहीं होते, पर बासी जरूर हो जाते हैं।

● दही, चीज़ व अंडे जैसे खराब होने वाले पदार्थों पर एक्सपायरी डेट दी जाती है। इसका मतलब है कि आपने उसे उस तारीख के बाद नहीं खाना। जैसे खमीर लेंगी तो उसकी फूलने की क्षमता समाप्त हो गई होगी।

● दूध पर 'सेल' बाय' डेट होती है। उसे उस तारीख निकलने के बाद शेल्फ से ही हटा देना चाहिए। घर में उबले दूध को 2-3 दिन तक फ्रिज में रख सकती हैं।

● मीट भी 3 से 5 दिन तक सुरक्षित रहता है। घर में छः माह तक फ्रोजन बैग रख सकती हैं। पोल्ट्री व सी-फूड को 'सेल' बाय' डेट के दो दिन के भीतर ही इस्तेमाल कर लेना चाहिए।

● कोशिश करें कि घर में लंबी अवधि की तारीख वाला सामान लाएं। इन्हें दुकान में ही जांच लें। अक्सर दुकानों में एक्सपायरी डेट पास आने वाले पदार्थ ऊपर रखे जाते हैं ताकि उनसे जल्दी छुटकारा मिल सकें।

दिन हो गए हैं तो फिर फ्रिज में भी न रखें।

● कुछ भी खरीदने से पहले लेबल ध्यान से पढ़ें। कोई संदेह हो तो ऐसी चीज़ खाने के बजाय फेंक दें। बासी व बदरंग खाने को फेंकना ज्यादा फायदेमंद होगा।

● जैसे आपने साल्सा में एक गाजर डिप की, उसे खाया। तो फिर उसी गाजर को दोबारा साल्सा में न डालें। इस तरह एक डिब्बे में से, उसी चम्मच से बार-बार न खाएं। आपके मुंह से निकले बैक्टीरिया खाने में चले जाएंगे व फ्रिज में रखने पर भी कुछ नहीं होगा।

● डिब्बाबंद फूड के डिब्बे खोलने से पहले ढक्कन धो लें ताकि उसके कीटाणु व धूल खाने में न जाएं। कैप ओपनर के ब्लेड को भी हर इस्तेमाल के बाद धोने व साफ करने की आदत डालें।

पारंपरिक मान्यताएं

बेशक उन मिडवाइफों ने अपने जीवन के कई घंटे रसोई में बिताए हैं पर उन्हें कई बातों में गलतफहमी भी है। वे कहती हैं कि गर्म खाना फ्रिज में रखने से खराब होता है, जबकि हकीकत यह है कि खाना जितनी देर कमरे के साधारण तापमान पर रहेगा, खराब होने के अवसर उतने ही बढ़ेंगे। पके भोजन को थोड़ा-सा ठंडा होते ही फ्रिज में रखने से न हिचकें।

सुरक्षित रखें सब कुछ

सुपर मार्केट के प्रोड्यूस सेक्शन से ताजे फल व सब्जी से ज्यादा होलसम क्या होगा? हां! लेकिन तब तक जब तक आपके द्वारा उठाए गए ताजे सेब या आडू पर पेस्टीसाइड की परतें नहीं जमी या किसी उठाने वाले व्यक्ति के हाथ के बैक्टीरिया नहीं पहुंचे, जिसने शायद हाथ नहीं धोए थे।
वैसे आप कई तरीकों से इस बारे में जांच-पड़ताल कर सकती हैं :

- हो सके तो स्थानीय तौर पर उगे फल-सब्जी खरीदें। यदि ताजी फल या सब्जी लेंगी तो वह ज्यादा पौष्टिक होगी। उसे प्रिजर्व करने के लिए ज्यादा पेस्टीसाइड नहीं छिड़के गए होंगे। मौसमी फल-सब्जियां लें। आयातित उत्पाद में बैक्टीरिया व पेस्टीसाइड की मात्रा ज्यादा हो सकती है।

- आर्गेनिक उत्पाद मिलते हों तो अवश्य लें। बैक्टीरिया तो इनमें भी होंगे, पर इन पर पेस्टीसाइड का छिड़काव नहीं होगा।

- विविध प्रकार की फल-सब्जियों से ही सारी पोषण संबंधी जरूरतें पूरी नहीं होती। आपने यह भी ध्यान देना है कि आप उनमें मौजूद अलग-अलग केमिकल्स को पचा भी सकती हैं या नहीं।

- यदि किसी फल-सब्जी से अलग-सी गंध आए या वह बासी लगे तो कभी न लें।

- अपने उत्पाद की तारीख देखना न भूलें। यदि एक्सपायरी डेट पास हो तो उसे न लें।

प्रोड्यूस फोबिक

यदि आप फसल पर लगे पेस्टीसाइड से परेशान हैं तो डरे नहीं। आर्गेनिक चुनें। यदि फिर भी संदेह हो तो फल-सब्जी छील कर खाएं। प्रत्येक फल-सब्जी में तो प्राकृतिक तौर पर आपको उस केमिकल संक्रमण से बचाने की ताकत होती है।

पॉश्चराइज्ड प्लीज़

अगर एक गिलास दूध की बात है तो पॉश्चराइज़ होना ठीक है, लेकिन यहीं तक क्यों रुकना? अपनी व भ्रूण की स्वास्थ्य रक्षा के लिए ध्यान दें कि आप जो जूस पी रही हैं या मीट खा रही हैं, वह भी पॉश्चराइज हो।

नो स्प्राउट

जी हां, किसी सैंडविच की भरावन या सलाद में सजे स्प्राउट दिल तो लुभाएंगे, पर आपके नन्हें भ्रूण तक बैक्टीरिया ले जा सकते हैं। गर्भावस्था या स्तनपान के दौरान इनका सेवन न करना ही बेहतर होगा।

• सभी फल-सब्जी अच्छी तरह से धो लें। चाहे आपको उन्हें छीलना ही क्यों न हो। वरना आप जिस चाकू से छिलका उतारेंगी। उसी के माध्यम से बैक्टीरिया फल-सब्जी तक आ जाएंगे। याद रखें कि इस तरीके से तो ऑर्गेनिक फल-सब्जी में भी बैक्टीरिया आ जाएंगे। इन्हें पानी में भिगो कर न रखें और न ही साबुन वाले पानी से धोएं। यदि जरूरत पड़े तो हल्के झांबे से रगड़ कर साफ पानी से धो लें। उस ब्रश को भी प्राय: साफ करती रहें।

• यदि कुछ नहीं धो रहीं तो जांच लें। वैसे तो प्री-पैक्ड सलाद पत्ते 2-3 बार धुले होते हैं, पर कुछ नहीं भी धुले होते।

सुरक्षित मीट, पोल्ट्री व मछली

बेबी आने वाला है, फिर तो चर्बीरहित मीट, पोल्ट्री व मछली काफी फायदेमंद है। पर आपको इनसे प्रोटीन की मात्रा लेने के साथ-साथ यह भी ध्यान देना है कि कहीं सौगात में बैक्टीरिया तो नहीं मिल रहे हैं।

• यदि फ्रीजिंग स्टोर से पोल्ट्री, मीट या मछली लाई हैं तो सबसे पहले उनका प्लास्टिक या पेपर उतारकर उन्हें सिल्वर फॉयल में पैक करें या फ्रोजन व बैग में भरकर लेबल लगाएं ताकि ध्यान रहे कि वह कौन-सा फ्रोजन बैग है।

• मीट, पोल्ट्री या मछली को कमरे के तापमान पर पिघलाने की बजाय ठंडे पानी में या माइक्रोवेव में पिघलाएं व डीफ्रोस्ट होते ही पका लें।

• मीट, पोल्ट्री या मछली को फ्रिज में मैरीनेट करें। जिस मैरीनेट को कच्चे मीट या पोल्ट्री ने छुआ हो, उसे दोबारा इस्तेमाल न करें। थोड़ा मैरीनेट पहले से ही अलग रख लें।

• सारा मीट, मछली व पोल्ट्री अच्छी तरह पकाएं।

• ठंडे मीट को ठंडा व गर्म को गर्म रखें। यदि पिकनिक में चिकन सलाद ले जा रही हैं तो उसे ठंडा रखने का इंतजाम करें। गर्म मीट पकाकर, दो घंटे से ज्यादा कमरे के तापमान में न रखें।

• जब तक मीट या पोल्ट्री ओवन में जाने को तैयार न हो उसकी भरावन न बनाएं। पकाने के बाद भरावन व मीट अलग-अलग

मीट मिथक

मिथक : कच्चे मीट व पोल्ट्री को पकाने से पहले धोकर सुखाना चाहिए ताकि उसकी सतह पर लगे कीटाणु निकल जाएं।

तथ्य : यदि आप मीट व पोल्ट्री को सही आंतरिक तापमान पर पकाती हैं तो उसके भीतरी बाहरी कीटाणु तो स्वयं ही मर जाते हैं। केवल धोने से बैक्टीरिया नहीं जाते। हो सकता है कि उसमें सिंक या काउंटर के कीटाणु आ जाएं, जो जहरीले भी हो सकते हैं। यदि मछली को घर लाकर धोने के बाद ही फ्रिज में रखा जाए तो वह ज्यादा ताजा रहेगी।

अब आप बताएं

क्या यह अध्याय पढ़कर ऐसा लग रहा है कि आप अभी तक असुरक्षित खाद्य पदार्थ लेती आ रही थीं या गर्भावस्था का पता लगने से दो दिन पहले ही आपने सलामी सैंडविच या हैमबर्गर खाए थे?
रिलैक्स! तकरीबन महिलाओं को खानपान के कारण ज्यादा दिक्कतें नहीं होतीं। वे इन सबको हजम कर ही लेती हैं। इस अध्याय का गर्भावस्था के आहार को सुरक्षित बनाने के लिए, गाइड के तौर पर इस्तेमाल करें। जो पहले से खा चुकी हैं, उसके बारे में सोच-सोच कर परेशानी मोल न लें।

रखें। स्टफ को अलग पैन में बनाएं व थोड़ा ब्रोच मिलाकर नम करती रहें।

● मीट को बीच में से भूरा होने तक पकाएं। केवल रंग पर ही न जाएं, कई बार मीट डीफ्रोस्ट की प्रक्रिया में ही हल्का-भूरा हो जाता है। इसके पकने की जांच के लिए मीट थर्मामीटर का भी इस्तेमाल कर सकती हैं। रेस्तरां में मीडियम वेल या वेलडन मीट ऑर्डर करें। हमेशा सेफ साइड लेकर चलें।

● चिकन व पोल्ट्री को भी अच्छी तरह पकाएं। केवल रंग से ही अनुमान न लगाएं कि वह पक गया है या नहीं।

● कच्चा मीट या पोल्ट्री न खाएं, यह माइक्रोआर्गेन्जिम पैदा कर सकता है।

● हां सी-फूड की मछली भी आपके लिए ठीक नहीं है। हम इस बारे में पहले भी बता ही चुके हैं।

● कोई भी नाइट्रेट युक्त मीट या फूड हल्की आंच पर गर्म करें, जैसे-सलामी, लंचियन मीट व सॉसेज आदि, क्योंकि इनसे कई तरह के रोग होने का खतरा हो सकता है। बेहतर होगा कि प्रसव के बाद ही सलामी सैंडविच जैसे व्यंजनों का स्वाद लेने का खतरा मोल लें।

मोल्ड व मॉम

आपने बड़े शौक से डेली डज़न की पूर्ति के लिए काफी सारा कॉटेज चीज़ व स्ट्रॉबेरी ले लीं। लेकिन यह क्या, जब उसे खाने के लिए फ्रिज से निकाला तो देखा उस पर मोल्ड आ गए है। अब क्या करेंगी?

● यदि छोटे फलों पर मोल्ड आ जाएं तो उन्हें फेंक दें। डिब्बे के ऊपर वाले फल में हो तो बाकी बचे फल सावधानी से खाएं।

● किसी सख्त फल के एक हिस्से में हो तो उसे काटकर इस्तेमाल करें। नरम फल व सब्जी तो फेंक ही दें।

● नरम डेयरी उत्पाद, मोल्डी मीट व बचे खाने को भी फेंकने में ही भलाई है।

● मोल्डी ब्रेड, अनाज, मूंगफली का मक्खन, मेवे, सॉस व जैम भी फेंक देना चाहिए। जब थोड़ा-सा भी शक हो तो उस चीज को खाने के बजाय फेंकना ज्यादा बेहतर उपाय होगा।

क्या यह तैयार है?

आप कैसे पता करेंगी कि डिनर आधा बेक है या पूरा? उसके खतरनाक कीटाणु रोगी बना सकते हैं। पोल्ट्री के साथ आने वाले थर्मामीटर पर भरोसा करने के बजाय एक अच्छी क्वालिटी का थर्मामीटर लें व उसे हर इस्तेमाल के बाद पानी से धोएं। वील, पोर्क या लैम्ब के लिए उसे मीट के सबसे मोटे हिस्से में लगाकर देखें। पोल्ट्री, कटलेट, मछली व कैसेरोल की जांच के लिए सबसे भीतरी हिस्से में लगाएं। चिकन, टर्की, डक व गूज के लिए वहां लगाएं, जहां उसकी टांग शरीर से मिलती है।

इनके तापमान निम्नलिखित हों तो जान लें कि वे सुरक्षित रूप से पक गए हैं।

वील, लैम्ब, पोर्क रोस्ट व चाप : मीडियम (160° F) वेलडन (170° F)

वील, लैम्ब, पोर्क : 160° F

प्री कुक हैम : 140° F

होल चिकन या टर्की : 180° F

ग्राइंड चिकन/टर्की : 115° F

चिकन ब्रेस्ट : 170° F

स्टफिंग : बर्ड में पका या अलग से 165° F

मछली : 145° F

अंडा कैसेरोल्स : 160° F

सुरक्षित डेयरी

मार्केट के डेयरी सेक्शन में रखे डेयरी उत्पादों से कैल्शियम व प्रोटीन की भरपूर मात्रा पाने का इससे बेहतर तरीका क्या होगा। तकरीबन सभी डेयरी उत्पाद सुरक्षित होने के साथ-साथ पौष्टिक भी होते हैं। इनसे जुड़ी कुछ सावधानियां :-

■ कभी भी अनपाश्चराइज दूध या चीज़ इस्तेमाल न करें। इस मामले में प्रोसेस्ड कहीं बेहतर होता है।

■ सभी डेयरी उत्पाद फ्रिज में रखें, चाहे वे पाश्चराइज ही क्यों न हों। यदि एक्सपायरी डेट निकल जाए, उनमें रिसाव हो या किसी भी तरह की बुरी गंध आए तो उसे इस्तेमाल न करें।

लिस्टीरिया अलर्ट

लिस्टीरिया नामक हानिकारक बैक्टीरिया से संक्रमित भोजन खाने के कारण लिस्टीरियोसिस नामक रोग हो सकता है। यह गर्भवती महिलाओं के लिए काफी घातक हो सकता है। समय से पहले डिलीवरी, गर्भपात या भ्रूण को कोई गंभीर रोग हो सकता है। यह रोग तुरंत शिशु तक पहुंचता है। इससे बचाव के लिए निम्नलिखित उपाय अपनाएं :

■ गर्भवती महिलाओं को रेफ्रिजिरेटिड स्मोक्ड सी-फूड - सालमन, ट्राउट, सफेद मछली, कॉड, ट्यूना या मैक्रेल आदि नहीं खाना चाहिए।

■ मीट को सही तरह से गर्म करके खाएं।

■ अनपाश्चराइज्ड सॉफ्ट चीज से दूर रहें। फीटा, गॉट चीज़, ब्लू चीज़, ब्राई, कैममबर्ट व सॉफ्ट मैक्सिकन स्टाइल चीज़ अगर कच्चे दूध से बने हों तो वे लिस्टीरिया युक्त हो सकते हैं। इन्हें क्वलिंग होने तक पकाएं व उसके बाद ही खाएं। पाश्चराइज्ड डेयरी उत्पाद खाने के लिए सुरक्षित होते हैं, जैसे : रिसोट्टा, ताजा मोज़रेला, फीटा व ब्लू चीज़ आदि।

हार्ड चीज़, प्रोसेस्ड चीज़, क्रीम चीज़, कॉटेज चीज़ व योगर्ट भी खाने के लिए सुरक्षित माने जाते हैं।

सुरक्षित अंडे

वैसे तो गर्भावस्था के दौरान अंडों के कॉलेस्ट्रॉल से कोई दिक्कत नहीं होती, किंतु संदूषण तो हो सकता है। उन्हें धोने से भी यह गारंटी नहीं मिलती कि वे कीटाणु रहित हो गए हैं, वैसे इन सावधानियों का पालन करेंगी तो आपकी मेज पर आने वाले अंडे कीटाणुरहित हो सकते हैं :

- केवल फ्रिज में रखे अंडे ही खरीदें। घर लाते ही फ्रिज में रखें, जहां वे तीन सप्ताह तक सुरक्षित रहेंगे। (मान लेते हैं कि एक्सपायरी डेट नहीं निकली) वैसे उबले अंडों में भी कीटाणु पनप सकते हैं। इसलिए उन्हें भी खुले में दो घंटे से ज्यादा न रखें।

- अंडे तब तक पकाएं, जब तक सफेदी जम न जाए व जर्दी गाढ़ी न हो जाए। उबले अंडे एक सप्ताह तक फ्रिज में ताजे रह सकते हैं।

- सलाद ड्रेसिंग, सॉस या डेजर्ट में कच्चे अंडे न डालें। कच्चे अंडे से बने होममेड पदार्थ, आइसक्रीम, मेयोनीज़, एगनॉग, कुकीज, डोनट्स व केक का घोल न खाएं। (चाहे वे स्वादिष्ट ही क्यों न हों) बाजार में मिलने वाले इन पदार्थों में पॉश्चराइज अंडे डाले होते हैं। इसलिए वे सुरक्षित हैं। आप चाहें तो घर के लिए भी पॉश्चराइज अंडे खरीद सकती हैं।

- यदि अंडे में दरार हो तो उसे न लें। उसमें रोग के कीटाणु आसानी से जा सकते हैं।

- हो सके तो केज फ्री चिकन से अंडे लें। वैसे आप ऑर्गेनिक अंडों के बारे में भी सोच सकती हैं। जो चिकन से नहीं, एंटीबायोटिक या ग्रोथ हारमोन से बनाए जाते हैं।

ऑफ द मेन्यू

वैसे तो गर्भावस्था के दौरान सब कुछ खाना ही सुरक्षित होता है, पर आपको कुछ खाद्य पदार्थों को डिलीवरी तक मेन्यू से परे ही रखना है। वे हैं :

एल्कोहल : डिनर में वाइन? पहले कॉकटेल! सॉरी! आप गर्भवती हैं। आप तो जानती ही है कि गर्भावस्था के दौरान एल्कोहल का सेवन, आपकी व भ्रूण की सेहत पर भारी पड़ सकता है। एल्कोहल आपके खून के साथ-साथ भ्रूण के भी खून में घुलता है। स्टडी से पता चला है कि गर्भावस्था के दौरान नियमित रूप से वाइन लेने वाली महिलाओं के बच्चों में जन्मजात दोष पाए गए और उनमें किशोरवस्था में शराब पीने की भी लत देखी गई। तो आपने ध्यान देना

इसे न मिलाएं

गर्भावस्था के दौरान ड्रग्स व सिगरेट से दूर रहें। अपने भ्रूण की सुरक्षा आपके हाथ में है। गर्भावस्था व स्तनपान कराने के दौरान तंबाकू व धूम्रपान से बचें। इस बारे में विस्तृत जानकारी के लिए पढ़ें (क्या करें जब मां बनें।)

डिनर में वाइन

बेशक आप बीयर या वाइन से बनी किसी रेसिपी के स्वाद के लिए बेचैन हैं, पर गर्भावस्था में लगी ये पाबंदियां भी तो अनदेखी नहीं कर सकते। वैसे यह सच है कि जब आप किसी स्ट्यू या बेक्ड भोजन में एल्कोहल मिलाती हैं तो वह पूरी तरह से नहीं पकती। एल्कोहल की कितनी मात्रा पकेगी, यह इस बात पर निर्भर करता है कि आपने उसे कितनी देर तक पकाया। वैसे यदि सिंगल सर्विंग में आप ऐसा कोई व्यंजन ले भी रही हैं तो चिंता की कोई बात नहीं। हां, ऐसा व्यंजन चुनें, जिसे पकने में कम से कम आधा घंटा लगा हो। यदि भोजन बनाते समय वाइन की जगह कुछ और डालने को तैयार हैं तो हमारी इस सूची पर ध्यान देने के अलावा अगली सूची भी ध्यान से पढ़ें। आपको विकल्प मिल जाएंगे।

यदि आप बेक कर रही हैं	*तो बचे एल्कोहल की मात्रा होगी*
15 मिनट	40 प्रतिशत
30 मिनट	35 प्रतिशत
1 घंटा	25 प्रतिशत
1 1/2 घंटा	20 प्रतिशत
2 घंटा	10 प्रतिशत
2 1/2 घंटा	5 प्रतिशत

है कि एल्कोहल आपकी व आपके बच्चे की सेहत को नुकसान न करें।

वैसे यह ठीक नहीं कि आप वाइन, बीयर या कॉकटेल के स्वाद को मिस करती होंगी। यदि कभी-कभार खाने के साथ एक-दो घूंट ले लेंगी तो यह खून में सीधे नहीं घुलेगी व सिस्टम में धीरे-धीरे जाएगी। आप हमारी दूसरी पुस्तक में (क्या करें जब मां बनें) शराब छोड़ने के उपाय देख सकती हैं।

कच्ची मछली व सी-फूड : यदि आप गर्भवती हैं तो प्लीज इन्हें खाना बंद करें। आपको अपने लिए मछली व सी-फूड का सही टाइप चुनना होगा। शैलमछली , मूसल्स, ओयस्टर व स्कैलोप को अच्छी तरह से पकाया जाना चाहिए, वरना इनके वायरस या बैक्टीरिया हेपेटाइटिस या फूड पॉयजनिंग का कारण बन सकते हैं।

इसी तरह कई प्रकार की मछली भी नुकसान पहुंचा सकती हैं। इसे तब तक पकाएं, जब तक यह उचित तापमान पर आ जाए व आसानी से कांटे से खाई जा सकें। मछली को नींबू के रस या हॉट सॉस में डिप करने से उसके माइक्रोआर्गेनिज्म नहीं मरते। यह गर्भावस्था में सी-फूड पकाने का सुरक्षित तरीका भी नहीं है। कोई भी मछली या सी-फूड यदि पूरी सावधानी से नहीं पका तो वह आपके लिए नुकसानदेह होगा।

कुछ अलग हो जाए

क्या गर्भवती होने के बाद से रसोई एल्कोहल फ्री हो गई है। यहां आप सॉस के बिना भी कुछ रेसिपी से मजेदार स्वाद पा सकती हैं।

इसकी बजाय	*यह डालें*
एमारेटो (2 बड़े चम्मच)	बादाम सत (½ छोटा चम्मच)
बीयर	अदरक एले या चिकन ब्रोथ
ब्रांडी	सेब साइडर, ख़ूबानी जूस
काल्वाडोस	सेब जूस कंसन्ट्रेट
शैंपेन	अदरक एले, स्पार्कलिंग सफेद अंगूर का जूस
कोगनेक	आड़ू, ख़ूबानी या आड़ू जूस
ड्राई रेड वाइन	अंगूर या क्रॉनबेरी जूस
फ्रेमबोइस	रसभरी जूस
कैसिस	चेरी, ब्लूबेरी या अनार जूस
फ्रेंगलिको	हैजल नट या बादाम सत
ग्रैंड मारनियर	संतरा जूस कंसन्ट्रेट
क्रिस्च	रसभरी, मुनक्का या साइडर जूस
पोर्ट वाइन	अंगूर या अनार जूस
रम	सफेद अंगूर या अन्नानास जूस
शेक	चावल का सिरका
शैरी	संतरा या अन्नानास जूस
वरमाउथ (मीठा)	सेब या अंगूर जूस
वरमाउथ (ड्राई)	सफेद वाइन सिरके के साथ सफेद अंगूर का जूस
सफेद वाइन	चिकन ब्रोथ, साइडर सिरका या सफेद वाइन सिरका

कम पका कच्चा मीट या पोल्ट्री : हम इनसे जुड़ी सावधानियां पहले ही दे चुके हैं।

अनपाश्चराइज सॉफ्ट चीज़: – गर्भावस्था के दौरान इससे जुड़ी सावधानियां भी दी जा चुकी हैं।

इन्हें डालें

यदि आपकी इच्छा सुरक्षा के आड़े आए तो क्या करें। इसके भी कई उपाय हो सकते हैं :

इसकी बजाय	इन्हें इस्तेमाल करें
कच्ची मछली के साथ सुशी	पकी हुई मछली या वेज रोल
स्वार्ड मछली	रोस्ट या ग्रिल हैलीवट
रेयर हैमबर्गर	बढ़िया हैमबर्गर (ज्यादा टॉपिंग के साथ)
सलामी	हॉट ओपन बास्केट सैंडविच, टर्की ब्रेस्ट ग्रिल स्लाइस
कच्ची शैलमछली	भाप में पकी/ उबली शैलमछली
कच्चे अंडों से बनी कैसर सलाद ड्रेसिंग	क्रीमी कैसर ड्रेसिंग
कच्चे स्प्राउट	पके स्प्राउट
सुपर मार्केट का ताजा निकला जूस	घर में निकला जूस

जस्ट फॉर द हेलीबट

गर्भावस्था के दौरान-सी फूड खाने में, विशेष रूप से सावधान रहें। कुछ मछलियों में पोलीक्लोरी निटड वाइ-फिनाइल के उच्च स्तर पाए जाते हैं। इससे अजन्मे भ्रूण या स्तनपान करने वाले शिशु तक को भी खतरा हो सकता है।
बेहतर होगा कि आप स्वयं ही ध्यान रखें। मछली को अच्छी तरह पकाकर खाएं और निम्न बातों पर ध्यान दें।

इन्हें न खाएं	175 ग्राम तक सीमित प्रति सप्ताह	350 ग्राम तक सीमित प्रति सप्ताह	
शार्क स्वार्ड मछली मैक्रेल टाइल मछली माही-माही ग्रामेपर एंबरजैक गंदे पानी से पकड़ी मछली	ताजे पानी से पकड़ी मछली डिब्बाबंद एल्बाकोर ट्यूना ताजी ट्यूना (डिब्बाबंद ट्यूना से अधिक मर्करी होती है, इसलिए कभी-कभी खाएं)	शैलमछली सालमन सोल स्नैप्पर पोलक हैड्डाक	टिलापिया आशियन पर्च हैलीबट कॉड फार्म में पैदा ट्राउट बाजार से ली ताजे पानी की मछली डिब्बाबंद लाइट ट्यूना

वैसे छोटी मछलियां बड़ी की तुलना में बेहतर होती है।
इनमें कभी-कभी जहरीले तत्त्व हो सकते हैं।

सावधानी से करें प्रयोग

गर्भावस्था के मेन्यू में कुछ ऐसी चीजें हैं जिन्हें पूरी तरह से हटाया तो नहीं जा सकता, पर उन्हें परोसते समय थोड़ा सावधान रहना होगा। जरा ध्यान दें :

एम.एस.जी. : कई एशियाई व्यंजनों, डिब्बाबंद या पैकेज्ड ब्रोथ या प्रोसेस्ड फूड में मोनोसोडियम ग्लूटा को प्रोटीन फूड के फ्लेवर बढ़ाने वाले कारक के रूप में प्रयोग किया जाता है। हालांकि गर्भावस्था में इसका प्रयोग सुरक्षित है, पर कई लोगों की कनपटियों में दबाव, सिरदर्द या पेट की गड़बड़ी जैसी शिकायत हो सकती है। यह भ्रूण को कोई हानि नहीं पहुंचाता।

पर बेहतर होगा कि आप गर्भावस्था के दौरान इसकी सीमित मात्रा ही प्रयोग में लाएं। खाने में ऐसी चीजें न डालें, जिनमें एम.एस.जी. मिला हो। यदि प्रोसेस्ड फूड की लिस्ट में इसका भी नाम हो तो उसे न लें।

प्रोसेस्ड फूड : यदि आप अक्सर केमिकल शब्द सुनते ही हैल्थ फूड मार्केट से सामान लेने निकल पड़ती हैं तो आपको बैठकर इसे पढ़ लेना चाहिए। जरूरी नहीं कि हर फूड की लिस्ट में शामिल केमिकल आपके लिए बुरे ही हो या किसी फूड में कोई केमिकल नहीं तो वह सुरक्षित व स्वस्थ ही होगा।

बाग के टमाटरों से लेकर, लैब में तैयार टमाटर सॉस तक सभी केमिकल से बनते हैं। एक आर्गेनिक रूप से उगी स्ट्रॉबेरी में भी एसीटोन, एसीटलडीहाइड, मिथाइल बूट्रेट, ईथाइल कैप्रोट, हैक्सिल एसीटेट, मैथानोल, एक्रोलीन व क्रोटमेल डीहाइड आदि शामिल हैं। क्यों केमिकल प्रोफाइल कैसा लगा?

प्रोसेस्ड फूड में पाए जाने वाले केमिकल एडीटिव विविध ऑर्गेनिक या इन ऑर्गेनिक पदार्थों से सिंथेसाइज होते हैं या फिर प्राकृतिक स्रोतों (दूध से सोडियम कैसीनेट, सोयाबीन से लैकीथिन) से निकाले गए होते हैं। कुछ नुकसानदेह हो भी सकते हैं। पर खुशखबरी यह है कि भ्रूण को इनसे कोई खतरा नहीं होता।

हालांकि वे होलसम न होने की वजह से पौष्टिक नहीं होते, इसलिए प्रोसेस्ड फूड सोचकर ही लें।

नाइट्रेट्स : खुशखबरी! हाल ही के वर्षों में प्रोसेस्ड भोजन में नाइट्रेट की मात्रा में कमी आई है और पहले के मुकाबले खतरा काफी घटा है। परन्तु वे आपके पेट में जाकर ताकतवर नाइट्रोसेमाइन्स व कारसीनोजन्स में बदल सकते हैं। आप गर्भावस्था में यह खतरा क्यों मोल लेना चाहेंगी। स्मोक व क्योरड मीट जैसे बेकन, हैम, क्योरड पोर्क, सॉसेज, लंचियन मीट, सलामी व फ्रैंकफर्ट्स में अक्सर नाइट्रेट की मात्रा पाई जाती है। यदि ये हेल्थ फूड स्टोर से लें तो इन्हें प्राकृतिक रूप से स्मोक किया जाता है, नाइट्रेट नहीं मिलाते।

वैसे भी आपको इस तरह के मीट व फिश से बचना होगा क्योंकि ये सोडियम तथा वसा से भरपूर हैं व लिस्टीरिया से संबंधित हो सकते हैं।

तो क्या करें? नाइट्रेट रहित मीट लें व कभी-कभी खाएं। यदि खाएं तो उन्हें तेज तापमान पर न पकाएं। इससे खतरा ज्यादा होगा।

इसके साथ विटामिन सी से भरपूर भोजन लें ताकि नाइट्रोसेमाइन्स न बनें। एक गिलास संतरे का जूस या टमाटर की साइड डिश के साथ मीट खाएं।

यह कितना मीठा है

अब तो आपने दो लोगों के लिए खाना है, इसलिए चीनी विकल्पों पर ध्यान देना होगा ताकि मिलने वाली पौष्टिकता में कमी न आए। गर्भवती महिलाओं के लिए ये विकल्प मिले-जुले असर वाले होते हैं। कुछ सुरक्षित हैं तो कुछ असुरक्षित व कुछ के बारे में कह नहीं सकते।

शुकरालोस (स्पलैंडा) : यह गर्भावस्था के दौरान पूरी तरह से सुरक्षित है। यह चीनी से बना है पर इसे शरीर अवशोषित नहीं करता। यह मिठास तो देता है पर कैलोरी नहीं। एस्पारटम को पकाने से भी इसकी मिठास नहीं जाती। इनसे बने पदार्थों को सेहतमंद नहीं कहा जाएगा। आप स्पलैंडा का इस्तेमाल करें।

एस्पारटम :- इसके बारे में विशेष एकमतता नहीं है कि इसे गर्भावस्था के दौरान सुरक्षित माना जाए या नहीं। कुछ के मतानुसार सुरक्षित है तो कुछ इसे असुरक्षित मानते हैं। इसलिए बेहतर होगा कि आप इसे सीमित मात्रा में ही इस्तेमाल करें। कभी-कभी दही या चाय में डालना तो ठीक रहेगा, पर इससे बने पेय पदार्थ व डेजर्ट न ही लें।

सैक्रीन : पाया गया कि जिन मादा पशुओं ने गर्भावस्था के दौरान सैक्रीन ली, उनके बच्चों में कैंसर का खतरा अधिक दिखा। हालांकि गर्भवती मां व मानव-शिशु में इस प्रकार का कोई खतरा नहीं होता। वैसे यह आसानी से प्लेसेंटा पार कर जाती हैं। इसलिए बेहतर होगा कि आप इसे न ही लें। यदि कुछ समय तक ले चुकी हैं तो कोई बात नहीं, इस बारे में परेशान न हों।

सोरबीटॉल : यह चीनी से संबंधित प्राकृतिक तौर पर कई फल व बेरी में पाया जाता है। गर्भावस्था में इसका संयमित प्रयोग सुरक्षित है। यह कई खाद्य पदार्थों तथा व्यंजनों में डाला जाता है। यदि इसकी ज्यादा मात्रा ले लेंगी तो डायरिया हो सकता है।

मैनीटोल : चीनी से कम मीठा व कैलोरी भी उससे कम देता है, पर गर्भावस्था में संयमित प्रयोग की ही सलाह दी जाती है।

लैक्टोस : यह दूध के मिठास वाली चीनी, टेबल चीनी के 1/6 हिस्से तक मीठी होती है। यदि लैक्टोस इंटालरेंस नहीं है तो यह आपके लिए सुरक्षित है।

शहद : शहद (हनी) चीनी का सेहतमंद विकल्प है। वैज्ञानिक कहते हैं कि यह एंटीऑक्सीडेंट से भरपूर होने के कारण सेहतमंद है। वैसे यह भी ध्यान दें कि यह लो-कैल नहीं होता। इसके एक बड़े चम्मच में 64 कैलोरी होती है जबकि चीनी में 45।

फ्रूट जूस कंसन्ट्रेट : सुरक्षित व पौष्टिक! ये स्मार्ट स्वीटनर आराम से गर्भावस्था में ले सकती है। इन्हें रेसिपी में चीनी व तरल पदार्थ की जगह मिलाएं। बाजार में इसके कई प्रकार उपलब्ध हैं तथा जैम, होल ग्रेन कुकीज, मफिन, सिरियल्स, मुसली बार आदि में पाए जाते हैं। वैसे इनके बारे में एक खास बात यह भी है कि फ्रूट जूस से बने मीठे पदार्थों की पौष्टिकता और भी बढ़ जाती है।

एक कप चाय हो जाए

काफी व्यस्त दिन रहा? अब एक हर्बल चाय व अच्छी-सी किताब के साथ सोफे पर आराम करना चाहती हैं, पर हर्बल चाय पीने से पहले देख लें कि वे हर्ब्स गर्भावस्था में सुरक्षित हैं भी या नहीं? हर्बल टाइप चाय के लेबल ध्यान से पढ़ें। कई तो फ्रूट बेस्ड होते हैं, पर उनमें भी हर्ब्स मिले होते हैं। हरी चाय या नींबू वाली काली चाय पिएं या उनमें दालचीनी, अदरक व नींबू ही इस्तेमाल करें। नई-नई चीजें न आजमाएं।

घर में उगी किसी भी पत्ती की चाय बनाकर न पी लें। आपको पता होना चाहिए कि आप किस पौधे की पत्ती उबालकर पी रही हैं व इसके क्या फायदे-नुकसान हैं।

नल का पानी : वैसे इस बारे में कुछ नहीं कह सकते। अलग-अलग जगह के हिसाब से नल का पानी गर्भवती महिला के लिए सुरक्षित या असुरक्षित हो सकता है। आप अपने स्वास्थ्य विभाग से या स्थानीय वाटर सप्लायर से इस बारे में बात कर सकती हैं। आपको पता लगाना है :

■ पानी क्लोरीनयुक्त है या फिल्टर्ड है? वैसे फिल्टर पानी अधिक शुद्ध होता है। कई बार क्लोरीन युक्त पानी में रसायनों की मात्रा अधिक हो सकती है, वैसे पानी में क्लोरीन की मात्रा डालते समय इस बात का ध्यान रखा जाता है।

■ क्या आपके पानी में खेतों, उद्योगों या किसी अंडर ग्राउंड गैस स्टोरेज टैंक से रिसाव तो नहीं है? इनसे भी पानी में खतरनाक रसायनों का स्तर बढ़ जाता है।

■ क्या नल के पानी में किसी दूसरी धातु की मौजूदगी भी पता लग रही है? हो सकता है यह केवल आपके ही घर में हो क्योंकि प्लमबिंग के दौरान यह दिक्कत आ सकती है। एक गर्भवती महिला व उसके बच्चे के लिए लैड प्राणघातक हो सकता है।

यदि नल का पानी सुरक्षित न हो तो किचन में फिल्टर लगवाएं। यदि इस फिल्टर पानी को पीने व खाना पकाने के प्रयोग में लाएंगी तो यह अधिक समय तक चलेगा। इसके अतिरिक्त पीने व खाना पकाने के लिए बोतलों का पानी भी इस्तेमाल कर सकती हैं। वैसे उस पानी में भी अशुद्धियां होती है। आप इस बारे में पूरी पड़ताल करके ही कोई कदम उठाएं।

यदि पानी में लैड की मात्रा हो तो प्लमबिंग बदल दें, अगर यह संभव न हो तो पीने व खाना पकाने के लिए सिर्फ ठंडा पानी इस्तेमाल करें क्योंकि गर्म पानी में लैड की मात्रा अधिक निकलती है। जब भी पानी लेना हो तो नल को 5-7 मिनट तक यूं ही खुला छोड़ दें। अगर पानी में क्लोरीन की गंध या स्वाद आए तो उसे उबाल लें, यूं ही पड़ा रहने दें। बिना ढके रखेंगी, तो 24 घंटे में ही काफी केमिकल उड़ जाएंगे।

■■■

प्र. मैं कॉफी पिये बिना नहीं रह सकती। क्या मुझे गर्भावस्था के दौरान इसे छोड़ना होगा?

उ. थोड़ा संयम से काम लें। गर्भावस्था में दिन में एक-दो बार हल्की कैफीन लेने से

कोई नुकसान नहीं होता। यदि 4 से 5 कप कॉफी लेंगी तो बच्चा जन्म से ही कम वजन वाला हो सकता है। वैसे आपको यह पता होना चाहिए कि एस्प्रेसो बेस्ड कॉफी में लगातार मद्यपान से ज्यादा कैफीन होता है।

प्र. मेरे मुंह से कॉफी का स्वाद तो गर्भावस्था के आरंभ से ही चला गया था, पर अब मेरा चॉकलेट खाने का बहुत मन करता है। क्या अब भी मुझे कैफीन के बारे में चिंता करनी होगी?

उ. आपको पता होना चाहिए कि कैफीन सिर्फ काफी में नहीं बल्कि सॉफ्ट ड्रिंक, कॉफी युक्त दही, चाय, चॉकलेट, सिरदर्द व सर्दी की कुछ दवाओं में भी होती है। वैसे यदि आप कैफीन स्रोत के रूप में केवल चॉकलेट ही ले रही हैं तो आपको इतना परेशान होने की आवश्यकता नहीं है। एक चॉकलेट बार में 30 मि.ग्राम कैफीन होती है, जबकि एक कप कॉफी में 135 मि.ग्राम।

प्र. मैं दिन में दो-तीन कप कॉफी लेती हूं, पर मेरी मिडवाइफ का कहना है कि मुझे उसकी मात्रा 1 कप कर देनी चाहिए। यदि हल्की कैफीन लेने में कोई हर्ज नहीं तो वह ऐसी सलाह क्यों दे रही है?

उ. हो सकता है कि उसके पास इसके लिए अपने ही कारण हो। कॉफी आपके शरीर में तरल व कैल्शियम की मात्रा घटाती है। यह आपको व भ्रूण को भी नुकसान कर सकती है। आपको बार-बार मूत्र त्याग के लिए जाना पड़ सकता है। यदि इसे क्रीम व चीनी से लेंगी तो फिर पौष्टिकता का क्या होगा। कैफीन युक्त सॉफ्ट ड्रिंक के साथ भी तो यही होता है। इस कैफीन के कारण आपके मूड में उतार-चढ़ाव आ सकता है, जो कि पहले से ही काफी है। दोपहर के बाद लेने से नींद खराब हो सकती है। यह आपके शरीर द्वारा आयरन लेने की क्षमता पर भी असर डालती है।

एक केन में एनर्जी

गर्भावस्था की थकान मिटाने के लिए एनर्जी केन की तलाश हो रही है। वैसे तो सुपर मार्केट शेल्फ में इनकी कमी नहीं है, पर इन्हें पीने से पहले लेबल ध्यान से पढ़ें। इनमें चीनी व कैफीन की भरपूर मात्रा हो सकती है। इनसे मिलने वाले विटामिन व मिनरल तो आप पहले से ही अपने विटामिन सप्लीमेंट से ले रही हैं। फिर इनमें कुछ ऐसे पदार्थ भी मिले हो सकते हैं जो गर्भावस्था में सुरक्षित न हों तो एनर्जी केन खोलने की बजाय एनर्जी बढ़ाने के प्राकृतिक उपायों पर ध्यान दें।

बेशक आपकी मिडवाइफ के लिए सलाह देना काफी आसान है, पर आपके लिए इसे छोड़ना उतना ही मुश्किल, क्योंकि आप काफी समय से कॉफी ले रही हैं।

प्र. मैं कॉफी व कोला जंकी हूं, पर गर्भवती होने की वजह से उन्हें छोड़ना चाहती हूं। मैं इस आदत को कैसे छोड़ूं या घटाऊं?

उ. बेशक गर्भावस्था के दौरान कॉफी की भारी मात्रा लेने की आदत को छुड़ाना मुश्किल हो सकता है। सबसे पहले तो आप उसकी सुरक्षित मात्रा पर ध्यान दें। धीरे-धीरे हर कप से कैफीन की मात्रा घटाएं ताकि आपको ज्यादा फर्क पता न चले। कप में आधी कॉफी व बाकी दूध डालें। कांपलेक्स कार्ब व प्रोटीन युक्त आहार लें। सुबह के समय व्यायाम करें। कुछ दिन की परेशानी के बाद आप पहले से कहीं बेहतर महसूस करेंगी। यदि स्वाद बदलने के लिए कोला लेना चाहें तो कभी-कभी ले लें, पर इसे प्रमुख पेय न बनाएं। तरल पदार्थों में कोला के अतिरिक्त जूस या कोई दूसरा विकल्प ले सकती हैं।

खाएं बेहतर तरीके से, कहीं भी, कभी भी...

आप अक्सर नींद में भी 'डेली डज़न' का मंत्र रटती हैं। आपने सुरक्षित तरीके से कई पौष्टिक व्यंजन पकाने भी सीख लिए हैं। आप अपनी गर्भावस्था में बेहतर तरीके से खाने के लिए तैयार हैं और फिर रोजमर्रा की दिनचर्या बीच में आ जाती है। बिजनेस लंच या डिनर आपका संकल्प तोड़ देते हैं - ऐसे में अपने सहायकों के साथ-साथ अपने बेबी का पेट भरना भी बड़ी चुनौती हो जाता है। आपने तीन-चार घंटे की उड़ान के लिए जिस एयरलांइस को चुना, वह एक बैग में स्नैक्स भरकर, उन्हें लंच का नाम देती हैं। बेबी के आने से पहले आप जहां घूमने जाती हैं, वहां हरी सब्जियां मिलती ही नहीं। हॉलीडे पार्टी के बुफे मेज पर सजे व्यंजन आपके लिए ठीक नहीं। पैसा और वक्त भी कपड़े की तरह तंग पड़ रहे हैं, शायद इसलिए सही तरीके से न खा पा रही हों। दरअसल, हालात चाहे कोई भी क्यों न हो, अगर आपने कहीं भी, कभी भी, बेहतर तरीके से खाने की सोच बना ही ली है तो आप अपने शिशु को आराम से खिला सकती हैं।

नौकरी के दौरान

गर्भावस्था के दौरान नौकरी करना, इन दोनों कामों का एक साथ हो पाना आसान नहीं होता। जब आप दोपहर की झपकी चाहती हैं तब आपको देनी पड़ती है दोपहर की प्रेजेंटेशन। हालांकि आपने अपने लिए लंच पैक किया था, पर गलती से घर भूल आईं। अब खाली कॉफी पीने से बात नहीं बनेगी। 11 बजे से पेट में मरोड़ उठ रही हैं और दोपहर का खाना तो 2 बजे ही खाना है। ऐसे में क्या करें कि आपकी 9 से 5 की नौकरी, बेबी को सही वक्त पर खिलाने की 24/7 नौकरी से न टकराए।

ऑफिस में रखें सामान : बेशक कंप्यूटर, फाइल, नोटपैड और पेन किसी कामकाजी औरत के काम आते हैं, लेकिन एक गर्भवती कामकाजी महिला के डेस्क, दराज, लॉकर, बैग या पर्स में सेहतमंद स्नैक्स होने चाहिए ताकि लंच के अलावा कभी भी कुछ खाया जा सके। हालांकि एक फ्रिज होने से सुविधा होगी, लेकिन यह इतना जरूरी भी नहीं है।

डिब्बाबंद लंच लें : लंच को बिल्कुल नजरअंदाज न करें। आप नहीं जानती कि ऑर्डर लंच कहां से आएगा, इसलिए घर से ही खाना लेकर निकलें। अगर सुबह खाने का वक्त नहीं मिला तो नाश्ता भी साथ ले आएं।

गर्मागर्म खाएं : रोज लंच में ठंडे सैंडविच खाने से मजा नहीं आता तो कुछ गर्म खाएं। ब्रोकली व चीज़ सूप को थरमस में लाएं व गर्मागर्म पिएं। चाहें तो ऑफिस के माइक्रोवेव में अपना पास्ता, ब्राउन राइस, भाप में पकी सब्जियां या ब्रेड वगैरह गर्म कर सकती हैं।

ठंडा-ठंडा खाएं : अगर ऑफिस में फ्रिज भी मौजूद है तो अपना खराब होने वाला

लंच में क्या है?

यहां आपको लंच के लिए कुछ परामर्श दिए जा रहे हैं।

- सैंडविच विधियों से बना कोई भी सैंडविच
- ठंडे/गर्म सूप का थरमस, एक चीज़ वैजिस रोल
- रात के बचे डिनर में से
- रात की बची स्टीम ब्रोकली व चीज़ सहित बेक्ड भरवां आलू (इसे ऑफिस के माइक्रोवेव में गर्म करें)
- लो-फैट योगर्ट, एक मुट्ठी मेवा, एक मुसली बार, एक पका आड़ू
- कॉटेज चीज़, कटे फल, साबुत व्हीट बैगल
- एक भरपूर सलाद, होल व्हीट रोल
- होल व्हीट टॉर्टिला के साथ टर्की व चीज़ रैप
- टर्की चिली या चीज़ चिली टॉपिंग विद टमाटर, साइड सलाद

पारंपरिक मान्यताएं

चीनी सभ्यता में गर्भवती महिला को पूरे गर्भकाल के दौरान काम करने के लिए उत्साहित व प्रेरित किया जाता है, क्योंकि माना जाता है कि इससे प्रसव में आसानी होती है। अगर आप भी कहीं काम पर जाती हैं तो इसे मानने से अच्छा ही लगेगा।

सामान उसमें रखें या लंच ऐसे पैक करें कि उसे आइसबैग में ठंडा रखा जा सके।

कुछ पीने की सोचें : गर्भवती महिलाओं के लिए बहुत कुछ पीना जरूरी है। खासतौर पर उनके लिए जो महिलायें ऑफिस की शुष्क हवा में सारा दिन बिताती हैं। अपने मेज पर ही पानी की बड़ी बोतल रखें। दिन में कई बार ताजी बोतल भरें, टांगों की कसरत भी हो जाएगी। चाहें तो घर से दूध या जूस का थरमस ले आएं। वैसे ऑफिस में कॉफी के कप घटा सकें तो समझदारी होगी।

थोड़ा आसान बना दें : नौकरी के दौरान शिशु का भोजन तनावपूर्ण या मुश्किल काम नहीं होना चाहिए। जब भी मौका मिले, थोड़ी तैयारी कर लें। बैग में हमेशा खाने-पीने का ऐसा सामान रखें, जिसे कभी भी खाया-पिया जा सके। किसी सलाद बार से ताजे फल-सब्जियां लेकर खाएं। यहां उन्हें काटने-छीलने का झंझट भी नहीं रहेगा।

सफर के दौरान

इसके बाद बेबी के साथ फिर कभी सफर करना इतना आसान नहीं होगा। (न नैप्पी, न कार सीट, न चाइल्ड प्रूफ होटल-कक्ष!) हालांकि फिर भी चाहे आप विमान से एबर्डीन से एमस्टरडम जाएं, गाड़ी से डार्टमाउथ से डुंडी जाएं या वैंकूवर और वेनजुएला की यात्रा पर निकलें, गर्भावस्था भी कम चुनौतीपूर्ण नहीं होती। ऐसे में आपकी डाइट बड़ी आसानी से स्थगित हो सकती है।

यदि आप सफर में हैं तो भला नियमित समय पर नाश्ता या लंच कैसे ले सकती हैं? आकाश में, रेलवे स्टेशन पर या सुनसान सड़कों पर दौड़ती कार में भूख का सामना कैसे कर सकती हैं? और तब क्या हो जब आप स्थानीय तौर पर कुछ भी खरीदकर खा-पी न सकें।

यह जरूरी नहीं कि डाइट का पालन करने के लिए आपको घर पर ही रहना होगा, बस अपने ट्रैवल प्लान में शिशु के पोषण संबंधी जरूरतों को भी ध्यान में रखें।

विमान में

पहले से योजना बना लें। एयरलाइन से फोन पर पता करें कि वे क्या परोसने वाले हैं। लंच के दौरान उड़ान का मतलब यह नहीं कि वे कुछ भी परोस देंगे। कई एयरलाइंस तो केवल लंबी उड़ानों में ही खाद्य पदार्थ/ भोजन देती हैं। कुछ जगह सामान खरीदने की सुविधा होती

है तो कुछ एयरलाइंस स्नैक्स और कोल्ड ड्रिंक देकर ही पल्ला झाड़ लेती हैं। हालांकि खाना मिलने पर भी यह गारंटी नहीं होती कि वह खाने योग्य होगा भी या नहीं।

अपना खाना/नाश्ता लेकर चलें : चाहे वहां खाना मिले, चाहे खरीदने की सुविधा हो, फिर भी अपना खाना पास होने से पोषण संबंधी जरूरत पूरी होगी। फिर भूख लगते ही खा भी सकते हैं, कोई इंतजार नहीं करना पड़ेगा। उड़ान भरने से पहले ही, घंटों की देरी, सारा कार्यक्रम बिगाड़ सकती हैं। अपनी भूख को विमान परिचालकों या एयर-ट्रैफिक नियंत्रण के हाथों छोड़ने से तो बेहतर यही होगा कि आप हमेशा हैंडबैग में हल्का-फुल्का नाश्ता लेकर चलें। ठंडा सैंडविच/सलाद, चीज़ स्टिक, क्रेकर्स, अंगूर, ताजे फल, एक मुसली बार या ट्रेल मिक्स का बैग रख सकती हैं। अगर कोई चीज़ जल्दी खराब होने वाली है तो उसे आइसबैग में रखें।

तरल पदार्थों की मात्रा : तरल पदार्थों की मात्रा पर ध्यान दें। उड़ान के दौरान थोड़ा डीहाइड्रेशन हो सकता है। क्योंकि एयर क्राफ्ट केबिन में ह्यूमीडिटी हो सकती है। पहले से ही काफी पानी पी लें। इससे बार-बार टॉयलेट भी जाना पड़ेगा और बहाने से आपकी टांगे खुलेंगी व रक्तसंचार ठीक रहेगा। अपनी पानी की बोतल ले जाना न भूलें। हो सकता है कि जहाज में मिलने वाले पानी की छोटी बोतलों से आपकी प्यास न बुझे। कई बार विमान का टैंक वाटर सुरक्षा के लिहाज से भी ठीक नहीं होता। वैसे आप पैक्ड बोतल ले सकती हैं।

फिलर अप

अगर गाड़ी में पेट्रोल भरवाने रुकें तो वहां के जंक फूड से अपना पेट न भरें। तकरीबन पेट्रोल स्टेशनों पर फ्रोजन फ्रूट बार, योगर्ट, प्रेटजेल, राइस केक, मुसली बार, ट्रेल मिक्स, पानी, जूस व दूध के स्टॉक होते हैं।

कार में

पहले से योजना बना लें। अगर आप कार से लंबी दूरी तय करने वाली हैं तो ट्रैवल गाइड वगैरह से चैक कर लें कि रास्ते में विश्रामगृह कितनी दूरी पर है या किस तरह के रेस्तरां उपलब्ध हैं।

अपना बैग पैक करें : चाहे पचास मील तक जाना हो या दूसरे किसी स्थान पर, अपना स्नैक बैग पैक करना न भूलें। आप बैग में पेय पदार्थ, फल, कटी सब्जियां, सैंडविच, पिट्टा रैप व दूसरे पौष्टिक स्नैक ले जा सकती हैं। (खराब होने वाले सामान के लिए छोटा कूलर रखें) फिर आप स्थानीय सुपर मार्केट से बैग का कोटा भर भी सकती हैं।

मंजिल पर

नियमित समय पर खाएं। आपने अपने नाश्ते, लंच व डिनर के समय पर ही खाना है। अगर आपको यात्रा या बिजनेस ट्रिप के दौरान तीन-चार दिन अलग-अलग जगह जाना पड़े तो लंच, डिनर व नाश्ते को अनदेखा न करें। आपकी यात्रा व मीटिंग के दौरान भी भ्रूण को पर्याप्त पोषण मिलता रहना चाहिए। अगर आप लंच नहीं ले पाई और डिनर के लिए रेस्तरां भी नहीं खुले तो तब तक कोई स्नैक ले लें।

स्नैक पैक करने होंगे: जी हां, आप नहीं जानती कि आपको जहां भूख लगेगी, वहां कोई रेस्तरां या सुपर मार्केट होगा भी या नहीं। घर से दूर जाने पर, अपना एनर्जी स्नैक साथ लेकर चलना, एक अच्छा विकल्प है।

एक मिनी फ्रिज की मांग करें: खाने के वक्त के बाद भी भूख लग सकती है। उस समय होटल के मिनी बार पर भरोसा करने की बजाय छोटा फ्रिज मंगा लें। उनका भोजन महंगा व पौष्टिकता रहित होगा। अपने होटल के कमरे में फ्रिज रखें, जिसमें आप दूध, चीज़, फल व सब्जियां रख सकती हैं। यदि आधी रात को भी कुछ खाने की इच्छा हो तो फ्रिज काम आएगा। उस समय आपको होटल की लॉबी में भटक कर, चौबीस घंटे खुलने वाली दुकान नहीं खोजनी पड़ेगी।

थोड़ा सुरक्षित होकर चलें : कच्ची मछली, शैल मछली, अधपका मांस व अंडे जैसी चीजें बीच रास्ते में न खाएं। यदि विदेश में साफ-सफाई की भी कमी दिखे तो थोड़ा संभल जाएं। सड़क पर बिक रहे कच्चे फल-सब्जियों के सलाद न लें। यदि ऑर्डर किया गया भोजन सेफ न लगे तो उसे लौटाकर, कुछ और मंगाने में देर न करें।

- देश से बाहर हैं तो जरा पीते वक्त भी सावधान रहें। बेशक पानी तो चाहिए, पर क्या वह स्थानीय पानी पीने के लिए सुरक्षित है। बेहतर होगा कि आप पैक्ड बोतल से ही काम चलाएं।

- यात्रा के दौरान अक्सर डायरिया की शिकायत हो जाती है। इससे सारे सफर का सत्यानाश हो सकता है। आपके शरीर के पोषक तत्त्वों में कमी आ सकती है, ऊर्जा का स्तर घट सकता है व डीहाइड्रेशन हो सकता है जो कि शिशु के लिए भी हानिकारक होगा। वैसे भी आप तो पहले ही जी मिचलाने जैसे लक्षणों से परेशान हैं। भोजन के सुरक्षा संबंधी नियमों का पालन करना न भूलें। यह भी ध्यान दें कि डायरिया के लिए बनी सभी दवाएं गर्भावस्था में सुरक्षित नहीं होती। विशेषज्ञ सलाह देते हैं कि आप अपने घर फोन करके, अपने डॉक्टर या मिडवाइफ की सलाह से ही कोई दवा लें।

जब बाहर खाने जाएं

चाहे आप किसी फूड कोर्ट में कुछ हल्का-फुल्का खा रही हैं या किसी बड़े होटल में, बिजनेस लंच के दौरान फुल कोर्स फूड ले रही हैं, अपने मित्र के साथ डेट पर हैं या घर में खाना बनाने की हिम्मत न होने के कारण बाहर आई हैं, इस गर्भावस्था के दौरान कई ऐसे मौके आने वाले हैं, जब आपको घर से बाहर खाना होगा। आपको यहां भी अच्छे पोषण पर ध्यान देना है। इसके लिए निम्नलिखित बातों पर ध्यान दें :

- वैसे तो रेस्तरां चुनने का मौका नहीं होता, पर ऐसा मौका मिले तो बेबी-फ्रेंडली जगह देखें, वह तो आगे भी काम आने वाली है। फिर सबसे पहले जाते ही उनका मेन्यू देखें कि वे कौन-से पौष्टिक व्यंजन देंगे। (कुछ तो मिलेगा ही)
- सबसे पहले जाते ही ऑर्डर करें। चाहे अच्छा न लगे, पर आपके लिए यही ठीक रहेगा ताकि तब तक आप अगड़म-बगड़म खाने पर न जुट जाएं।

यदि अपने लिए पौष्टिक मेन्यू चुन सकें तो काफी बेहतर होगा।

- पेट के हिसाब से खाना लें। कई होटलों में यह सुविधा मिलती है कि जो चीज़ जितनी चाहिए, उतनी मंगा ली जाए। इस तरह आप खाना पेट में ठूंसने की गलती से बचेंगी। अगर प्लेट में बच भी गया तो पैक करवाने में कैसी शर्म? कल ऑफिस के लंच में खा सकती हैं या फिर अपने साथी के साथ खाना बांटकर खाएं या फिर खाना मंगाने की बजाय सलाद मंगा लें; जैसे– प्रॉन कॉकटेल। इस तरह फुल मील मंगवा कर खाने की मजबूरी से बच सकती हैं।

- यदि ब्रेड लेनी हो तो कृपया होल ग्रेन ही लें। यदि न हो तो वेटर से कहकर मंगा लें। मैदा खाने की बजाय पेट में जगह रख लें, जिसे सही तरह के भोजन से भर सकें। ब्रेड को ज्यादा मक्खन व ऑलिव ऑयल में डिप न करें क्योंकि आपके सलाद की ड्रेसिंग व मछली में भी पहले से ही काफी वसा हो सकती है।

- कुछ हरा खाएं। सबसे पहले फर्स्ट कोर्स में सलाद लें। ड्रेसिंग अलग से लें ताकि आप खुद सलाद पर इसे डाल सकें या ग्रिल्ड सब्जियों से भी शुरुआत कर सकती हैं।

- अपने डेली डज़न को अनदेखा न करें। कई रेस्तरां में आपको बीन, मसूर, टमाटर, शकरकंदी, स्कवैडा व चेड्डर से बने ठंडे/गर्म सूप मिलेंगे। इनका स्वाद लेना न भूलें।

- आपका ऑर्डर जितना सादा होगा। वेटर को उसे लाने में उतना ही कम समय लगेगा। चर्बीरहित मीट, पोल्ट्री, मछली या सी–फूड को ग्रिल्ड, रोस्ट, बेक्ड व स्टीम्ड रूप में लें, साथ में सॉस व ग्रेवी ले लें। यदि शाकाहारी खाना चाहें तो टोफू, बींस, मटर, चीज़ व साबुत अनाज वाले व्यंजन मंगाए।

- साइड सेवी बनें। आपके मीट/मछली की कंपनी भी मायने रखती है। आपको इनके साथ उबली सबिजयां, बींस, बेक्ड आलू, ब्राउन राइस या कोई दूसरा होल ग्रेन लेना चाहिए। यदि सब्जी की मात्रा कम हो तो थोड़ा और मंगा लें।

- जब डेजर्ट की बारी आए तो गहरी सांस लें व यह न भूलें कि इस शब्द को उल्टा करने से 'स्ट्रेस' बनता है। वेटर आपकी तरफ बढ़े तो आपको कहना है, ''फ्रेश फ्रूट व सोरवेट, प्लीज''। अगर चीज़ केक खाए बिना रहा न जाए तो अकेले ही सारा खाने की बजाय साथी से बांट लें। 30 सेकेंड में अपनी प्लेट खाली करने की बजाय हर बाइट को स्वाद ले–लेकर खाएं।

मेन्यू में क्या है?

यदि आप थोड़ा सोचकर ऑर्डर दें तो किसी भी रेस्तरां में अपने व अपने शिशु के लिए पौष्टिक भोजन मंगा सकती हैं। किसी खास तरह के क्यूजिन वाले रेस्तरां में यह देखना आसान होता है कि क्या खाएं, क्या न खाएं? उनकी जनरल गाइड से व्यंजन पकाने की विधि पता चलती है जो शायद दूसरों से अलग हो सकती है।

क्यूज़िन	*खाएं*	*लिमिट*
सी-फूड/ स्टीक हाउस, अमेरिकन	•ब्रोल्ड या ग्रिल्ड ताजा सी-फूड, पोल्ट्री व लीन मीट •बेक्ड आलू, ताजी सब्जियां व सलाद •सलाद बार पास्ता व लैग्यूम डिश	•ब्रेड बास्केट में रिफाइंड ब्रेड; फ्राइज व ओनियन रिंग्स
फ्रेंच	•रोस्टेड, ब्रेज्ड, ग्रिल्ड या पोच्ड मछली, पोल्ट्री, लीन मीट •मीट या पोल्ट्री से बने स्ट्यू •सब्जी या बींस, सलाद •सब्जियों का सूप	•क्लासिक फ्रेंच क्यूजिन (वसा युक्त) •पेस्ट्री शैल •पैटीज़ सॉसेज व डक कनफिट •ऑरगन मीट
चाइनीज़	•स्टिर फ्राइड मछली, मीट, पोल्ट्री व सब्जी •ब्राउन राइस •ब्रोथ बेस्ड सूप •स्टीम्ड डम्पलिंग्स	•एक्स्ट्रा सोय सॉस •एम.एस.जी. •फ्राइड फूड (स्प्रिंग रोल) •स्वीट सॉर डिश •सफेद चावल व सफेद नूडल्स •मसालेदार व्यंजन
इटैलियन	•ग्रिल्ड, रोस्टेड या ब्रेज्ड मछली, चिकन या वील •ताजी पकी हरी सब्जी (पालक, ब्रोकली) •सलाद	•क्रीम सॉस •डीप या पैन फ्राई ब्रेड

	•पिज्जा विद टमाटर सॉस •चीज़ व ताजी सब्जी •पास्ता टॉस्ड मछली के साथ, सी-फूड, चिकन/सब्जी, चीज़ व मरीनारा सॉस •सूप, मिनस्ट्रोन, टमाटर व बींस की वैरायटी	
जापानी	•निमोनो, याकी या ग्रिल्ड व्यंजन •पकी मछली या सब्जियों से बने सुशी रोल्स •मीजो सूप •वेज सुशी रोल्स, सोयाबीन के व्यंजन •सीवीड सलाद •स्ट्यू •नूडल्स •एडमेम	•तले-भुने व्यंजन (एजीमोनो, कात्सू, एगडेशी, टैम्पुरा) •कच्ची मछली या सी-फूड न खाएं (सुशी, साशीमी)
थाई	•बेक्ड या ग्रिल्ड मछली या पोल्ट्री •स्टिर-फ्राइ •हॉट-पॉट व्यंजन •मछली, पोल्ट्री, मीट, सी-फूड व टोफू से भरपूर सूप	•डीप-फ्राई व्यंजन •नारियल दूध या क्रीम से बनी करी व अन्य व्यंजन •स्वीट सॉसेज
भारतीय	•बेक्ड व तंदूरी मछली/चिकन •सलाद, सूप व सब्जियां •होल-ग्रेन इंडियन ब्रेड (रोटी, चपाती परांठा) •मसूर, मटर, चिकपी, चीज़ व सब्जियां	•फ्राइड व्यंजन
काजुन या लुसीआना स्टाइल	•उबली, भाप में पकी या ग्रिल्ड मछली/सी-फूड •सी-फूड, पोल्ट्री, वेज स्ट्यू (गम्बोस)	•वसायुक्त पोर्क से बने व्यंजन •तले-भुने व्यंजन •सफेद चावल

मैक्सिकन/ स्पेनिश व टैक्स-मैक्स	•लो-फैट चीज़ से बने व्यंजन, •होल व्हीट टार्टिला, कॉर्न टार्टिला व ब्राउन राइस •गैजपैचो व काली बींस का सूप •असादा (ग्रिल्ड चिकन, मीट व सी-फूड) •चिकन/प्रॉन फजीटा •क्वैसडिलास व बरीटोस •वेराक्रूज स्टाइल डिश (टमाटर सॉस से बनी) •पायेला (चिकन सी-फूड स्ट्यू)	•फ्राइड टाको शैल •सफेद चावल •टाको चिप्स •रिफ्राइड बींस
साउथर्न सोल फूड बारबेक्यू	•ब्रोल्ड, बेक्ड, बारबेक्यूड या ग्रिल्ड मछली/ चिकन •याम या शकरकंदी •स्टीम्ड या सॉटेड ग्रीन	•तले-भुने व्यंजन •अतिरिक्त वसा में पका खाना •डोग बॉल, डपलिंग व स्टफिंग
ग्रीक व मिडिल इस्टर्न	•बेक्ड, ग्रिल्ड, रोस्टेड मछली, पोल्ट्री व लीन मीट •मछली, मीट, चीज़ व सब्जियों से बनी डिश •मसूर, बीन व चिकपी डिश •योगर्ट बेस्ड सूप •सॉटेड ग्रीन (होरटा) •सब्जियों का सलाद •पके होल ग्रेन (बुलगर)	•सफेद चावल व चावल से बने व्यंजन •फ्राइड व फिलो रैप्ड व्यंजन
जर्मन, रशियन व मिडिल यूरोपियन	•ब्रोल्ड या ग्रिल्ड चॉप चिकन या स्टीक •मीट व वेज स्ट्यू जैसे गोलाश व पापरिकश •काशा या आलू	•ब्रेड से बने व्यंजन •डम्पलिंग •नूडल्स •हाई नाइट्रेट तथा वसा युक्त व्यंजन
पिज़ेरियास	•वेज टॉपिंग वाले पिज्जा •सलाद	•अतिरिक्त चीज़ वाले पिज्जा, सॉसेज

हैल्थ फूड व वेज रेस्तरां	•सब कुछ, चीज़, दही, टोफू लेग्यूम, मछली, पोल्ट्री से बनी डिश वेज बर्गर व हॉटडॉग वगैरह।	
कॉफी शॉप, कैफे व डेलीज़	•पॉरिज •वेज ऑमलेट व अंडे के बने व्यंजन •ओट ब्रान वेफल ग्रिल्ड मछली व रोस्ट चिकन •वेजल बर्गर •टर्की बर्गर •ताजी पकी सब्जी •सलाद •सिरके से बना कॉलेस्लॉ •वेज व चिकन सूप •ताजे फलों का सलाद •सैंडविच (चिकन के ताजे स्लाइस या टर्की, स्विस चीज़, स्लाइस एग ऑन होल व्हीट, ग्रेनरी ब्रेड विद लेट्यूस व टमाटर)	•कॉलेस्ला •फ्राई आलू •अचार व सौरक्राउट •राई व पंपरनिकल ब्रेड •फैटी व नाइट्रेट प्रिजर्व मछली, मीट व कोल्ड कटर (स्मोक) •सालमन, सफेद मछली, पास्ट्रामी, फ्रेंकफटर्स सलामी, हैम व टंग •अतिरिक्त मेयो
फास्ट फूड रेस्तरां	•ग्रिल या रोस्ट चिकन •ग्रिल्ड या बारबेक्यूड चिकन सैंडविच •टर्की/चिकन/चीज़ सैंडविच •रैप (होल व्हीट बॉल) •बीन व चीज़ या चिकन •बरीटोस या नर्म टाकोस •सिंगल चीज़ बर्गर •थिन क्रस्ट चीज़ पिज्जा विद वेज टॉपिंग •पिट्टा सैंडविच •बेक्ड आलू •सलाद •वेज बर्गर •फ्रोजन योगर्ट	•डबल, क्वार्टर या बड़े बर्गर, मेयो बेस्ड 'स्पेशल सॉस' •फ्राई चिकन/मछली फ्राई •मिल्कशेक

पार्टी में

हो सकता है कि अब कॉकटेल पार्टी के लिए आपके मन में इतना उत्साह न रहा हो क्योंकि रात के दस बजते ही आंखों में नींद छाने लगती है व पैरों में इतनी सूजन है कि नाचने का तो सवाल ही पैदा नहीं होता, लेकिन इसके बावजूद आप पार्टी का लुत्फ ले ही सकती हैं। माना आपको आपकी छोटी काली ड्रेस फिट नहीं आती, पर फिर भी पार्टी में कभी न कभी जाना ही पड़ता है। उस समय निम्न बातें ध्यान में रखें:

रास्ते के लिए कुछ रख लें : आप नहीं जानती कि पार्टी का मेन्यू क्या है, इसलिए वहां भूखे मरने से बेहतर है कि आप पहले ही कोई पौष्टिक स्नैक लेकर चलें। यदि पेट थोड़ा भरा होगा तो आपका मन हर खाने लायक या न खाने लायक चीज खाने के लिए नहीं ललचाएगा।

थोड़ा सावधान रहें : बेशक हर पार्टी मेन्यू में आपके लिए कुछ न कुछ निकल ही आएगा, पर थोड़ा सावधानी से चुनें।

■ बार में अल्कोहल तो ले नहीं सकतीं, पर इसका मतलब यह नहीं कि कुछ नहीं ले सकती। अपने लिए स्पार्कलिंग वॉटर एंड ट्विस्ट, जूस स्प्रिटजर, वर्जिन ब्लडी मेरी, वर्जिन ब्लैंडर ड्रिंक या स्पार्कलिंग सेब का जूस ऑर्डर करें।

■ स्नैक में चीज़ क्यूब, पका सी-फूड व कॉकटेल सॉस, मीट वॉल, स्टफ मशरूम, ग्रिल्ड चिकन या कोई भी पौष्टिक स्नैक ले सकती हैं। कच्चे ऑयस्टर या स्मोक मछली न लें। फल भी खा सकती हैं। होल ग्रेन क्रेकर या ब्रेड पर चीज़ डालकर खाएं।

■ बुफे में सबसे पौष्कि डिश चुनें, जैसे- फैटुसिन एल्फ्रेडो की जगह चिकन ब्रेस्ट, तले कॉरगेट की बजाय उबले अस्पारागस। सलाद वेज से ही प्लेट भर लें, ताकि साइड डिश की जगह ही न रहे। लंचियन मीट व स्मोक मछली न लें।

■ सिट-डाउन डिनर के दौरान सलाद व सूप लें। ऐसी डिश न लें, जरूरत से ज्यादा कैलोरी दें। अगर पौष्टिक डिश न मिले तो उसका थोड़ा हिस्सा ही लें। कोई भी गर्भवती महिला से यह नहीं पूछेगा कि वह क्या, कितना व क्यों खा रही है।

■ मीठा खाते वक्त यदि बुफे है तो आप अपनी मर्जी से फलों के साथ केक का छोटा टुकड़ा ले सकती हैं, पर परोसे गए व्यंजन के साथ फल न हो तो दो-चार चम्मच खाकर छोड़ दें। इस बात पर भी कोई एतराज नहीं करेगा।

शाम को बैग में लिपस्टिक से ज्यादा सामान पैक करें : भूख से जान निकल रही हो तो पार्टी का मजा नहीं आता। अगर आप किसी सुशी या कॉकटेल पार्टी में जा रही हैं तो चुपचाप अपने बैग से ट्रेबल मिक्स निकालकर धीरे-धीरे खाती रहें।

छुट्टियों के दौरान

हां-हां घूमने में कोई बुराई नहीं, बस हमारी बातें ध्यान में रखें ताकि आपका ईटिंग वेल का लक्ष्य पीछे न रह जाए।

■ छुट्टियों में बनने वाले सभी पारंपरिक व्यंजन आपके व शिशु के लिए फायदेमंद ही होंगे; जैसे - क्रिसमस टर्की, रोस्ट आलू, ईस्टर लैम्ब, बारबेक्यू बर्गर, ज्यूईश न्यू ईयर चिकन सूप वगैरह। वैसे प्लेट में ज्यादा हाई-कैलोरी फूड परोसने से बचें। प्रोटीन फूड, सलाद व सब्जियों पर फोकस करें। कुछ अपौष्टिक खाने का मन भी हो तो उसकी थोड़ी मात्रा लें।

■ नियमित रूप से खाएं, आप छुट्टी पर हैं, पर शिशु को तो सही वक्त पर खाना चाहिए।

■ माना मां बनने वाली हैं तो स्वाद के मामले में शहीद न बनकर दिखाएं। अगर आप किसी व्यंजन की अति नहीं करती तो उसे खाने में कोई हर्ज नहीं। बस शराब, कच्चे अंडे, कच्चे सी-फूड या हानिकारक खाद्य पदार्थों से दूर रहें।

■ मुसीबत को खुद न बुलाएं, छुट्टियों का भरपूर मजा लें। खाने-पीने के मामले में बस थोड़ा सावधान रहें। कैलोरी के मामले में ध्यान दें। इतना ठूंसकर न खाएं कि छाती में जलन होने लगे। जब भी कोई सेहतमंद भोजन चुनने का विकल्प मिले तो उससे कभी न चूकें।

■ थोड़ी आदतें बदलें, हो सकता है कि नए साल की दावत में आपको शैंपेन की बजाय स्पार्कलिंग सेब का जूस पीना पड़े। वाइन की बजाय अंगूर का जूस लें। क्रिसमस एगलॉग खाना चाहें तो रम व अंडों के बिना खाएं।

■ यह न भूलें कि छुट्टियां तो अगले साल फिर से होंगी और तब आप गर्भवती भी नहीं होंगी। फिर मजे से सब कुछ खा-पी सकेंगी। तब तक थोड़ा संयम रखें।

हाथ तंग है

जेब में झांकना पड़ रहा है। इसका मतलब यह नहीं कि आप अपनी डाइट पर ध्यान न दें। कई बार बढ़िया व पौष्टिक भोजन पाने के लिए ज्यादा रुपए नहीं बल्कि दिमाग की जरूरत होती है। आप कई ऐसे तरीके अपनाकर पौष्टिक भोजन पा सकती हैं, जो जेब पर भारी भी नहीं पड़ेंगे।

जेनेटिक : ब्रेड, सिरियल, फ्रोजन, डिब्बाबंद फल व सब्जियां, कॉटेज चीज़ तथा डेयरी उत्पाद आदि जेनेटिक फार्म में भी आते हैं। यह जरूरी नहीं कि आप ब्रांडेड उत्पाद ही लें। कई बार ब्रांड नेम के कारण ही उत्पाद भी महंगा हो जाता है। इसलिए केवल ब्रांड नाम पर न जाएं।

लंच ले जाएं : लंच घर से ले जाकर काफी पैसे बचा सकती हैं। डिनर का बचा खाना, सलाद चिकन, बर्गर सैंडविच या होल व्हीट बॉगेट आपका बढ़िया लंच बन सकते हैं।

इसे थोड़े ड्रिंक व फलों के साथ पैक करें।

सबसे सस्ता ड्रिंक : आप दिन में सबसे सस्ता ड्रिंक पीकर, आठ बार पैसे बचा सकती हैं। जी हां, पानी आपके व आपके शिशु के लिए काफी फायदेमंद है। सॉफ्ट ड्रिंक व मिठास युक्त जूस / ड्रिंक के बजाय पानी एक अच्छा विकल्प है। ताजे जूसों के बजाय फ्रोजन जूस इस्तेमाल करें। स्मूदी, सूप व डेजर्ट में ताजे दूध के बजाय गैर-वसा युक्त पाउडर दूध भी डाल सकती हैं।

मौसमी चीजें प्रयोग में लाएं : ताजे व मौसमी फल-सब्जियां आपके व आपके शिशु के लिए फायदेमंद हैं, बल्कि आपके बैंक खाते के लिए भी अच्छी हैं। वैसे तो आडू व स्ट्रॉबेरी सारे साल मिलते हैं, पर मौसम में काफी सस्ते होते है। यही फल फ्रोजन होने पर महंगे हो जाते हैं।

सादा बनाए रखें : सॉस आपकी डिश को कीमत व कैलोरी देती है, इसलिए आप भोजन को उबालकर, पकाकर, ग्रिल करके या रोस्ट करके खाएं। इससे जेब पर भी ज्यादा भार नहीं पड़ेगा।

इकट्ठा सामान लें : थोक में चीजें सस्ती पड़ती हैं। चिकन ब्रेस्ट से लेकर ओटमील तक, बड़े आकार में खरीदें। अगर कोई चीज़ ज्यादा जल्दी खराब न होने वाली हो तो उससे मिलने वाली स्कीम का फायदा अवश्य लें।

थोड़ी मेहनत करनी होगी : बाजार में तो बहुत से रेडीमेड खाद्य पदार्थ मिलते हैं। कई तरह की सॉस व स्प्रेड पैक्ड मिलते हैं। ये सुविधाजनक फूड काफी महंगे होते हैं। आप थोड़ी मेहनत करके होममेड फूड तैयार करें। बाजारी फूड की कैलोरी ज्यादा व पौष्टिकता कम होती है। आप फ्रोजन डिनर को माइक्रोवेव करके खाने के बजाय खुद पका लेंगी तो काफी सस्ता पड़ेगा, पौष्टिकता भी भरपूर मिलेगी।

जब समय की हो कमी

क्या आपको भी लगता है कि समय हमेशा कम रहता है। ऐसा लगता है कि आपको कई दिशाओं में एक साथ खींचा जा रहा है। अगर आपको अपने लिए समय नहीं मिल पा रहा तो कोई बात नहीं, हमारी व्यंजन विधियां आपका समय बचाने के लिए काफी कारगर हो सकती हैं।

स्टॉक कर लें : काम के बाद सुपर मार्केट जाने का वक्त नहीं है तो किचन में एक बार ही सारा सामान भर लें। आपके फ्रिज, अलमारी और फ्रीजर में पूरे एक सप्ताह के लिए पौष्टिक सामग्री भरी होनी चाहिए।

खरीददारी की लिस्ट : पूरे एक सप्ताह के जरूरी सामान की लिस्ट बना लें। बस ताजे सामान की जरूरत होने पर ही बाजार का चक्कर लगाना पड़े।

किचन के उपकरण : आप 7 बजे घर लौटी हैं और रात को 8 बजे क्लास है, आपने उसी एक घंटे में खाना पकाना है, खाना है, यदि किचन के उपकरण पूरे होंगे तो काम करने में देर नहीं लगेगी।

माइक्रोवेव : इसमें फ्रोजन फूड को डीफ्रास्ट करें व पूरा खाना पकाएं। माइक्रोवेव कुक

बुक से कई नए व्यंजन बनाने सीख सकती हैं।

एक स्लो कुकर : इसका नाम ही स्लो कुकर है, पर खाना बनाने के मामले में यह आपका काफी समय बचा सकता है। हो सकता है कि यह आपको शादी के तोहफों में मिला हो, बस इसकी धूल झाड़ें व काम के लिए शुरू हो जाएं। सुबह घर से जाने से पहले कुकर में सूखे बींस, मीट, चिकन, सब्जियां, ब्रोथ व मसाले डालें। शाम को घर आएंगी तो स्वादिष्ट स्ट्यू तैयार होगा। हैं न कितना आसान।

एक कड़ाही : स्टिर-फ्राई खाना झटपट बनाने के साथ-साथ सेहतमंद भी होता है। थोड़ा चिकन, ब्रोकली, गाजर व वाटर चेस्टनट कड़ाही में डालें व पांच मिनट से भी कम समय में एक स्वादिष्ट डिनर तैयार होगा।

ब्लैंडर : कुछ ही सेकेंड में मजेदार स्मूदी बना सकती हैं।

फूड प्रोसेसर : सब्जियां काटने का समय कहां है? सब्जी काटने, छीलने, प्याज, टमाटर पीसने व कोई भी चीज़ गूंथने के लिए इसकी सेवाएं हाजिर हैं, अपनी बाजू को कष्ट क्यों दें।

एक अच्छा चाकू : फूड प्रोसेसर के लिए बजट या जगह नहीं है तो कोई बात नहीं, एक अच्छा चाकू खरीद लें। इसकी तेज धार से सब्जियां काटने में देर नहीं लगेगी।

फास्ट फूड पकाएं : बाजार से फास्ट फूड लाने के बजाय घर में ही ऐसा फूड पकाएं, जो जल्दी बन सके। एक ताजा मछली का फिलेट या हड्डीरहित चिकन ब्रेस्ट कुछ ही मिनटों में ब्रोल्ड या पोच्ड हो सकता है। चिकन के बारीक स्लाइस स्टिर-फ्राइ कर सकती हैं। सब्जियां भाप में पकाएं, समय के साथ-साथ विटामिन भी बचेंगे। इस किताब के कई व्यंजन आपके काम आ सकते हैं।

या कुछ न पकाएं : कच्ची सब्जियां खाएं। बचे ग्रिल्ड चिकन के साथ सलाद लें। फ्रिज से नाशपाती व चीज़ चंक लेकर खाएं। एक बेबी कैरेट पैकेट खोलें व सूखे सिरियल के साथ लें। कॉटेज चीज़ या दही के एक कटोरे में केला काटें व खाएं। सभी पौष्टिक पदार्थ कुछ ही मिनटों में।

सुविधा पर दें ध्यान : जब शिशु के साथ कोई भी काम करना भारी पड़ रहा हो तो सब्जियां पहले से ही कटी-छिली लें। आपको गाजर, ब्रोकली, टमाटर को घर में काटना न पड़े या हरी सब्जी धोकर साफ न करनी पड़े। गाजर, पत्तागोभी, टमाटर को तेल, सिरके, सूखी ऑरीगेनो व रोमेनो चीज़ को कद्दूकस करें। आपका सलाद तैयार है। सुपर मार्केट में ऐसी और सामग्री तलाशें, जो आपका समय बचा सकें, जैसे पहले से छिली गाजरें, पहले से कटी पत्तागोभी, माइक्रोवेव सब्जी। जब समय ही न हो तो ये महंगी चीजें भी लेनी पड़ती हैं। इसी तरह फ्रोजन शेल्फ से भी आपके काम का बहुत कुछ मिल सकता है।

पूरी आर्मी के लिए खाना पकाएं : हमारे कहने का मतलब है कि एक बार में कई लोगों के हिसाब से व्यंजन बना लें। उसे सावधानी से फ्रोजन करें, आपका काफी वक्त बचेगा। ऐसा कई तरह का भोजन है, जिसे बाद में गर्म करके खा सकते हैं।

लेफ्टओवर को दें नई जान : जी हां, हमने इस किताब में भी बचे खाने से बनने वाली

कई डिश पेश की हैं। रविवार को बड़ी टर्की रोस्ट करें। सोमवार को उसे मसले हुए मीठे आलू के साथ गर्म करके खाएं। मंगलवार को लंच में टर्की सलाद लें और डिनर में ब्राउन राइस के साथ चाइनीज टर्की स्टिर फ्राई लें। बाकी टर्की को फ्रीज कर दें और यदि फिर से खाने का मन हो तो ब्रोकली, पास्ता डिश या कैसेरोल से खाएं।

पहले से बनाएं योजना : नाश्ते का वक्त नहीं। कुछ फ्रोजन फल, संतरे का जूस, दही व व्हीट जर्म प्रोसेसर में डालें व स्मूदी बना लें। या रात को बरीटोस बना लें ताकि सुबह पैक करके ले जा सकें। कटी सब्जी व फल पॉलीबैग में डालकर फ्रिज में रखें ताकि कभी भी खा सकें। थोड़ी पौष्टिकता तो घटेगी, पर समय काफी बचेगा। एक दर्जन अंडे सप्ताह के आरंभ में उबाल लें। फिर उन्हें क्विक सलाद, अंडा सलाद या मिले-जुले सलाद के लिए इस्तेमाल करें।

हर हाल में खाएं मजे से...

जी हां, लेकिन जब आप गर्भवती होती है तो यह काम इतना आसान भी नहीं होता, अगर फ्लू ने जकड़ रखा है तो भूख क्या करेगी। जुड़वां पैदा होने वाले हैं और आप एक बच्चे की जरूरतों के लायक भी खा नहीं पातीं; गैस्टेशनल डायबिटीज ने सीमित खानपान पर भी रोक लगा रखी है या बेडरेस्ट के कारण किचन तक भी नहीं जा पाती। यदि आप वेगन हैं या लेक्टोस इंटालरेंस रखती हैं तो डेली डज़न की जरूरत पूरी करना और भी बड़ी चुनौती बन जाता है। खुशकिस्मती से अगर आप थोड़ी-सी भी अतिरिक्त जानकारी रखती है तो इन उलझनों से निकल सकती हैं।

जब आप बीमार हों

गर्भवती मां तो पहले से ही जी मिचलाना, उल्टी, छाती में जलन व अपच की तकलीफों से जूझती है और ऊपर से बीमारी। दरअसल इन दिनों आपका इम्यून तंत्र वैसे भी धीरे काम कर रहा है ताकि शरीर आपके भीतर चल रहे विजातीय तत्त्व (शिशु) को नकार न दे। ऐसे में आप आसानी से इंफेक्शन, कफ, सर्दी, गैस्टेशनल डायबिटीज का शिकार हो जाती हैं व सबसे ज्यादा असर आपके खानपान पर पड़ता है।

यदि गर्भावस्था के लक्षणों से बहुत ज्यादा बीमार रहने लगी हैं तो डॉक्टर से सलाह लें कि आप उन रोगों से कैसे निपट सकती हैं। जब तक उनकी सलाह से आराम आए तब तक हमारे आहार संबंधी टिप्स आजमाएं :

कोल्ड व फ्लू : गर्भावस्था के दौरान इनसे बचना ही ठीक रहेगा। शरीर को खाने से एनर्जी मिलती है। जितना खाएंगे, उतनी जल्दी सही होंगी। यदि बुखार भी है तो ज्यादा ध्यान देना होगा ताकि बुखार द्वारा जलाई गई कैलोरी की भी पूर्ति हो सके। नाक बह रहा है, सिर में दर्द व मुंह में हमेशा थर्मामीटर लगा है तो ऐसे में मनपसंद खाना भी अंदर नहीं जाता। ऐसे हालत में अपने लिए ऐसा भोजन चुनें जो आसानी से खाया जा सके, जल्दी हजम हो तथा पौष्टिक भी हो।

कम्फर्ट फूड : अब तो आप पेशेंट ही हैं, इसलिए उनकी तरह ही सोचें। जब आप छोटे होने पर बीमार पड़ते थे तो मॉम-डैड आपके लिए कौन से कम्फर्ट फूड बनाते थे। पॉरिज या कोई होल ग्रेन सिरियल; होल व्हीट टोस्ट के साथ अंडे की भुर्जी; गाजर, सेलेरी व प्याज से बना चिकन सूप; पार्शनिप, पार्सले व कटा चिकन; होल व्हीट इंगलिश मफिन; कॉटेज चीज़ व मक्खन के साथ पास्ता, मसले आलू व चेड्डर चीज़। इनसे दुखते शरीर को आराम व पौष्टिकता दोनों मिलेंगे।

तरल पदार्थ : याद करें कि वे कैसे जबरन आपको तरल पदार्थ देते थे। वे जानते थे कि रोजमर्रा की जरूरत के अलावा आपको बहते नाक व बुखार के लिए भी तरल पदार्थों की अतिरिक्त मात्रा की आवश्यकता होगी। यदि डीहाइड्रेशन नहीं होगा तो क्यूक्स मैम्ब्रेन को वायरल अटैक से लड़ने की ताकत मिलेगी। बिस्तर के पास ही थरमस रखें ताकि बार-बार उठना न पड़े। सूप, कैफीन रहित चाय, हल्के जूस व पानी आदि कुछ भी ले सकती हैं, वैसे तो सर्दी के दौरान लोग दूध न पीने की सलाह देते हैं, पर इसके कोई वैज्ञानिक प्रमाण नहीं मिले हैं, इसलिए अगर यह आपको भारी नहीं लगता तो दूध व डेयरी उत्पाद भी मजे से लें।

विटामिन : यदि पर्याप्त मात्रा में विटामिन व मिनरल लेती रहेंगी तो कोल्ड व फ्लू में आराम आएगा। आपकी प्रीनैटल विटामिन सप्लीमेंट के अतिरिक्त पौष्टिक तत्त्व भी मदद कर सकते हैं। कैल्शियम युक्त पदार्थ लेने की कोशिश करें; जैसे संतरे का जूस, इससे विटामिन सी व कैल्शियम दोनों मिलेंगे।

गला पकना : कीटाणु गले में जाकर ऐसे बैठ गए हैं कि आपको कुछ भी निगलने में परेशानी होने लगी है, एक गर्भवती महिला के लिए इससे क्या बुरा होगा कि वह कुछ निगल न पाएं। घबराएं नहीं, हल्के गुनगुने तरल पदार्थ लें; जूस पिएं; नींबू व शहद वाली चाय लें या नरम भोजन करें। गरारे करना न भूलें।

गैस्टेशनल डिस्ट्रेस : बेशक मॉर्निंग सिकनेस खत्म हो गई है और आप डाइजेस्टिव तंत्र के सही तरह से काम करने की राह देख रही हैं, लेकिन यह गैस्टेशनल डिस्ट्रेस कहां से सामने आ गया। वैसे मॉर्निंग सिकनेस लंबी थी, पर यह परेशानी 24 या 48 घंटे से ज्यादा नहीं होती। डायरिया व उल्टी आपके शिशु के लिए डीहाइड्रेशन का कारण बन सकते हैं, इसलिए इस मामले में ढील न बरतें।

रोग प्रतिरोधक क्षमता

गर्भावस्था में तो बचाव ही समझदारी है। खुद को भरपूर आराम व पोषण दें। दही, विटामिन सी व बीटा केरोटीन से भरपूर खाद्य पदार्थ स्वयं ही आपकी रोग प्रतिरोधक क्षमता में वृद्धि करेंगे व आप छोटे-मोटे रोगों से बची रहेंगी।

वहीं दूसरी ओर आपको रोग प्रतिरोधक क्षमता बढ़ाने व संक्रमण से बचाने वाले पदार्थ नहीं लेने चाहिए; जैसे– जिंक लांजेस या विटामिन सी की अतिरिक्त मात्रा। हो सकता है कि वे बुखार या जुकाम तो ठीक कर दें, पर गर्भावस्था के लिए उनकी सुरक्षा की जांच नहीं की गई है। जब तक कुछ प्रमाणित न हो जाए तब तक बेहतर होगा कि आप एक गिलास संतरे के जूस से ही संतोष कर लें।

तरल पदार्थ : बेशक आप मॉर्निंग सिकनेस के दौरान भी यह सुन चुकी हैं, लेकिन हम फिर से दोहराएंगे क्योंकि ये आपके लिए बहुत महत्त्व रखते हैं। चाहे ब्रेड का टुकड़ा भी गले के नीचे न उतरे, पर तरल पदार्थों की मात्रा घटने न दें। सादा पानी, स्पार्कलिंग वाटर या कैफीन रहित चाय लें। उल्टियां आ रही हैं तो थोड़ी-थोड़ी देर बाद पानी के घूंट भरें। आइस क्यूब या पॉपस्किल चूसें। यदि लक्षण ज्यादा गंभीर होंगे तो डॉक्टर आपको फ्रोजन डीहाइड्रेशन पॉप लेने की सलाह भी दे सकते हैं। जब हल्के तरल पदार्थ पेट में टिकने लगें तो आप पौष्टिक शेक या स्मूदी ले सकती हैं।

ब्लांड फूड : यदि ठोस पदार्थ ले पा रही हों तो उन्हें चुनें जो वसा रहित हो, जैसे बिना मक्खन के टोस्ट, मसले आलू, केले, सेब का सॉस, प्लेन पास्ता व कॉटेज चीज़। जब थोड़ा बेहतर महसूस हो तो फिर आप दही, चिकन, मछली या फिर पकी सब्जी व फल ले सकती हैं।

विटामिन : सही समय पर विटामिन सप्लीमेंट लेना न भूलें। खाली पेट न रहें, वैसे एक-दो दिन विटामिन नहीं ले पाएं तो परेशान न हों। आप ठीक होने के बाद इनकी पूर्ति कर लेंगी।

यदि मल्टीपल को जन्म देने वाली हैं

जुड़वां या फिर उससे भी ज्यादा शिशु जन्म के लिए तैयार हो रहे हैं? फिर तो आपको आम गर्भवती महिला के मुकाबले अपने खानपान का दुगना-तिगुना ध्यान देना होगा। इससे आपके बच्चों के जन्म के वजन पर काफी असर पड़ेगा। आपको अपने लिए भी भोजन की मात्रा बढ़ानी होगी क्योंकि इस समय आपकी आवश्यकता उस मां से ज्यादा है जो एक शिशु को जन्म देने वाली है।

हम यह नहीं कह रहे कि आपको तिगुना विटामिन या कैलोरी लेनी होगी, पर थोड़ा अतिरिक्त खाना न भूलें।

अतिरिक्त वजन : मल्टीपल के लिए आपको अपना वजन भी बढ़ाना होगा। आपका वजन जितना स्वस्थ होगा, मल्टीपल का वजन भी उसी अनुपात में होगा।
तकरीबन विशेषज्ञ यही कहते हैं कि मल्टीपल पैदा करने वाली मां को 35 से 45 पौंड तक वजन बढ़ाना चाहिए जो कि सिंगल प्रेगनेंसी के मुकाबले 50 प्रतिशत ज्यादा है। हो सकता है कि मल्टीपल का जन्म समय से पहले हो जाए, इसलिए आपको उस पौष्टिक अभाव की पूर्ति भी पहले से ही करनी होगी। चुनौती बड़ी है न? हो सकता है कि पहली तिमाही में उल्टी व जी मिचलाने की समस्या भी हो रही हो।

अतिरिक्त कैलोरी : तो फालतू वजन कैसे मिलेगा? आपको प्रति भ्रूण 300 से 500 कैलोरी चाहिए। अपने डॉक्टर से राय लें व अपना मैजिक नंबर जानें। बेशक चॉकलेट बार व चिप जैसे भोजन से वह अतिरिक्त कैलोरी नहीं मिलेगी। आपको अपने शिशुओं की सेहत को ध्यान में रखते हुए पोषक पदार्थों से कैलोरी ग्रहण करनी होगी। अध्ययनों से पता चला है कि कैलारी युक्त आहार लेने से स्वस्थ शिशु के जन्म के आसार बढ़ जाते हैं।

सबसे पहले तो सामान्य गर्भावस्था के आहार (अध्याय 5) का पालन करें और उसमें अधिक भोजन, अधिक स्नैक व बड़े पोर्शन शामिल करें। केवल तीन मील से वह सारी कैलोरी न लें बल्कि पांच से छः बार हल्का भोजन करें। इस तरह उन्हें पचाने में आसानी होगी व आप अपच तथा छाती की जलन जैसी तकलीफों से भी बची रहेंगी।

अतिरिक्त आयरन : इस समय आपको अतिरिक्त आयरन की आवश्यकता होगी ताकि शिशु के लिए भरपूर रक्त बन सके। अक्सर महिलाओं में गर्भावस्था के दौरान आयरन की कमी हो जाती है। आपको तो वैसे भी ज्यादा मात्रा में चाहिए। हो सकता है कि डॉक्टर ने आपको पहले से ही आयरन सप्लीमेंट दे दिया हो, लेकिन आपको आयरनयुक्त आहार पर भी ध्यान देना चाहिए, जैसे– रेड मीट व सूखे मेवे। इनके साथ विटामिन सी भी लें ताकि इसके अवशोषण में मदद मिल सके।

अतिरिक्त विटामिन : अधिक से अधिक पोषक तत्त्वों की आवश्यकता होगी क्योंकि आप मल्टीपल को जन्म देने जा रही हैं। वैसे तो विटामिन सप्लीमेंट ले ही रही हैं, पर विटामिन से भरपूर भोजन लेना न भूलें।

अतिरिक्त मिनरल : प्रीनैटल से ही, मिनरल की सारी पूर्ति नहीं हो पाएगी। वैसे डॉक्टर आपको मैग्नीशियम व कैल्शियम का सप्लीमेंट लेने की सलाह भी दे सकता है। मैग्नीशियम से प्री-टर्म लेबर का खतरा घटता है। कैल्शियम शिशुओं के दांतों व हड्डियों को मजबूती देगा। इन मिनरलों से आपको काफी मदद मिलेगी।

अतिरिक्त तरल पदार्थ : डीहाइड्रेशन से भी प्री-टर्म लेबर हो सकता है। दिन में कम से कम आठ गिलास पानी लें। खाने के दौरान थोड़ा पानी पीना भी आपके लिए ठीक रहेगा।

यदि आप एक शाकाहारी हैं

यदि आप गर्भवती होने के अलावा शाकाहारी भी हैं फिर तो कई ऐसे लोग मिले होंगे जिन्होंने कहा होगा कि इस तरह तो मल्टीपल को जन्म देना मुश्किल होगा। वे लोग गलत हैं। शाकाहारी मां के बच्चे भी काफी सेहतमंद पैदा होते हैं। बस आपको थोड़ी सावधानी व नियोजन के साथ गर्भावस्था में आहार लेनी होगी ताकि आवश्यक विटामिन, मिनरल व खनिज लवणों की पूर्ति हो सके। आपको शाकाहारी से मांसाहारी बनने की जरूरत नहीं होगी। हालांकि कुछ चुनौतियों का सामना करना होगा।

पारंपरिक मान्यताएं

कई लोक कथाएं काफी रोचक होती हैं। चीन में कहा जाता है कि गर्भवती महिला को खरगोश या चिकन नहीं खाना चाहिए, नहीं तो उसके पैदा होने वाले बच्चे की आवाज कर्कश होगी।

वे स्क्विड और केकड़ा खाने को भी मना करते हैं। उनके अनुसार केकड़ा खाने से बच्चा शरारती पैदा होता है व स्किवड खाने से डिलीवरी के दौरान यूटरस कड़ा हो जाता है।

वजन बढ़ाना : गर्भावस्था के दौरान मांसाहारी न होने के कारण वजन बढ़ाने में थोड़ी परेशानी हो सकती है। आपको वसायुक्त आहार लेना होगा व ऐसा भोजन चुनना होगा जो कैलोरी के साथ-साथ पौष्टिकता से भी भरपूर हो, जैसे- सूखे मेवे व एवोकाडो आदि।

पर्याप्त मात्रा में पोषक तत्त्व लेना : आपको इन पोषक तत्त्वों की मात्रा पर ध्यान देना है :

प्रोटीन : अगर आप दूध व अंडे लेती हैं तो प्रोटीन की पूर्ति होगी, पर अगर वैगन हैं तो प्रोटीन पाने के लिए बींस, मटर, मसूर, टोफू व दूसरे सोय उत्पादों की मदद लेनी होगी।

विटामिन $बी_{12}$: वैसे तो विटामिन $बी_{12}$ जंतुओं से मिलता है, पर शाकाहारी होने के

शाकाहारी, कोई बात नहीं

आप एक ही सप्ताह में इस पुस्तक में दिए गए सभी शाकाहारी व्यंजन पकाना सीख सकती हैं। मीट, मछली व पोल्ट्री नहीं लेती तो क्या, सोय उत्पाद, बींस व मेवे लें। यदि डेयरी उत्पाद भी नहीं लेती तो सोय चीज़ या सोया दूध ले सकती हैं। इसके अलावा दूसरी किताबों से भी व्यंजन शामिल करना न भूलें। कैल्शियम व प्रोटीन की अतिरिक्त मात्रा के साथ, उन्हें भी गर्भावस्था के आहार में शामिल कर सकती हैं।

नाते आपको इसे सप्लीमेंट के तौर पर लेना होगा। इसके अलावा फोर्टीफाइड सोय दूध, सिरियल व मीट आदि विकल्प लें।

आयरन : यदि आप शाकाहारी हैं या वैगन हैं तो बेशक आयरन की भरपूर मात्रा पाना थोड़ा मुश्किल होगा। डॉक्टर की सलाह से आयरन सप्लीमेंट लें।

कैल्शियम : वैसे तो डेयरी उत्पादों से कैल्शियम मिलता है, किंतु केवल वही एकमात्र स्रोत नहीं है। यदि आप वैगन हैं तो कैल्शियम फोर्टीफाइड जूस लें। हरी पत्तेदार सब्जी, तिल के व्यंजन, बादाम, कैल्शियम फोर्टीफाइड सोया उत्पाद, सोय दूध, चीज़, आटा, टोफू व टेम्पे भी ले सकती हैं।

विटामिन डी : वैसे तो यह दूध से मिलता है, लेकिन अगर आप दूध नहीं पीती तो फोर्टीफाइड ब्रेड, सिरियल व अन्य खाद्य पदार्थ लें।

एक खानपान योजना बनाएं : चूंकि वैगन की आहार संबंधी जरूरतें काफी जटिल होती हैं, इसलिए विशेषज्ञों का कहना है कि आपको प्रारंभ से ही एक अच्छी आहार योजना बना लेनी चाहिए ताकि अपने स्पेशल शिशुओं के लिए उनकी सभी स्पेशल जरूरतें पूरी की जा सकें।

यदि आप डेयरी उत्पाद नहीं ले सकती

गर्भावस्था के दौरान दूध व डेयरी उत्पाद, कैल्शियम पाने के लिए कुदरत का अनमोल तोहफा है, लेकिन अगर दूध पेट में गैस बनाता हो तो शायद आप दूध के गिलास तक जाने में संकोच करेंगी। फिर कई लोगों को दूध इंटॉलरेंस भी होती है यानी वे दूध हजम ही नहीं कर पाते।

लैक्टोस इंटॉलरेंस में, लैक्टोस की कमी होती है, दूध को पचाने वाले एंजाइम न होने से दूध हजम नहीं होता। इस तरह दूध पीने से गैस, अफ़ारा, बदहजमी, हल्के से गंभीर पेट दर्द या डायरिया की शिकायत हो सकती है। वैसे यह इंटॉलरेंस की मात्रा भी अलग-अलग होती है, कोई बड़े आराम

से पूरा गिलास दूध गटक लेता है तो कोई एक घूंट दूध पी के भी पेट दर्द की शिकायत कर सकता है।
वैसे आप भी इसकी शिकार हैं तो चिंता न करें। कई दूसरे उपाय हैं जो आपके शिशु को मजबूत व स्वस्थ दांत पाने में मदद कर सकते हैं।

- थोड़ी मात्रा लें। एक बार में आधा गिलास दूध लेने की कोशिश करें, चीज़ का छोटा टुकड़ा खाएं, हो सकता है कि इसे पचाने में ज्यादा मुश्किल न हो।

- इसे खाने के साथ लें। यदि लैक्टोस को भोजन के साथ मिलाकर लें तो पचाना आसान हो जाता है, जैसे-होल ग्रेन ब्रेड या सिरियल। अपने ब्रान फ्लेक में दूध डालें या होल व्हीट टार्टिला पर चीज़ पिघला लें।

- सुपर मार्केट से लैक्टोस फ्री दूध लें। इसमें नियमित कैल्शियम के मुकाबले दो-तिहाई मात्रा में अधिक कैल्शियम होता है।

- जब भी कोई डेयरी उत्पाद लें तो साथ ही लैक्टोस की गोली या कैप्सूल ले लें। ताकि उसे पचाने में आसानी हो।

- चेड्डर, स्विस या पारमेसन चीज़ आपके लिए फायदेमंद हो सकता है क्योंकि आधा लैक्टोस प्रोसेसिंग के दौरान ही निकल जाता है।

- आप एक्टिव बैक्टीरियल कल्चर भी ले सकती हैं, जैसे- योगर्ट में ये लैक्टोस के पाचन में सहायक होते हैं।

- यदि परेशानी ज्यादा हो तो किसी भी तरह के डेयरी उत्पाद से दूर रहें। ऐसा भोजन लें जिसमें कोई भी डेयरी उत्पाद न मिला हो। ध्यान से लेबल पढ़ें।

टॉलरेंस की करें जांच

अगर पिछली बार दूध पीने से पेट-दर्द हुआ था। तो इसका मतलब यह नहीं कि आपको लैक्टोस इंटॉलरेंस है। यदि इसकी जांच करनी है तो इसका तरीका है : आप खाली पेट दो गिलास स्किम्ड दूध लें; यदि तब इसके लक्षण उभरें; तो जान लें कि आप उसे पचाने की क्षमता नहीं रखते। यदि खाली पेट इतना दूध नहीं पी सकती तो किसी से कहें कि वह आपको बिना बताए रेगुलर या लैक्टोस फ्री दूध से स्मूदी बनाकर दें। फिर कुछ दिन बाद दूसरे दूध से बनवा कर पिएं। यदि रेगुलर दूध से लक्षण सामने आएं तो फिर आपको लैक्टोस इंटॉलरेंस है।
यदि और पक्का करना है तो पूरे दो सप्ताह तक डेयरी उत्पाद न लें। इस दौरान नॉन डेयरी उत्पादों से कैल्शियम लेती रहें। यदि सभी लक्षण खत्म हो गए तो जान लें कि रोग का पता चल गया। यदि अब भी पेट में गड़बड़ हैं तो आपको पेट की कोई दूसरी तकलीफ हो सकती है।

- वैसे तो डेयरी उत्पादों के मुकाबले दूसरी जगह से कैल्शियम लेना एक चुनौती ही है, पर आपको सुपर मार्केट में खोजबीन करनी ही होगी। सबसे पहले तो जूस काउंटर पर रुकें। वहां से कैल्शियम युक्त जूस लें। इसके अलावा हड्डी सहित सालमन तथा सार्डिन, टोफू, हरी सब्जी, ब्रोकली व कैल्शियम युक्त सोया दूध तथा चीज़ भी ले सकती हैं।

- माना दूध विटामिन डी का अच्छा स्रोत है, पर यही एकमात्र स्रोत नहीं है। आपको इसके विकल्पों पर ध्यान देना होगा।

- दिन में थोड़ी सूरज की धूप लें पर तेज गर्मी से बचें। क्योंकि गर्भावस्था में त्वचा काफी संवेदनशील होती है। विटामिन डी का सप्लीमेंट लेने के अलावा विटामिन डी से भरपूर सोया दूध या जूस लें।

- **सप्लीमेंट :** यदि आहार से पर्याप्त कैल्शियम न मिल रहा हो तो डॉक्टर से इस बारे में राय लें। यदि पेट की गड़बड़ी ज्यादा हो रही हो तो आपको ऐसा सप्लीमेंट लेना पड़ सकता है जिसमें एंटीएसिड भी शामिल हो, जैसे टम्स।

गैस्टेशनल डायबिटीज

यदि आपको यही बीमारी है तो आप अकेली नहीं हैं। 3 से 5 प्रतिशत गर्भवती महिलाओं को इससे गुजरना पड़ता है। यह तब होती है जब शरीर ब्लड शुगर के स्तर को नियमित नहीं कर पाता, वैसे तो पैक्रियाज इंसुलिन नामक हार्मोन बनाता है जो ग्लूकोज में बदलता है। गर्भावस्था के दौरान बाकी हार्मोनों के अधिक मात्रा में बनने के कारण इंसुलिन भरपूर नहीं बन पाता व शरीर को ब्लड शुगर पर नियंत्रण पाने के लिए पर्याप्त इंसुलिन बनाने की चुनौती लेनी पड़ती है। जब वह यह चुनौती नहीं ले पाता तो गैस्टेशनल डायबिटीज हो जाती है।

यह समस्या प्राय: प्रसव के बाद सामान्य हो जाती है। यदि आप भी इससे पीड़ित हैं तो विशेष रूप से डाइट प्लान बनाना होगा। (हमारी पुस्तक 'क्या करें जब मां बने' पढ़ें) वैसे आप निम्नलिखित बातों पर ध्यान दे सकती हैं :

आहार में बदलाव : हो सकता है कि डॉक्टर आपको आहार में बदलाव की राय दें। आपको व्यक्तिगत तौर पर अपने ब्लड ग्लूकोज के स्तर, वज़न, खानपान की आदतों तथा व्यायाम के आधार पर इसे बनाना होगा। यदि किसी रजिस्टर्ड डायबिटिक डाइटीशियन से मिल सकें तो बेहतर होगा। वे आपको बेहतर राय देंगे। तब तक जरा इन सावधानियों का पालन करें :

- चीनी छोड़ दें। बेशक आपको ब्लड शुगर का स्तर बढ़ने से रोकने के लिए चीनी, शहद, ब्राउन शुगर, कॉर्न सिरप जैसी चीजें छोड़नी होंगी। याद रखें कि जिन शब्दों के अंत में ओस आता है, उनमें हमेशा चीनी होती है जैसे- सुक्रोस, डैक्ट्रोस आदि। आप संयमित मात्रा में मीठे पदार्थ ले सकती हैं पर पाई, केक, कुकीज, आइसक्रीम, मिठाई व सॉफ्ट ड्रिंक से दूर रहें, वैसे स्पलैंडा चीनी का अच्छा विकल्प है।
- यहां तक कि फलों के रस से भी दिक्कत हो सकती है, इसलिए उनकी मात्रा भी घटा दें। खाने के साथ थोड़ा जूस ले

सकती हैं या उसमें थोड़ा स्पार्कलिंग वाटर मिला लें, गिलास भरा हुआ दिखेगा। टमाटर का जूस ले सकती हैं, ताजे फल खा सकती हैं, जो मीठे न हों। उनका फाइबर चीनी के अवशोषण में सहायक होगा।

- **थोड़ा कम रिफाइंड हो :** ज्यादा रिफाइंड स्टार्च (सफेद चावल, मसले आलू व सफेद ब्रेड) पचने पर शीघ्र ही चीनी में बदल जाते हैं व ब्लड शुगर का स्तर बढ़ा देते हैं। इनके बजाय हाई फाइबर कांपलेक्स कार्ब (होल ग्रेन्स, मटर, बींस व सब्जी) लें जिससे आपका ब्लड शुगर सामान्य बने रहने में मदद मिलेगी।

- **क्रोमियम लें :** यह मिनरल गैस्टेशनल डायबिटीज में ग्लूकोज टॉलरेंस में सुधार करता है। अपने आहार में इन्हें (होल ग्रेन उत्पाद, पालक, गाजर व चिकन) शामिल करें। चाहें तो डॉक्टर से पूछकर इसका सप्लीमेंट भी ले सकती हैं।

- **लो-फैट रहें :** वैसे तो गर्भवती महिला को भोजन में वसा चाहिए, पर अत्यधिक वसा युक्त आहार लेने से इंसुलिन का असर कम हो जाता है। हमेशा हैल्दी वसा पर फोकस करें; जैसे - मेवे।

मील पर नियंत्रण : वैसे सारा दिन खाने की आदत सभी गर्भवती मांओं के लिए अच्छी है, पर आपके लिए तो और भी ज्यादा जरूरी है। आपने कभी खाना नहीं छोड़ना वरना आपको हाईपोग्लाइसीमिया हो सकता है यानी बेचैनी, कंपकंपी व सिरदर्द। यह सब भ्रूण के लिए नुकसानदायक होगा। शाम को आपको सबसे खास स्नैक लेना है, इससे सामान्य से कम ब्लड शुगर के स्तर को सामान्य रखने में मदद मिलेगी। प्रोटीन व कांपलैक्स कार्ब युक्त स्नैक लें। कार्ब ब्लड शुगर का स्तर सामान्य रखेगा व प्रोटीन लंबे समय तक सुचारु स्टैबलाइजर का काम करेगा।

वज़न पर नियंत्रण : वजन पर काबू पाएं। आपको वज़न बढ़ने की दर पर भी ध्यान देना होगा। जरूरत से ज्यादा जल्दी वज़न बढ़ने से शरीर में वसा की मात्रा ज्यादा हो जाएगी व इंसुलिन विरोधी प्रभाव पैदा होगा। गर्भावस्था के दौरान उचित दर से वज़न बढ़ने के उपाय जानने के लिए तीसरा अध्याय पढ़ें।

अगर आप बेड रेस्ट पर हैं

तकरीबन व्यस्त लोग यही सपना देखते हैं कि उन्हें जूते उतारकर, बिस्तर में नरम तकिए पर सारा दिन लेटने व सोने का मौका मिल जाए, पर गर्भावस्था में आपके लिए ऐसा आदेश किसी बुरे सपने से कम नहीं लगेगा। बेड रेस्ट कोई हॉलीडे नहीं होता। पहले 24 घंटों के बाद तो बिल्कुल भी नहीं होता, फिर खाने के वक्त? सबके पास रूम सर्विस की सुविधा भी नहीं होती।

■ आप बिस्तर पर लेटे-लेटे गर्भावस्था में भोजन कैसे ले सकती हैं? इन उपायों पर ध्यान दें :

- स्नैक बार अपने पलंग या दीवान के पास ही रखें ताकि आपको रसोई में बार-बार चक्कर न लगाने पड़ें। इसमें निम्नलिखित सामान रखें :

- बहुत से तरल पदार्थ (पानी, दूध या जूस

पारंपरिक मान्यताएं

एक फिलीपीनी लोककथा के अनुसार किसी गर्भवती महिला के साथ भोजन न करें वरना आपको हमेशा नींद आती रहेगी। अगली बार जब कोई आपके प्रिय भोजन में हाथ मारना चाहे तो उसे यह लोककथा सुना दें।

का जग व कप) यदि तबीयत का ध्यान रखना चाहती हैं तो तरल पदार्थों की मात्रा घटने न दें।

- ऐसे पौष्टिक स्नैक जो फ्रिज में न रखने पड़ें; जैसे होल ग्रेन क्रेकर्स, क्रिस्प, ताजे फल व सूखे मेवे, ट्रेल मिक्स व सूखे सिरीयल।
- हो सके तो छोटा फ्रिज पास रखवा लें ताकि खराब होने वाले खाद्य पदार्थ उसमें रखें जा सकें, जैसे–दही, चीज़ व ड्रिंक्स आदि।
- यदि बिस्तर से उठना मना है तो पास की मेज पर छोटा माइक्रोवेव रख लें ताकि आप रेडीमेड खाना गर्म करके खा सकें।
- अपने पास बड़ी-सी ट्रे रखें, ताकि खाने-पीने का सामान बिस्तर पर न गिरे। आप लिखने-पढ़ने, लैपटॉप को सहारा देने या कोई भी काम करने के लिए मेज के तौर पर भी इस्तेमाल कर सकती हैं।

■ बिस्तर पर पड़े-पड़े खाने से अक्सर छाती में जलन हो जाती है। हमेशा तकिए लगाकर बैठने की मुद्रा में खाने की कोशिश करें। थोड़ी-थोड़ी मात्रा में हल्के स्नैक्स बार-बार लें। इससे पाचन तंत्र की दिक्कतें घटेंगी।

■ बिस्तर पर पड़े-पड़े खाने से कब्ज तो होगी ही। इसका सामना करने के लिए भोजन में रेशेदार पदार्थों की मात्रा बढ़ा दें व तरल पदार्थ अधिक मात्रा में लें।

■ आप स्पीड डायल करके भी सामान मंगा सकती हैं। राशन का सामान ऑनलाइन मंगाएं। यदि विशेष पौष्टिक भोजन मंगाना हो तो उसे भी ऑर्डर पर मंगवा सकती हैं।

■ यदि कोई भी सहायता देना चाहे तो लेने में संकोच न करें। साथी या पड़ोसी आपका भोजन पका सकता है। यदि हो सके तो खाना पकाने वाली रख लें।

■ अपने कैलोरी काउंट पर ध्यान देना न भूलें क्योंकि लेटे-लेटे शरीर की ज्यादा कैलोरी खर्च नहीं होगी। यह न हो कि आप खा-खाकर जरूरत से ज्यादा वज़न बढ़ा लें। यदि आप बोरियत से बचने के लिए खाने वालों में से हैं तो ज्यादा संभलना होगा क्योंकि इसमें मोटा होने का खतरा ज्यादा है। लो-कैलोरी भोजन ही इस्तेमाल करें तो बेहतर होगा।

■ अपने साथी से कहें कि वह भी बिस्तर पर आपके साथ ही खाएं ताकि आप अकेलापन महसूस न करें। पिज्जा ऑर्डर करें व दोस्तों को बेड पर ही पिज्जा खाने की दावत दें या ऐसा खाना बनवाएं जिसे बेडरूम में ही परोसा जा सके व ज्यादा झंझट भी न हो।

■ ■ ■

प्रसव के बाद अच्छी तरह खाएं

बधाई हो! आप नौ महीने की गर्भावस्था और बच्चे के जन्म के उन घंटों को पार करके यहां तक आ गईं। अब दो लोगों के लिए खाने की चुनौती तो नहीं रही, पर आपने यह देखना है कि प्रसव के बाद आपका खानपान कैसा हो। पूरे एक साल तक अपने आहार पर ध्यान देने के बाद एक प्यारा व नन्हा-सा शिशु आपके पास है। तो अब डेजर्ट फ्रेंच फ्राई व चिप्स खाने का वक्त आ गया....?

नहीं, बेशक पहले जैसी चुनौती नहीं रही, पर आपको अभी भी खानपान की वे अच्छी आदतें छोड़नी नहीं हैं, जो पूरे एक साल में अपनाई थी। अगर वज़न घटाना चाहती हैं तो खासतौर पर ध्यान दें। अब आपको एक स्वस्थ परिवार की ओर कदम बढ़ाना है।

प्रसव के बाद आहार

आपके लिए खुशखबरी यह है कि प्रसव के बाद आहार लेते समय आपको पहले से काफी ज्यादा छूट है। सुबह 5 बजे उठते समय कॉफी लेनी है तो लें। खाने के साथ वाइन का मजा चाहिए, सुशी खानी है, उन चॉपस्टिक को मिस कर रही हैं, तो सब कुछ खाएं।

लेकिन हर खुशखबरी छिपे रूप से कुछ निर्देश भी तो लाती है। हो सकता है कि सब कुछ बेहद आसान दिखे, पर अभी आपको बच्चे के जन्म के बाद होने वाली समस्याओं से निपटने के लिए तैयार रहना होगा। अपनी ऊर्जा बनाए रखनी होगी ताकि आधी रात को फीड कराने के लिए उठ सकें या सुबह की गहरी नींद के बीच उठकर नैप्पी बदल सकें। कब्ज, हीमरॉयड या प्रसव के बाद

होने वाली शारीरिक परेशानियों से बच सकें, फालतू वज़न घटा सकें व भरपूर मात्रा में क्वालिटी दूध बना सकें।

प्रसव के बाद आहार

ये नौ बेसिक डाइट नियम तो अपनाने ही होंगे, चाहे आप स्तनपान करा रही हैं या नहीं। ये ही आपके सच्चे मार्गदर्शक होंगे।

खानपान पौष्टिक रहे : बेशक अब आपको दो के लिए नहीं खाना, पर पूरे दिन में पर्याप्त पोषण तो लेना ही होगा। अगर स्तनपान करा रही हैं तब तो यह और भी आवश्यक हो जाता है क्योंकि दूध बनाने के लिए ऊर्जा लगेगी जो कि पौष्टिक खानपान से ही मिलती है।

सभी कैलोरी एक-सी नहीं होतीं : यदि गर्भावस्था में मिली कैलोरी घटाना चाहे तो सबसे पहले देखना होगा कि कैलोरी मिल कहां से रही है। रिफाइंड कार्बो से मिली कैलोरी ईंधन की तरह जलने की बजाय शरीर में जमा होती है। आप वही कैलोरी की मात्रा लीन, प्रोटीन, फल, सब्जी, साबुन अनाज से लें। वज़न घटाने में आसानी होगी।

आप भूखी रहेंगी तो शिशु के लिए ठीक नहीं : खाना खाने का समय नहीं मिलता (जब बेबी को दूध पिलाना हो, डकार दिलवाना हो, नैप्पी बदलनी या कपड़े बदलने हों तो नाश्ते का होश किसे रहता है।) ऐसे में तो आपकी ऊर्जा का स्तर काफी गिर जाएगा। अगर पूरा पोषण नहीं लेंगी तो शिशु के लिए भरपूर दूध नहीं बन पाएगा।

वज़न घटाना है : जी हां, अब आपको अपने लिए ऐसा भोजन चुनना है, जो पिछले नौ महीने में बढ़ गए वज़न को घटाने में भी मदद कर सके, इसलिए कैलोरी के लिए पोषक तत्त्वों से भरपूर भोजन चुनें।

कार्बोहाइड्रेट्स : माना शिशु का जन्म हो चुका है, लेकिन इसका मतलब यह नहीं कि आप फिर से रिफाइंड अनाज लेने लगें। जब आपको अनाज का स्वाद लेने की आदत हो ही गई है तो फिर से गलत आदत क्यों अपनाएं? आपको अभी साबुत अनाज की ब्रेड, अनाज, ब्राउन राइस, सूखे बींस, मटर व दूसरे लेग्यूम खाने चाहिए। फिर कांपलैक्स कार्ब लेंगी तो शिशु को भी इसका पूरा फायदा मिलेगा।

मीठे का फंडा : हो सकता है, आपने भी सुना हो कि चॉकलेट बार ऊर्जा के गिरते स्तर को ऊंचा कर सकती है, लेकिन सच यह है कि मीठे का कोई भी ट्रीट लेते समय आपको यह नहीं देखना चाहिए कि आप गर्भवती है या नहीं, चीनी की कैलोरी खाली होती है इसलिए ऊर्जा बढ़ाने के इस फंडे से दूर ही रहें।

प्राकृतिक हो भोजन: जो भोजन प्रोसेस्ड हो, उसके तकरीबन पोषक तत्त्व नष्ट हो जाते हैं। सैचुरेटिड वसा, सोडियम व चीनी की मात्रा बढ़ जाती है। उनमें कई केमिकल एडीटिव्स भी होते हैं जो आपके स्तन के दूध को भी संदूषित कर सकते हैं, अतः भोजन प्राकृतिक रूप में ही लें तो बेहतर होगा।

अच्छे खानपान को बनाएं परिवार का आधार: इस घर में एक नए सदस्य का आगमन हुआ है, पूरे परिवार के लिए स्वस्थ खानपान की आदतें तय करना आसान रहेगा। आप किचन में जो भी रखेंगी, बच्चे वही तो खाएंगे। जहां किचन में बच्चे को साबुत

अनाज वाली ब्रेड मिले, स्नैक की जगह फल मिले और सलाद कोई दुश्मन नहीं बल्कि दोस्त लगे तो माना जाएगा कि उस घर में पौष्टिकता का ध्यान रखा जाता है।

अपनी डाइट पर दें ध्यान: एक स्वस्थ जीवन शैली स्वस्थ खानपान पर ही खत्म नहीं होती। बेशक स्तनपान कराने के बावजूद आप कभी-कभी एल्कोहल ले सकती हैं, पर वह निश्चित रूप से आपकी सेहत पर गलत असर डालेगी। तंबाकू तो आपके व शिशु दोनों के लिए हानिकारक है। यदि घर में आप या कोई दूसरा धूम्रपान करता है तो शिशु श्वसन संबंधी रोगों से ग्रस्त हो सकता है।

प्रसव के बाद स्तनपान कराने के लिए डेली डज़न

माना आप काफी लंबे समय से डेली डज़न से दोस्ती निभाती आ रही है, आपने भरपूर संतुलित आहार भी लिया, लेकिन बेहतर होगा कि आप हमेशा के लिए दोस्त बन जाएं। चूंकि आप गर्भवती नहीं हैं, बस इसलिए सर्विंग की संख्या बदल जाएगी। यदि आप स्तनपान करा रही हैं तो भोजन की थोड़ी मात्रा बढ़ाएं, यदि नहीं तो घटा दें।

कैलोरी: कई महीने तक वज़न बढ़ाने के बाद शायद अब आप इसे घटाना चाहें, लेकिन एकदम से कैलोरी घटाने में कोई अक्लमंदी नहीं है। आपको संतुलन बनाए रखना होगा; आपको पर्याप्त कैलोरी भी चाहिए। इतनी कम भी न हो जाएं कि ऊर्जा ही न रहे।

अगर स्तनपान करा रही हैं तो गर्भावस्था से भी ज्यादा कैलोरी की जरूरत होगी। अब तो आप पहले से भी बड़े शिशु का पेट भर रही हैं। चूंकि वे सारी अतिरिक्त कैलोरी दूध बनाने में जाएगी, इसलिए आपके शरीर से चर्बी घट जाती है। यदि प्रसव के छः माह बाद भी वज़न घटता न दिखे तो कैलोरी की मात्रा घटा दें, लेकिन एक दिन में कम से कम 1800 कैलोरी अवश्य लें। ज्यादा कैलोरी घटाने से दूध उत्पादन प्रभावित होगा।

अगर स्तनपान नहीं करा रहीं तो औपचारिक तौर पर अतिरिक्त कैलोरी लेने के दिन गए। अब तो आपको थोड़ी ज्यादा मेहनत करके अपना वज़न घटाना है।

प्रोटीन: यदि स्तनपान कराएं तो 3 सर्विंग और यदि न कराएं तो 2 सर्विंग। यदि दो-तीन बच्चों को स्तनपान कराना है तो जमकर खाने के लिए तैयार रहें। हर बेबी के लिए प्रोटीन की अतिरिक्त खुराक लेनी होगी। वैगन भी प्रोटीन की अतिरिक्त खुराक लें, तभी बात बन पाएगी।

कैल्शियम: यदि स्तनपान कराएं तो 5 और यदि न कराएं तो कम से कम 3 सर्विंग। आप स्तनपान न भी कराएं तो भी आपको इसे पीना तो है ही। यह जरूरी है ताकि हड्डियां मजबूत हों। यदि आपने कैल्शियम न लिया तो बेबी के लिए कम नहीं होगा, पर आपकी हड्डियों में इसकी कमी हो जाएगी, इसलिए अपनी कैल्शियम की खुराक लेना न छोड़ें, वरना आप बाद में ऑस्टियोपोरोसिस की शिकार हो सकती हैं।

विटामिन सी : चाहे स्तनपान कराएं या नहीं, 2 से 3 सर्विंग प्रतिदिन अवश्य लें। इन्हें आप हरी पत्तेदार, पीली सब्जियों व फलों से ले सकती है।

हरी पत्तेदार, पीली सब्जियां व पीले फल: स्तनपान कराएं या नहीं, 3 से 4 सर्विंग डेली लें। इनमें से कई तो आपकी विटामिन 'सी' की कमी भी पूरी करेंगी।

अन्य फल व सब्जियां: स्तनपान कराएं या नहीं, 1 या इससे अधिक सर्विंग अवश्य लें।

साबुत अनाज व कांपलैक्स कार्ब: चाहे स्तनपान कराएं या नहीं, 3 या उससे अधिक सर्विंग लें।

आयरन से भरपूर भोजन: स्तनपान कराएं या नहीं, 1 या उससे अधिक सर्विंग लें। डिलीवरी के बाद एनीमिया से होने वाली थकान से बचने के लिए इसकी काफी आवश्यकता होगी।

वसा युक्त भोजन थोड़ी मात्रा में प्रतिदिन: बेशक स्तनपान कराने वाली मां को वसा चाहिए, जितनी की गर्भावस्था में भी आवश्यक नहीं थी, किंतु यह आपकी कुल कैलोरी के 30 प्रतिशत से अधिक न हो।

नमक युक्त भोजन सीमित मात्रा: गर्भावस्था में तो इस पर पाबंदी नहीं लगानी पड़ी, लेकिन अधिक नमक तो सबके लिए नुकसानदायक होता है, इसलिए कम से कम नमकयुक्त भोजन करें। 'आयोडीन एक महत्त्वपूर्ण पोषक तत्त्व है।' यदि आप स्तनपान करा रही हैं तो आयोडीन युक्त नमक का इस्तेमाल करें। इसके अलावा सी-फूड व सी-वीड भी ले सकती हैं।

तरल पदार्थ: स्तनपान कराएं या नहीं, दिन में आठ गिलास पानी अवश्य लें। यदि कम पानी लेंगी तो डीहाइड्रेशन हो सकता है और पर्याप्त मात्रा में दूध का बनना भी कम हो सकता है, वैसे पानी की अधिक मात्रा भी नुकसान करेगी। आपको एक संतुलन बनाए रखना होगा। स्तनपान कराने के दौरान जब शिशु दूध ले, तब आप भी कोई तरल पदार्थ लें।

अपने मूत्र-त्याग पर ध्यान दें। यदि तरल पदार्थों की मात्रा कम लेंगी तो मूत्र का रंग गहरा होगा। पानी पीने के लिए यदि प्यास लगने का इंतजार किया तो आपको लंबे समय तक इंतजार करना पड़ सकता है।

विटामिन सप्लीमेंट: यदि स्तनपान करा रही हैं तो अपनी प्रीनैटल विटामिन रोज़ लेती रहें। यदि नहीं, तो भी प्रसव के पहले छः सप्ताह तक अवश्य लें और फिर स्टैंडर्ड मल्टीपल विटामिन व मिनरल सप्लीमेंट लें।

स्तनपान के दौरान अच्छी तरह खाएं

क्या खाएं

स्तनपान का आरंभ हमेशा इतना आसान नहीं होता। निप्पलों में बनी रहने वाली सूजन व दूध का लगातार रिसाव परेशान करता है, लेकिन इस दौरान भरपूर खाना तो हो ही सकता है ताकि पर्याप्त मात्रा में दूध बनता रहे, वैसे तो दूध बनने का आपके आहार से सीधा संबंध नहीं है, यदि आपका आहार गंभीर रूप से प्रभावित न हो तो दूध की मात्रा पर असर नहीं पड़ता। प्रकृति मां स्वयं ही स्तनपान करने वाले शिशु के भोजन का ध्यान रखती है। यदि आप प्रोटीन, विटामिन व मिनरल नहीं लेती तो शरीर आपके संचित भंडार से यह सब लेकर दूध बना देगा, पर आपके शरीर में इनकी कमी हो जाएगी। यही वजह है कि आपको स्तनपान के दौरान भी अपने आहार पर ध्यान देना है। भरपूर

नए शिशु के कारण...

डिलीवरी के बाद थकान से हालत बुरी है। खड़े होना मुहाल है, कोई काम नहीं हो पाता, हमेशा नींद छाई रहती है। रसोई में अक्सर गलतियां हो रही हैं तो हमारे टिप्स पर ध्यान दें : दिन में तीन बार भरपेट खाने की बजाय कई बार थोड़ा थोड़ा खाएं। (इनसे ब्लड शुगर का स्तर व स्टेमिना बनाए रखने में मदद मिलेगी।)

इस तरह पाचनतंत्र पर भी ज्यादा भार नहीं पड़ेगा। हर मिनी मील में कार्ब व प्रोटीन का मेल शामिल करें। इसके अलावा :

***ट्रेल मिक्स :* यह कांपलैक्स कार्ब व प्रोटीन का संतुलित मेल है। इसका आयरन आपको प्रसवोपरांत से हुई थकान व एनीमिया से उबरने में मदद करेगा, इसमें थोड़ा सूखा सिरियल भी मिला लें। होल ग्रेन सिरियल या लो-फैट दूध के साथ पॉरिज लें। इससे आप पूरा दिन एनर्जी से भरपूर रहेंगी। सिरियल को केवल नाश्ते में न लें। इसे लंच या स्नैक के तौर भी ले सकती हैं।**

- **होल-व्हीट टोस्ट पर अंडे का सलाद। कार्ब व प्रोटीन का बढ़िया मेल।**
- **आधे होल व्हीट बैगल पर पिघला स्विस चीज़ (कैल्शियम का बोनस भी मिलेगा।**
- **एक होल व्हीट पिट्टा में हम्म्स। ये प्रोटीन व कार्ब का एक अच्छा स्रोत है।**
- **कतरे बादाम व अखरोट के साथ फल व दही। कांपलैक्स कार्ब व प्राकृतिक चीनी शरीर को काफी समय तक एनर्जी देंगे। मेवों से प्रोटीन व दिमाग बढ़ाने वाली वसा मिलेगी व दही से प्रोटीन व कैल्शियम की पूर्ति होगी।**

मात्रा में संतुलित भोजन करें ताकि आप व शिशु दोनों ही सेहतमंद रह सकें।

आप यकीन करें, न करें, एक संतुलित आहार लेने का दूसरा कारण भी है। आप जो भी खाती हैं, इसका स्वाद व गंध बच्चे तक जाती है। इस तरह आप उसे डिनर टेबल पर बैठाने से पहले सब कुछ खिलाने के लिए तैयार कर सकती हैं। अध्ययन बताते हैं कि फार्मूला पीने वाले बच्चों के मुकाबले स्तनपान करने वाले बच्चे कई खाद्य पदार्थों के स्वाद से परिचित हो जाते हैं। आप सब्जी खाएं, जूनियर भी मजे से सब्जी खाएगा। बिस्कुट व मीठा खाएंगी तो शिशु भी इनका शौकीन होगा।

प्रश्नः मेरे स्तनपान करने वाले शिशु को काफी गैस है। क्या इसका संबंध उन बींस से हो सकता है, जो मैंने कल रात खाई थीं? मुझे भी गैस हो गई थी।

उ. गैस स्तनपान से नहीं पहुंचती, यह तो आंतों में बनती है। आप शिशु के पेट की गड़बड़ी के लिए स्वयं को दोषी न ठहराएं। कई माएं कहती हैं कि जब वे ब्रोकली, पत्तागोभी, प्याज व बींस आदि खाती हैं तो शिशु के गैस बनती है, पर अध्ययनों से यह स्पष्ट नहीं हो पाया है।

वैसे यह तो सच है कि स्तनपान करने वाले शिशु कभी गैस पास करते हैं; कभी रोते हैं; तो कभी थूक निकालते हैं। इसकी एक वजह यह भी हो सकती है कि वे आपके आहार में प्रयोग की गई किसी वस्तु के लिए संवेदनशील हों।

भोजन खाने के लगभग 2 से 6 घंटे के बाद उसकी गंध व स्वाद दूध तक जाती है। अगर शिशु में कोई भी अलग-सा लक्षण दिखे तो याद करें कि आपने कुछ घंटे पहले क्या खाया था। कुछ दिन के लिए अपने आहार से उस खाद्य पदार्थ को हटाकर फर्क देखें।

प्र. क्या यह सच है कि अगर मैंने लहसुन खाया तो मेरा बच्चा सही तरह से दूध नहीं पियेगा। उसे दूध का स्वाद नहीं भाएगा?

उ. यह इस बात पर निर्भर करता है कि आपने गर्भावस्था में कितना लहसुन खाया था। जिस बच्चे को लहसुन युक्त एमीनायोटिक तरल पदार्थ में रहने की आदत हो, उसे

पारंपरिक मान्यताएं

प्रायः दाईयां स्तनपान कराने वाली मांओं को कई तरह के खाद्य पदार्थ खाने की सलाह देती हैं; जो दूध बढ़ाते हैं : गाय का दूध, बीयर, चिकपी, लिकोराइस, ऑलिव व गाजर।

वैसे तो यह सब वैज्ञानिक रूप से प्रमाणित नहीं, पर कई महिलाओं को लाभ भी होता है। शायद इसका कोई मानसिक रूप से असर पड़ता हो। मां की निश्चिंतता ही तो सबसे बड़ी बात है।

बस आप तो इतना ध्यान रखें कि शिशु को सही समय पर स्तनपान कराना आरंभ कर दें। उसके लिए उचित मात्रा में दूध स्वयं ही बनने लगेगा।

लहसुन का स्वाद बुरा नहीं लगेगा। जिस शिशु की मां ने लहसुन नहीं खाया, उसे दूध में यह गंध बुरी लग सकती है। सब शिशु के स्वाद पर निर्भर करता है। इसके लिए एक प्रयोग करें। अगली बार लहसुन खाने के 2 से 6 घंटे के भीतर शिशु की प्रतिक्रिया देखें। यदि वह आराम से दूध पी ले तो आपको लहसुन छोड़ने की आवश्यकता नहीं है।

प्र. मैंने थोड़ा अस्पारागस खाया था, मुझे यह देखकर हैरानी हुई कि दूध का रंग हरा हो गया। क्या यह सामान्य था ?
उ. आप चिंता करने की बजाय प्लेट भरकर अस्पारागस लें। इसे खाने से आपके दूध व शिशु के मूत्र का रंग भी बदल सकता है। कई बार तो यह भी रिपोर्ट मिली है कि संतरे का जूस पीने से मां के दूध व शिशु के मूत्र में हल्का गुलाबी-संतरी रंग आ गया। दूध के रंग में फर्क का मतलब यह नहीं कि क्वालिटी में भी फर्क होगा। जब तक कोई भी खाद्य पदार्थ शिशु के पेट पर असर नहीं डालता, आप आराम से खाती रहें।

पारंपरिक मान्यताएं

कहते हैं कि बच्चे का दूध छुड़ाना हो तो प्याज-लहसुन खाएं। अगर बच्चे को दूध में इनकी गंध आएगी तो शायद वह स्तनपान छोड़ दे, लेकिन अगर आपने गर्भावस्था के दौरान भरपूर प्याज-लहसुन खाया है तो दाई का यह तरीका बेकार जाएगा क्योंकि शिशु इस स्वाद व गंध को पहचानता व पसंद करता है।

स्तनपान कराने वाली मां को सलाह

वैसे तो प्रसव के बाद आहार से आपको व शिशु को विटामिन मिल ही जाता है, पर बेहतर होगा कि विटामिन सप्लीमेंट ले लें ताकि भरपूर विटामिन की गारंटी मिल सके। वैसे यदि डॉक्टर से इस बारे में राय लें कर चलेंगी तो ठीक रहेगा क्योंकि स्तनपान के दौरान बिना पूछे कोई दूसरा विटामिन सप्लीमेंट लेना नुकसानदायक हो सकता है।

प्र. मेरी मां कहती हैं कि मेरा बच्चा कॉलिकी है क्योंकि वह मेरे स्तनपान से एलर्जिक है। वे कहती हैं कि मुझे डेयरी पदार्थ खाने बंद कर देने चाहिए।
उ. बदकिस्मती से सभी बच्चे ऐसे नहीं होते कि उनकी मम्मा कुछ भी खाएं और वे उसे पचा लें। कुछ शिशु कैफीन, डेयरी उत्पाद, प्याज, पत्तागोभी व बींस जैसे खाद्य पदार्थों के लिए अपनी प्रतिक्रिया दे सकते हैं। कई बच्चों को तो फलों से भी डायरिया हो जाता है। लाल मिर्च से रैशेज हो सकते हैं।

किंतु इसका यह मतलब नहीं कि शिशु स्तनपान के लिए भी एलर्जिक है, वैसे गाय के दूध, अंडे, मछली, खट्टे फल या मेवों से परेशानी हो सकती है। अगर लगता है कि शिशु एलर्जिक (लक्षण : ज्यादा रोना, नाक बहना, उल्टी, डायरिया, नैप्पी रेश या मल में खून) है तो डॉक्टर से मिलें व एलर्जी करने वाले पदार्थ खाना छोड़ें। यदि उन्हें छोड़कर शिशु की तबीयत संभलती दिखे तो जान लें कि बात बन गई।

यह भी ध्यान दें कि कई बार कॉलिक बच्चों का अपनी मां के आहार से कोई लेन-देन नहीं होता। केवल रोने का अर्थ यह नहीं कि वह दूध के लिए संवेदनशील है।

क्या न करें

हालांकि गर्भावस्था के मुकाबले पाबंदियां इतनी तो नहीं हैं, पर फिर भी आपको कुछ बातें ध्यान में रखनी हैं। कुछ खाना छोड़ना है या फिर मात्रा घटानी है। यदि स्तनपान करा रही हैं तो यह और भी जरूरी हो जाता है। ऐसे खानपान की सूची निम्नलिखित है :

शराब : आप बच्चे के जन्म की खुशी शैंपेन से मनाएं या सेब के रस से, इससे कोई फर्क नहीं पड़ता। बेशक शैंपेन ले सकती हैं, पर अति न करें। यह आपके दूध के माध्यम से शिशु तक भी जा रही है। रिसर्च से पता चला है कि दिन में एक गिलास वाइन लेने वाली मां के नवजात में मोटर डेवलेपमेंट कम रहा। हमेशा सेफ-साइड लेकर चलें। सप्ताह में एक-या दो बार बीयर या वाइन ले सकती हैं।

वैसे शराब लेने के दूसरे नुकसान भी तो हैं : शिशु सारा दिन निढाल व सुस्त रहेगा, सही तरह से दूध नहीं पी सकेगा, ज्यादा शराब लेंगी तो शायद आप भी स्तनपान न करा सकें व शिशु को वे सब पोषक तत्त्व न दे सकें जो दूध पीने वाले शिशु को मां से मिलने चाहिए। यदि कभी-कभी वाइन लें भी तो उसके दो-तीन घंटे बाद ही स्तनपान कराएं ताकि उसकी कम से कम मात्रा ही बच्चे तक जाए।

कैफीन : यदि आप कैफीन की खपत पर अंकुश लगाना जानती हैं तो बेशक बड़े आराम से इसे ले सकती हैं। इससे आपको थोड़ा चुस्त रहने व शिशु की अच्छी देखभाल करने में मदद मिलेगी। वैसे आपको बता दें कि व्यस्कों के मुकाबले शिशु कैफीन को अपने सिस्टम में इतनी जल्दी प्रोसेस नहीं कर पाते। कैफीन आपके शरीर के अमूल्य तरल पदार्थों पर भी भारी पड़ सकती है। अत: स्तनपान कराते समय इसकी सीमित मात्रा लें या दूध छुड़ाने तक कैफीन रहित तरल पदार्थ लें।

मूंगफली बार

वैसे तो मूंगफली बार पौष्टिक व स्वादिष्ट लगती है पर अगर परिवार में किसी को इनसे एलर्जी रही है तो स्तनपान के दौरान इसे न खाएं। इस तरह बच्चे तक भी यह एलर्जी पहुंच सकती है। पहले अपने डॉक्टर से राय लें व पता करें कि यदि एलर्जी है तो क्या-क्या न खाना बेहतर होगा।

पारंपरिक मान्यताएं

एक पुरानी लोककथा के अनुसार मां डर जाए तो उसका दूध खट्टा हो जाता है। हो सकता है कि स्ट्रेस हारमोन के कारण ऐसा होता भी हो, वैसे चिंता न करें, बच्चे को स्वाद में बदलाव पता नहीं चलेगा। एक बार आजमाकर देख लें, फिर गहरी सांस लेकर सामान्य हो जाएं।

हर्ब्स : हालांकि हर्ब्स प्राकृतिक हैं, पर उन्हें स्तनपान कराने वाली मां के लिए पूरी तरह से सुरक्षित नहीं कह सकते। ये काफी ताकतवर व जहरीले हो सकते हैं और उनके रासायनिक तत्त्व आपके दूध में मिल सकते हैं। मेथीदाने का सदियों से मां का दूध बढ़ाने के लिए इस्तेमाल किया जा रहा है, कई बार विशेषज्ञ भी इसकी सलाह दे देते हैं, लेकिन इस बारे में हुए वैज्ञानिक शोधों के नतीजे मिले-जुले हैं। इसके अलावा अल्फाल्फा, ब्लैस्ड ब्रिस्टल या मां के दूध की चाय जैसी चीजों से उबकाई या उल्टी आ सकती है। इस बारे में थोड़ा संभलकर चलना ही बेहतर होगा। हर्बल चाय का चुनाव भी सोचकर ही करें। केवल वही चाय लें जो स्तनपान के दौरान सुरक्षित हो, जैसे– ऑरेंज स्पाइस, पिपरमेंट, रोजमैरी व रोज हिप आदि। पहले पढ़ लें कि कहीं उनमें दूसरे हर्ब्स तो नहीं मिलाए गए। वैसे भी इनका प्रयोग सीमित मात्रा में ही करें।

स्तनपान वैगन

दूध बनाने के लिए दूध पीना जरूरी नहीं, पर आपको थोड़ी अधिक मात्रा में कैलोरी लेनी होगी जो निम्नलिखित पोषक तत्त्वों से भरपूर हो।

- **कैल्शियम**
- **प्रोटीन**
- **विटामिन डी**
- **विटामिन बी$_{12}$**

जुड़वां को स्तनपान

जी हां, दो-तीन बच्चों को स्तनपान कराने वाली मां को तो अतिरिक्त भोजन व आराम चाहिए। इस दौरान अपने आहार को न भूलें। आपको प्रति शिशु 500 कैलोरी तो लेनी ही है।

चीनी का विकल्पः सैक्रीन की जगह एस्पारटम एक बेहतर विकल्प है, पर जहां तक दीर्घकालीन सेहत का प्रश्न है, इनमें से कोई भी बेहतर नहीं होता। स्पलैंडा चीनी से बनने के कारण सुरक्षित होती है तथा लो-कैल चीनी की विकल्प है।

मछलीः स्तनपान के दौरान आप आराम से मछली खाएं। गर्भावस्था के दौरान में इस पर जो पाबंदी लगी थी, वह हटा दी गई है। वैसे इस बारे में दी गई सावधानियों का पालन करना न भूलें।

केमिकलः बेहतर होगा कि आप केमिकल

व एडीटिव युक्त पदार्थ लेने की बजाय आर्गेनिक उत्पाद ही लें क्योंकि वह सब शिशु के पेट में भी जा रहा है। लो-फैट डेयरी उत्पाद लें ताकि आपके वजन को भी घटाया जा सके। वैसे इस बारे में इतना ज्यादा परेशान भी न हों। आपके द्वारा लिए गए केमिकल का छोटा-सा अंश ही शिशु तक जाएगा।

प्रसव के बाद वज़न घटाना

यह भी एक बड़ी चुनौती है। वैसे तो आपने आंखों के काले घेरे व थकान के लक्षण भी छिपाने हैं, पर प्रसव के तीन माह बाद भी अगर कोई पेट देखकर पूछ लें कि डिलीवरी कब है तो काफी बुरा लगता है। यदि आप लकी हैं तो बहुत जल्दी पुरानी जींस पहन सकेंगी। अगर सचमुच गर्भावस्था के दौरान बढ़ा वज़न घटने का नाम नहीं लेता तो इन बातों पर गौर करें।

■ बेशक वज़न घटाने की जल्दी है तो प्रसव के बाद कम से कम छः माह तक तो शरीर को संभलने दें। यदि स्तनपान करा रही हैं तो कोई भी डाइट प्लान लेने से पहले थोड़ा और रुकना होगा। हो सकता है कि अगर आपने संयम से काम लिया व जरूरत से ज्यादा कैलोरी न ली तो शायद कोई डाइट प्लान न ही लेना पड़े।

■ गो स्लो। यह वज़न रातोंरात नहीं आया, तो एकदम से घटने की उम्मीद न रखें। यदि स्तनपान करा रही हैं तो वज़न घटाने के चक्कर में दूध बनने की प्रक्रिया में बाधा आ सकती है। अचानक वज़न घटने-बढ़ने से दूध का बनना घट सकता है। स्तनपान के दौरान, सप्ताह में आधे पाउंड से ज्यादा वज़न न घटाएं। आपको इस दौरान कम से कम प्रतिदिन 1800 कैलोरी लेनी ही है।

■यदि स्तनपान नहीं करा रही हैं तो एक सप्ताह में 1 से 2 पाउंड घटा सकती हैं, किंतु वह भी छः सप्ताह बाद। यह याद रखें कि प्रत्येक व्यक्ति में वज़न घटने-बढ़ने की दर अलग-अलग होती है।

■ खाली स्तनपान पर निर्भर न रहें। केवल यही वज़न घटाने का तरीका नहीं है। कई माएं इस दौरान वज़न घटा लेती हैं तो कई नहीं भी घटा पातीं। कई तो स्तनपान कराने के दौरान इतना खाने लगती हैं कि कैलोरी की गिनती भी भूल जाती है।

■ अध्ययनों से पता चला है कि प्रसव के बाद वज़न घटाने के लिए डाइट प्लान के साथ-साथ व्यायाम भी ठीक रहता है। एक बार डॉक्टर से हरी झंडी मिल जाए तो डाइट प्लान अपनाने व कसरत करने के लिए तैयार हो जाएं। फिर तो शरीर से फालतू चर्बी घटते देर नहीं लगेगी।

■ धीरज रखें। नौ महीने में जो वज़न बना है, उसे घटने में कुछ समय तो लगेगा ही।

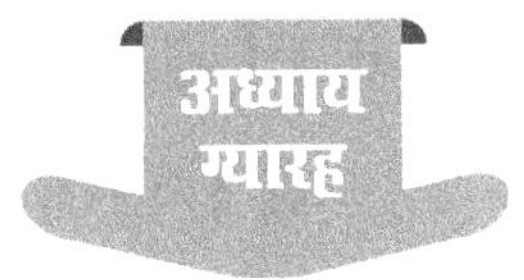

अगले शिशु के लिए अच्छी तरह खाएं

क्या निकट भविष्य में शिशु चाहती हैं? चाहे शिशु पहला हो या दूसरा, आपको दूसरी कई तैयारियों के साथ इस बारे में भी सोचना है। सबसे पहले तो उस जगह को तैयार करें, जहां शिशु ने आना है यानी आपका शरीर। स्वयं को बेहतर बनाए रखने व स्वस्थ दिखाने का तरीका यही है कि आप अभी से अपने आहार पर ध्यान दें। शिशु के आने से पहले ही आपको उसके लिए खाना आरंभ कर देना चाहिए।

योजना क्यों?

आप सोचती होंगी कि गर्भधारण से पहले के समय में खाने-पीने की चिंता क्यों करें। फिर तो पूरे नौ महीने लार्ज फ्राइ व कोक से दूर ही रहना होगा? ब्रेकफास्ट पेस्ट्री, दिन में तीन बार एस्प्रेसो पीने की आदत; सब छोड़ना होगा। क्या मैं गर्भधारण से पहले, अपने हिसाब से खा-पी नहीं सकती?

जी आप खा सकती थीं व अधिकतर महिलाएं खाती भी हैं। वे कभी कोई योजना नहीं बनातीं, पर अगर आपने पहले से ही सोच-समझकर कदम उठाया तो कई लाभ होंगे। गर्भावस्था में जब तबीयत बिगड़ने की वजह से कुछ खा नहीं पाएंगी तो यही खाया-पिया काम आएगा। फिर पोषण जितना अधिक लेंगी - गर्भवती होने के अवसर भी बढ़ेंगे।

कार्ब के विषय में धारणा

हाई प्रोटीन, लो-कार्ब डाइट डाइटर्स के लिए ठीक है या नहीं। यह चर्चा का विषय हो सकता है, पर आपकी गर्भधारण योजना से इसका कोई लेन-देन नहीं। लो-कार्ब केवल कार्ब पर ही लो नहीं होती, वे कार्ब से मिलने वाले पोषण की मात्रा भी घटा देते हैं। इसलिए बेहतर होगा कि आप इसका एक सही संतुलन बनाकर चलें।

वैसे अगर आपने पूरे साल भर तक खानपान की गलत आदतें अपनाई हों तो एकदम से आदत बदलना मुश्किल होता है। इसलिए धीरे-धीरे सही रास्ते पर आ जाएंगी।

सबसे बड़ा व जरूरी कारण तो यह भी है कि जब तक गर्भावस्था रिपोर्ट आती है, तब तक बेबी दो सप्ताह का हो जाएगा। डाइट अच्छी ले ली होगी तो उसे पहले से ही इसका फायदा होगा। वह पहले ही दिन से अपनी मम्मा के शरीर से पर्याप्त पोषण की मात्रा ले पाएगा।

इसके अलावा

आप एक नन्हें शिशु को जन्म देने जा रही हैं। इस नन्हें जीवन को निरंतर पोषण चाहिए। बेहतर होगा कि आप तैयारी के दौरान ही वे निश्चित पोषक तत्त्व भंडार कर लें, जिनकी आगे जरूरत होंगी, जैसे–

फॉलिक एसिडः गर्भवती होने से पहले इस विटामिन 'बी' की प्राप्ति भी बहुत मायने रखती है। ताजा निर्देशों से पता चला है कि संतान उत्पन्न करने वाली आयु में महिलाओं को गर्भधारण की योजना बनाए बिना भी प्रतिदिन 400 एम.सी.जी. फॉलिक एसिड की मात्रा लेनी चाहिए। यदि आप भोजन बना रही हैं तो यह और भी जरूरी हो जाता है। अध्ययनों से पता चला है कि पहली तिमाही के पहले तथा इसके दौरान फॉलिक एसिड लेने से गर्भधारण के पहले चार सप्ताह में शिशु में न्यूरल ट्यूब डिफेक्ट का खतरा घट जाता है तो आज से ही अपना प्रीनैटल विटामिन लेना आरंभ कर दें। न्यूरल ट्यूब डिफेक्ट, मस्तिष्क या स्पाइनल कॉर्ड की एक ऐसी खराबी है जो शिशु में, गर्भ के पहले चार सप्ताह में हो सकती है।

आयरनः इसमें हैरानी की कोई बात नहीं है कि अनेक महिलाएं आयरन की कमी से ग्रस्त हैं। यदि पीरीयड्स आपके आयरन भंडार को खाली करने पर तुले हों तो हम कर भी क्या सकते हैं। लेकिन इस कमी के साथ ही गर्भधारण किया तो आगे चलकर इसकी गति बढ़ाने में मुश्किल हो सकती है। उस समय तो इसकी जरूरत और भी अधिक होगी। इस प्रीनैटल अवस्था में आयरनयुक्त आहार लेने के साथ-साथ सप्लीमेंट भी लें।

जिंकः गर्भधारण से पहले के समय में आप गर्भवती होने की योजना बना रही हैं। यदि पोषक तत्त्वों की कमी होगी तो गर्भवती होने में भी परेशानी आ सकती हैं, जिंक की कमी का इससे गहरा संबंध है। आपको आपके प्रीनैटल विटामिन, ओयस्टर, टर्की, लैम्ब, पोर्क, बादाम, बींस, चिकन, व्हीट जर्म, फोर्टीफाइड ब्रेड व सिरियल से जिंक की भरपूर मात्रा मिल सकती है।

उर्वर भोजन

आपने उर्वर गॉड तो सुने होंगे किंतु भोजन? कई देशों में ऐसे अनेक खाद्य पदार्थ व जड़ी - बूटियां पाए जाते हैं जो आपकी व आपके साथी की संतानोत्पन्न क्षमता में वृद्धि करते हैं, जैसे– कटहल, पाइन नट्स, चॉकलेट व जिनसेंग आदि। इसके अलावा सांप की केंचुली या ऊंट का कूबड़। शायद नेट पर इनकी भी कोई रेसिपी मिल जाए। कहते हैं कि जो खाद्य पदार्थ लैंगिक आकार रखते हैं, वे भी इसी सूची में आते हैं, जैसे ओयस्टर का नाम भी ले सकते हैं। अपनी जिंक की मात्रा के कारण अगर जिंक से भरपूर ओयस्टर छोड़ भी दें तो वैज्ञानिकों को अभी इस बारे में तय करना है कि कौन-सा फूड या हर्ब उर्वरता बढ़ाता है। इतना तो तय है कि कुपोषण के मुकाबले संपूर्ण पोषणयुक्त आहार लेने वाली महिलाएं शीघ्र ही मां बनने की क्षमता रखती है तो ओयस्टर के साथ सलाद लेना न भूलें।

अन्य विटामिन व खनिज लवण: शिशु के आने से पहले आपको अपने शरीर में विटामिन व खनिज लवणों की कमी पूरी कर लेनी चाहिए। केवल शिशु को ही इससे लाभ नहीं होगा। अध्ययनों से पता चला है कि गर्भावस्था से पहले ही विटामिन लेने वाली महिलाओं को विटामिन न लेने वाली महिलाओं की तुलना में मॉर्निंग सिकनेस की समस्या कम होती है।

कुछ घटाना भी होगा

नहीं, केवल सब कुछ शामिल कर देना ही काफी नहीं है। आपको कुछ गलत चीजें व आदतें घटानी भी होंगी। जैसे– धूम्रपान, मनोरंजन के लिए किया जाने वाला नशा व कुछ दवाएं आदि। अधिक विस्तार से जानने के लिए पढ़ें (क्या करें जब मां बने)।

शराब : पहले से ही शराब छोड़ देने से आपको कई फायदे होने वाले हैं। यह काफी असुरक्षित है। इससे पहले कि यह आपके शिशु के भी अंदर जाए, इसे लेना छोड़ दें। यदि अभी से नहीं छोड़ा तो जाने-अनजाने गर्भधारण के बाद भी इसे लेते रहने का खतरा बना रहेगा। फिर यदि आप नियमित

प्री-प्रेगनेंसी डाइट

तो गर्भधारण का प्रयास करते समय आपको क्या खाना चाहिए, इसके लिए अध्याय पांच में दिए गए निर्देशों का पालन करें। 300 फालतू कैलोरी घटाकर रोज 3 कैल्शियम व 2 प्रोटीन सर्विंग लेने पर ध्यान दें।

पारंपरिक मान्यताएं

माने न माने, पुरानी दाईयों के पास शिशु का लिंग जानने का व चुनने का तरीका भी था। यदि लड़की चाहे तो सुपर मार्केट से कैल्शियम से भरपूर आहार लें; जैसे- दही, मेवे व हरी पत्तेदार सब्जियां। यदि लड़का चाहती हैं तो पोटाशियम से भरपूर खाद्य पदार्थ लें; जैसे- मछली, मीट, ख़ूबानी व केले आदि।

हालांकि वैज्ञानिक अभी तक तय नहीं कर पाए कि कुछ खाद्य पदार्थों द्वारा शिशु का लिंग तय होता है या नहीं। दाईयों की यह मान्यता 50 प्रतिशत सफलता दर रखती है। अगर आप लड़का पाना चाह रही है तो वहां यह दर थोड़ी और बेहतर हो जाती है क्योंकि यहां हर 100 लड़कियों पर 105 लड़के पैदा होते हैं।

रूप से पीने वालों में से हैं तो एकदम से यह आदत छुड़ानी मुश्किल होगी। फिर शराब की अधिक मात्रा लेने पर गर्भवती होने में भी परेशानी होगी। बेहतर होगा कि आप व आपका साथी दोनों ही, गर्भधारण के प्रयास की इस प्रक्रिया में अल्कोहल को अलविदा कह दें।

कैफीन : अगर एस्प्रेसो ड्रिंक के बिना आपकी सुबह आरंभ नहीं होती तो अब इसे रोकने का सही समय आ गया है। दिन में 3-4 कप से ज्यादा कॉफी आपकी संतान पैदा करने की क्षमता को प्रभावित करती है। हालांकि यह तय नहीं हो सका कि यह कॉफी कारण बनती है या वह तनावपूर्ण जीवनशैली का कारण बनती है, जिसके कारण आप इतनी कॉफी लेती हैं, दूसरे सभी डॉक्टर भी कैफीन की मात्रा घटाने की सलाह देते हैं। वे कहते हैं कि एक दिन में दो कप से ज्यादा कॉफी न लें। धीरे-धीरे कैफीन की मात्रा घटाने से इसे बाद में एकदम छोड़ना आसान रहेगा। उस समय तो गर्भावस्था के लक्षण ही इतनी ऊर्जा सोख लेंगे कि आपके भीतर कुछ छोड़ पाने का दम ही नहीं रहेगा।

वज़न पर नियंत्रण

क्या आपका वज़न उतना ही है, जितना आप चाहती हैं? वैसे वज़न ज्यादा होना आपके हक में बिल्कुल नहीं है। इससे आपके गर्भवती होने के अवसर भी घटते हैं। गर्भावस्था के दौरान कई तरह की जटिलताएं हो सकती हैं। गैस्टेशनल डायबिटीज, गर्भावस्था के कारण होने वाला हाइपरटेंशन, प्रसव होने में अधिक समय लगना या सी-सेक्शन डिलीवरी आदि। ऐसी मोटी मांओं के बच्चे भी जन्म से बड़े व मोटे होते हैं।

गर्भावस्था आने से पहले ही वजन को नियंत्रित कर लें। यदि वज़न कम है तो उसे बढ़ाएं। डॉक्टर की मदद से डाइट-प्लान बना लें। यह आपकी व्यक्तिगत जरूरतों के हिसाब से होगा।

यदि वज़न ज्यादा है तो डॉक्टर भी आपको गर्भधारण करने से पहले वज़न घटाने की सलाह दे सकते हैं। यदि वज़न कम हो तो डॉक्टर द्वारा गर्भधारण करने से पहले वज़न बढ़ाने की सलाह दी जा सकती है।

भाग दो

प्रकाशकीय....

लाखों पाठकों की पसंदीदा यह पुस्तक अमेरिकी खानपान शैली पर आधारित है। यही कारण है कि लेखक ने उन्हीं व्यंजनों/ रेसीपीज़ को शामिल किया है जो अमेरिकी बाजार में उपलब्ध होता है। हिन्दी पाठकों को हो सकता है कि इनमें से कुछ व्यंजनों/ रेसीपीज़ में प्रयुक्त होने वाली सामग्री उपलब्ध न हो। ऐसे में आप अपनी सुविधानुसार बदलाव कर सकते हैं। इसी तरह शाकाहारी व्यक्ति नॉनवेज की जगह पनीर का प्रयोग कर सकते हैं जो नॉनवेज की तरह ही प्रोटीन से भरपूर है।

गर्भावस्था के लिए उचित व्यंजन विधि क्या होगी? आप कोई भी कुकरी बुक खोलकर कुछ भी उबालकर, भूनकर, तलकर, रोस्ट, ग्रिल या बेक करके बना सकती हैं, लेकिन गर्भावस्था पोषण के मामले में यह कहां तक ठीक है, पता नहीं चल पाता। उनमें वसा की मात्रा कम या ज्यादा हो सकती है। विटामिन, खनिज लवण, चीनी व रिफाइंड कार्ब की मात्रा गर्भावस्था के प्रतिकूल हो सकती है। यह भी हो सकता है कि आपकी सेहतमंद व्यंजन विधि को गर्भावस्था के हिसाब से फिट करने के लिए थोड़ी मेहनत और करनी पड़े।

आने वाले अध्यायों में, आपके लिए वे सभी व्यंजन विधियां प्रस्तुत हैं, जो आपके व भावी शिशु के लिए पोषण से भरपूर हैं और स्वाद तो बेजोड़ है ही।

क्या आप वह सब खाना चाहती हैं, जो मॉम बनाती थीं। वह कम्फर्ट फूड भी मौजूद है। कुछ नए स्वाद की इच्छा हो रही है? कुछ इंटरनेशनल चखना चाह रही हैं? मैक्सिको से मिलान तक के स्वाद चखना चाहती हैं? वेज डिश बनाना चाहती हैं? कुछ मीठा खाने की इच्छा है? अरे, यहां तो सब मौजूद है। डेजर्ट में केक, कॉबलर व मफिन खाना न भूलें।

सबसे खास बात तो यह है कि ये सभी व्यंजन विधियां आपकी डेली डज़न जरूरतों पर भी खरी उतरी हैं। इन्हें बनाने के लिए घंटों की मेहनत नहीं चाहिए। 20 से 25 मिनट में आप पौष्टिक खाद्य पदार्थ तैयार कर सकती हैं। मॉर्निंग सिकनेस आपको ज्यादा देर किचन में टिकने भी नहीं देगी।

इन व्यंजन विधियों में अधिकतर ऐसी चीजें इस्तेमाल की गई हैं, जो आपके लिए फायदेमंद होंगी, जैसे- अदरक, लाल, पीली व हरी शिमला मिर्च, आम व सालमन आदि।

हालांकि आपको ये मजेदार डिश खाने के लिए गर्भवती होना जरूरी नहीं है। होने वाले बेबी के पापा और हर आयु के भाई-बहन भी इनका भरपूर आनंद पा सकते हैं।

नाश्ता

जब भी आप सुबह-सुबह अपनी सिरियल, टोस्ट व संतरे का जूस छोड़कर भागती थीं तो मम्मा अक्सर यही बात दोहराती थीं कि एक अच्छे नाश्ते के साथ ही दिन की बढ़िया शुरुआत होती है। अब तो यह बात और भी सच है, जब आप स्वयं मॉम बनने वाली हैं। एक स्वस्थ नाश्ता इस बात की गारंटी देगा कि आपका व आपके शिशु का दिन अच्छा रहेगा। फिर छाती में जलन, थकान जैसे लक्षण भी काफी घट जाएंगे। आप अभी भी नाश्ते के बिना काम चला रही हैं? नाश्ते का फोबिक हो या टाइम की कमी; आने वाले अध्यायों में दी गई व्यंजन विधियां आपको नाश्ते की मेज तक खींच लाने वाली हैं। क्विक मेलो येलो ऑमलेट, सम्पट्टस टमाटर व रोस्टेड लाल शिमला मिर्च फ्रिटाटा, पोर्टेबल ब्रेकफास्ट बरीटोस और स्टफड फ्रेंच टोस्ट, बेशक नाश्ते की मेज पर आना ही पड़ेगा। नाश्ते को गले से नीचे उतारना भारी पड़ रहा है? तो होल व्हीट बटर मिल्क पैनकेक पर अदरक पैनकेक सिरप डालकर देखें। योगर्ट और कॉटेज चीज़ को अंगुलियों से भी खा सकती हैं।

मेलो येलो ऑमलेट

प्रोटीन, विटामिन व स्वाद से भरपूर ऑमलेट में पीली शिमला मिर्च, मशरूम व स्विस चीज़, भई ये तो हल्का लंच ही हो गया।

1½ छोटा चम्मच ऑलिव ऑयल
½ मध्यम आकार की पीली शिमला मिर्च, पतले स्लाइस
30 ग्राम कटे बटन मशरूम, पोंछकर साफ करें
1 हरा प्याज, सिर्फ सफेद हिस्सा, साफ व छंटी हुई
1 चुटकी सूखी टैरॉगान
2 बड़े अंडे
नमक व काली मिर्च
2 स्लाइस स्विस चीज़ (45 ग्राम)

1. ½ छोटा चम्मच ऑलिव ऑयल 20 सें.मी. के फ्राइंग पैन में मध्यम आंच पर गर्म करें। इसमें शिमला मिर्च, मशरूम, हरा प्याज व टैरागॉन डालकर 2-3 मिनट पकाएं। फिर पैन से सब्जियां निकालकर, थोड़ा तरल पदार्थ रहने दें।

2. अब एक छोटे कटोरे में अंडे तोड़ें व नमक तथा काली मिर्च डालकर फेंट लें।

3. बाकी बचा तेल पैन में गर्म करें। अंडे

का मिश्रण पैन में डालकर आंच तेज करें। अंडे सतह पर जमने लगें तो धीरे से किनारा उठाएं ताकि बिना पका अंडा भी सतह तक चला जाए।

4. 2-3 मिनट तक अंडा पकाने के बाद, उस पर स्विस चीज़ डालें। ऑमलेट पर आधी सब्जियां चम्मच से डालें। पलटे से बाकी ऑमलेट उस पर मोड़ दें। ऑमलेट एक प्लेट में निकालकर परोसें।

1 व्यक्ति के लिए

पोषक जानकारी

1 हिस्से से मिलेगा

प्रोटीन	:	1 सर्विंग
कैल्शियम	:	1 सर्विंग
विटामिन सी	:	2 सर्विंग
अन्य फल	:	1/2 सर्विंग
वसा	:	1/2 सर्विंग

ऑमलेट एक्सीलेंट फिलिंग्स

ऑमलेट से न केवल दिन की शुरुआत अच्छी होगी बल्कि आपकी डेली डज़न जरूरत भी पूरी हो जाएगी। अगर सुबह समय न हो तो भरावन रात को ही बना लें।

मार्ग्रेट पल्स मोर ऑमलेट : कटे टमाटर, पालक, बेसिल, कद्दूकस पारमेसन चीज़ व कतरा मौज़रेला चीज़।

लाल, सफेद व हरा ऑमलेट : कटे टमाटर, कसा पारमेसन चीज़, भाप में पका अस्पारागस व ताजी डिल।

ब्रोकली व चेड्डर ऑमलेट : पके ब्रोकली फूल व कद्दूकस शार्प चेड्डर चीज़।

चेड्डर व फ्रूट ऑमलेट : चेड्डर चीज़ और पके नाशपाती या सेब के पतले स्लाइस।

केला स्विस ऑमलेट : कतरा स्विस चीज़ व पके केले के स्लाइस, मामला बेमेल लगता है पर काफी स्वादिष्ट बनेगा।

डिनर एग्स

फ्राइस व अंडे एक साथ; फिर छाती की जलन भी नहीं; और लाल शिमला मिर्च देगी विटामिन 'ए' की भरपूर खुराक।

1½ छोटा चम्मच ऑलिव ऑयल
2 छोटे पके हुए लाल आलू छिलके सहित, टुकड़ों में कटा हुआ
½ छोटा प्याज, कटा हुआ
3/4 छोटा चम्मच ताजी थाइम पत्ती या 1/4 छोटा चम्मच सूखी थाइम
नमक व काली मिर्च
2 बड़े अंडे
½ मध्यम आकार की लाल शिमला मिर्च,
30 ग्राम बारीक कतरा चेड्डर चीज़

1. मध्यम आंच पर 2 सें.मी. के फ्राइंग पैन में तेल गर्म करें। आलू, प्याज व थाइम डालकर 4 मिनट तक पकाएं, बीच में चलाती रहें। अब स्वाद के अनुसार नमक व काली मिर्च डालें।
2. इस दौरान, एक छोटे कटोरे में अंडे फेंट लें। जब आलू-प्याज भूरे हो जाएं तो शिमला मिर्च डालकर, हल्का नर्म होने तक पकाएं। अंडे भी पैन में डालें, पर उन्हें हिलाएं नहीं। धीमी आंच पर 3 मिनट तक पकाएं।
3. अंडों पर चीज छिड़ककर परोसें।

इट्स नो योक

गर्भवती महिलाओं को कॉलेस्ट्राल की चिंता नहीं करनी होती, पर यदि आप लो-कैलोरी चाहें तो अंडे की जर्दी न लें। चार अंडे की सफेदी, दो छोटे चम्मच पानी डालकर फेंटे। फिर मनपसंद भरावन के साथ बनाएं।

टेस्ट किचन से

डिनर एग के लिए कोई दूसरी पीली सब्जी चाहिए तो लाल आलू की जगह शकरकंदी डालें। वैसे कटे सेब, एवोकाडो, टमाटर, भाप में पकी ब्रोकली, कटे मशरूम या जलापीनो पैपर भी आजमा सकती हैं।

1 व्यक्ति के लिए

पोषक जानकारी

1 हिस्से से मिलेगा

प्रोटीन	:	1 सर्विंग
कैल्शियम	:	1 सर्विंग
विटामिन सी	:	2½ सर्विंग
हरी पत्तेदार	:	1 सर्विंग
अन्य फल	:	½ सर्विंग
वसा	:	½ सर्विंग

टमाटर व भुने लाल शिमला मिर्च फ्रिटाटा

लंच के लायक यह व्यंजन मिनटों में तैयार हो जाती है, खासतौर पर अगर लाल शिमला मिर्च पहले से भुनी हो।

4 बड़े अंडे
4 छोटे चम्मच दूध
60 ग्राम कद्दूकस पारमेसन चीज़ या शार्प प्रोवलोन चीज़
1 कली लहसुन, पिसी हुई
नमक व काली मिर्च
2 छोटे टमाटर, कटे हुए
1 बड़ा चम्मच कटी तुलसी
1 बड़ा चम्मच ऑलिव ऑयल
1 बड़ी दरदरी कटी लाल शिमला मिर्च
1 बड़ा चम्मच ताजी कटी पार्सले

1. अंडे, दूध, चीज़ व लहसुन मध्यम आकार के कटोरे में लें। एक चुटकी नमक-काली मिर्च डालकर फेंटे। अब टमाटर व तुलसी डालकर अच्छी तरह चलाएं।

2. एक मध्यम आकार के पैन में धीमी आंच पर ऑलिव ऑयल गर्म करें। पैन में अंडे का मिश्रण डालें व 5 से 8 मिनट तक पकाएं। कोने से उठाएं ताकि कच्चा अंडा भी पक जाए।

3. फ्रिटाटा पर भुनी लाल शिमला मिर्च छिड़कें व 1 से 2 मिनट तक पकाएं ताकि वह पक जाए।

4. फ्रिटाटा एक प्लेट में रखें व परोसने से पहले पार्सले छिड़कें।

टेस्ट किचन से

कल रात की उबली ब्रोकली बची है तो पैन में डालकर अंडे के साथ पका लें। हरी पत्तेदार सब्जियों व विटामिन सी की अतिरिक्त खुराक मिल जाएगी।

2 व्यक्तियों के लिए

पोषक जानकारी

1 हिस्से से मिलेगा

प्रोटीन	:	**1 सर्विंग**
कैल्शियम	:	**1 सर्विंग**
विटामिन सी	:	**2½ सर्विंग**
हरी पत्तेदार	:	**1½ सर्विंग**
वसा	:	**½ सर्विंग**

ब्रेकफास्ट बरीटोस

एवोकाडो, टमाटर, काली बींस, अंडे व साल्सा से बना ब्रेकफास्ट बरीटोस पोर्टेबल नाश्ता है। यह फास्ट फूड वसा से अधिक पौष्टिकता से भरपूर है।

ऑलिव ऑयल कुकिंग स्प्रे
45 ग्राम डिब्बाबंद काली बींस, धुली व छनी
2 बड़े चम्मच रेडीमेड टमाटर बेस्ड साल्सा
1 हरा प्याज, सफेद व हरा हिस्सा; साफ व बारीक कटा
1 बड़ा चम्मच ताजा धनिया
2 बड़े अंडे, हल्के फेंटे हुए
1 होल व्हीट टॉर्टिला या रैप
1/4 मध्यम आकार का एवोकाडो - छिलका रहित व कटा हुआ
1/4 प्लम टमाटर, कटा हुआ
30 ग्राम कतरा चेड्डर चीज़

1. मध्यम आकार के फ्राइंग पैन में ऑलिव ऑयल स्प्रे करें व उसे मध्यम आंच पर गर्म करें। इसमें काले बींस, साल्सा, हरा प्याज व धनिया डालकर 2 मिनट तक पकाएं। फिर अंडे डालें, लगातार 3 मिनट चलाने के बाद आंच से उतारें।

2. अब टॉर्टिला को माइक्रोवेव सेफ पेपर टॉवल में रखें व 15 सेकेंड तक माइक्रोवेव में गर्म करें।

3. टॉर्टिला प्लेट में रखें। बीच में अंडे व काली बींस का मिश्रण चम्मच से रखें। एवोकाडो छिड़कने के बाद, चीज़ व टमाटर से टॉपिंग करें।

4. अब टॉर्टिला के ऊपर व नीचे वाले हिस्से को बीज की तरफ मोड़ें, फिर भरावन को संभालते हुए उसे रोल करें। यदि कहीं बाहर ले जाना हो तो एल्यूमीनियम फॉयल में लपेट लें।

टेस्ट किचन से

अगर बींस की वजह से गैस की परेशानी है तो सोयाबीन मिलाएं। थोड़ा प्रोटीन ज्यादा मिल जाएगा या ब्रेकफास्ट बरीटोस में रात की बची कोई भी सब्जी डाल सकती हैं।

1 व्यक्ति के लिए

पोषक जानकारी

1 हिस्से से मिलेगा

प्रोटीन	:	1 सर्विंग
कैल्शियम	:	1 सर्विंग
अन्य फल	:	1 सर्विंग
साबुत अनाज	:	2½ सर्विंग
आयरन	:	बींस

बेबीज बिग बाइट

मफिन पर अंडा और वह भी मैकफैट के बिना, अनाज व कैल्शियम से भरपूर; इसे तो झटपट पैक करके साथ ही ले जाएं।

1 होल ग्रेन इंगलिश मफिन या 2 होल ग्रेन ब्रेड स्लाइस
1 टमाटर स्लाइस
2 स्लाइस स्विस चीज़ या चेड्डर चीज़ (35-40 ग्राम)
1 बड़ा अंडा
1 बड़ा चम्मच दूध
1½ छोटा चम्मच ऑलिव ऑयल

1. इंगलिश मफिन टोस्ट करें।

2. मफिन के खुले हिस्से को माइक्रोवेव सेफ प्लेट में रखें व उस पर आधे टमाटर स्लाइस लगाएं। फिर दोनों पर चीज़ स्लाइस भी रखें। करीब 30 सेकेंड तक माइक्रोवेव करें ताकि चीज़ पिघल जाए।

3. अब एक कटोरे में दूध व अंडा फेंट लें। एक छोटे पैन में तेल गर्म करें। अंडे का मिश्रण डालकर पकाएं। हल्के हाथ से चलाते हुए 1 मिनट तक पकाएं ताकि वह पूरी तरह सूख जाए।

4. मफिन के आधे हिस्से में आधी भुर्जी रखें तथा बाकी भुर्जी टॉप पर रखें। यदि मफिन पैक कर रही हों तो एल्यूमीनियम फॉयल में पैक करें।

टेस्ट किचन से

ज्यादा भूख लगी है तो कटी टर्की ब्रेस्ट या पकी भुर्जी सॉसेज गर्म करें व अंडों में डालकर पकाएं।

1 व्यक्ति के लिए

पोषक जानकारी

1 हिस्से से मिलेगा

प्रोटीन	:	**1 सर्विंग**
कैल्शियम	:	**1 सर्विंग**
विटामिन सी	:	**½ सर्विंग**
साबुत अनाज	:	**2 सर्विंग**
वसा	:	**½ सर्विंग**

स्टफड फ्रेंच टोस्ट

ऐसा सैंडविच चाहिए जो ब्रेकफास्ट जैसा हो। कुछ मीठा खाने की इच्छा हो तो यह होल ग्रेन ब्रेड, प्रिजर्वस, आड़ू व केले से बना सैंडविच बढ़िया रहेगा।

1 बड़ा चम्मच बादाम मक्खन/सोय मक्खन
2 स्लाइस होल ग्रेन ब्रेड
2 छोटे चम्मच फ्रूट प्रिजर्वस (मनपसंद फ्लेवर)
½ ताजा पीला आड़ू या केला, पतले स्लाइस
1 बड़ा अंडा
60 मि.ली. दूध
½ छोटा चम्मच वनीला सत
½ छोटा चम्मच पिसी दालचीनी
1½ छोटा चम्मच सफेद सरसों का तेल/मक्खन

1. हर ब्रेड स्लाइस पर 1½ छोटा चम्मच बादाम मक्खन लगाएं। उस पर प्रिजर्वस फैलाने के बाद आड़ू या केले के स्लाइस रखें। फिर ऊपर से दूसरा ब्रेड स्लाइस लगाकर सैंडविच बना लें।
2. अंडे, दूध, वनीला व दालचीनी एक छोटे कटोरे में डालकर फेंट लें।
3. बादाम मक्खन लगे फ्रूट सैंडविच को दूध के मिश्रण में दोनों तरफ से 1-1 मिनट के लिए डुबोएं।
4. एक पैन में मध्यम आंच पर तेल गर्म करें। सैंडविच को भूरे होने तक, दोनों ओर से 2-3 मिनट तक पकाएं।
5. सैंडविच आधे काटें व गर्म परोसें। बाहर ले जा रही हैं तो एल्यूमीनियम फॉयल में रखें।

टेस्ट किचन से

मीठे का मन नहीं तो बादाम मक्खन व फल की बजाय टर्की ब्रेस्ट, स्विस चीज़ व टमाटर डाल लें।

नोट : बादाम व सोय मक्खन बाजार में मिलता है। यदि कोई एलर्जी नहीं तो मूंगफली का मक्खन भी ले सकती हैं।

1 व्यक्ति के लिए

पोषक जानकारी

1 हिस्से से मिलेगा

प्रोटीन : ½ सर्विंग
हरी पत्तेदार और पीली सब्जियां : ½ सर्विंग
अन्य फल : ½ सर्विंग
साबुत अनाज : 2 सर्विंग
वसा : ½ सर्विंग

एनी डे ब्रेकफास्ट परफैट

डेली डज़न पाने का इससे आसान तरीका क्या होगा? यह परफैट घर में नाश्ते के लिए या बाहर ले जाकर खाने के लिए पूरी तरह से परफेक्ट है।

1 पका आड़ू/आम, दरदरा कटा
200 ग्राम दही, कोई भी स्वाद
45 ग्राम मुसली
75 ग्राम ब्लूबेरी
पुदीना पत्ती (चाहें तो)

कटी नाशपाती, दही, मुसली व ब्लूबेरी एक परफैट या स्टीम्ड ग्लास में परतों में रखें। चाहें तो पुदीने से टॉप करें। यदि परफैट को साथ ले जाना चाहें तो प्लास्टिक के डिब्बे या कप में पलटें।

टेस्ट किचन से

इस दही परफैट में अपना मनपसंद कोई भी फल डाल सकती हैं। रसभरी, बेर, चेरी, अन्नानास या केला, कुछ भी डालें। यदि फ्रोजन फल लें तो पहले पिघला लें। कटे क्रंची मेवे भी मिला सकती हैं। भुने हुए नट्स से भी अच्छी टॉपिंग बनेगी।

1 व्यक्ति के लिए

पोषक जानकारी

1 हिस्से से मिलेगा

प्रोटीन	:	**½ सर्विंग**
कैल्शियम	:	**1½ सर्विंग**
विटामिन सी	:	**2 सर्विंग**
हरी पत्तेदार	:	**1 सर्विंग**
अन्य फल	:	**1 सर्विंग**
साबुत अनाज	:	**1 सर्विंग**

मेवे वाला पॉरिज

पॉरिज के पुराने खाद को क्रंची व पौष्टिकता से भरपूर पॉरिज में बदल दें। अनाज, सूखी ख़ूबानी व मेवों से भरपूर पॉरिज खूब आनंद देगा।

60 मि.ली. पानी या सेब का रस

250 मि.ली. दूध, परोसने के लिए अतिरिक्त दूध

45 ग्राम ओल्ड फैशन रोल्ड ओट्स

6 सूखी ख़ूबानी, दो-दो टुकड़े

1 बड़ा चम्मच ओट ब्रान, व्हीट जर्म या अलसी के दाने

1 चुटकी पिसी दालचीनी

1 बड़ा चम्मच कटे मेवे, बादाम व अखरोट आदि

लो-फैट वनीला दही, परोसने के लिए

1. एक छोटे पैन में मध्यम आंच पर पानी रखें व उबाल आने दें। 250 मि.ली. दूध को 2 मिनट तक गर्म करें। फिर लगातार चलाते हुए ओट, ख़ूबानी, ओट ब्रान व दालचीनी मिलाकर पकने दें। बीच-बीच में चलाएं व पॉरिज को 5 मिनट तक पकाएं।

2. अब पॉरिज आंच से उतारें व मेवे मिलाएं। चाहें तो वनीला दही या दूध से परोसें।

टेस्ट किचन से

यदि इसे माइक्रोवेव में बनाना चाहें तो अधिक समय नहीं लगता। दूध, पानी, रोल्ड ओट, ओट ब्रान, ख़ूबानी व दालचीनी डोंगे में रखें। 2½ से 3 मिनट तक माइक्रोवेव में रखें। बीच-बीच में कटोरा घुमा दें। फिर मेवे डालें तथा परोसने से पहले हिलाएं। यदि इसे मीठा करना चाहें तो कोई भी स्वीटनर या ऑल-फ्रूट प्रिजर्वस डालें।

1 व्यक्ति के लिए

पोषक जानकारी

1 हिस्से से मिलेगा

प्रोटीन	:	½ सर्विंग
कैल्शियम	:	1 सर्विंग
हरी पत्तेदार	:	1 सर्विंग
अन्य फल	:	½ सर्विंग
साबुत अनाज	:	1½ सर्विंग

होल व्हीट बटर मिल्क पैनकेक

खाली मैदे से बने पैनकेक से बात नहीं बनेगी। इस केक में फुलावट व पौष्टिकता दोनों हैं। अपने स्वाद के हिसाब से मीठा/नमकीन बना लें।

175 ग्राम गेहूं का आटा
75 ग्राम मैदा
3 बड़े चम्मच पिसी अलसी, ओट ब्रान या व्हीट जर्म
1 छोटा चम्मच बेकिंग पाउडर
1 छोटा चम्मच बेकिंग सोडा
स्पलैंडा (चाहें तो)
1 छोटा चम्मच दालचीनी (चाहें तो)
1 चुटकी जायफल (चाहें तो)
1 चुटकी नमक (चाहें तो)
400 मि.ली. बटर मिल्क
60 मि.ली. दूध
125 मि.ली. सफेद अंगूर का जूस कंसन्ट्रेट/ शहद
2 बड़े अंडे
1 छोटा चम्मच वनीला सत
2 बड़े व 2 छोटे चम्मच सफेद सरसों का तेल

1. गेहूं का आटा, मैदा, पटसन पाउडर बेकिंग पाउडर, बेकिंग सोडा, दालचीनी व जायफल एक कटोरे में डालकर मिला लें।

2. बटर मिल्क, दूध, अंगूर का जूस कंसन्ट्रेट, अंडे, वनीला सत व 2 बड़े चम्मच तेल एक कटोरे में डालकर फेंट लें। मैदे के मिश्रण में इसे मिलाएं। हो सके तो 30 मिनट तक घोल पड़ा रहने दें।

3. बाकी बचा 2 छोटे चम्मच तेल एक पैन में गर्म करें। दो-दो पैनकेक एक बार में पकाएं। 3 मिनट तक सतह से पकाने के बाद पलटें, फिर दूसरी तरफ से सुनहरा-भूरा होने तक पकाएं। बाकी घोल से भी यही करें।

4. पैनकेक गर्म करें। इन्हें 2 सप्ताह तक फ्रिज में रख सकती हैं। फ्रिज में रखने के लिए सिल्वर फॉयल में लपेट कर रखें। जब

पैनकेक एड इनस्

इसके बेस में मिलाएं
-बारीक कटा सेब या नाशपाती
कटा केला
ब्लूबेरी, सूखी या ताजी
क्रॉनबेरी/चेरी
किशमिश
कटी सूखी खुबानी/आड़ू
कटे सूखे अन्नानास/आम
कटे पीकन, बादाम या अखरोट

क्विक फ्रूट सिरप

ऑल-फ्रूट प्रिजर्वस को माइक्रोवेव में हल्का गर्म करें व पैनकेक पर सिरप स्टाइल में पेश करें। सिरप पतला करना चाहें तो थोड़ा फ्रूट जूस मिला लें।

खाने हों तो 180^0c (350^0F) या गैसमार्क 4 पर ओवन गर्म करें व 10 मिनट तक ओवन में रखें।

12 पैनकेक के लिए

पोषक जानकारी

1 हिस्से से मिलेगा

प्रोटीन	:	½ सर्विंग
कैल्शियम	:	½ सर्विंग
साबुत अनाज	:	2 सर्विंग
वसा	:	½ सर्विंग

अदरक-ब्लूबेरी होल व्हीट पैनकेक

अदरक, ब्लूबेरी, होल व्हीट से बना भरपूर पौष्टिक नाश्ता। हैरानी की बात यह है कि ये काफी हल्के भी हैं, खाएं तो सही।

225 ग्राम गेहूं का आटा
1 छोटा चम्मच पिसा अदरक
1 छोटा चम्मच पिसी दालचीनी
1 चुटकी पिसा ऑलस्पाइस
1 छोटा चम्मच बेकिंग सोडा
250 मि.ली. सेब का रस या सफेद अंगूर का जूस कंसन्ट्रेट
75 मि.ली. दूध
3 बड़े चम्मच मक्खन, पिघला हुआ
2 मध्यम आकार के अंडे
225 ग्राम ताजी या फ्रोजन ब्लयूबेरी
2 छोटे चम्मच सफेद सरसों का तेल

1. मैदा, अदरक, दालचीनी, ऑलस्पाइस व बेकिंग सोडा एक बड़े कटोरे में निकालें व लगातार चलाते हुए मिलाएं।
2. अब सेब का रस, दूध, मक्खन व अंडे कटोरे में मिलाएं व इसे मैदे के मिश्रण में डालकर मिला लें। अच्छी तरह फेंटने के बाद ब्लूबेरी डालकर रखें।
3. पैन में तेल गर्म करें। एक बार में 60 मि.ली. पैनकेक का घोल डालते हुए 2-2 पैनकेक बना लें। एक ओर से 2-3 मिनट पकाने के बाद साइड पलटें। फिर दूसरी ओर से सुनहरा-भूरा होने तक 2-3 मिनट पकाएं। बाकी घोल से भी यही करें।
4. अदरक पैनकेक सिरप के साथ पैनकेक गर्म परोसें। इन्हें दो सप्ताह तक फ्रिज में रख सकती हैं। जब ठंडा हो जाए तो एक-एक पीस फॉयल में लपेटकर रखें। जब दोबारा खाने हों तो माइक्रोवेव में 2 मिनट गर्म करके परोसें।

12 पैनकेक के लिए

पोषक जानकारी

1 हिस्सा से मिलेगा

विटामिन सी	:	1 सर्विंग
अन्य फल व सब्जियां	:	½ सर्विंग
साबुत अनाज	:	2 सर्विंग
वसा	:	1 सर्विंग

अदरक पैनकेक सिरप

यह खट्टा-मीठा सिरप पैनकेक पर डालने के लिए है। आप चाहें तो फ्रेंच टोस्ट, दही व ताजे फलों पर भी डाल सकती हैं।

250 मि.ली. अनार/ब्लूबेरी जूस
125 मि.ली. संतरा जूस
125 मि.ली. सफेद अंगूर का रस जूस कंसन्ट्रेट
1 टुकड़ा अदरक
1 छोटा चम्मच वनीला सत
2 छोटे चम्मच कॉर्नफ्लोर

1. एक छोटे पैन में अनार व संतरा जूस, सफेद अंगूर का रस कंसन्ट्रेट, अदरक व वनीला सत डालकर, मध्यम आंच पर उबाल आने दें। अब आंच धीमी करें व करीब 10 मिनट तक पकाएं।

2. एक छोटे कटोरे में कॉर्नफ्लोर व 3 बड़े चम्मच अनार जूस मिक्सचर मिलाकर फेंटे व बाकी बचे अनार जूस में मिलाएं। आंच तेज करें व सिरप में उबाल आने दें। फिर धीमी आंच पर 3 मिनट तक सिरप को गाढ़ा होने तक पकाएं।

3. सिरप आंच से उतारें व कमरे के तापमान पर ठंडा होने दें। चाहें तो छानकर अदरक के टुकड़े निकाल दें। इसे ढककर, फ्रिज में एक सप्ताह तक रख सकती हैं। परोसने से पहले हल्का गर्म करें।

250 मि.ली. के लिए

पोषक जानकारी

1 हिस्सा से (60 मि.ली.)

विटामिन सी : 1 सर्विंग
अन्य फल : ½ सर्विंग

सालमन हाश पैटीज

ओमेगा-3 से भरपूर सालमन के साथ आलू व शिमला मिर्च से बनी पैटीज। यदि डिब्बाबंद मछली लेंगी तो समय भी बचेगा और बोनस में कैल्शियम सर्विंग भी मिल जाएगी।

400 ग्राम डिब्बाबंद गुलाबी सालमन, सूखी व कांटे से गुदी
2 मध्यम आलू, पके हुए
1 मध्यम पीली शिमला मिर्च, कटी हुई
½ मध्यम हरी शिमला मिर्च, कटी हुई
4 हरे प्याज, केवल सफेद हिस्सा, पतले स्लाइस
1 बड़ा अंडा
1½ छोटा चम्मच कटी ताजा डिल
1 नींबू का छिलका, कद्दूकस किया हुआ
2 बड़े चम्मच ऑलिव ऑयल

1. सालमन, आलू, पीली व हरी शिमला मिर्च, हरा प्याज, अंडे, डिल व नींबू का छिलका एक कटोरे में मिला लें।
2. अब मिश्रण के चार बराबर हिस्से करें व 1.25 सें.मी. मोटाई की पैटी बना लें।
3. एक पैन में तेल गर्म करें व सालमन पैटीज 4-4 मिनट तक दोनों ओर से सुनहरी-भूरी होने तक पकाएं। पैटी में चाकू डालकर देखें, यदि वह गर्म निकले तो जान लें कि पैटी तैयार है, गर्मागर्म परोसें।

गर्म आलू

आलू माइक्रोवेव में पकाने के लिए डिश में रखें। हर आलू पर 1 बड़ा चम्मच लो-सोडियम ब्रोथ डालें। प्लास्टिक से रैप करें व एक कोने को मोड़ दें ताकि भाप निकल सके। इन्हें 3-4 मिनट तक माइक्रोवेव करें। बीच-बीच में डिश घुमाएं।

4 व्यक्तियों के लिए

पोषक जानकारी

1 हिस्सा (1 पैटी) से मिलेगा

प्रोटीन	:	**1 सर्विंग**
कैल्शियम	:	**1 सर्विंग**
अन्य सब्जियां	:	**½ सर्विंग**
वसा	:	**½ सर्विंग**
विटामिन सी	:	**2 सर्विंग**

पावर ब्रेकफास्ट बार

ये आपके द्वारा खरीदी गई बार से कहीं ज्यादा पौष्टिक है। योगर्ट या चीज़ के साथ परोसें, बढ़िया नाश्ता या स्नैक तैयार है।

125 ग्राम मक्खन, पिघला हुआ
60 ग्राम स्पलैंडा/ फ्रूक्टोस/ ब्राउन शुगर/
175 मि.ली. सफेद अंगूर का जूस
2 बड़े अंडे
1 छोटा चम्मच वनीला सत
250 ग्राम रोल्ड ओट्स
150 ग्राम गेहूं का आटा
½ छोटा चम्मच बेकिंग सोडा
1 छोटा चम्मच पिसी दालचीनी
2 बड़े चम्मच व्हीट जर्म, ओट ब्रान
150 ग्राम कटे बादाम/अखरोट
150 ग्राम कटी किशमिश/मिले-जुले मेवे

1. ओवन को 190°c (375°F) या गैस मार्क 5 पर पहले से गर्म करें।

2. अब मक्खन, स्पलैंडा, अंगूर का जूस कंसन्ट्रेट, अंडे व वनीला सत एक कटोरे में निकालकर परस्पर मिला लें।

3. फिर ओट, गेहूं का आटा, बेकिंग सोडा, दालचीनी, व्हीट जर्म, अखरोट व किशमिश दूसरे डोंगे में मिलाएं और फिर मक्खन वाले मिश्रण में मिला दें।

4. एक बेकिंग शीट लगाएं व घोल के ढेर लगाकर बार बनाएं। इन्हें 15 मिनट तक सुनहरा-भूरा होने तक बेक करें। यदि क्रिस्पी बनाना चाहें तो ओवन के तापमान को 100°c (200°F) या गैस मार्क ½ पर करें व 10 मिनट तक और पकाएं।

5. बार बेकिंग शीट पर ही ठंडी होने दें। इन्हें तीन दिन तक एयरटाइट डिब्बे में कमरे के तापमान पर या फ्रिज में एक माह तक रख सकती हैं।

टेस्ट किचन से

पावर ब्रेकफास्ट बार गर्म होने पर भुरभुराते हैं, लेकिन ठंडे होने पर ठीक हो जाते हैं। सफर में साथ रखें, काम आएंगे।

20 बार के लिए

पोषक जानकारी

1 हिस्सा (2 बार) से मिलेगा

प्रोटीन	:	**½ सर्विंग**
विटामिन सी	:	**½ सर्विंग**
हरी पत्तेदार	:	**½ सर्विंग**
अन्य फल व सब्जियां	:	**½ सर्विंग**
साबुत अनाज	:	**1½ सर्विंग**
वसा	:	**1 सर्विंग**

मफिन

मफिन की दीवानी हैं, लेकिन सोच यही है कि सेहतमंद खाने के साथ इस मीठे नाश्ते का मेल कैसे हो? खुशखबरी! सुपर मार्केट या बेकरी मफिन वज़न के साथ पोषण में भी हल्के होते हैं, पर हमारे मफिन तो भरपूर पौष्टिक हैं। सुबह-सुबह अदरक गाजर मफिन लें। फिर पंपकिन पाई मफिन या ट्रिपल ब्लूबेरी मफिन का स्वाद से लें। स्वाद चाहे जो भी पसंद हो, हर तरह का मफिन मिलेगा। मफिन पसंद तो है पर समय कम है। इसलिए काफी सारे बेक करके फ्रीजर में रख लें। केवल नाश्ते में ही क्यों, जब दोपहर के बाद या शाम के बाद अचानक ब्लड शुगर घटने लगे तो चीज़ के एक टुकड़े के साथ खा लें। पेट भी भर जाएगा। अगर इसके साथ एक गिलास दूध पी सकें तो इससे बेहतर बेडटाइम स्नैक हो ही नहीं सकता।

ट्रिपल ब्लूबेरी मफिन्स

ट्रिपल ब्लूबेरी-प्रिजर्वस, फ्रोजन व सूखी यानी मफिन का नया स्वाद! रोल्ड ओट्स से पुराना स्वाद, क्रंच व अतिरिक्त फाइबर मिलेगा।

100 ग्राम गेहूं का आटा
45 ग्राम पिसी अलसी
2 छोटे चम्मच बेकिंग पाउडर
1 छोटा चम्मच बेकिंग सोडा
150 ग्राम रोल्ड ओट्स
250 मि.ली. सफेद अंगूर का जूस कंसन्ट्रेट
175 ग्राम ऑल-फ्रूट ब्लूबेरी प्रिजर्वस
2 बड़े अंडे, फेंटे हुए
3 बड़े चम्मच सफेद सरसों का तेल
2 छोटे चम्मच वनीला सत
100 ग्राम फ्रोजन ब्लूबेरी
75 ग्राम सूखी या फ्रोजन ब्लूबेरी

1. ओवन को 200°c (400° F) या गैस मार्क 6 पर पहले से गर्म करें। 12 कप मफिन टीनों में पेपर लाइनर लगाएं।

2. गेहूं का आटा, अलसी पाउडर, बेकिंग पाउडर व बेकिंग सोडा एक डोंगे में मिलाएं व ओट मिलाते हुए अच्छी तरह चला लें।

3. फिर सफेद अंगूर का जूस कंसन्ट्रेट ब्लूबेरी प्रिजर्वस, अंडे, तेल व वनीला कटोरे में फेंटे। इसे पहले वाले मिश्रण में हल्के हाथ से मिला दें।

4. अब धीरे से सूखी व फ्रोजन ब्लूबेरी मिला दें।

5. घोल को तैयार मफिन टीन में डालें। मफिन कप में एकसार फैलाएं।

6. मफिन करीब 20 मिनट तक बेक करें। यदि टूथपिक अंदर डालने पर साफ निकले तो जान लें कि मफिन तैयार है।

7. मफिन को वायर रैक पर ठंडा होने दें। इन्हें तीन दिन तक एयरटाइट डिब्बे में रख सकती हैं व क्लिंगफिल्म में लपेटकर तीन माह तक फ्रोजन करके रख सकती हैं।

12 मफिन के लिए

पोषक जानकारी

1 हिस्सा (1 मफिन) से मिलेगा

विटामिन सी : ½ सर्विंग

साबुत अनाज : ½ सर्विंग

टेस्ट किचन से

ब्लूबेरी न खाना चाहें तो ट्रिपल चेरी मफिन बना लें। इसी तरह क्रॉनबेरी व ख़ूबानी मफिन भी बना सकते हैं।

मफिन अब, मफिन बाद में

अगर मफिन बन जाएं तो कोई बात नहीं , इन्हें तो फ्रोजन करके हफ्तों, महीनों खा सकते हैं। बस जब खाने हों तो कमरे के तापमान पर लाकर खाएं व फॉयल में ढीला लपेटकर 180°c (350° F) या गैस मार्क 4 पर ओवन में 7 से 10 मिनट तक बेक कर लें ताकि वे गर्म हो सकें।

बनाना मफिन

पके केले घर में पड़े हैं तो उनका सही इस्तेमाल करें। बनाना मफिन बना लें व बीच में स्ट्रॉबेरी प्रिजर्वस का स्वाद लें।

2 मध्यम आकार के केले, कटे हुए
250 मि.ली. सफेद अंगूर का जूस कंसन्ट्रेट
3 बड़े चम्मच सफेद सरसों का तेल
2 बड़े अंडे, हल्के फेंटे हुए
2 छोटे चम्मच वनीला सत
150 ग्राम गेहूं का आटा
45 ग्राम अलसी पाउडर
60 ग्राम रोल्ड ओट्स
1 छोटा चम्मच पिसी दालचीनी
1/4 छोटा चम्मच पिसा जायफल
2 छोटा चम्मच बेकिंग पाउडर
1 छोटा चम्मच बेकिंग सोडा
100 ग्राम कटे-भुने अखरोट
175 ग्राम ऑल-फ्रूट स्ट्रॉबेरी प्रिजर्वस

1. ओवन को 200^0c (400^0 F) या गैस मार्क 6 पर गर्म करें। 12 कप मफिन टीनों में पेपर लाइनर लगाएं।

2. केले, अंगूर जूस कंसन्ट्रेट, तेल, अंडे व वनीला सत को फूड प्रोसेसर में डालकर पीस लें।

3. गेहूं का आटा, अलसी पाउडर, ओट,

पौष्टिक फल व मेवे

किसी भी मफिन के घोल या बीच में ऑल-फ्रूट प्रिजर्वस डालें। कटे मेवे व कटे फल भी इस्तेमाल हो सकते हैं। सुपर मार्केट में आपको अंजीर, नाशपाती, सेब, आड़ू, अन्नानास आदि सभी फल मिलेंगे। किसी भी तरह का मेवा डालने से पहले उसे भून लें।

फ्लोर पावर

किसी भी मफिन के घोल में अलसी पाउडर या व्हीट ब्रान मिला सकती हैं। प्रोटीन व फैटी एसिड पाना चाहे तो आटे की जगह पिसे मेवे डालें। सोय का आटा भी प्रोटीन का भरपूर भंडार है। यदि चाहें तो गेहूं के आटे की जगह मैदा भी मिला सकती हैं।

दालचीनी, जायफल, बेकिंग पाउडर व बेकिंग सोडा एक डोंगे में निकालकर फेंट लें।

4. केले का मिश्रण सूखी सामग्री पर डालें व अच्छी तरह मिला लें।

5. अब अखरोट भी मिला दें।

6. घोल को तैयार मफिन टीनों में डालें व सभी कपों में एकसार भरें।

7. हर मफिन में चम्मच की नोक से जगह बनाएं व 2 छोटे चम्मच स्ट्रॉबेरी प्रिजर्वस भरें।

8. मफिन को 20 मिनट तक बेक करें। यदि उनमें चुभोने पर टूथपिक साफ निकले तो जान लें कि वे तैयार हैं।

9. मफिन वायर रैक पर ठंडा होने दें। इन्हें तीन दिन तक एयरटाइट डिब्बे में रख सकती हैं। फ्रिज में तीन माह तक क्लिंगफिल्म लगाकर फ्रोजन करके रख सकती हैं।

टेस्ट किचन से

इन्हें 'वरी स्पेशल' बनाना हो तो मेवे की जगह सूखी कटी स्ट्रॉबेरी, ब्लूबेरी या चेरी मिलाएं। मफिन के लिए मैचिंग आल-फ्रूट प्रिजर्वस इस्तेमाल करें।

12 मफिन के लिए

पोषक जानकारी

1 हिस्सा (1 मफिन) से मिलेगा

विटामिन सी : ½ सर्विंग
साबुत अनाज : ½ सर्विंग

अदरक गाजर मफिन

स्नैपी व पौष्टिक मफिन आपको अदरक का पूरा स्वाद देंगे व इसकी गंध भी लुभाएगी।

150 ग्राम गेहूं का आटा
15 ग्राम ओट ब्रान
45 ग्राम अलसी पाउडर
1 बड़ा चम्मच पिसा अदरक
1 छोटा चम्मच पिसी दालचीनी
½ छोटा चम्मच पिसी लौंग
2 छोटे चम्मच बेकिंग पाउडर
1 छोटा चम्मच बेकिंग सोडा
2 बड़े अंडे, हल्के फेंटे हुए
4 बड़े चम्मच सफेद सरसों का तेल
300 मि.ली. सफेद अंगूर का जूस कंसन्ट्रेट
2 छोटे चम्मच अदरक (कद्दूकस)
1 छोटा चम्मच वनीला सत
150 ग्राम गाजर (कद्दूकस)
100 ग्राम किशमिश
60 ग्राम कटे-भुने अखरोट

1. ओवन को 200°c (400° F) या गैस मार्क 6 पर पहले से गर्म करें। 12 कप मफिन टीनों में पेपर लाइनर लगाएं।

मफिन मैथ

इन विधियों को 12 कप मफिन टीन के हिसाब से बताया गया है। ये 5 सेंमी व्यास के होते हैं। आप अपने हिसाब से भी मफिन टीन चुन सकती हैं।

2. मैदा, ओट ब्रान, अलसी पाउडर, पिसा अदरक, दालचीनी, लौंग, बेकिंग पाउडर व बेकिंग सोडा एक कटोरे में निकालकर अच्छी तरह मिला लें।

3. अंडे, तेल, अंगूर जूस कंसन्ट्रेट, अदरक व वनीला को दूसरे कटोरे में निकालकर फेंट लें। अब इसे दूसरे मिश्रण में आराम से डालकर मिलाएं। फिर गाजर, किशमिश व अखरोट भी मिला दें।

4. इस घोल को मफिन टीनों में बराबर-बराबर मात्रा में डालें।

5. मफिन 20 मिनट तक बेक करें व टूथपिक की मदद से देखें कि वे पक गए हैं या नहीं।

6. इन्हें वायर रैक पर ही ठंडा होने दें। ये मफिन, खुले में तीन दिन व क्लिंगफिल्म में लपेटकर तीन माह तक रख सकती हैं।

टेस्ट किचन से

अदरक पसंद नहीं है तो कोई बात नहीं, उसे डालने की बजाय 2 छोटे चम्मच पिसी दालचीनी मिलाएं। थोड़ा और स्पैयिर बनाना चाहें तो 1 चम्मच कद्दूकस किए अदरक की मात्रा बढ़ा दें।

12 मफिन के लिए

पोषक जानकारी

1 हिस्सा (1 मफिन) से मिलेगा

विटामिन सी : ½ सर्विंग
हरी पत्तेदार,
पीली सब्जियां
तथा फल : ½ सर्विंग
साबुत अनाज : ½ सर्विंग

फ्रूट जूस कंसन्ट्रेट

वैसे तो हमने किताब की अधिकतर व्यंजन विधियों में सफेद अंगूर का जूस कंसन्ट्रेट इस्तेमाल करने को कहा है जो काफी मीठा व विटामिन 'सी' से फोर्टीफाइड होने के कारण फायदेमंद है, पर आप चाहें तो कोई दूसरा जूस कंसन्ट्रेट भी ले सकती हैं। जैसे आम, अन्नानास, संतरा व आड़ू जूस कंसन्ट्रेट खट्टे-मीठे स्वादों के लिए है व सेब, ब्लूबेरी व चेरी काफी मीठा स्वाद देने वाले जूस कंसन्ट्रेट हैं।

पंपकिन पाई मफिन

यू. एस. की थैंक्स गिविंग डे की याद आ गई? तो लीजिए, उनकी तीखी-मीठी मफिन पाई हाजिर है, स्वाद लेकर देखें।

150 ग्राम गेहूं का आटा
15 ग्राम ओट ब्रान
45 ग्राम अलसी पाउडर
2 छोटे चम्मच बेकिंग पाउडर
1½ छोटा चम्मच बेकिंग सोडा
2 छोटे चम्मच पिसी दालचीनी
1/4 छोटा चम्मच पिसा अदरक
1/4 छोटा चम्मच पिसा लौंग
1/4 छोटा चम्मच पिसा जायफल
175 मि.ली. डिब्बाबंद पंपकिन (कद्दू) प्यूरी
2 बड़े अंडे, हल्के फेंटे हुए
3 बड़े चम्मच सफेद सरसों का तेल
250 मि.ली. सफेद अंगूर का जूस कंसन्ट्रेट
100 ग्राम ऑल-फ्रूट ख़ूबानी प्रिजर्वस
2 छोटे चम्मच वनीला सत
45 ग्राम किशमिश/सूखी ख़ूबानी
60 ग्राम कटे-भुने अखरोट

1. ओवन को 200°c (400° F) या गैस मार्क 6 पर पहले से गर्म करें। 12 कप मफिन टीनों में पेपर लाइनर लगाएं।

2. आटा, ओट ब्रान, अलसी पाउडर, बेकिंग पाउडर, बेकिंग सोडा, दालचीनी, अदरक, लौंग व जायफल एक छोटे कटोरे में डालकर मिला लें।

3. पंपकिन, अंडे, तेल, अंगूर का जूस कंसन्ट्रेट, ख़ूबानी, प्रिजर्वस व वनीला सत को एक दूसरे कटोरे में अच्छी तरह मिलाएं। फिर इसे आटे वाले मिश्रण में हल्के हाथ से मिला लें।

4. अब धीरे से किशमिश व अखरोट भी मिला लें।

5. घोल को मफिन कपों में एकसार डालें। इसके लिए चम्मच इस्तेमाल करें।

6. मफिन टीन 20 मिनट तक बेक करें। पकने की जांच के लिए टूथपिक विधि आजमाएं।

7. मफिन वायर रैक पर ही ठंडे होने दें। इन्हें तीन दिन तक एयरटाइट डिब्बे में रख सकती हैं व क्लिंगफिल्म में एक-एक पीस लपेटकर तीन महीने तक फ्रोजन करके रख सकती हैं।

12 मफिन के लिए

पोषक जानकारी

1 हिस्सा (1 मफिन) से मिलेगा

विटामिन सी	:	**½ सर्विंग**
हरी पत्तेदार, पीली सब्जियां और फल	:	**1 सर्विंग**
साबुत अनाज	:	**½ सर्विंग**

किशमिश ब्रान मफिन

ये मफिन इतने टेस्टी हैं कि आप इन्हें हमेशा खाना चाहेंगी। फिर पौष्टिकता भी तो मिल ही रही है।

100 ग्राम ब्रान (जो प्रोसेस न हो)
150 ग्राम गेहूं का आटा
45 ग्राम रोल्ड ओट्स
90 ग्राम अलसी पाउडर
2 छोटे चम्मच पिसी दालचीनी
60 ग्राम कटे-भुने मेवे (बादाम, अखरोट आदि)
2 छोटे चम्मच बेकिंग सोडा
1 छोटा चम्मच बेकिंग पाउडर
350 मि.ली. सफेद अंगूर का जूस कंसन्ट्रेट
300 मि.ली. बटर मिल्क
2 बड़े अंडे, हल्के फेंटे हुए
3 बड़े चम्मच सफेद सरसों का तेल
2 छोटे चम्मच वनीला सत
100 ग्राम किशमिश

1. ओवन को 200°c (400° F) या गैस मार्क 6 पर पहले से गर्म करें। 12 कप मफिन टीनों में पेपर लाइनर लगाएं।

2. ब्रान, आटा, ओट, अलसी पाउडर, दालचीनी, मेवे, बेकिंग सोडा व बेकिंग पाउडर एक कटोरे में डालकर अच्छी तरह चलाएं।

3. अब सफेद अंगूर का जूस कंसन्ट्रेट, बटर मिल्क, अंडे, तेल व वनीला को दूसरे कटोरे में डालकर अच्छी तरह मिलाएं। इसे ब्रान के मिश्रण में हल्के हाथ से मिला लें, तेज हाथ से न मिलाएं।

4. अब इसमें धीरे से किशमिश मिला दें।

5. फिर घोल को चम्मच से मफिन टीनों में डालें। यदि घोल ज्यादा हो तो ज्यादा टीन बना लें।

6. मफिन 20 मिनट तक बेक करें। मफिन के बीच डाली गई टूथपिक साफ निकले तो जान लें कि वे तैयार हैं।

7. मफिन वायर रैक पर ही ठंडे होने दें। इन्हें तीन दिन तक एयरटाइट डिब्बे में रख सकती हैं, लेकिन फ्रिज में क्लिंगफिल्म में लपेटकर तीन महीने तक रख सकती हैं।

टेस्ट किचन से

इस मफिन को और भी फाइबर युक्त बनाना चाहें तो किशमिश के साथ-साथ कटे सेब या नाशपाती भी मिलाएं।

12 मफिन के लिए

पोषक जानकारी

1 हिस्सा (1 मफिन) से मिलेगा

प्रोटीन	:	**½ सर्विंग**
विटामिन सी	:	**1 सर्विंग**
साबुत अनाज	:	**½ सर्विंग**

कंसन्ट्रेट की बजाय

वैसे तो जूस कंसन्ट्रेट आपको मिठास के साथ-साथ पोषक तत्त्व भी देते हैं, लेकिन अगर आप उन्हें अपने स्वाद के हिसाब से न डालना चाहें तो पुस्तक में दी गई व्यंजन विधियों के लिए कोई भी रिफाइंड स्वीटनर इस्तेमाल कर सकती हैं, जैसे चीनी, शहद या स्पलैंडा आदि।

यदि शहद लेंगी तो इसे कंसन्ट्रेट की मात्रा से थोड़ा कम डालना होगा, क्योंकि ये अधिक मीठा होता है। अगर कोई सूखा स्वीटनर लेंगी तो उसके हिसाब से मात्रा बदलनी होगी, जैसे- हर 250 मि.ली. जूस कंसन्ट्रेट की जगह आप 175 मि.ली. शहद डालेंगी या हर 250 मि.ली. जूस कंसन्ट्रेट की जगह 175 ग्राम सूखा स्वीटनर डाला जाएगा।

सैंडविच

अक्सर लंच की बोरियत आपको बर्गर खाने के लिए बाहर ले जाती है। अपने पैक्ड लंच के लिए वही पुराने सैंडविच ले जाना बंद करें। आप टर्की या चीज़ की बजाय अपने दो ब्रेड स्लाइस में और भी बहुत कुछ भर सकती हैं, अगर आप ब्रेड भी हटा दें तो सैंडविच और भी यम्मी हो सकते हैं, तो एक टेस्टी रैप पिट्टा या टॉर्टिला कैसा रहेगा। बैगल या रोल भी चलेंगे। अपने डेली डज़न की पूर्ति भी करें और खाने का भरपूर स्वाद भी लें।

चिकन बर्गर व आम रैलिश

यहां चीज़ व चिकन का मेल अद्भुत स्वाद देने जा रहा है। फिर आम रैलिश की टॉपिंग का तो कहना ही क्या! प्रत्येक चिकन बर्गर विटामिन 'ए' से भरपूर है तो देर किस बात की।

500 ग्राम पिसा सफेद मीट / चिकन / टर्की
125 ग्राम कतरी गाजर
60 ग्राम कतरा चेड्डर चीज़
½ छोटा चम्मच पिसा जीरा
नमक व काली मिर्च
4 साबुत अनाज के रोल्स

1. ग्रिल सेट करें व पहले से ही गर्म कर लें।
2. चिकन, गाजर, चीज़, जीरा, नमक व काली मिर्च एक डोंगे में मिला लें। चिकन मिश्रण को चार हिस्सों में बांटकर बर्गर का आकार दें।
3. बर्गर को 6 मिनट तक भूरे होने तक ग्रिल करें व साइड पलटती रहें। हर बर्गर पर एक चम्मच आम रैलिश डालें व 4 से 6 मिनट तक और पकाएं।
4. बर्गर को साबुत अनाज के रोल्स के साथ परोसें, चाहें तो और आम रैलिश डालें।

4 बर्गर के लिए

पोषक जानकारी

1 बर्गर (आम रैलिश के बिना) से मिलेगा

प्रोटीन	:	**1 सर्विंग**
कैल्शियम	:	**½ सर्विंग**
हरी पत्तेदार पीली सब्जियां व फल	:	**1 सर्विंग**
साबुत अनाज	:	**2 सर्विंग**

व्हाट ए स्प्रेड : नॉट हनी मस्टर्ड

सैंडविच के लिए कुछ मीठा स्प्रेड चाहती हैं तो नॉट हनी मस्टर्ड लें। ये चिकन, टर्की या मीट सैंडविच पर भी स्वाद देगा। डिजॉन मस्टर्ड व फ्रूट ओनली प्रिजर्वस से लेकर मिलाएं व आनंद लें।

आम रैलिश

ये खट्टा-मीठा टैंगी स्वाद हैमबर्गर से लेकर पोर्क व मछली के फिलेट्स से लेकर प्रॉन तक सब पर इस्तेमाल कर सकती हैं। आम रैलिश मजेदार है।

1 बड़ा चम्मच ऑलिव ऑयल
½ मध्यम लाल प्याज, बारीक कटा
1 छोटा चम्मच लहसुन, पिसा हुआ
1 बड़ा पका आम,½ से. मी. टुकड़े में कटा
1 छोटा चम्मच पिसा जीरा
1 बड़ा चम्मच कटी ताजी ऑरीगेनो
1 बड़ा चम्मच कटा ताजा धनिया
3 बड़े चम्मच संतरे का जूस कंसन्ट्रेट
1 नींबू का जूस

1. एक छोटे पैन में मध्यम आंच पर तेल गर्म करें। प्याज-लहसुन 2 मिनट भूनने के बाद आम, जीरा, ऑरीगेनो, धनिया, संतरे का जूस कंसन्ट्रेट व नींबू का रस डालें। धीमी आंच पर पकाएं व बीच-बीच में चलाएं ताकि तरल पदार्थ सूख जाएं।
2. रैलिश आंच से उतारें व 5 मिनट तक ठंडा होने दें। रैलिश को प्रोसेसर में पीस लें ताकि वह जैम जैसा हो जाए। इसे फ्रिज में ढककर, कई दिन तक रख सकती हैं।

150 ग्राम के लिए

पोषक जानकारी

1 हिस्सा (45 ग्राम) से मिलेगा

विटामिन सी	:	**½ सर्विंग**
हरी पत्तेदार, पीली सब्जियां व फल	:	**½ सर्विंग**

चिकन सीज़र रैप

अगली बार चिकन सीज़र सलाद खाने का मन हो तो हाथ में कांटा न लें। सलाद पत्ता, चीज़, भुनी शिमला मिर्च व चिकन पर क्रीमी ड्रेसिंग का सलाद, लो-फैट लेकिन स्वादिष्ट होगा। फिर चाहें तो इससे सैंडविच बना लें। मजे से सड़क पर खाती जाएं।

30 ग्राम कतरा सलाद पत्ता
30 ग्राम कतरा प्रोवलोन चीज़
2 बड़े चम्मच कद्दूकस पारमेसन चीज़
1 बड़ा चम्मच क्रीमी कैसर ड्रेसिंग
3 स्लाइस पका चिकन टर्की
4 स्ट्रिप भुनी लाल शिमला मिर्च
1 गेहूं के आटे का टॉर्टिला या पिट्टा

1. सलाद पत्ता, प्रोवलोन, पारमेसन चीज़ व कैसर ड्रेसिंग एक कटोरे में मिला लें। यदि लगे तो थोड़ी ड्रेसिंग और मिलाएं।

सब कुछ धो लें

जी हां, सैंडविच में डलने वाली हरी सब्जियां, जैसे- रॉकेट, जलकुंभी, सलाद पत्ता, धनिया, पार्सले, डिल व तुलसी को अच्छी तरह धोकर व सुखाकर ही इस्तेमाल करें।

2. चिकन, भुनी शिमला मिर्च की पट्टियां व सलाद पत्ते को चिकन पर रखें। (अगर पिट्टा प्रयोग कर रही हैं तो उसके किनारे काटकर बीच में ही भर दें) पिट्टा को चिकन व सलाद पत्ते से भरकर, शिमला मिर्च भी डालें।

3. टॉर्टिला के किनारे भरावन पर मोड़े। यदि बाहर ले जाना चाहें तो क्लिंगफिल्म में पैक करें।

1 सैंडविच के लिए

पोषक जानकारी

1 हिस्सा (ड्रेसिंग रहित) से मिलेगा

प्रोटीन	:	**1½ सर्विंग**
कैल्शियम	:	**1½ सर्विंग**
विटामिन सी	:	**1½ सर्विंग**
हरी पत्तेदार सब्जियां	:	**1½ सर्विंग**
साबुत अनाज	:	**2 सर्विंग**

चिकन पिट्टा

कुछ नया खाना चाहती हैं तो भारत से प्रेरित चिकन सलाद सैंडविच हाजिर है। टमाटर, खीरा, धनिया व चिकन, पिट्टा में भरें व ऊपर से सूरजमुखी के बीज व किशमिश डालकर एक भरपूर ताजा सैंडविच तैयार कर लें।

125 ग्राम कटा व पका चिकन/टर्की
3 बड़े चम्मच सादा दही
2 छोटे चम्मच मेयोनीज़
1/4 छिला खीरा,½ से.मी. के स्लाइस
1 प्लम टमाटर, कटा हुआ
1 छोटा चम्मच ताजा धनिया
½ छोटा चम्मच करी पाउडर
1 चुटकी पिसा जीरा
लाल शिमला मिर्च की सॉस
नमक और काली मिर्च
1 होल व्हीट पिट्टा
15 ग्राम रॉकेट या जलकुंभी या कॉलेस्ला मिश्रण
1 बड़ा चम्मच किशमिश
1 बड़ा चम्मच भुने सूरजमुखी के बीज
नमक और काली मिर्च

1. चिकन, दही, मेयोनीज़, खीरा, टमाटर, धनिया, करी पाउडर व जीरा एक कटोरे में डालकर मिलाएं, चाहें तो लाल शिमला मिर्च की सॉस भी डालें। फिर नमक व मिर्च मिलाएं।

2. पिट्टा के किनारे कतरकर इसी में भर दें। पिट्टा में रॉकेट व चिकन सलाद भरें। इसके ऊपर किशमिश व सूरजमुखी के बीज डालें। यदि सैंडविच पैक करने हों तो क्लिंगफिल्म इस्तेमाल करें।

1 सैंडविच के लिए

पोषक जानकारी

1 हिस्से से मिलेगा

प्रोटीन	:	1 सर्विंग
विटामिन 'सी'	:	½ सर्विंग
हरी पत्तेदार सब्जियां	:	½ सर्विंग
अन्य फल	:	½ सर्विंग
साबुत अनाज	:	2 सर्विंग
वसा	:	½ सर्विंग

रैप एन रोल

एक भाग सैंडविच, एक भाग सलाद और दो भाग–पत्तागोभी, लाल शिमला मिर्च, टमाटर, कलमाटा ऑलिव, चेड्डर चीज़, टर्की या चिकन (रात का बचा) सब कुछ मिला लें, रैप करें और आप रैप एन रोल खाने के लिए तैयार हो जाएं।

1 बड़ा चम्मच ऑलिव ऑयल
1 बड़ा चम्मच ताजा नींबू का रस/राइस सिरका
1/8 छोटा चम्मच सूखी ऑरीगेनो
नमक व काली मिर्च
15 ग्राम कॉलेस्ला मिक्स
1 प्लम टमाटर, कटा हुआ
1/4 मध्यम आकार की शिमला मिर्च, कटी हुई
4 ऑलिव, बीज रहित व कटे हुए
30 ग्राम चेड्डर चीज़, क्यूब
1 गेहूं के आटे का टॉर्टिला
90 ग्राम पकी टर्की/चिकन

1. ऑलिव ऑयल, नींबू का रस व ऑरीगेनो एक कटोरे में डालकर मिला लें। इसमें नमक व काली मिर्च डालने के बाद कॉलेस्ला मिक्स, टमाटर, शिमला मिर्च, ऑलिव व चीज़ डालकर मिला लें।

2. टॉर्टिला एक शेल्फ पर रखें। इस पर टर्की रखने के बाद बीच में सलाद रखें। टार्टिला के किनारे भरावन पर मोड़ें। यदि सैंडविच बाहर ले जा रही हैं तो क्लिंगफिल्म में पैक करें।

टेस्ट चिकन से

चाहें तो इस मिश्रण को पिट्टा में भी भर सकती हैं। उसके किनारे कतर कर बीच में डालें। टर्की स्लाइस डालने के बाद सलाद डालें। यदि बाहर ले जाना हो तो क्लिंगफिल्म में पैक करें।

1 सैंडविच के लिए

पोषक जानकारी

1 हिस्से से मिलेगा

प्रोटीन	:	1 सर्विंग
कैल्शियम	:	1 सर्विंग
विटामिन सी	:	2 सर्विंग
हरी पत्तेदार, पीली सब्जियां व फल	:	1 सर्विंग
साबुत अनाज	:	2 सर्विंग
वसा	:	1 सर्विंग

चिकन ट्रायो

नहीं, यह आपका वही पुराना टर्की व चीज़ सैंडविच नहीं है। इसमें वही पुराने सरसों व मेयो के स्वाद की बजाय रॉकेट पेस्टो से नया स्वाद मिलेगा। एक टुकड़ा खाएं तो सही, आप इसकी हकदार हैं।

90 ग्राम पकी चिकन
½ मध्यम आकार का एवोकाडो, स्लाइस
15 ग्राम रॉकेट, मोटी डंडी हटा दें
30 ग्राम कतरा चेड्डर, स्विस या गौडा चीज़
2 स्लाइस साबुत अनाज का ब्रेड
2 बड़े चम्मच रॉकेट पेस्टो या स्वादानुसार

एक ब्रेड स्लाइस पर टर्की, एवोकाडो, रॉकेट व चीज़ की परत लगाएं। दूसरे स्लाइस पर रॉकेट पेस्टो लगाएं व उसे दूसरे सैंडविच पर रखे। सैंडविच को आधा काटें व स्वाद लें। यदि इसे बाहर ले जा रही हों तो क्लिंगफिल्म में पैक करें।

1 सैंडविच के लिए

पोषक जानकारी

1 हिस्सा (पेस्टो रहित) से मिलेगा

प्रोटीन	**:**	**1 सर्विंग**
कैल्शियम	**:**	**½ सर्विंग**
हरी पत्तेदार, पीली सब्जियां व फल	**:**	**½ सर्विंग**
अन्य फल	**:**	**1 सर्विंग**
साबुत अनाज	**:**	**2 सर्विंग**

रॉकेट पेस्टो

यह पेस्टो थोड़ी-सी वसा युक्त होने के साथ अत्यंत स्वादिष्ट है। इसे सैंडविच स्प्रेड, वैजी डिप, मछली व चिकन के साथ इस्तेमाल करें। इसे पास्ता व चीज़ से सजाना न भूलें।

250 ग्राम रॉकेट, मोटी डंडी हटा के
125 ग्राम कद्दूकस पारमेसन चीज़
45 ग्राम भुने पाइन नट्स
2 से 3 कली लहसुन
2 बड़े चम्मच लो-फैट दही
1 बड़ा चम्मच ताजा नींबू का रस या स्वादानुसार
2 बड़े चम्मच ऑलिव ऑयल
नमक व दरदरी काली मिर्च

रॉकेट, पारमेसन चीज़, पाइन नट्स व लहसुन एक प्रोसेसर में डालकर पीसें। फिर दही, नींबू का रस व ऑलिव ऑयल मिलाकर

फेंट लें। ज्यादा गाढ़ा लगे तो थोड़ा दही, तेल या नींबू का रस मिलायें। स्वाद के अनुसार नमक-काली मिर्च डालें। यह पेस्टो ढककर, फ्रिज में पांच दिन तक रख सकती हैं।

300 ग्राम बनाने के लिए

पोषक जानकारी

1 हिस्सा (45 ग्राम) से मिलेगा

हरी पत्तेदार,
पीली सब्जियां
व फल : ½ सर्विंग

टेस्ट किचन से

अधिक पारंपरिक पेस्टो चाहे तो रॉकेट की जगह तुलसी की पत्तियां लें। जलकुंभी की जगह रॉकेट लें व बेबी पालक भी ले सकती हैं। क्रीमीयर सैंडविच स्प्रेड बनाना चाहे तो पेस्टो में दही के साथ 1-2 बड़े चम्मच मेयोनीज़ मिलाएं।

भुने नट्स

नट्स भुनने से बचना चाहती हैं? लेकिन जान लें कि भुने नट्स सलाद, पास्ता, पोल्ट्री या किसी भी व्यंजन में जान डाल देते हैं, इसके लिए निम्नलिखित तरीके अपनाएं :

1. एक भारी तले वाले बर्तन में बिना घी/तेल के 5 से 7 मिनट तक भूनें।
2. ओवन को 180°c (350°F) या गैस मार्क 4 पर करके भूनें। लगातार चलाएं व 10 मिनट तक बेक करें।
3. माइक्रोवेव डिश में मेवे रखें। उसे 4 मिनट तक तेज आंच पर माइक्रोवेव करें।

भुने नट्स आंच से उतारने के बाद भी रंग बदलते हैं। उनसे भुनने की खुशबू आते ही आंच से उतार लें। यदि उन्हें पीसना हो तो प्रोसेसर का इस्तेमाल करें, लेकिन ध्यान रहे कि ज्यादा पीसने से बीज या मेवे का घोल न बन जाए।

सालमन पॉकेट

बची सालमन का क्या करें? उससे सालमन पॉकेट बना लें। हरी पत्तेदार सब्जियां, टमाटर, एवोकाडो व पेस्टो से भरपूर यह एक स्वादिष्ट लंच व डिनर बन जाएगा। प्रोटीन व ओमेगा - 3 फैटी एसिड का बोनस भी अलग से मिलेगा।

1 गेहूं के आटे का पिट्टा या 2 ब्रेड स्लाइस
75 ग्राम पका सालमन ताजा/डिब्बाबंद
2 बड़े चम्मच पेस्टो/रॉकेट पेस्टो
1 छोटा प्लम टमाटर, पतले स्लाइस
1/4 मध्यम एवोकाडो, पतले स्लाइस
15 ग्राम रॉकेट

पिट्टा के किनारे कतरकर उसी में भरें। इसमें सालमन रखें व सॉस डालें। ऊपर से टमाटर, एवोकाडो व रॉकेट रखें। यदि सैंडविच घर से बाहर ले जाना चाहें तो क्लिंगफिल्म से पैक करें।

1 सैंडविच के लिए

पोषक जानकारी

1 हिस्सा (सॉस रहित) से मिलेगा

प्रोटीन	:	**1 सर्विंग**
कैल्शियम	:	**1 सर्विंग**
विटामिन सी	:	**½ सर्विंग**
हरी पत्तेदार, पीली सब्जियां व फल	:	**½ सर्विंग**
अन्य फल	:	**½ सर्विंग**
साबुत अनाज	:	**2 सर्विंग**

ए बैटर बी.एल.टी.

यहां वसा के बिना बी.एल.टी. लेने का उपाय मौजूद है। फ्लेवर तो है ही, साथ ही सफेद बींस स्प्रेड से व्यंजन में एक नया रंग आ जाएगा।

1 होल ग्रेन रोल
2 बड़े चम्मच सफेद बींस सैंडविच स्प्रेड
15 ग्राम रॉकेट, जलकुंभी, कतरा लाल सलाद पत्ता
30 ग्राम कतरी गाजर
125 ग्राम वेज बेकन, पकाया हुआ
½ मध्यम एवोकाडो, स्लाइस
1 प्लम टमाटर, स्लाइस

रोल को आधा काट लें और दोनों तरफ के कटे हिस्सों पर बींस स्प्रेड लगाएं। एक रोल में रॉकेट, गाजर, बेकन, एवोकाडो, टमाटर रखें, उसके ऊपर रोल का दूसरा हिस्सा रखें। अब इन सैंडविच को क्लिंगफिल्म में कसकर पैक कर लें।

1 सैंडविच के लिए

पोषक जानकारी

1 हिस्से से मिलेगा

प्रोटीन	:	½ सर्विंग
विटामिन सी	:	½ सर्विंग
हरे पत्तेदार, पीली सब्जियां व फल	:	½ सर्विंग
अन्य फल	:	1 सर्विंग
साबुत अनाज	:	2 सर्विंग

सफेद बीन सैंडविच स्प्रेड

मेयोनीज़ की बजाय सैंडविच पर ये क्रीमी स्प्रेड लगाएं। यह क्रूडाइट्स व पिट्टा स्ट्रिप के लिए भी डिप का काम करेगा।

2 बड़े चम्मच ऑलिव ऑयल
1 बड़ी लहसुन कली
450 ग्राम डिब्बाबंद कैनीलिनी बींस
2 बड़े चम्मच कटा ताजा धनिया
1 नींबू का रस
नमक व काली मिर्च

ऑलिव ऑयल, लहसुन, बींस, धनिया व नींबू का रस एक प्रोसेसर में डालकर पीस लें। स्वाद के अनुसार नमक व काली मिर्च डालें। कमरे के तापमान पर परोसें या माइक्रोवेव में थोड़ा गर्म करें। यह बीन स्प्रेड फ्रिज में ढककर पांच दिन तक रख सकती हैं।

टेस्ट किचन से

तीखा स्प्रेड बनाना चाहती हैं तो स्प्रेड में बींस की जगह चिक-पी डालें। 1 छोटा चम्मच पिसा जीरा व मिर्च भी डालें, थोड़ा लहसुन भी डाल सकती हैं। यह काफी चटखरेदार व तीखी हो जाएगी।

150 ग्राम के लिए

पोषक जानकारी

1 हिस्सा (45 ग्राम) से मिलेगा

साबुत अनाज	:	½ सर्विंग
आयरन	:	बींस
वसा	:	½ सर्विंग

काली बीन क्वैसाडिला

क्वैसाडिला यानी मैक्सिकन स्टाइल ग्रिल्ड चीज़ सैंडविच - बनने में बेहद आसान। मैक्सिकन स्वाद व पोषण से भरपूर इस क्वैसाडिला में चीज़, काली बीन साल्सा, एवोकाडो व टमाटर ने रंग भर दिया है। इसे ऑफिस ले जाएं। माइक्रोवेव में गर्म करें व खा लें।

1 साबुत व्हीट टॉर्टिला/रैप
60 ग्राम कतरा चेड्डर चीज़
100 ग्राम काली बींस, नींबू व जीरा विनईग्रेट
1/4 मध्यम आकार का एवोकाडो
½ टमाटर, कटा हुआ
½ मध्यम आकार की शिमला मिर्च, कटी हुई
कटा ताजा धनिया

1. माइक्रोवेव सेफ प्लेट में पेपर टॉवल लगाकर टॉर्टिला रखें। आधे टॉर्टिला पर आधा चीज़ छिड़कें। चीज़ पर काली बींस इन लाइम व जीरा विनईग्रेट, एवोकाडो, टमाटर व शिमला मिर्च रखकर, बचा चीज़ छिड़क दें।

2. बाकी टॉर्टिला किनारें से ऊपर मोड़ें, क्वैसाडिला को हाई पावर पर 1½ से 2 मिनट तक माइक्रोवेव करें ताकि चीज़ पिघल जाए।

3. अब पेपर टॉवल से हटा लें। क्वैसाडिला के वैजिस काटें, चाहें तो परोसने से पहले धनिया छिड़कें।

टेस्ट किचन से

टॉर्टिला भरने के दर्जनों तरीके हो सकते हैं। एक टॉर्टिला पर 3 से 4 बड़े चम्मच वसा रहित रिफाइंड बींस बिछाएं। 3 बड़े चम्मच साल्सा डालें। 30 ग्राम चीज छिड़कें व 1½ से 2 मिनट तक माइक्रोवेव करें। टॉर्टिला रोल करके खाएं। इसमें बचा चिकन, पोर्क, मछली या प्रॉन भी मिला सकती हैं।

1 क्वैसाडिला के लिए

पोषक जानकारी

1 हिस्सा (काली बींस रहित) से मिलेगा

प्रोटीन	:	½ सर्विंग
कैल्शियम	:	2 सर्विंग
विटामिन सी	:	½ सर्विंग
हरी पत्तेदार, पीली सब्जियां व फल	:	1 सर्विंग
अन्य फल	:	½ सर्विंग
साबुत अनाज	:	2 सर्विंग

काली बींस, नींबू व जीरा विनईग्रेट

ये काली बींस आपको साउथ वेस्टर्न स्वाद देने वाली हैं। अगले बरीटो में इसे डालना न भूलें।

450 ग्राम डिब्बाबंद काली बींस
1 मध्यम लाल शिमला मिर्च
1 मध्यम आकार का टमाटर, बारीक कटा
4 हरे प्याज, सफेद व हरे हिस्से, कटे हुए
2 बड़े चम्मच ताजा कटा धनिया
1 बड़ा चम्मच कटी ताजी पार्सले
2 बड़े चम्मच ताजा नींबू का रस
1 बड़ा चम्मच ऑलिव ऑयल
½ छोटा चम्मच पिसा जीरा
नमक व काली मिर्च

काली बींस, शिमला मिर्च, टमाटर व हरा प्याज सलाद के डोंगे में डालकर मिला लें। अब धनिया, पार्सले, नींबू का रस, ऑलिव ऑयल व जीरा डालकर टॉस करें। अब स्वाद के अनुसार नमक व काली मिर्च डालें। इसे आप दो दिन तक फ्रिज में रखकर इस्तेमाल कर सकती हैं।

टेस्ट किचन से

बेशक बींस प्रोटीन का भंडार है, लेकिन गैस भी बनाता है। आप चाहें तो पका सोयाबीन मिलाकर, गैस से बच सकती हैं।

4 व्यक्तियों के लिए

पोषक जानकारी

1 हिस्से से मिलेगा

प्रोटीन	:	½ सर्विंग
कैल्शियम	:	½ सर्विंग
विटामिन सी	:	1 सर्विंग
हरी पत्तेदार, पीली सब्जियां व फल	:	½ सर्विंग
साबुत अनाज	:	1 स.

अंडा डिल सलाद

बेचारा अंडे का सलाद सदियों से सैंडविच व लंच बॉक्स भरता आ रहा है, लेकिन इस अंडा डिल सलाद की तो बात ही निराली है। सेलेरी, गाजर, प्याज, दही, मेयोनीज़, डिल व डिजॉन मस्टर्ड, स्वाद व सेहत दोनों से भरपूर। इसे क्रेकर्स से भी खाकर देखें।

3 सख्त उबले अंडे, कटे हुए
2 सख्त उबले अंडों की सफेदी, कटी हुई
1 छोटी रिब सेलेरी, पिसी हुई
2 बड़े चम्मच कतरी गाजर
1 बड़ा चम्मच लाल प्याज, पिसा हुआ
1 बड़ा चम्मच सादा दही
1 बड़ा चम्मच मेयोनीज़
1 छोटा चम्मच पिसी ताजी डिल
1 छोटा चम्मच डिजॉन मस्टर्ड
½ छोटा चम्मच ताजा नींबू का रस
नमक व काली मिर्च

सख्त उबले अंडे व अंडे की सफेदी, सेलेरी, गाजर, प्याज, दही, मेयोनीज़, डिल, सरसों व

नींबू का रस एक डोंगे में डालकर मिला लें। फिर स्वाद के अनुसार नमक-काली मिर्च व बाकी सामग्री डालें। यह अंडा सलाद ढककर, दो दिन तक फ्रिज में रख सकती हैं।

1 बड़े सैंडविच के लिए पर्याप्त भरावन

पोषक जानकारी

1 हिस्से से मिलेगा

प्रोटीन	:	1 सर्विंग
हरी पत्तेदार, पीली सब्जियां व फल	:	½ सर्विंग
अन्य फल	:	½ सर्विंग
वसा	:	1 सर्विंग

फ्रूटी चिकन सलाद

विटामिन से भरपूर यह सलाद काफी स्वादिष्ट है। इसमें क्रंच नट्स से फैटी एसिड मिलेंगे। इसे पिट्टा या साबुत अनाज के ब्रेड से परोसें। चिकन के साथ भी खिला सकती हैं।

200 ग्राम पकी व कटी टर्की या चिकन ब्रेस्ट
1 मध्यम आकार की सेलेरी, पतले स्लाइस
6 सूखी आधी कटी ख़ूबानी, दरदरी कटी
2 बड़े चम्मच कटा लाल/हरा प्याज
3 बड़े चम्मच सादा दही
1 बड़ा चम्मच मेयोनीज़
1 बड़ा चम्मच पिसी साबुत सरसों
1 बड़ा चम्मच ख़ूबानी, ऑल-फ्रूट प्रिजर्वस
1 बड़ा चम्मच ताजा नींबू का रस
1 बड़ा चम्मच कटी ताजी पार्सले
नमक व काली मिर्च

1. चिकन ब्रेस्ट या टर्की, सेलेरी, ख़ूबानी, नट्स व प्याज एक डोंगे में डालकर मिला लें।

2. अब दही, मेयोनीज़, पिसी सरसों, ख़ूबानी, ऑल-फ्रूट प्रिजर्वस, नींबू का रस व पार्सले एक छोटे कटोरे में निकालकर फेंटे। फिर स्वाद के अनुसार नमक व काली मिर्च डालें।

3. अब दही के मिश्रण को टर्की मिश्रण में मिलाकर, अच्छी तरह एकसार मिलाएं।

2 सर्विंग के लिए

पोषक जानकारी

1 हिस्से से मिलेगा

प्रोटीन	:	1 सर्विंग
हरी पत्तेदार, पीली सब्जियां व फल	:	½ सर्विंग
अन्य फल		1 सर्विंग
वसा	:	½ सर्विंग

फिलर अप

पुराने सैंडविच के स्वाद से तंग आ गई हैं तो मिक्स-मैच फार्मूला अपनाएं :

- साबुत अनाज से बने एक रोल के लिए पालक, तुलसी, सरसों व टमाटर भून लें।
- गेहूं के आटे से बने एक टॉर्टिला के लिए सन ड्राइद टमाटर पेस्टो, तुलसी पत्ती, भुनी लाल शिमला मिर्च व लाल प्याज, सूरजमुखी के बीज युक्त पेस्टो इस्तेमाल करें।
- पिट्टा के लिए ग्रिल्ड चिकन ब्रेस्ट, नॉट हनी मस्टर्ड, स्विस चीज़, सलाद पत्ता, खरबूजा व आम इस्तेमाल करें।
- चिकन, पेस्टो, सरसों के दाने, पारमेसन चीज़, तुलसी पत्ती, भुनी शिमला मिर्च, एक गेहूं के आटे के रोल पर।
- टर्की ब्रेस्ट, जलकुंभी, टमाटर स्लाइस, स्विस चीज व डिज़ोन मस्टर्ड, गेहूं के आटे के एक ब्रेड पर।
- साबुत अनाज से बने एक रोल पर टर्की ब्रेस्ट, शार्प चेड्डर चीज़, जलकुंभी व ऑल-फ्रूट क्रॉनबेरी सॉस।
- गेहूं के आटे से बने एक इंगलिश मफिन पर सख्त उबले अंडों के स्लाइस, पारमेसन चीज़, बेबी पालक पत्ते व टमाटर।
- गेहूं के आटे से बने बैगल पर अंडे का सलाद, पिसी सरसों, शेव्ड पारमेसन चीज़, जलकुंभी व टमाटर स्लाइस।
- साबुत अनाज से बने एक ब्रेड पर चेड्डर चीज़, नॉट हनी मस्टर्ड, सेब के पतले स्लाइस व जलकुंभी।
- गेहूं के आटे से बने पिट्टा पर प्रोवलोन चीज़, रॉकेट पेस्ट, टमाटर व तुलसी पत्ती।
- गेहूं के आटे से बने रोल पर मौज़रेला चीज़, सन ड्राइड टमाटर पेस्ट, टमाटर स्लाइस, भुनी शिमला मिर्च व पोर्टबेलो मशरूम।
- गेहूं के आटे से बने एक टॉर्टिला पर ग्रिल्ड पोर्टबेलो मशरूम, भुनी शिमला मिर्च, पेस्टो, लाल प्याज के स्लाइस, रॉकेट व प्रोवलॉन चीज़।
- गेहूं के आटे से बने पिट्टा पर ग्रिल्ड आबरजीन कतरा सलाद पत्ता, हम्स व कतरा स्विस चीज़।

सूप और चिलीज

'सूप' शब्द के कई मतलब हो सकते हैं। गर्मियों की किसी सुहानी शाम को नाश्ते की शुरुआत के लिए एवोकाडो के साथ टमाटर सूप लें। सर्दियों की शाम के लिए मीट बार्ली सूप या टर्की चिली हाजिर है। एक लंबी दोपहर के बीच गुलाबी वेज और एडमम सूप या लाल मसूर व टमाटर सूप ठीक रहेगा। बस एक बात कॉमन है कि यहां दिया गया हर सूप पौष्टिकता से भरपूर है। जो मॉम कुछ खा न पाएं, वे मजे से सूप तो पी ही सकती हैं।

ब्रोकली व चीज़ सूप

ब्रोकली, चीज़ व आलू की दोस्ती तो जाने कब से चली आ रही है, यह मखमली, विटामिन से भरपूर सूप, क्रीम डालने से और भी जायकेदार हो जाएगा।

1 बड़ा चम्मच मक्खन/ऑलिव ऑयल
½ मध्यम आकार का प्याज, कटा हुआ
1 कली लहसुन, पिसी हुई
350 ग्राम ब्रोकली के फूल
1 मध्यम आकार का आलू, टुकड़ों में कटा
600 मि.ली. लो-सोडियम चिकन ब्रोथ/वेज ब्रोथ
90 ग्राम बारीक कद्दूकस चेड्डर चीज़
60 मि.ली. बटर मिल्क
नमक व काली मिर्च

1. एक बड़े सॉसपैन में धीमी आंच पर मक्खन पिघलाएं। प्याज व लहसुन डालकर 5 मिनट तक भूनें ताकि वह नरम हो जाए।
2. ब्रोकली, आलू व चिकन ब्रोथ मिलाकर आंच तेज करें व उबाल आने दें। फिर आंच कम करके पैन ढकें व 7 मिनट तक आलू व ब्रोकली पकाएं।
3. अब ब्रोकली का मिश्रण थोड़ा ठंडा होने दें। इसे प्रोसेसर में पीसकर प्यूरी बना लें।
4. सॉसपैन में सूप को पलटें। 30 ग्राम चीज़ व बटर मिल्क मिलाएं व 3 मिनट तक धीमी आंच पर पिघलने दें। स्वाद के अनुसार नमक-काली मिर्च छिड़कें। कटोरे में सूप परोसें व ऊपर बचा चीज़ छिड़कें।

जलन, बेबी, जलन

अगर गर्भावस्था में अपच से परेशान हैं तो सूप में प्याज व लहसुन न डालें।

2 व्यक्तियों के लिए

पोषक जानकारी

1 हिस्से से मिलेगा

प्रोटीन : ½ सर्विंग
कैल्शियम : 2 सर्विंग
विटामिन सी : 2 सर्विंग
हरी पत्तेदार, पीली सब्जियां व फल : 2 सर्विंग
अन्य फल : ½ सर्विंग
वसा : ½ सर्विंग

अदरक व गाजर सूप

जब मॉर्निंग सिकनेस से हालत खराब हो तो अदरक-गाजर सूप, विटामिन लेने का अच्छा तरीका है।

2 छोटे चम्मच ऑलिव ऑयल/मक्खन
1 मध्यम आकार का प्याज, कटा हुआ
500 ग्राम छोटी गाजर
2'' अदरक का टुकड़ा, छिला व बारीक कटा
1 लिटर लो-सोडियम चिकन ब्रोथ/ वेज ब्रोथ
ताजा नींबू का रस
नमक व काली मिर्च
सादा लो-फैट दही या बटर मिल्क
1 कली लहसुन, पिसी हुई

1. एक बड़े सॉसपैन में धीमी आंच पर ऑलिव ऑयल गर्म करें। प्याज व लहसुन 5 मिनट तक भूनने के बाद गाजर व लहसुन मिलाएं। 2 मिनट तक लगातार चलाएं।
2. अब आंच थोड़ी तेज करके चिकन ब्रोथ डालें व उबाल आने दें। सॉसपैन ढकें, धीमी आंच पर गाजर गलने तक, 15 मिनट पकाएं।
3. जब सूप थोड़ा ठंडा हो जाए तो थोड़ा-थोड़ा करके प्रोसेसर में पीस लें।
4. फिर सूप को सॉसपैन में पलटें। नींबू का रस, नमक व काली मिर्च मिलाएं। धीमी आंच पर गर्म करें। फिर कटोरे में पलटें। इस पर एक बड़ा चम्मच दही या बटर मिल्क डालें। इस सूप को ढककर, फ्रिज में दो दिन रख सकते हैं।

टेस्ट किचन से

प्याज-लहसुन भूनने के समय उबकाई आती है तो गाजर, प्याज के मोटे टुकड़े, अदरक व ब्रोथ एक बर्तन में डालें। उबाल आने पर आंच धीमी करें व ठंडा होने पर पीस लें। नींबू का रस, नमक व मिर्च छिड़कें। किचन में प्याज की बदबू के बिना सूप तैयार है।

4 व्यक्तियों के लिए

पोषक जानकारी

1 हिस्सा (1 बॉउल) से मिलेगा

विटामिन सी : ½ सर्विंग
हरी पत्तेदार, पीली सब्जियां व फल : 3 सर्विंग
अन्य फलः ½ सर्विंग

बटरनट स्क्वैश व नाशपाती सूप

बेशक नाम सुनकर लगता है कि बनाना काफी मुश्किल होगा, लेकिन यह बड़ी जल्दी बनता है और पोषण से भी भरपूर है। स्क्वैश व नाशपाती का मेल आपको एक अनूठा स्वाद देने वाला है।

1 छोटा बटरनट स्क्वैश (करीब 750 ग्राम)
750 मि.ली. लो-सोडियम वेज ब्रोथ/चिकन ब्रोथ नमक
1 बड़ा चम्मच मक्खन/सफेद सरसों का तेल
1 छोटा प्याज, बारीक स्लाइस
2 लाल नाशपाती, छिलके व बीज रहित, कटी हुई
1½ छोटा चम्मच करी पाउडर
3/4 छोटा चम्मच पिसी हल्दी
½ छोटा चम्मच पिसा अदरक (चाहें तो)
75 ग्राम सादा होल-मिल्क योगर्ट
60 ग्राम बारीक कतरा चेड्डर चीज़
सफेद शिमला मिर्च

1. स्क्वैश, 600 मि.ली. वेज ब्रोथ व थोड़ा नमक मिलाकर एक बर्तन में उबलने रखें। उबाल आने पर आंच धीमी करें व 35 मिनट तक स्क्वैश गलने तक पकाएं। अब स्क्वैश निकालकर, इसका पानी एक ओर रखें।

2. जब स्क्वैश पक रहा हो तो उस दौरान एक पैन में मक्खन पिघलाएं। प्याज डालकर 5 मिनट तक भूनें। नाशपाती डालकर 5 मिनट तक भूनें। फिर करी पाउडर, हल्दी व वेज ब्रोथ मिलाकर धीमी आंच पर रखें। इसे ढककर 10 मिनट तक पकाएं।

3. नाशपाती-प्याज के मिश्रण को पके स्क्वैश में मिलाएं। फिर यह मिश्रण ठंडा हो जाए तो प्रोसेसर में पीसकर प्यूरी बना लें।

4. अब सूप को पैन में पलटें। दही, नमक व काली मिर्च डालें। सॉसपैन को आंच पर रखें व 2-3 मिनट तक गर्म होने दें, उबाल न आने पाए। अब सूप को कटोरों में डालें व चेड्डर चीज़ से सजाकर परोसें। बाकी सूप फ्रिज में दो दिन तक ढककर रख सकती हैं, इसे फिर से परोसने से पहले गर्म करें।

टेस्ट किचन से

दो ही लोग सूप लेंगे? कोई बात नहीं। चरण तीन तक सारा सूप बनाएं। फिर मात्रा आधी करें व बाकी का चरण पूरा करें। बचे सूप को गरम करें व चौथा चरण अपनाने के बाद परोसें।

4 व्यक्तियों के लिए

पोषक जानकारी

1 हिस्सा (1 बॉउल) से मिलेगा

कैल्शियम	:	**½ सर्विंग**
हरी पत्तेदार, पीली सब्जियां व फल	:	**2 सर्विंग**
अन्य फल	:	**1 सर्विंग**

शकरकंदी विशीसोस

शकरकंदी विशीसोस सूप स्वयं को पीली सब्जियां खिलाने का पारंपरिक तरीका है। इसका भरपूर आनंद लें।

1 बड़ा चम्मच ऑलिव ऑयल
2 बड़ी लीक, साफ-धुली व बारीक स्लाइस
2 शकरकंदी, छिली व कटी हुई
750 मि.ली. लो-सोडियम चिकन/वेज ब्रोथ
15 ग्राम कटी ताजी पार्सले
नमक व काली मिर्च

1. एक सॉसपैन में मध्यम-तेज आंच पर ऑलिव ऑयल गर्म करें। लीक नर्म होने तक लगभग 3 मिनट पकाएं। फिर शकरकंदी डालकर 5 मिनट तक पकाएं, चिकन ब्रोथ व पार्सले डालकर उबाल आने दें। अब आंच धीमी करें व शकरकंदी के बिल्कुल नरम होने तक 10 मिनट तक पकाएं।
2. सूप ठंडा हो जाए तो फूड प्रोसेसर में डालकर पीसें। इसमें नमक-काली मिर्च मिलाकर ठंडा/गर्म परोसें। गर्म करना हो तो धीमी आंच पर करें। इसे ढककर फ्रिज में चार दिन तक रख सकती हैं।

टेस्ट किचन से

अगर सूप को थोड़ा पतला करना चाहें तो सूप ठंडा होने के बाद थोड़ा दूध या बटर मिल्क मिलाएं। एक क्रीमयर स्वाद व कैल्शियम बोनस भी मिलेगा।

4 व्यक्तियों के लिए

पोषक जानकारी

1 हिस्सा (1 बॉउल) से मिलेगा

विटामिन सी	:	**½ सर्विंग**
हरी पत्तेदार, पीली सब्जियां व फल	:	**1 सर्विंग**
अन्य फल	:	**½ सर्विंग**

टमाटर सूप विद एवोकाडो

मजेदार, लज्जतदार सूप

2 छोटे चम्मच ऑलिव ऑयल
3 हरे प्याज, सफेद व हरे हिस्से, साफ व कटे हुए
½ छोटा चम्मच दरदरा पिसा लहसुन
4 पके टमाटर, बारीक कटे या 350 मि.ली. डिब्बाबंद टमाटर (जूस रहित)
1 लिटर टमाटर जूस/वेज जूस
15 ग्राम ताजी तुलसी पत्ती, बारीक कटी
नमक व काली मिर्च
कटा एवोकाडो, परोसने के लिए

½ लाल शिमला मिर्च, बारीक कटी, परोसने के लिए
4 नींबू वैजिस, परोसने के लिए

1. एक सॉसपैन में ऑलिव ऑयल गर्म करें। हरा प्याज व लहसुन डालकर करीब 2 मिनट तक भूनें।
2. अब टमाटर, टमाटर का जूस व तुलसी पत्ती मिलाकर उबाल आने दें। फिर आंच धीमी करें व सूप को 15 मिनट तक पकने दें। नमक व काली मिर्च छिड़कें।
3. सूप को कटोरे में पलटें। एवोकाडो व शिमला मिर्च छिड़ककर, नींबू वैजिस से परोसें। इसे चिल्ड भी परोस सकते हैं व दो दिन तक ढककर फ्रिज में भी रख सकते हैं।

4 व्यक्तियों के लिए

पोषक जानकारी

1 हिस्सा (1 बॉउल) से मिलेगा

विटामिन सी
(टमाटर जूस) : 2½ सर्विंग
(वेज जूस) : 3 सर्विंग
हरी पत्तेदार, पीली सब्जियां व फल
(वेज जूस) : 1½ सर्विंग

लाल मसूर व टमाटर सूप

हरे या काले की बजाय लाल मसूर सुंदर होने के अलावा क्रीमी स्वाद भी देते हैं। टमाटर, गाजर व सेलेरी इसे और भी स्वादिष्ट व पोषक बना देते हैं।

1 बड़ा चम्मच ऑलिव ऑयल
1 मध्यम आकार का प्याज, कटा हुआ
½ छोटा चम्मच पिसा जीरा
½ छोटा चम्मच पिसी हल्दी
½ छोटा चम्मच पिसा ऑलस्पाइस
½ बड़ा चम्मच पिसा ताजा अदरक
600 मि.ली. वेज ब्रोथ/ लो-सोडियम चिकन ब्रोथ
100 ग्राम लाल मसूर
1 बड़ी रिब सेलेरी, कटी हुई
1 छोटी गाजर, कटी हुई
4 पके टमाटर, बारीक कटे हुए
नमक व काली मिर्च

1. एक बड़े सॉसपैन में तेल गर्म करें व प्याज मिलाकर 5 मिनट तक भूनें।
2. अब जीरा, हल्दी, ऑलस्पाइस व अदरक डालकर पकाते हुए 1 मिनट तक लगातार चलाएं।
3. अब वेज ब्रोथ, मसूर, सेलेरी, गाजर व 3 कटे टमाटर मिलाकर मध्यम तेज आंच पर रखें व उबाल आने दें, फिर आंच धीमी करें। करीब आधे घंटे तक मसूर नरम होने तक पकाएं।
4. बाकी बचा टमाटर मिलाकर नमक व काली मिर्च छिड़कें। सूप को गर्म होने

दें ताकि टमाटर भी अच्छी तरह गर्म हो जाए। इस सूप को फ्रिज में ढककर, दो दिन तक रख सकती हैं।

नोट : यदि आधा सूप परोस रही हों तो 1 कटा टमाटर ही डालें। जब बचा सूप दोबारा गरम हो तो बाकी कटा टमाटर मिलाएं।

टेस्ट किचन से

अगर बाजार में लाल मसूर न मिले तो आप काले मसूर लें। वे गलने में थोड़ा ज्यादा समय लेंगे, लगभग 45 मिनट - 1 घंटा।

2 व्यक्तियों के लिए

पोषक जानकारी

1 हिस्सा (1 बॉउल) से मिलेगा

प्रोटीन	:	½ सर्विंग
विटामिन सी	:	1 सर्विंग
हरी पत्तेदार, पीली सब्जियां व फल	:	1 सर्विंग
अन्य फल	:	½ सर्विंग
साबुत अनाज	:	1½ सर्विंग
वसा	:	½ सर्विंग

भुनी सब्जियों का सूप

यह गाढ़ा व मजेदार सूप विटामिन से भरपूर है, पर इसमें क्रीम या बटर का निशान तक नहीं। सब्जियां भूनने में थोड़ा समय तो लगेगा, पर आधे घंटे से कम समय में ही एक स्वादिष्ट सूप आपके सामने होगा।

कुकिंग ऑयल स्प्रे
2 मध्यम गाजर, 1'' के टुकड़े में कटे हुए
2 मध्यम चुकंदर, 1'' के टुकड़े में कटे हुए
1 छोटी स्वीड, 1'' के टुकड़े में कटे हुए
1 छोटा लाल प्याज, टुकड़े में कटे हुए
1 बड़ा चम्मच ऑलिव ऑयल
नमक व काली मिर्च
4 बड़े चम्मच ताजी थाइम पत्ती
750 मि.ली. चिकन ब्रोथ
भुने कद्दू के बीज
कटी ताजी पार्सले

1. ओवन को 200°C (400°F) या गैस मार्क 6 पर पहले से गर्म करें। एक बड़ी बेकिंग शीट पर कुकिंग गैस ऑयल स्प्रे करें।

2. गाजर, चुकंदर, स्वीड व प्याज एक बडे डोंगे में रखें। ऑलिव ऑयल डालकर मिलाएं। इस वेज मिश्रण को बेकिंग शीट पर एकसार फैलाएं। थोड़ा नमक-काली मिर्च छिड़ककर, 3 छोटे चम्मच थाइम पत्ती छिड़कें।

3. सब्जियों को 45 मिनट तक, नरम होने तक पकाएं व बीच-बीच में लगातार चलाएं।

4. भुनी सब्जियो को एक सॉसपैन में डालें। 750 मि.ली. चिकन ब्रोथ व 1½ छोटा चम्मच थाइम मिलाएं, उबाल आने पर आंच धीमी करें व करीब 15 मिनट तक पकाएं।

5. सूप थोड़ा ठंडा करें व फूड प्रोसेसर में पीसें। अगर सूप गाढ़ा हो तो चिकन ब्रोथ मिलाकर पतला करें। सभी मसाले, नमक व काली मिर्च मिलाएं।

6. अगर सूप ज्यादा ठंडा हो जाए तो धीमी आंच पर फिर से गर्म करें व हिलाएं। परोसने से पहले कद्दू के बीज व पार्सले छिड़कें। इस सूप को फ्रिज में दो दिन तक रख सकती हैं।

4 व्यक्तियों के लिए

पोषक जानकारी

1 हिस्सा (1 बॉउल) से मिलेगा

हरी पत्तेदार, पीली सब्जियां व फल	**: 1 सर्विंग**
अन्य फल	**: 1 सर्विंग**

स्पाइस्ड अप गैज़पाचो

आप इसे एक बार बना लें तो कई दिन तक स्टार्टर या स्नैक की जगह खा सकती हैं। ऑलिव ऑयल इसे पौष्टिक बनाता है, पर इसके बिना भी ताजगी देगा।

6 पके टमाटर, कटे हुए

1 छोटा खीरा, छिलके व बीज रहित, कटा हुआ

1½ बड़ी लाल शिमला मिर्च, कटी हुई

1 छोटा लाल प्याज, कटा हुआ

1 कली लहसुन, पिसी हुई

3 बड़े चम्मच ताजी कटी पार्सले

2 बड़े चम्मच ताजी कटी तुलसी पत्ती

1 बोतल लहसुन जूस/वेज जूस

3 बड़े चम्मच रेड वाइन सिरका

3 बड़े चम्मच ऑलिव ऑयल

1 बड़ा चम्मच ताजा नींबू का रस

नमक व काली मिर्च

टाबस्को सॉस

1. टमाटर, खीरा, शिमला मिर्च, प्याज, लहसुन, पार्सले, बेसिल, टमाटर का रस, वाइन सिरका, ऑलिव ऑयल व नींबू का रस फूड प्रोसेसर में डालकर चलाएं ताकि सब कुछ मिल जाए।

2. गैज़पाचो को एक बड़े कटोरे में डालकर नमक, काली मिर्च व टाबस्को सॉस छिड़कें। सूप को फ्रिज में तीन दिन तक रख सकती हैं। तैयार सूप को कटोरों या गिलासों में परोसें।

नोट : यदि सूप को थोड़ा पतला व अधिक पौष्टिक बनाना चाहें तो टमाटर/वेज जूस की मात्रा बढ़ाएं।

टेस्ट किचन से

चाहें तो इस गैज़पाचो में कुछ बदलाव भी कर सकती हैं।

- टमाटर जूस की जगह 'वी 8' लें। सब्जियां पूरी पीसने की बजाय दरदरी करें।
- तुलसी की जगह धनिया डालें व कटे एवोकाडो से सजाएं।
- परोसने से पहले दो सख्त उबले अंडे डालें।
- दो पके प्रॉन या स्कैलोप लंबाई में काटें व तैयार सूप में डालें, चिल्ड पके केकड़े या लॉबस्टर भी मिला सकती हैं।

6 व्यक्तियों के लिए

पोषक जानकारी

1 हिस्सा (1 बाउल) से मिलेगा

विटामिन सी	:	½ सर्विंग
हरी पत्तेदार, पीली सब्जियां व फल	:	2 सर्विंग
अन्य फल	:	½ सर्विंग
वसा	:	½ सर्विंग

वेज एंड एडमम सूप

यह सूप सोयाबीन व बींस के मेल के कारण लाजवाब है। यह पूरी तरह से तरल नहीं, इसलिए थोड़ा चबाने का भी मजा आएगा। फिर चीज़ से स्वाद व कैल्शियम दोनों ही बढ़ेंगे।

1 बड़ा चम्मच ऑलिव आयॅल

1 छोटा प्याज, कटा हुआ

1 कली लहसुन, पिसी हुई

4 बड़े टमाटर, कटे हुए

2 मध्यम गाजर, कटी हुई

750 मिली वेज ब्रोथ

2 छोटे चम्मच ताजी थाइम पत्ती

15 ग्राम कटी ताजी पार्सले

175 ग्राम सोयाबीन के पके दाने

400 ग्राम कैनेलिनी बींस

नमक व काली मिर्च

125 ग्राम कतरा प्रोवलोन या चेड्डर चीज़

1. एक बड़े सॉसपैन में मध्यम आंच पर ऑलिव ऑयल गर्म करें। प्याज व लहसुन डालकर 5 मिनट तक भूनें। फिर टमाटर व गाजरें डालकर, गाजर नरम होने तक पकाएं।

2. अब 750 मि.ली. वेज ब्रोथ, थाइम व पार्सले एक सॉसपैन में डालें। आंच तेज करके उबाल आने दें। फिर ढक्कन

लगाकर आंच कम कर दें। सूप को सब्जियां नरम होने व गलने तक, 15 मिनट तक पकाएं।

3. जब सूप थोड़ा ठंडा हो जाए तो प्रोसेसर में डालकर पीस लें। फिर सूप को सॉसपैन में वापिस डालें व बची सब्जियां, सोयाबीन व बींस मिला दें।

4. सूप को धीमी आंच पर गर्म होने दें ताकि बींस गर्म हो जाएं। सूप में स्वादानुसार नमक व काली मिर्च छिड़कें। परोसने से पहले सूप पर थोड़ा चीज़ भी डालें। इसे ढककर फ्रिज में दो दिन तक रख सकते हैं।

4 व्यक्तियों के लिए

पोषक जानकारी

1 हिस्सा (1 बॉउल) से मिलेगा

प्रोटीन	:	**½ सर्विंग**
कैल्शियम	:	**1 सर्विंग**
विटामिन सी	:	**1 सर्विंग**
हरी पत्तेदार, पीली सब्जियां व फल	:	**1 सर्विंग**
साबुत अनाज	:	**1 सर्विंग**
आयरन	:	**बींस व एडमम**

काली बींस की सूप

सूप बनाने का इससे आसान तरीका हो ही नहीं सकता। इसको चेड्डर चीज़ व सलाद से परोसें, तो लंच या डिनर कह सकती हैं। बचा हुआ कल काम आ जाएगा।

1 बड़ा चम्मच ऑलिव ऑयल
1 छोटा प्याज, कटा हुआ
1 छोटा चम्मच पिसा लहसुन
1 मध्यम पीली शिमला मिर्च, कटी हुई
1 छोटा चम्मच पिसा जीरा
450 ग्राम काली बींस, धुली व साफ
400 ग्राम लो-सोडियम चिकन ब्रोथ
2 बड़े चम्मच कटा ताजा धनिया
काली मिर्च
टाबस्को सॉस
कटा एवोकाडो
कटा टमाटर
60 ग्राम कतरा चीज़, परोसने के लिए
3 नींबू परोसने के लिए

1. एक मध्यम आकार के सॉसपैन में ऑलिव ऑयल गर्म करें। अब प्याज, लहसुन, शिमला मिर्च व जीरा डालकर, सब्जियां गलने तक 5 मिनट पकाएं। फिर काले बींस व चिकन ब्रोथ डालकर गर्म होने तक, 3 से 4 मिनट पकाएं।

2. सूप थोड़ा ठंडा हो जाए तो थोड़ा-थोड़ा करके पीसें। साथ ही 1 बड़ा चम्मच धनिया भी मिलाएं।

3. सूप को पैन में पलटें। स्वाद के अनुसार काली मिर्च छिड़कें। थोड़ा गर्म करके चाहे तो टाबस्को सॉस मिलाएं। अब सूप को धीमी आंच पर अच्छी तरह गर्म होने दें।

सूप बन जाए मील

कतरे चीज़ सलाद व होल ग्रेन ब्रेड के साथ यही सूप मील बन जाएगा या सूप में थोड़ा पिघला चीज़ मिलाएं व थरमस में भरकर ऑफिस ले जाएं।

4. सूप को परोसने वाले कटोरों में निकालें व बाकी बचा 1 बड़ा चम्मच धनिया ऊपर छिड़कें। चाहें तो सूप के ऊपर एवोकाडो, टमाटर व चीज़ रखकर परोसें, साथ में नींबू वैजिस भी रखें।

2 व्यक्तियों के लिए

पोषक जानकारी

1 हिस्सा (1 बॉउल) से मिलेगा

प्रोटीन	:	**½ सर्विंग**
कैल्शियम	:	**1 सर्विंग**
विटामिन सी	:	**2 सर्विंग**
अन्य फल	:	**½ सर्विंग**
साबुत अनाज	:	**2 सर्विंग**
आयरन	:	**बींस**

चिकन चिली

आपकी औसत चिली से पतला, पर स्वाद में कोई कमी नहीं। मिर्ची अपने स्वाद के हिसाब से डालें। अगर पेट की परेशानी चल रही हो तो काली बींस की बजाय सोयाबीन डालें।

1 बड़ा चम्मच ऑलिव ऑयल

1 मध्यम प्याज, कटा हुआ

2 कली लहसुन, पिसी हुई

750 ग्राम पिसा टर्की ब्रेस्ट/चिकन ब्रेस्ट

1 लाल शिमला मिर्च, कटी हुई

1 पीली शिमला मिर्च, कटी हुई

1 छोटा जलापीनो पैपर, बीज रहित व कटी हुई

1/2 छोटे चम्मच मिर्च पाउडर

1 बड़ा चम्मच पिसा जीरा

450 ग्राम डिब्बाबंद काली बींस/राजमा

400 ग्राम डिब्बाबंद कटे टमाटर, जूस सहित

175 ग्राम कतरा चेड्डर चीज़

2 बड़े चम्मच ताजा कटा धनिया

1. एक बड़े सॉसपैन में ऑलिव ऑयल गर्म करें। प्याज व लहसुन मिलाकर 2 मिनट तक भूनें। अब टर्की चिकन, लाल व हरी शिमला मिर्च व जलापीनो मिलाकर, शिमला मिर्च गलने तक पकाएं। करीब 3 मिनट बाद लगातार चलाते हुए मिर्च व जीरा मिलाएं व सूप में सुगंध आने तक 2 मिनट और पकाएं।

2. अब बींस व टमाटर मिलाकर धीमी आंच पर पकने दें। आंच कम करके करीब 10 मिनट तक पकने दें।

3. अब टर्की/ चिकन चिली को कटोरों में निकालें तथा धनिए व चीज़ से सजाकर परोसें। इसे फ्रिज में तीन दिन तक रख सकते हैं।

रैप कीजिए और खाइए

बची टर्की या वेज चिली को थोड़े कटे टमाटर, एवोकाडो, साल्सा व लो-फैट सौर क्रीम के साथ गेहूं के आटे से बनेगी टार्टिला में लपेटे व भरपूर लंच/डिनर का मजा लें।

6 व्यक्तियों के लिए

पोषक जानकारी

1 हिस्सा (बॉउल) से मिलेगा

प्रोटीन	:	1 सर्विंग
कैल्शियम	:	1 सर्विंग
विटामिन सी	:	2 सर्विंग
हरी पत्तेदार, पीली सब्जियां व फल	:	½ सर्विंग
साबुत अनाज	:	½ सर्विंग
आयरन	:	बींस

वेज चिली

बस भूख लगी है तो इस वेज चिली पर टूट पड़ें। हां, गैस की दिक्कत हो तो बींस की जगह सोयाबीन डालें।

2 बड़े चम्मच ऑलिव ऑयल

1 छोटी लाल शिमला मिर्च, कटी हुई

1 गाजर, चंक्स किए हुए

1 छोटा प्याज, कटा हुआ

1 कली लहसुन, पिसी हुई

1/2 छोटा चम्मच मिर्च पाउडर

1½ छोटा चम्मच पिसा जीरा

400 ग्राम डिब्बाबंद टमाटर, जूस सहित

450 ग्राम राजमा/काली बींस

100 ग्राम दानेदार टैक्सचर्ड सोया प्रोटीन

125 मिली पानी

125 ग्राम कतरा चेड्डर चीज़

1. ऑलिव ऑयल को एक बड़े सॉसपैन में, मध्यम आंच पर गर्म करें। शिमला मिर्च, गाजर, प्याज व लहसुन मिलाकर 5 मिनट तक पकाएं। लगातार चलाते हुए मिर्च व जीरा डालें तथा 2 मिनट और पकाएं ताकि सूप में सुगंध आ जाए।

2. अब सॉसपैन में टमाटर, बींस, टैक्सचर्ड सोय प्रोटीन व पानी मिलाएं। फिर धीमी आंच पर 10 मिनट तक मसाले मिलने तक पकाएं। यदि चाहें तो थोड़ी मिर्च और डालें।

3. अब वेज चिली को कटोरों में निकालें। 2 बड़े चम्मच चेड्डर चीज़ छिड़कें। इस चिली को ढककर, फ्रिज में तीन दिन तक रख सकती हैं, बाद में हल्का गर्म करके खाएं।

4 व्यक्तियों के लिए

पोषक जानकारी

1 हिस्सा (1 बॉउल) से मिलेगा

प्रोटीन	:	½ सर्विंग
कैल्शियम	:	1 सर्विंग
विटामिन सी	:	1½ सर्विंग
हरी पत्तेदार, पीली सब्जियां व फल	:	1 सर्विंग
साबुत अनाज	:	1 सर्विंग
आयरन	:	बींस से

मैक्सिकन टॉर्टिला सूप

25 मिनट से भी कम समय में यह व्यंजन आपको मैक्सिकन स्वाद देने के लिए तैयार है। यदि छाती में जलन हो तो लहसुन न डालें।

4 कॉर्न टॉर्टिला
1 बड़ा लहसुन
2 बड़े चम्मच ऑलिव ऑयल
2 मध्यम प्याज, बारीक कटे
500 ग्राम चर्बी रहित, हड्डी रहित चिकन ब्रेस्ट
2 तेजपत्ते
2 गाजर, बारीक कटी
1 छोटा चम्मच पिसा जीरा
1 लिटर लो-सोडियम चिकन ब्रोथ
400 ग्राम डिब्बाबंद कटे टमाटर
3 बड़े चम्मच ताजा धनिया

1. ओवन को 150°C (300°F) या गैस मार्क 2 पर पहले से गर्म कर लें।
2. टॉर्टिला को 1 1/4 से.मी. की चौड़ी पट्टियों में काटें व एक रिम्ड बेकिंग शीट पर बिछा दें। टॉर्टिला को करीब, 20 मिनट तक क्रिस्पी होने तक बेक करें। (इन्हें एयरटाइट डिब्बे में बंद करके, एक सप्ताह तक प्रयोग में ला सकती हैं।)
3. इस दौरान लहसुन का छिलका उतारें। इसे आधा तिरछा काटें।
4. एक बड़े सॉसपैन में ऑलिव ऑयल गर्म करें। प्याज डालकर 2 मिनट तक पकाएं। फिर चिकन, गाजर, तेजपत्ता, जीरा व लहसुन डालकर, कम से कम 3 मिनट तक पकाएं, ताकि चिकन नरम हो जाए।
5. चिकन ब्रोथ व टमाटर डालकर आंच तेज करें व उबाल आने दें। फिर आंच

धीमी करें व करीब 10 मिनट तक पकाएं।

6. अब लहसुन व तेजपत्ता निकाल दें। यदि सूप बचाकर रखना चाहें तो तीन दिन तक फ्रिज में रख सकती हैं। सूप उस पर कटोरों में डालकर उन पर धनिया छिड़कें, थोड़ा नींबू का रस डालकर टॉर्टिला की पट्टियां भी छिड़कें।

टेस्ट किचन से

टॉर्टिला सूप में इन्हें भी आजमाएं।

- कटा एवोकाडो
- कटी शिमला मिर्च
- पिसी जलापीनो पैपर्स
- कतरा चेड्डर चीज

4 व्यक्तियों के लिए

पोषक जानकारी

1 हिस्सा (1 बॉउल) से मिलेगा

प्रोटीन	:	1 सर्विंग
विटामिन सी	:	½ सर्विंग
हरी पत्तेदार, पीली सब्जियां व फल	:	1 सर्विंग
अन्य फल	:	1 सर्विंग
साबुत अनाज	:	1 सर्विंग
वसा	:	½ सर्विंग

क्रीम ऑफ द क्रॉप

क्रीम सूप तो पसंद है, पर उससे मिलने वाली कैलोरी नहीं चाहिए।

1. तैयार सूप में 125 ग्राम पिसा नरम टोफू मिलाएं।

2. सूप बनाते समय कटा आलू मिलाने से भी क्रीमी टैक्सचर मिलेगा।

3. लो-फैट दूध भी काम आ सकता है। सूप परोसने से ठीक पहले दूध या बटर मिल्क मिलाएं, हल्का-सा चलाने के बाद धीमी आंच पर रखें व फेंटे।

4. दही डालने से भी सूप क्रीमी व गाढ़ा हो सकता है। दही को गर्म सूप में फेंटकर तत्काल परोसें।

मछली व आलू चेड्डर

आप बड़े मजे से इस व्यंजन का आनंद ले सकती हैं, साथ में हरा सलाद ले लें तो पूरा खाना हो जाएगा।

1 बड़ा चम्मच ऑलिव ऑयल
1 मध्यम प्याज, कटा हुआ
1 गुच्छी सेलेरी, कटी हुई
1 मध्यम गाजर, कटी हुई
350 मि.ली. लो-सोडियम चिकन ब्रोथ/वेज ब्रोथ
250 मि.ली. बटर मिल्क
4 छोटे लाल आलू, छिले व कटे हुए
नमक व काली मिर्च स्वादानुसार
250 ग्राम सालमन, टिलापिया, लाल स्नैपर, फिलेट, 2½ से.मी. क्यूब में कटे हुए
1 बड़ा चम्मच कटी ताजा डिल
½ मध्यम शिमला मिर्च, बारीक कटी

1. एक बड़े सॉसपैन में मध्यम आंच पर ऑलिव ऑयल गर्म करें। प्याज, सेलेरी व गाजर डालें तथा नरम होने तक 5 मिनट पकाएं।

2. आंच धीमी करके चिकन ब्रोथ व बटर मिल्क डालें। सूप को धीमी आंच पर पकने दें।

3. अब आलू मिलाकर, धीमी आंच पर 10 मिनट तक गलाएं। सूप में नमक व काली मिर्च डालें। यदि फ्रिज में रखना चाहे तो ठंडा करके फ्रिज में एक दिन रख सकती हैं। फिर गर्म करके परोसें।

4. ताजी डिल मिलाकर सूप को धीमी आंच पर पकने दें, ज्यादा न पकाएं। फिर चाहें तो थोड़ी शिमला मिर्च छिड़ककर परोसें।

टेस्ट किचन से

व्यंजन को थोड़ा अधिक पौष्टिक बनाना चाहें तो लाल आलू की जगह शकरकंदी मिला सकती हैं।

2 व्यक्तियों के लिए

पोषक जानकारी

1 हिस्से से मिलेगा

प्रोटीन	:	**1 सर्विंग**
कैल्शियम	:	**½ सर्विंग**
विटामिन सी	:	**1½ सर्विंग**
हरी पत्तेदार, पीली सब्जियां व फल	:	**1½ सर्विंग**
अन्य फल	:	**1 सर्विंग**
वसा	:	**½सर्विंग**

मीट व बार्ली सूप

पेश है, मजेदार ऑल-इन-वन मीट व बार्ली सूप। ऊपर से कतरा चीज़ परोसकर कैल्शियम की मात्रा बढ़ा सकती हैं।

1 बड़ा चम्मच ऑलिव ऑयल
500 ग्राम मीट, क्यूब में कटा हुआ
1 छोटा प्याज, कटा हुआ
4 कली लहसुन, पिसी हुई
500 ग्राम छोटी गाजर, कटी हुई
2 छोटे चम्मच सूखी ऑरीगेनो
1 लिटर लो-सोडियम चिकन ब्रोथ/वेज ब्रोथ
1 तेजपत्ता
100 ग्राम पर्ल बार्ली
250 ग्राम कटे मशरूम
नमक व काली मिर्च, स्वादानुसार

1. एक बड़े पैन में तेल गर्म करें व मीट को नरम होने तक पकाएं। फिर प्याज, लहसुन, गाजर व ऑरीगेनो डालकर नरम होने तक पकाएं।

2. चिकन ब्रोथ व तेजपत्ता मिलाएं। उबाल आने पर आंच धीमी करें व करीब 45 मिनट तक धीमी आंच पर ही पकाएं।

3. फिर बार्ली व मशरूम मिला दें। बार्ली के नरम होने तक, करीब 30 मिनट और पकाएं। फिर तेजपत्ता निकालकर, सूप में नमक-मिर्च मिलाएं। इसे ढककर, फ्रिज में दो दिन रख सकती हैं।

4 व्यक्तियों के लिए

पोषक जानकारी

1 हिस्से से मिलेगा

प्रोटीन	:	**1 सर्विंग**
हरी पत्तेदार, पीली सब्जियां व फल	:	**3 सर्विंग**
अन्य फल	:	**2 सर्विंग**
साबुत अनाज	:	**½ सर्विंग**
आयरन	:	**मीट से**

■ ■ ■

पास्ता

पास्ता से भरी प्लेट आपके पेट के लिए भी हल्की रहेगी व कुछ खाने की इच्छा भी शांत करेगी। वैसे भी पास्ता प्रेमी गर्भवती महिलाओं के लिए यह खुशखबरी है कि अब मैदे के अलावा साबुत अनाज, हाई-प्रोटीन, और वेज पास्ता भी मिलने लगे हैं। ये न केवल पौष्टिकता से भरपूर है बल्कि इनके मेल से व्यंजनों में भी नया स्वाद आ रहा है और ये काफी रंगीन भी हैं।

आप सी-फूड, पोल्ट्री, वेज या चीज़ किसी के भी साथ पास्ता लेकर इसे मील का नाम दे सकती हैं। 'सॉटेड प्रॉन लिंगुइन', 'होल व्हीट स्पायरल विद चिकन, टिनी टमाटर व पालक' के अलावा, पास्ता की और भी अनेक विधियां आपके लिए प्रस्तुत हैं। इनके एक-एक बाइट का भरपूर आनंद लें।

फैटुसिन विद चिकन एंड वाइल्ड मशरूम

अपने पास्ता के लिए मनपसंद वाइल्ड मशरूम लाएं। दही इसे अल्फ्रेडो फैट के बिना, अल्फ्रेडो सॉस का मजा देगा।

125 ग्राम गेंहू/पालक/ सोय फैटुसीन
1 बड़ा चम्मच ऑलिव ऑयल
250 ग्राम चिकन ब्रेस्ट, बारीक स्लाइस
250 ग्राम कटे मिले-जुले मशरूम (शीटेक व पोर्टोबेलो)
2 हरे प्याज, पिसे हुए
1 बड़ी चम्मच ताजी थाइम पत्ती
125 ग्राम सादा दही
3 बड़े चम्मच ताजी पिसी डिल
100 ग्राम कद्दूकस पारमेसन चीज
नमक व काली मिर्च, स्वादानुसार
2 बड़े चम्मच भुने पाइन नट्स (चाहें तो)

1. एक बड़े बर्तन में पानी उबालें। इसमें पैकेट पर दिए गए निर्देशानुसार फैटुसिन उबालें।

2. इस दौरान मध्यम आंच पर एक बड़े नॉनस्टिक फ्राइंग पैन में ऑलिव ऑयल गर्म करें। चिकन मिलाकर 3 मिनट तक पकाएं। मशरूम, हरा प्याज व थाइम डालकर 3 से 4 मिनट तक गलाएं। दही व डिल मिलाकर टॉस करें। टर्की-मशरूम मिश्रण को ढक दें ताकि गर्म रहें।

3. अब फैटुसिन को छान लें। इसे टर्की-मशरूम मिश्रण में मिलाएं। पारमेसन चीज़, नमक व काली मिर्च छिड़कें। यदि चाहें तो पाइन नट्स डालकर परोसें।

टेस्ट किचन से

गोल कटी गाजर को भाप में पकाकर, इस व्यंजन में मिलाएं। इससे नया रंग व स्वाद आएगा। 2 मिनट तक मशरूम पकाने के बाद गाजर मिलाएं।

2 व्यक्तियों के लिए

पोषक जानकारी

1 हिस्से से मिलेगा

प्रोटीन	:	1½ सर्विंग
(सोया पास्ता)	:	2½ सर्विंग
कैल्शियम	:	1 सर्विंग
अन्य फल व सब्जियां	:	3 सर्विंग
साबुत अनाज	:	2 सर्विंग
वसा	:	½ सर्विंग

होल व्हीट स्पायरल विद चिकन, टिनी टमाटर व पालक

चिकन, चेरी टमाटर व पालक एक रंगीन व स्वाद से भरपूर व्यंजन तैयार करेंगे।

125 ग्राम गेहूं के आटे का या सोय स्पायरल, रोटेल/रेटीनी

1 बड़ा चम्मच ऑलिव ऑयल

250 ग्राम चर्बी रहित, हड्डी रहित चिकन ब्रेस्ट/ टर्की कटलेट, पतले स्लाइस

2 हरे प्याज, बारीक स्लाइस

1 कली लहसुन बारीक कतरा

150 ग्राम चेरी टमाटर

175 ग्राम पालक, साफ व कटी

2 बड़े चम्मच कटी ताजी तुलसी (यदि चाहें)

60 ग्राम कतरा मौज़रेला चीज़

60 ग्राम कतरा पारमेसन चीज़

दरदरी काली मिर्च

1 छोटे नींबू का छिलका (कतरा हुआ)

1. एक बड़े बर्तन में पानी उबालें व पैकेट पर दिए गए निर्देशों के अनुसार पास्ता उबालें।

2. इसी दौरान एक फ्राइंग पैन में, मध्यम आंच पर ऑलिव ऑयल गर्म करें। फिर चिकन मिलाकर 5 से 7 मिनट

तक पकाएं। अब चिकन को पैन से निकालें व एक ओर रखें।

3. हरा प्याज व लहसुन पैन में डालें व मध्यम आंच पर 3 मिनट गलने तक पकाएं। फिर टमाटर डालें व गलने तक पकाएं। चिकन को फिर से पैन में रखें, पालक व तुलसी डालें व ढक्कन लगाकर 1 मिनट पालक के हल्का दबने तक पकाएं। पास्ता तैयार होने तक चिकन सॉस ढककर रखें।

4. पास्ता छानकर फालतू पानी निकाल दें। इसमें पारमेसन चीज़, मौज़रेला व काली मिर्च मिलाएं। पास्ता को दो कटोरों में निकालें। चम्मच से इन पर चिकन सॉस डालें, फिर इस पर नींबू का कतरा छिलका छिड़कें।

2 व्यक्तियों के लिए

पोषक जानकारी

1 हिस्से से मिलेगा

प्रोटीन
(होल व्हीट पास्ता):1½ सर्विंग
(सोया पास्ता) : 2½ सर्विंग
कैल्शियम : 1½ सर्विंग
विटामिन सी : 2 सर्विंग
हरी पत्तेदार, पीली सब्जियां व फल : 3 सर्विंग
साबुत अनाज : 2 सर्विंग
आयरन : पालक
वसा : ½ सर्विंग

पास्ता प्राइमर

पास्ता के अलग-अलग आकार, विभिन्न व्यंजनों के हिसाब से ठीक होते हैं। रेगुलर स्पैगटी हल्की टमाटर-बेस्ड सॉस में डालते हैं। 'एंजल हेयर' व 'वर्मिसिली पास्ता' बोर्थ व पतली सॉस में चलता है।

फैटुसिन व लिंगुइन जैसा लंबा, चपटा पास्ता गाढ़े क्रीमी सॉस में डाला जाता है। बो-टाई, शैल, कॉर्कस्क्रू, रोटेल, रेडिएटर, काफी चंकियर सॉस में डलते हैं। इन्हें पास्ता सलाद व बेक्ड कैसरोल में भी डाल सकते हैं।

ट्यूबलर पास्ता, पेने व जिटी सलाद, गाढ़ी सॉस कैसेरोल में डलते हैं। फ्यूसिली पेने, रिगेट व रिगेटोनी सॉस को अपने भीतर संजोने का काम बखूबी कर लेते हैं।

अलोटा ब्रोकली विद चिकन एंड पेने

ब्रोकली से भरी प्लेट पहले इतनी स्वाद कभी नहीं लगी होगी। भई वाह! चिकन, चीज़ व क्रंची अखरोट के साथ पास्ता।

125 ग्राम गेहूं के आटे का पेने/ सोय पेने

350 ग्राम ब्रोकली फूल

1 बड़ा चम्मच ऑलिव ऑयल

1 छोटा प्याज, कटा हुआ

1 कली लहसुन, पिसी हुई

250 ग्राम चर्बी रहित, हड्डी रहित चिकन ब्रेस्ट (1 1/4 से.मी. पट्टी)

60 मि.ली. लो-सोडियम चिकन ब्रोथ

½ छोटा चम्मच सूखी ऑरीगेनो

60 ग्राम कद्दूकस चेड्डर चीज़

100 ग्राम कद्दूकस पारमेसन चीज़

1 बड़ा चम्मच कटी ताजी पार्सले

2 बड़े चम्मच कटे-भुने दरदरे अखरोट

काली मिर्च दरदरी (थोड़ी सी)

1. एक बड़े बर्तन में मध्यम आंच पर पानी उबालें। फिर पैकेट में दिए निर्देश के अनुसार पकाएं।
2. इस दौरान ब्रोकली को भाप में 5 से 7 मिनट तक पका लें।
3. एक नॉनस्टिक पैन में मध्यम आंच पर ऑलिव ऑयल गर्म करें। प्याज व लहसुन मिलाकर 3 मिनट तक भूनें। फिर चिकन डालकर 4 मिनट तक चलाएं। अब चिकन ब्रोथ व ऑरीगेनो डालकर 1 मिनट तक चलाएं

पास्ता प्राइमर

यहां दो व्यक्तियों के लिए 125 ग्राम पास्ता लेने को लिखा है। आजकल बाजार में सूजी के अलावा और भी कई तरह के पास्ता मिलने लगे हैं, वैसे तकरीबन पास्ता 500 ग्राम. के पैकेट में आते हैं तो दो व्यक्तियों के हिसाब से एक -चौथाई पैकेट उबाल लें। हाई-प्रोटीन पास्ता की पैकिंग 350 ग्राम. में होती है तो उसे एक-तिहाई पकाएं।

चिकन न हो तो

आप चिकन न होने की स्थिति में टर्की, कटलेट, स्कैलोप, प्रॉन या कोई भी सी-फूड मिला सकती हैं। प्रॉन व स्कैलोप को तो ज्यादा पकाना भी नहीं होगा। यदि शाकाहारी हैं तो चिकन की जगह पनीर टोफू मिलाएं। सूप बनने के बाद टोफू डालें व थोड़ा पकाएं, बड़ा स्वाद आएगा। ज्यादा चटपटा बनाना चाहें तो चिकन सॉसेज में मोटी कुटी लाल मिर्च डालें।

4. पकी ब्रोकली को मिश्रण में मिलाएं। आंच धीमी करके, 2 मिनट तक पकने दें। पेने पास्ता तैयार होने तक ब्रोकली मिश्रण एक ओर, ढककर रखें ताकि गर्म रह सके।

5. पेने का फालतू पानी निचोड़ें। ब्रोकली के मिश्रण में पेने, चेड्डर व पारमेसन चीज़ तथा पार्सले मिलाकर टॉस करें। अगर पेने सूखी लगे तो थोड़ा चिकन ब्रोथ मिला दें।

6. पेने पास्ता चार कटोरों में निकालें। बचे 30 ग्राम पारमेसन चीज़ व अखरोट के टुकड़ों से सजाएं, काली मिर्च छिड़ककर पेश करें।

2 व्यक्तियों के लिए

पोषक जानकारी

1 हिस्से से मिलेगा

प्रोटीन	:	½ सर्विंग
कैल्शियम	:	½ सर्विंग
विटामिन सी	:	2 सर्विंग
हरी पत्तेदार, पीली सब्जियां व फल	:	2 सर्विंग
अन्य फल	:	1 सर्विंग
साबुत अनाज	:	2 सर्विंग
वसा	:	½ सर्विंग

होल व्हीट पेने विद चिकन एंड टमाटर सॉस

इस पास्ते को और भी पौष्टिक व स्वादिष्ट बनाने की विधि प्रस्तुत है। यदि थोड़ा विटामिन 'सी' लेना चाहे तो भाप में पकी ब्रोकली मिला दें।

125 ग्राम गेहूं के आटे का पेने या सोय पेने
1 बड़ा चम्मच ऑलिव ऑयल
250 ग्राम चर्बी रहित, हड्डी रहित चिकन ब्रेस्ट, पतले स्लाइस
1 कली लहसुन, बारीक कटा
½ प्याज, बारीक कटा
1 मध्यम लाल शिमला मिर्च, कटी हुई
500 मि.ली. कटे डिब्बाबंद इटालियन टमाटर
1½ छोटा चम्मच कटी ताजा ऑरीगेनो
1½ छोटा चम्मच कटी ताजी तुलसी
60 ग्राम कद्दूकस किया चेड्डर चीज़
125 ग्राम कद्दूकस किया पारमेसन चीज़
2 बड़े चम्मच कटी ताजी पार्सले

1. एक बड़े बर्तन में पानी गर्म करें। फिर निर्देश के अनुसार पेने पास्ता उबालें।

2. इस दौरान एक बड़े पैन में ऑलिव ऑयल गर्म करें। चिकन डालें व तकरीबन 4 मिनट नर्म होने तक पकाएं। फिर लहसुन, प्याज व शिमला मिर्च डालकर 3 मिनट तक पकाएं। अब टमाटर, ऑरीगेनो व तुलसी डालकर 4 मिनट तक पकने दें, आंच से उतारकर ढकें।

3. पेने का फालतू पानी निकालें। इसमें चेड्डर व पारमेसन चीज़ तथा पार्सले मिलाएं। पेने को 2 कटोरों में निकालें। चिकन सॉस से टॉपिंग करें व पारमेसन चीज़ से सजाकर परोसें।

2 व्यक्तियों के लिए

पोषक जानकारी

1 हिस्से से मिलेगा

प्रोटीन	:	**1½ सर्विंग**
(सोय पास्ता	:	**2½ सर्विंग**
कैल्शियम	:	**2 सर्विंग**
विटामिन सी	:	**2 सर्विंग**
हरी पत्तेदार, पीली सब्जियां व फल	:	**1½ सर्विंग**
साबुत अनाज	:	**2 सर्विंग**
वसा	:	**½**

सॉटेड प्रॉन व लिंगुइन

एक व्यस्त दिन के बीच इसे बनाना काफी आसान होगा। चिकन ब्रोथ व पारमेसन चीज़ इसे क्रीमी स्वाद देंगे व लाल शिमला मिर्च से अतिरिक्त पौष्टिकता मिलेगी।

125 ग्राम गेहूं के आटे से बना लिंगुइन या सोय लिंगुइन
1 बड़ा चम्मच ऑलिव ऑयल
1 छोटा चम्मच कटा लहसुन
1 मध्यम लाल शिमला मिर्च, पतले स्लाइस
250 ग्राम बड़े शेल्ड व डी-वेंड प्रॉन
500 मि.ली. लो-सोडियम चिकन ब्रोथ/ मछली या शैल मछली स्टॉक
60 ग्राम कद्दूकस प्रोवलोन चीज़
60 ग्राम कद्दूकस पारमेसन चीज़

दरदरी काली मिर्च
2 बड़े चम्मच कटी ताजी पार्सले
1/4 छोटा चम्मच मोटी कुटी लाल मिर्च

1. एक बड़े बर्तन में पानी उबलने को रखें व लिंगुइन को पैकेट पर दिए निर्देशानुसार पका लें।

2. इसी दौरान एक पैन में ऑलिव ऑयल गर्म करें। 2 मिनट तक लहसुन भूनने के बाद शिमला मिर्च डालें व 2 मिनट नरम होने तक पकाएं। फिर करीब 4 मिनट तक प्रॉन पकाने के बाद, शिमला मिर्च व प्रॉन को पैन से पानी से निकालें व ढककर रख दें।

3. अब पैन में चिकन ब्रोथ डालकर उबाल दें। फिर स्वाद के अनुसार प्रोवलोन, पारमेसन चीज़, पार्सले व काली मिर्च मिलाएं।

4. लिंगुइन का फालतू पानी निकालें। उसे दो कटोरों में परोसें। चम्मच से ब्रोथ का मिश्रण डालें। फिर ऊपर से प्रॉन व काली मिर्च डालें। चाहें तो थोड़ी कुटी लाल मिर्च से चटपटा कर सकती हैं।

टेस्ट किचन से

चाहें तो पहले से साफ व डी-वेंड किए गए रेडी टू कुक प्रॉन फ्रीजर में रखें या स्कैलोप भी इस्तेमाल कर सकती हैं।

2 व्यक्तियों के लिए

पोषक जानकारी

1 हिस्से से मिलगा

प्रोटीन	:	1½ सर्विंग
कैल्शियम	:	1½ सर्विंग
विटामिन सी	:	2 सर्विंग
हरी पत्तेदार, पीली सब्जियां व फूल	:	1 सर्विंग
साबुत अनाज	:	2 सर्विंग
वसा	:	½ सर्विंग

पास्ता प्रेस्टो

समय की कमी है तो कोई बात नहीं। पास्ता का पूरा पैकेट नमकीन पानी में उबालें। फिर जितना आगे के लिए बचाना चाहें उसे छानकर 2 चम्मच ऑलिव ऑयल व कटी पार्सले से टॉस करें। फिर ठंडा होने पर एयरटाइट डिब्बे में रखें। इसे पूरे एक सप्ताह तक इस्तेमाल कर सकती हैं। बस सॉस व ब्रोथ गर्म करें। उसमें पास्ता मिलाएं व खाने के लिए तैयार हो जाएं।

चीज़ मैकरोनी

मैक्रोनी व चीज़ से बना यह व्यंजन कैल्शियम व विटामिन की भरपूर मात्रा देगा, फिर बची मैक्रोनी भी तो माइक्रोवेव में गर्म करके खा सकती हैं, ये तो बोनस हो गया न!

250 ग्राम गेहूं के आटे का पास्ता या सोय पास्ता (मैक्रोनी, पेने, शैल)
2 बड़े चम्मच मक्खन/मार्जरीन
1½ बड़ा चम्मच मैदा
250 मि.ली. दूध
60 ग्राम कद्दूकस गौडा चीज़
60 ग्राम कद्दूकस चेड्डर चीज़
125 ग्राम कतरा पार्ट-स्किम्ड मौज़रेला चीज़
थोड़ी पैपर सॉस (चाहें तो)
नमक व काली मिर्च
175 ग्राम पकी ब्रोकली
2 बड़े चम्मच कद्दूकस पारमेसन चीज़
1½ बड़ा चम्मच व्हीट जर्म

1. ओवन को 180°C (350°F) या गैस मार्क 4 पर गर्म करें।

2. एक बड़े बर्तन में पानी उबालें। पास्ता को पैकेट पर दिए गए निर्देश के अनुसार पकाएं।

3. इसी दौरान, मध्यम आंच पर नॉनस्टिक पैन में मक्खन पिघलाएं। फिर मैदा डालकर घोल-सा बनाएं, 1-2 मिनट बाद दूध डालें व उसमें उबाल आने दें, मिश्रण लगातार चलाएं। दूध थोड़ा गाढ़ा होने पर उसमें गौडा, चेड्डर व मौज़रेला चीज़ मिला दें। चीज़ पिघलने तक चलाते रहे। चीज़ सॉस में नमक-मिर्च मिलाएं।

4. पास्ता का फालतू पानी निकालकर चीज़ सॉस मिलाएं। ब्रोकली मिलाकर चलाएं। पास्ता मिश्रण को बेकिंग डिश या गोल कैसरोल में रखें।

5. अब एक कटोरे में पारमेसन चीज़, व्हीट जर्म मिलाकर फेंटें व पास्ते पर छिड़कें।

6. पास्ता व चीज़ को गर्म होने के लिए, 10 मिनट तक बेक करें।

टेस्ट किचन से

प्रोटीन की अधिक मात्रा चाहे तो कटा टोफू, पका चिकन या सोयाबीन मिलाएं। शिमला मिर्च, स्वीट कॉर्न, हरे मटर या पालक भी मिला सकती हैं। यदि सफेद रंग चाहे तो ब्रोकली की जगह गोभी डालें। बस इसी बहाने सारी सब्जियां खाई जाएंगी।

4 व्यक्तियों के लिए

पोषक जानकारी

1 हिस्से से मिलेगा

प्रोटीन	:	**2 सर्विंग**
(साय पास्ता)	:	**3 सर्विंग**
कैल्शियम	:	**2½ सर्विंग**
विटामिन सी	:	**½ सर्विंग**
हरी पत्तेदार, पीली सब्जियां व फल	:	**½ सर्विंग**
साबुत अनाज	:	**2 सर्विंग**
वसा	:	**½ सर्विंग**

यूडोन नूडल्स विद वेज स्टिर फ्राई

यह मोटी जापानी नूडल्स रेगुलर स्पैगटी से काफी अलग होती है। आप इस टेस्टी वेज मील में कोई भी सब्जी मिला सकती हैं।

125 ग्राम यूडोन नूडल्स (साबुत अनाज से बने)
1½ बड़ा चम्मच लो-सोडियम सोय सॉस
2 बड़े चम्मच राइस सिरका
1½ छोटा चम्मच तिल का तेल
1 बड़ा चम्मच कद्दूकस किया ताजा अदरक
2½ छोटा चम्मच ऑलिव ऑयल
3 हरे प्याज, सफेद व हरे हिस्से, छंटे व साफ
90 ग्राम शीटेक मशरूम, कटे हुए
150 ग्राम स्नो पी
90 ग्राम छोटे ब्रोकली फूल
60 ग्राम कतरी गाजर
500 ग्राम सख्त टोफू, कतरे हुए
1 बड़ा चम्मच ताजा कटा धनिया

1. एक बड़े बर्तन में मध्यम आंच पर पानी उबालें। यूडोन नूडल्स को निर्देशानुसार पकाएं व पानी से निकालकर अलग रखें।
2. सोय सॉस, राइस सिरका, तिल का तेल व अदरक एक कटोरे में मिलाकर फेंट लें।
3. एक नॉनस्टिक पैन में ऑलिव ऑयल गर्म करें। फिर हरा प्याज, मशरूम, स्नोपीज़, ब्रोकली, गाजर व टोफू डालकर 3 मिनट तक पकाएं।
4. अब पैन में नूडल्स व सोय सॉस मिश्रण डालें। नूडल्स के गरम होने व मसाले के मिलने तक 3 मिनट पकाएं। नूडल्स पर धनिया छिड़ककर परोसें।

टेस्ट किचन से

टोफू पसंद नहीं? कोई बात नहीं, चिकन ब्रेस्ट के पतले स्लाइस, लीन पोर्क या साफ किए गए प्रॉन डालें, एक्सट्रा प्रोटीन भी मिलेगा।

2 व्यक्तियों के लिए

पोषक जानकारी

1 हिस्से से मिलेगा

प्रोटीन	:	1½ सर्विंग
कैल्शियम	:	½ सर्विंग
विटामिन सी	:	1½ सर्विंग
हरी पत्तेदार, पीली सब्जियां व फल	:	1 सर्विंग
अन्य फल	:	1 सर्विंग
साबुत अनाज	:	3 सर्विंग
वसा	:	½ सर्विंग

■ ■ ■

सॉस

पास्ता सॉस खत्म है तो अधिक मात्रा में बनाकर रखें। इसे तो आप फ्रिज में कई महीनों तक फ्रोजन करके रख सकती हैं। पास्ता, सब्जी, चिकन, मछली, सी फूड या टोफू किसी में भी मिलाएं; बस खाना तैयार है।

सूरजमुखी के बीज वाले पेस्टो

पाइन नट्स की बजाय स्वास्थ्यवर्धक वसा व एसिड युक्त सूरजमुखी के बीज डालें। पास्ता, सैंडविच या पोल्ट्री का स्वाद बढ़ा दें।

60 ग्राम कटी ताजी तुलसी पत्ती
90 ग्राम सूरजमुखी के बीज
1½ छोटा चम्मच कटा लहसुन
2 बड़े चम्मच ऑलिव ऑयल
1 नींबू का रस
60 ग्राम कद्दूकस पारमेसन चीज़
नमक व काली मिर्च

1. तुलसी पत्ती, सूरजमुखी के बीज व लहसुन एक प्रोसेसर में डालकर पीसें।

2. अब उसमें ऑलिव ऑयल व नींबू का रस डालकर थोड़ा चला लें।

3. पेस्टो एक छोटे कटोरे में निकालें। पारमेसन चीज़, नमक व काली मिर्च डालें। इसे छोटे एयरटाइट डिब्बे में स्टोर करें व अंदर से ऑलिव ऑयल की परत लगा दें ताकि तुलसी पत्ती भूरी न हो पाएं। पास्ता के साथ पेस्टो परोसें। इसे दो सप्ताह तक फ्रिज में रख सकती हैं।

150 ग्राम के लिए

पोषक जानकारी

1 हिस्सा (75 ग्राम) से मिलेगा

कैल्शियम	:	**½ सर्विंग**
वसा	:	**½ सर्विंग**

चिकन बोलोगनीज़ सॉस

टर्की बोलोगनीज़ सॉस चखकर तो देखें कितनी यम्मी है।

1 बड़ा चम्मच ऑलिव ऑयल
1 छोटा प्याज, कटा हुआ
3 छोटी गाजर, कटी हुई
2 रिब सेलेरी, कटी हुई
2 कली लहसुन, पिसी हुई
750 ग्राम ग्राउंड टर्की/चिकन, छोटे टुकड़ों में कटे
400 ग्राम डिब्बाबंद टमाटर, जूस सहित
1½ छोटा चम्मच सूखी ऑरीगेनो
2 तेजपत्ता
60 ग्राम कटी ताजी पार्सले
नमक व काली मिर्च
400 ग्राम डिब्बाबंद टमाटर प्यूरी

1. एक पैन में, मध्यम आंच पर तेल गर्म करें। प्याज डालें व 1 मिनट तक नरम होने तक भूनें। फिर गाजर, सेलेरी व लहसुन डालकर 2 मिनट तक पकाएं।
2. अब चिकन डालें व लकड़ी के चम्मच से हिलाएं। 10 मिनट तक चिकन पकाएं।
3. अब टमाटर प्यूरी, ऑरीगेनो व तेजपत्ता डालकर धीमी आंच पर 15 मिनट तक पकने दें। फिर नमक-मिर्च डालें व तेजपत्ता निकाल दें। यह सॉस दो महीने तक फ्रोजन कर सकती हैं। इसे गर्म करने से पहले, एक रात पहले ही फ्रिज से निकालकर पिघला लें।

1½ लीटर के लिए

पोषक जानकारी

1 हिस्सा (250 मि.ली.) से मिलेगा

प्रोटीन	:	**2 सर्विंग**
विटामिन सी	:	**2 सर्विंग**
हरी पत्तेदार, पीली सब्जियां व फल	:	**1½ सर्विंग**

गैज़पैचो सॉस

ताजे टमाटरों से बनी गैज़पैचो सॉस का भरपूर स्वाद लें। इसे पास्ता, पोल्ट्री, मछली या सी-फूड के साथ खाएं।

1 बड़ा चम्मच ऑलिव ऑयल

½ छोटा चम्मच कटा लहसुन

6 मध्यम टमाटर डिब्बाबंद टमाटर, जूस सहित

1 छोटी लाल शिमला मिर्च, कटी हुई

3 हरे प्याज, सफेद व हरे हिस्से, छंटे व कटे हुए

15 ग्राम ताजी तुलसी पत्ती

1 छोटा चम्मच बालसैमिक सिरका

नमक व काली मिर्च

एक बड़े पैन में तेल गर्म करें व लहसुन भूनें। फिर टमाटर, शिमला मिर्च, हरा प्याज व तुलसी पत्ती डालकर 10 मिनट तक पकाएं। इसे आंच से उतारें; सिरका, नमक व काली मिर्च डालें। इस सॉस को एयरटाइट डिब्बे में दो महीने तक स्टोर कर सकती हैं। इसे दोबारा गर्म करने से पहले पिघला लें।

1 लीटर के लिए

पोषक जानकारी

1 हिस्सा (250 मि.ली.) से मिलेगा

विटामिन सी	: 2½ सर्विंग
हरी पत्तेदार, पीली सब्जियां व फल	: ½ सर्विंग

सॉसी सीक्रेट

ऐसा लगता है कि आप ब्रोकली या गोभी की शक्ल तक नहीं देखना चाहती तो उसे टमाटर की सॉस में छिपा दें। आप जो भी खाना, देखना या सूंघना नहीं चाहती, टमाटर की सॉस उसे अपने भीतर आसानी से संजो लेगी। प्याज-लहसुन भूनते समय वे सब्जियां मिला दें, यदि जार से ली हैं तो केवल गर्म करना काफी होगा। अगर मीट भून रही हैं तो उसके भुनने के बाद ही सब्जियां मिलाएं। यह मीट एक्सट्रा लीन होना चाहिए।

मसालेदार टमाटर सॉस

प्रॉन या स्कैलोप या किसी भी सी-फूड से मजा देने वाली मसालेदार टमाटर सॉस सारे दिन की थकान दूर कर देगी व मुंह का जायका भी बदल जाएगा।

1 बड़ा चम्मच ऑलिव ऑयल
1 मध्यम प्याज, बारीक कटा हुआ
3 कली लहसुन, बारीक कटी
6 पके टमाटर कटे हुए या डिब्बाबंद टमाटर
1 मध्यम लाल शिमला मिर्च, दरदरी कटी
1 छोटी साबुत सूखी लाल मिर्च
15 ग्राम ताजी तुलसी पत्ती
2 बड़े चम्मच कटी ताजी ऑरीगेनो
1 छोटा चम्मच कुटी लाल मिर्च
नमक व काली मिर्च

मध्यम आंच पर पैन में तेल गर्म करें। प्याज और सूखी लाल मिर्च को तोड़कर डालें और भूनें। फिर 2 मिनट तक लहसुन भूनें। अब टमाटर, शिमला मिर्च, ऑरीगेनो व लाल मिर्च डालें। आंच धीमी करके 15 मिनट तक टमाटर गलने तक पकाएं। फिर सॉस ठंडी होने पर नमक व काली मिर्च डालें। इसे एयरटाइट डिब्बे में डालकर दो माह तक फ्रिज में रख सकती हैं। दोबारा गर्म करने से पहले पिघला लें।

1 लीटर के लिए

पोषक जानकारी

1 हिस्सा (250 मि.ली.) से मिलेगा

विटामिन सी	:	**2½ सर्विंग**
हरी पत्तेदार, पीली सब्जियां व फल	:	**½ सर्विंग**

सलाद

बेशक आप सलाद पत्ता व टमाटर में बोतल वाली ड्रेसिंग मिलाकर सलाद का नाम दे सकती हैं, लेकिन जब इतने बढ़िया सलाद आपके सामने हैं तो पीछे क्यों हटना? चाहे सलाद कोई सहायक व्यंजन हो या मेन इवेंट, यहां सब कुछ पेश किया जा रहा है। यहां फल, चीज़, पत्तागोभी, पालक, सी-फूड व पोल्ट्री सलाद के नए-नए रूप प्रस्तुत हैं। किसी भी सलाद की दी गई मात्रा को बढ़ाकर अधिक लोगों के लिए भी बना सकती हैं।

साइड सलाद

डिनर में थोड़ा सलाद चाहिए? ये स्वादिष्ट सलाद खाइए न! स्वाद व पौष्टिकता दोनों ही भरपूर मिलेंगे। साइड सलाद मेन कोर्स तक ले जाने में सहायक होते हैं। आप बिना किसी हड़बड़ाहट के बड़े आराम से पूरा खाना खा पाती हैं। यह सलाद आपके 'मील' में ही एक अलग मील है।

पालक स्ट्रॉबेरी सलाद

बस कुछ ही मिनटों में तैयार होने वाला यह सलाद बड़ा स्वादिष्ट है। चाहें तो प्याज न मिलाएं।

125 ग्राम छोटी पालक
125 ग्राम ताजी स्ट्रॉबेरी की स्लाइस
30 ग्राम लाल प्याज स्लाइस (चाहें तो)
30 ग्राम कटे-भुने बादाम
2 बड़े चम्मच सफेद वाइन सिरका या डिस्टिल सफेद सिरका
2 बड़े चम्मच सफेद सरसों का तेल
2 बड़े चम्मच सफेद अंगूर का जूस कंसन्ट्रेट, सेब का जूस कंसन्ट्रेट, स्पलैंडा, शहद या ब्राउन शुगर
½ छोटा चम्मच पापरिका
नमक व काली मिर्च

1. शिमला मिर्च, स्ट्रॉबेरी, प्याज व बादाम किसी सलाद डोंगे में रखें।
2. सिरका, तेल, अंगूर का जूस कंसन्ट्रेट व पापरिका एक कटोरे में मिला लें। साथ ही नमक व काली मिर्च मिलाएं। सलाद में अच्छी तरह ड्रेसिंग टॉस करें। तैयार सलाद को 2 छोटी प्लेटों में निकालकर परोसें।

2 व्यक्तियों के लिए

पोषक जानकारी

1 हिस्से से मिलेगा

विटामिन सी	:	3 सर्विंग
हरी पत्तेदार, पीली सब्जियां व फल	:	2 सर्विंग
वसा	:	1 सर्विंग

पर्याप्त मात्रा में सलाद किसी पार्टी से कम नहीं होता

यदि भरपूर सलाद की दावत लेना चाहें तो ढेर सारा सलाद खाएं। अगर सलाद ज्यादा लगे तो थोड़ा ही खाएं, पर सर्विंग उसी अनुपात में कम हो जाएगी।

क्रंची नाशपाती सलाद

एक खुशबूदार पका नाशपाती आपके इस सलाद के लिए काफी रहेगा।

1 पकी नाशपाती
125 ग्राम छोटी पालक या रॉकेट, सख्त डंडी निकाल दें
2 बड़े चम्मच बालसैमिक सिरका
1 से 2 बड़े चम्मच ऑलिव ऑयल
2 छोटे चम्मच डिज़ोन मस्टर्ड
1 हरा प्याज, पिसा हुआ
नमक व काली मिर्च
60 ग्राम पारमेसन चीज़ शेविंग
30 ग्राम भुनेअखरोट के टुकड़े

1. नाशपाती व शिमला मिर्च एक सलाद डोंगे में निकालकर मिला लें।

2. बालसैमिक सिरका, ऑलिव ऑयल, मस्टर्ड व प्याज एक छोटे कटोरे में निकालकर मिक्स करें, नमक व काली मिर्च छिड़कें। अब सलाद में यह ड्रेसिंग मिला दें। नाशपाती सलाद को दो कटोरों में निकालकर, पारमेसन चीज़ शेविंग व अखरोट के टुकड़े डालकर परोसें।

2 व्यक्तियों के लिए

पोषक जानकारी

1 हिस्से से मिलेगा

प्रोटीन	:	**½ सर्विंग**
कैल्शियम	:	**1 सर्विंग**
विटामिन सी	:	
(पालक के साथ)	:	**1 सर्विंग**
(रॉकेट के साथ)	:	**½ सर्विंग**
हरी पत्तेदार, पीली सब्जियां व फल	:	**2 सर्विंग**
अन्य फल	:	**½ सर्विंग**
वसा	:	**½ सर्विंग**

एक बढ़िया बालसैमिक विनईग्रेट

तेल के बिना बालसैमिक विनईग्रेट चाहती हैं तो इन्हें मिलाएं; 2 बड़े चम्मच बालसैमिक सिरका, 1 बड़ा चम्मच ऑलिव ऑयल, 1 पिसा प्याज, 1 पिसी लहसुन कली, 1 छोटा चम्मच डिज़ोन या सरसों के दाने व नमक-मिर्च। चाहें तो सूखी या जाज़ी टैरागॉन, तुलसी या पार्सले भी मिलाएं। मीठी ड्रेसिंग चाहें तो कोई फ्रूट जूस कंसन्ट्रेट या मिठास मिलाएं।

अनार का सलाद

अनार के फल की कहानी ही अलग है। इसमें फल की बजाय बीज खाए जाते हैं। अनार के दाने क्रंची स्वाद देंगे व इसके रस से ड्रेसिंग बनेगी। दोनों ही विटामिन व एंटी ऑक्सीडेंट का भंडार हैं। नमकीन पारमेसन चीज़ इस मीठे कॉम्बो को और भी निखार देगा।

125 मि.ली. अनार का जूस
1 बड़ा चम्मच बालसैमिक सिरका
1 बड़ा चम्मच ऑलिव ऑयल
1 छोटा चम्मच सरसों के दाने
1 हरा प्याज, पिसा हुआ
ताजा नींबू का रस
नमक व काली मिर्च
125 ग्राम पालक, स्प्रिंग मिक्स/जलकुंभी
½ अनार के दाने
60 ग्राम पारमेसन चीज़ शेविंग

1. अनार का जूस एक छोटे सॉसपैन में डालें व धीमी आंच पर उबाल आने दें। फिर आंच धीमी करके, 10 मिनट तक पकाएं ताकि जूस की मात्रा 2 बड़े चम्मच रह जाए, अब जूस को आंच से उतारें।
2. अब इस जूस में बालसैमिक सिरका, ऑलिव ऑयल, सरसों व हरे प्याज डालकर मिलाएं। स्वाद के अनुसार नमक, काली मिर्च व नींबू का रस छिड़कें।
3. अब सब्जियां व अनार के दाने एक डोंगे में रखें व ड्रेसिंग से कोट करें। सलाद को दो प्लेटों में डालकर, पारमेसन चीज़ शेविंग से सजाकर पेश करें।

नोट : अनार का जूस सुपर मार्केट व हैल्थ फूड स्टोर्स में मिलता है।

ए क्विक शेव

आप भी पारमेसन के सुंदर कलर्स बनाना चाहें तो उसे कमरे के तापमान पर आने दें। फिर आलू का छिलका उतारने वाले पिलर से कलर्स बनाएं।

टेस्ट किचन से

अनार सलाद को मुख्य व्यंजन में बदलना चाहें तो व्यंजन की मात्रा को डबल करें व ग्रिल्ड प्रॉन या चिकन से टॉपिंग करें।

2 व्यक्तियों के लिए

पोषक जानकारी

1 हिस्से से मिलेगा

कैल्शियम	:	1 सर्विंग
विटामिन सी	:	½ सर्विंग
(जलकुंभी से):		2 सर्विंग
हरी पत्तेदार, पीली सब्जियां व फल	:	2 सर्विंग
अन्य फल	:	1 सर्विंग
वसा	:	½ सर्विंग

अदरक तरबूज सलाद

फल हमेशा मीठे व्यंजन में डालती हैं? ये सलाद, ग्रिल्ड चिकन/मछली के साथ काफी भी देगा। वैसे भी यह सब्जियां खाए बिना विटामिन पाने का अच्छा तरीका है।

2 बड़े चम्मच सफेद अंगूर का जूस कंसन्ट्रेट/स्पलैंडा/शहद/ब्राउन शुगर या कोई भी मिठास
½ बड़ा चम्मच पिसा ताजा अदरक
½ बड़ा चम्मच कटा ताजा पुदीना
½ छोटा चम्मच कतरा नींबू का छिलका
2 बड़े चम्मच ताजा नींबू का रस
150 ग्राम तरबूज के क्यूब्स

1. अंगूर का जूस कंसन्ट्रेट, अदरक, पुदीना, कतरा नींबू का छिलका व नींबू का रस, एक छोटे कटोरे में डालकर मिलाएं।

2. तरबूज व खरबूजे के टुकड़े एक बड़े डोंगे में रखकर, उस पर नींबू व अदरक का मिश्रण डालें व टॉस करें। सलाद को ढकें व परोसने से पहले एक घंटे तक फ्रिज में रखें।

टेस्ट किचन से

यदि टैंगियर सलाद चाहें तो सफेद अंगूर का जूस कंसन्ट्रेट की जगह संतरे या अन्नानास का जूस कंसन्ट्रेट लें। कैल्शियम के लिए 60 ग्राम पॉश्चराइज फीटा या गॉट चीज़ से टॉपिंग करें।

ड्रेसिंग इट अप

एक साइडर विनईग्रेट किसी भी हरे सलाद की अच्छी ड्रेसिंग है, लेकिन फलों व चीज़ काम्बो से काफी अच्छा मेल रहेगा, जैसे बेबीग्रीन, नाशपाती स्लाइस, चीज़ वैजिस या हरा अंजीर, व पारमेसन शेविंग चीज़ के साथ। 175 मि.ली. सेब का जूस 10 मिनट उबालने के बाद 2 बड़े चम्मच साइडर सिरका, 1 पिसा प्याज, 3/4 छोटा चम्मच पिसा सरसों व 1 बड़ा चम्मच वनस्पति का तेल मिलाएं। फिर स्वाद के अनुसार नमक-काली मिर्च डालें।

2 व्यक्तियों के लिए

पोषक जानकारी

1 हिस्से से मिलेगा

विटामिन सी	:	**½ सर्विंग**
हरी पत्तेदार, पीली सब्जियां व फल	:	**1 सर्विंग**
अन्य फल	:	**1 सर्विंग**

मैंगो आम सलाद

कुछ फल या सब्जियां और मीठा आम यानी बहुत से विटामिन, आम ड्रेसिंग ने सलाद का स्वाद व पौष्टिकता और भी बढ़ा दी है।

1½ बड़े पके आम, छिले व क्यूब में
2 बड़ा चम्मच होल-मिल्क दही
1 बड़ा चम्मच नींबू का रस
1 बड़ा चम्मच संतरे का जूस
1 बड़ा चम्मच संतरे का जूस कंसन्ट्रेट /अन्नानास का जूस कंसन्ट्रेट
2 छोटे चम्मच कद्दूकस किया ताजा अदरक
½ छोटा चम्मच पिसा धनिया
नमक व काली मिर्च
75 ग्राम कटी कीवी
75 ग्राम ब्यूबेरी
60 ग्राम माइल्ड बेबी ग्रीन, डंडी हटाकर
2 बड़े चम्मच कटे मैकडेमिया नट्स
नींबू वैजिस, परोसने के लिए

1. एक-तिहाई आम के टुकड़े, दही, नींबू का रस, संतरे का जूस कंसन्ट्रेट, अदरक व धनिया प्रोसेसर में डालकर पीसें। ड्रेसिंग में स्वाद के अनुसार नमक व काली मिर्च डालें।

2. अब बाकी बचे आम के टुकड़े, कीवी तथा ब्यूबेरी एक बड़े सलाद डोंगे में रखें। ऊपर से ड्रेसिंग डालकर मिलाएं। सलाद को आम के टुकड़े व मैकडेमिया नट्स डालकर परोसें व साथ ही नींबू वैजिस रखें।

2 व्यक्तियों के लिए

पोषक जानकारी

1 हिस्से से मिलेगा

विटामिन सी	:	**3½ सर्विंग**
हरी पत्तेदार	:	**2 सर्विंग**

अंजीर रॉकेट पारमेसन शेविंग्स सलाद

ताजे अंजीर का सलाद खाकर तो देखें, मेन्यू में रोमांस की गारंटी हम लेते हैं।

1 बड़ा प्याज, पिसा हुआ
2 बड़े चम्मच बालसैमिक सिरका
1 से 2 बड़े चम्मच एक्सट्रा वर्जिन ऑलिव ऑयल
1 छोटा चम्मच सरसों के दान
नमक
8 ताजे अंजीर, आधे कटे हुए
125 ग्राम रॉकेट, धुले-पोंछे व कटे हुए

काली मिर्च स्वादानुसार
60 ग्राम पारमेसन चीज़ शेविंग

1. हरा प्याज, बालसैमिक सिरका, ऑलिव ऑयल, सरसों के दाने व 1 चुटकी नमक एक बड़े डोंगे में मिलाकर फेंटें। अब अंजीर डालकर मिलायें व क्लिंगफिल्म से ढककर, 20 मिनट रखें।

2. अब अंजीर में रॉकेट डालकर टॉस करें। नमक व काली मिर्च छिड़कें। अंजीर सलाद को दो छोटे कटोरों में निकालें व पारमेसन चीज़ शेविंग से सजाकर पेश करें।

2 व्यक्तियों के लिए

पोषक जानकारी

1 हिस्से से मिलेगा

कैल्शियम	:	1 सर्विंग
विटामिन सी	:	½ सर्विंग
हरी पत्तेदार, पीली सब्जियां व फल	:	2 सर्विंग
वसा	:	½ सर्विंग

रॉकेट विद् शेव्ड फीनल एंड रोस्टेड पैपर सलाद

ग्रिल्ड चिकन, मछली या पास्ता डिनर के साथ इटालियन सलाद परोसें, चाहें तो रॉकेट की जगह पालक या बेबी ग्रीन मिलाएं।

125 ग्राम रॉकेट, साफ किया हुआ
2 बड़े चम्मच ताजी कटी पार्सले
1 छोटा फीनल बल्ब, तिरछे स्लाइस में कटे
2 से 4 बड़े चम्मच नींबू विनईग्रेट
1 भुनी शिमला मिर्च, पट्टियां कटी
60 ग्राम पारमेसन चीज शेविंग

1. रॉकेट, पार्सले व फीनल एक सलाद डोंगे में डालकर टॉस करे। इस सलाद को नींबू विनईग्रेट से ड्रेसिंग करें।

2. सलाद को दो सलाद प्लेटों में परोसें। फिर भुनी शिमला मिर्च व पारमेसन शेविंग चीज से सजाकर पेश करें।

2 व्यक्तियों के लिए

पोषक जानकारी

1 हिस्सा (ड्रेसिंग रहित) से मिलेगा

प्रोटीन	:	1 सर्विंग
विटामिन सी	:	1 सर्विंग
कैल्शियम	:	2½ सर्विंग
हरी पत्तेदार, पीली सब्जियां व फल	:	3 सर्विंग

नींबू विनईग्रेट

यह सादी पर बढ़िया ड्रेसिंग किसी भी सलाद में काम आ सकती है। अगर स्वाद में फेरबदल चाहे तो ऑलिव ऑयल की मात्रा घटाएं-बढ़ाएं।

5 बड़े चम्मच ताजा नींबू का रस

3 से 5 बड़े चम्मच ऑलिव ऑयल

1 नींबू के छिलके का कतरन

1 कली लहसुन (चाहें तो)

नमक व काली मिर्च

नींबू का रस, ऑलिव ऑयल, नींबू के छिलके का कतरन व लहसुन डालकर छोटे कटोरे में मिलाएं। विनईग्रेट में नमक व काली मिर्च छिड़कें। यह ड्रेसिंग एयरटाइट डिब्बे में भरकर एक सप्ताह तक फ्रिज में रख सकती हैं।

टेस्ट किचन से

इसे चीज-अप करना चाहें तो 30 ग्राम कद्दूकस पारमेसन चीज़ मिलाएं। सूखी ऑरीगेनो से इटालियन स्वाद ले आएं।

125 मि.ली. बनेगा

पोषक जानकारी

1 हिस्सा (2 बड़े चम्मच) से मिलेगा

विटामिन सी	:	**½ सर्विंग**
वसा	:	**1 सर्विंग**

ब्रोकली, टमाटर व मौज़रेला सलाद

जब ब्रोकली, टमाटर व मौज़रेला के साथ आती है तो निराला ही स्वाद बनता है। बस आपका मौज़रेला पॉश्चराइज्ड होना चाहिए।

225 ग्राम छोटे ब्रोकली फूल

2 पके टमाटर, बीज रहित व कटे हुए

60 ग्राम पॉश्चराइज्ड मौज़रेला क्यूब

3 बड़े चम्मच ताजी तुलसी की पत्तियां

2 बड़े चम्मच बालसैमिक सिरका

1 से 2 बड़े चम्मच ऑलिव ऑयल

½ नींबू

नमक व काली मिर्च

2 बड़े चम्मच भुने पाइन नट्स

1. ब्रोकली को भाप में 5-6 मिनट तक क्रिस्पी होने तक पकाएं। फिर उसे एक डोंगे में निकालकर ठंडा होने दें। अब टमाटर, मौज़रेला व तुलसी डालकर, मिलाने के लिए टॉस करें।

2. एक छोटे कटोरे में बालसैमिक सिरका व ऑलिव ऑयल मिला लें। यह ड्रेसिंग सलाद पर डालें। फिर नींबू का रस, नमक व काली मिर्च डालकर हिलाएं। ब्रोकली सलाद को दो प्लेटों में रखें व पाइन नट्स डालकर परोसें।

टेस्ट किचन से

ब्रोकली पसंद नहीं, तो कोई बात नहीं; 2 स्लाइस टमाटर के मिलाएं।

2 व्यक्तियों के लिए

पोषक जानकारी

1 हिस्से से मिलेगा

कैल्शियम	:	1 सर्विंग
विटामिन सी	:	2 सर्विंग
हरी पत्तेदार, पीली सब्जियां व फल	:	1½ सर्विंग
वसा	:	½ सर्विंग

मैडीटैरेनियन सैलड

ग्रीस व इटली का खूबसूरत मेल है यह सलाद। एवोकाडो के अलावा बाकी सब पहले से काटकर फ्रिज में रखें। चाहें तो इसमें पका चिकन, टर्की या चिल्ड ग्रिल्ड प्रॉन भी मिला सकती हैं।

60 ग्राम कटा रोमेन सलाद पत्ता
½ छोटी लाल शिमला मिर्च, कटी हुई
½ छोटा एवोकाडो, कटा हुआ
1/4 खीरा, छिलके रहित व कटा हुआ
1/4 मध्यम लाल प्याज, कटा हुआ
2 प्लम टमाटर, बीज रहित व कटे हुए
60 ग्राम क्यूब शार्प प्रोवलोन चीज़/इटालियन चीज़
75 ग्राम सूखे डिब्बाबंद चिक पी
1/4 कप कलमाटा ऑलिव (चाहें तो)
1 बड़ा चम्मच कटी ताजी पार्सले
1 बड़ा चम्मच कटी ताजी ऑरीगेनो
1/4 छोटा चम्मच कटी ताजी पुदीना
2 बड़े चम्मच बालसैमिक सिरका
1 से 2 बड़े चम्मच ऑलिव ऑयल
1½ छोटा चम्मच नींबू का रस

1 छोटी कली लहसुन, कटी हुई
नमक व काली मिर्च

1. रोमेन सलाद पत्ता, काली मिर्च, एवोकाडो, खीरा, प्याज, टमाटर, चीज़, चिक-पी, पार्सले, ऑरीगेनो व पुदीना एक डोंगे में डालकर टॉस करें।

2. अब एक छोटे कटोरे में बालसैमिक सिरका, ऑलिव ऑयल, नींबू का रस व लहसुन डालकर मिलाएं। सलाद में नींबू,नमक व काली मिर्च छिड़कें। फिर पर्याप्त मात्रा में ड्रेसिंग डालकर हिलाएं व छोटे सलाद कटोरों में परोसें।

2 व्यक्तियों के लिए

पोषक जानकारी

1 हिस्से से मिलेगा

कैल्शियम :	1 सर्विंग
विटामिन सी:	1½ सर्विंग
हरी पत्तेदार, पीली सब्जियां व फल :	1½ सर्विंग
अन्य फल :	1 सर्विंग
आयरन :	चिकपी से
वसा :	½ सर्विंग

(1 चम्मच तेल के साथ)

एशियन कॉलेस्ला

अब टैंगी कॉलेस्ला हाजिर है। इसमें राइस सिरका, तिल का तेल, अदरक, लाल शिमला मिर्च व धनिया, ड्रेसिंग को एशियन स्वाद देंगे। समय बचाना चाहें तो कटी पत्तागोभी व गाजर खरीदें।

30 ग्राम कॉलेस्ला मिश्रण
½ लाल शिमला मिर्च, पतले स्लाइस
125 ग्राम कतरी गाजर
3 बड़े चम्मच राइस सिरका
1 बड़ा चम्मच ताजा नींबू का रस
1 बड़ा चम्मच तिल का तेल
1 बड़ा चम्मच ऑलिव ऑयल (चाहें तो)
1 बड़ा चम्मच कद्दूकस किया ताजा अदरक
1 बड़ा चम्मच सफेद अंगूर का जूस कंसन्ट्रेट। शहद या कोई भी मनपसंद स्वीटनर
1 चुटकी कुटी लाल मिर्च
3 बड़े चम्मच ताजा कटा धनिया
1 बड़ा चम्मच भुना तिल

1. कॉलेस्ला मिश्रण, शिमला मिर्च व गाजर एक बड़े डोंगे में डालकर टॉस करें ताकि वे अच्छी तरह मिल जाएं।

2. अब राइस सिरका, नींबू का रस, तिल

का तेल, ऑलिव ऑयल, अदरक, अंगूर का जूस कंसट्रेट, मिर्च व धनिया एक कटोरे में मिला लें।

3. परोसने से ठीक पहले कॉलेस्ला मिश्रण पर ड्रेसिंग डालें व एकसार टॉस करें। अब सफेद तिल छिड़ककर परोसें।

टेस्ट किचन से

ज्यादा क्रंची व पौष्टिकता से भरपूर कॉलेस्ला चाहें तो कॉलेस्ला मिश्रण की जगह ब्रोकली कॉलेस्ला मिलाएं।

2 व्यक्तियों के लिए

पोषक जानकारी

1 हिस्से से मिलेगा

विटामिन सी : 2 सर्विंग
हरी पत्तेदार, पीली सब्जियां व फल : 3½ सर्विंग
वसा : ½ सर्विंग

गाजर कॉलेस्ला

पत्तागोभी नहीं खा सकती तो गाजर कॉलेस्ला बनाएं। 250 मि.ली. डिब्बाबंद कतरे अन्नानास में 250 ग्राम कतरी गाजर, 175 ग्राम किशमिश, 125 मि.ली. दही, 2 बड़े चम्मच नींबू का रस, जूस कंसन्ट्रेट, शहद या स्पलैंडा, 1 चुटकी दालचीनी व 1 छोटा चम्मच पिसा अदरक मिलाएं। कॉलेस्ला को ठंडा करके परोसें व 2 बड़े चम्मच भुने अखरोट के टुकड़ों से सजाएं। इसे फ्रिज में तीन दिन तक रख सकती हैं।

डिनर सलाद

एक लंबे व थकान से भरे दिन का प्यारा-सा अंत करना चाहती हैं तो डिनर सलाद लें। जब आप किसी भी सलाद की टॉपिंग, मछली, सी-फूड, पोल्ट्री या चीज से करती हैं तो वह मील में बदल जाता है। पिछली रात के लेफ्टोवर को सलाद में इस्तेमाल करें, समय व ऊर्जा दोनों बचेंगे। साबुत अनाज की ब्रेड या रोल्स के साथ डिनर सलाद परोसें।

करी चिकन सलाद

पिछली रात का चिकन बचा है तो उसे कतरें व यम्मी सलाद बनाएं या चिकन ब्रेस्ट ब्रोथ में पकाकर खाएं। आज का बचा चिकन सलाद, कल के लिए सैंडविच बन जाएगा। बस उसे पिट्टा में भरें व मजे से खाएं।

100 ग्राम सादा दही
2 बड़े चम्मच मेयोनीज़
2 से 3 बड़े चम्मच करी पाउडर
1 बड़ा चम्मच ताजा नींबू का रस
2 छोटे चम्मच ताजा पिसा अदरक
2 बड़े चम्मच अन्नानास का जूस कंसन्ट्रेट या कोई स्वीटनर
नमक व काली मिर्च
500 ग्राम पकी चर्बी रहित, हड्डी रहित चिकन ब्रेस्ट, 1 1/4 से.मी. टुकड़े
4 हरे प्याज; सफेद व हरे हिस्से, कटे हुए
1 पका आम, कटा हुआ
125 ग्राम कटा ग्रेनी स्मिथ सेब
½ लाल शिमला मिर्च, पिसी हुई
45 ग्राम भुने काजू, दरदरे कटे हुए

1. एक बड़े सलाद डोंगे में दही, मेयोनीज़, करी पाउडर, नींबू का रस, अदरक व अन्नानास का जूस कंसन्ट्रेट डालें व मिला दें। अब स्वाद के अनुसार नमक व काली मिर्च डालें। फिर चिकन, हरा प्याज, आम, सेब, शिमला मिर्च व काजू हल्के हाथ से मिलाएं। यह सलाद ढककर, फ्रिज में तीन दिन रख सकती हैं।

4 व्यक्तियों के लिए

पोषक जानकारी

1 हिस्से से मिलेगा

प्रोटीन	:	**1 सर्विंग**
विटामिन सी	:	**1 सर्विंग**
हरी पत्तेदार, पीली सब्जियां व फल	:	**½ सर्विंग**
वसा	:	**½ सर्विंग**

टाको इन ए सलाद

वैसे तो तकरीबन टाको सलाद वसा व कैलोरी से भरपूर होते हैं, पर यह कैलोरी रहित है और स्वादिष्ट भी कम नहीं है।

1 बड़ा चम्मच ऑलिव ऑयल
2 कली लहसुन, पिसी हुई
1 लाल शिमला मिर्च, कटी हुई
½ पीली शिमला मिर्च, कटी हुई
½ छोटा प्याज, कटा हुआ
250 ग्राम ग्राउंड टर्की ब्रेस्ट
1 छोटा चम्मच मिर्च पाउडर
1 छोटा चम्मच पिसा जीरा
90 ग्राम डिब्बाबंद पिंटो/ राजमा
1½ कप तैयार टमाटर साल्सा
2 बड़े चम्मच कटा ताजा धनिया
टाबस्को सॉस (चाहें तो)
125 ग्राम कतरा रोमेन सलाद पत्ता
2 बड़े प्लम टमाटर, बीज रहित व कटे हुए
60 ग्राम कतरा चेड्डर चीज़
60 ग्राम बेक्ड टाको चिप्स

1. एक बड़े पैन में ऑलिव ऑयल गर्म करें। लहसुन, शिमला मिर्च व प्याज डालकर 5 मिनट तक भूनें।

2. फिर मीट, मिर्च व जीरा डालकर 3 से 4 मिनट तक लगातार चलाएं। फिर बींस व साल्सा डालकर उबाल आने दें और आंच धीमी कर बींस को अच्छी तरह गर्म करें व 2 मिनट तक मसाले सूप में मिलने दें। फिर धनिया या टाबस्को मिलाएं।

3. दो बड़ी प्लेटों में सलाद पत्ते रखें व उन पर आधा-आधा मीट मिश्रण डालें। बचा टमाटर, चीज़ व टाको चिप्स सलाद पर छिड़क कर उसी समय परोसें।

2 व्यक्तियों के लिए

पोषक जानकारी

1 हिस्से से मिलेगा

प्रोटीन	:	**1½ सर्विंग**
कैल्शियम	:	**1 सर्विंग**
विटामिन सी	:	**4 सर्विंग**
हरी पत्तेदार, पीली सब्जियां व फल	:	**3 सर्विंग**
साबुत अनाज	:	**½ सर्विंग**
वसा	:	**½ सर्विंग**

स्टीक सलाद

लीजिए, आपके लिए स्टीक सलाद हाजिर है। चाहें तो कच्चे मशरूम की जगह सेंश या भुना पोर्टबेलो मशरूम भी इस्तेमाल कर सकते हैं।

नमक व काली मिर्च
350 ग्राम वसारहित स्ट्रिप स्टीक
1 छोटा चम्मच कद्दूकस किया नींबू का छिलका
2 बड़े चम्मच ताजा नींबू का रस
1 से 2 बड़े चम्मच मेयोनीज़
काली मिर्च
1 मध्यम प्याज,½ से.मी. स्लाइस
125 ग्राम रॉकेट, छंटी व साफ
90 ग्राम पतले स्लाइस बटन मशरूम
1 भुनी लाल शिमला मिर्च (पतले स्लाइस)
60 ग्राम पारमेसन चीज़ शेविंग

1. ग्रिल सेट करें व गर्म करें।
2. स्टीक पर नमक व काली मिर्च छिड़कें। इसे 3 से 5 मिनट प्रति साइड ग्रिल कर लें।
3. नींबू का कद्दूकस किया छिलका, नींबू का रस व मेयोनीज़ एक अलग कटोरे में फेंट लें। नमक-काली मिर्च डालें, ड्रेसिंग तैयार है।
4. स्टीक को ग्रिल से हटाकर ठंडा होने दें व 1/4'' की पट्टियां काटें। मीट का जूस अलग रखें।
5. प्याज को दोनों ओर से ग्रिल करें। पके प्याज, रॉकेट, मशरूम व शिमला मिर्च सलाद डोंगे में डालकर मिला लें। ड्रेसिंग को इस मिश्रण में मिलाकर टॉस करें।
6. रॉकेट मिश्रण को दो प्लेटों में रखें। इस पर स्टीक स्लाइस रखें व मीट जूस छिड़कें। फिर ऊपर से पारमेसन चीज़ छिड़ककर परोसें।

2 व्यक्तियों के लिए

पोषक जानकारी

1 हिस्से से मिलेगा

प्रोटीन	: **1½ सर्विंग**
कैल्शियम	: **1 सर्विंग**
विटामिन सी	: **2½ सर्विंग**
हरी पत्तेदार, पीली सब्जियां व फल	: **3 सर्विंग**
अन्य फल	: **2 सर्विंग**
वसा	: **½ सर्विंग**

सालमन सलाद निकोज

रात की बची ग्रिल्ड सालमन पड़ी है, इसे स्वादिष्ट डिनर सलाद पर रखें। हरे बींस भी इस्तेमाल कर सकती हैं।

12 अस्पारागरस (7.5 से.मी. के टुकड़े)
125 ग्राम कतरा रोमेन सलाद पत्ता
2 पके चर्बी रहित सालमन फिलेट
4 पके लाल आलू
2 प्लम टमाटर
2 बड़े सख्त उबले अंडे, चार टुकड़े
10 स्लाइस कलमाटा ऑलिव
2 हरे प्याज, सफेद व हरे हिस्से, साफ व कटे हुए
2 छोटे चम्मच छने हुए केपर्स (चाहें तो)
3 बड़े चम्मच ताजा नींबू का रस
2 या 3 बड़े चम्मच ऑलिव ऑयल
2 छोटे चम्मच डिज़ेन मस्टर्ड
1 कली लहसुन
1½ छोटा चम्मच ताजी टैरागॉन पत्तियां
नमक व काली मिर्च

1. अस्पारागस को 4 से 6 मिनट तक भाप में पकाएं। फिर पेपर टॉवल से थपथपा कर सुखाएं।

2. फिर दो प्लेटों में सलाद पत्ते रखें व दोनों पर सालमन फिलेट रखें। उसके आसपास अस्पारागस, आलू, टमाटर, अंडे व ऑलिव रख दें। सालमन पर हरे प्याज व केपर्स रखें।

3. नींबू का रस, ऑलिव ऑयल व सरसों का सॉस लेकर एक कटोरे में ड्रेसिंग बनाएं। नमक व काली मिर्च छिड़कें तथा चम्मच से ड्रेसिंग को सलाद पर डालें।

2 व्यक्तियों के लिए

पोषक जानकारी

1 हिस्से से मिलेगा

प्रोटीन	:	**1 सर्विंग**
विटामिन सी	:	**2 सर्विंग**
हरी पत्तेदार, पीली सब्जियां व फल	:	**2 सर्विंग**
वसा	:	**1½ सर्विंग**

प्रॉन कैसर सलाद

शायद आपको लगेगा कि कैसर पर ग्रिल्ड चिकन की ही टॉपिंग होती है। यह इस बार प्रॉन कैसर सलाद पर भी आजमाएं।

12 बड़े प्रॉन, शेल्ड व डी-वेंड
ऑलिव ऑयल कुकिंग स्प्रे
काली मिर्च
125 ग्राम कटा सलाद पत्ता
1 मध्यम लाल शिमला मिर्च, पतले स्लाइस
3 बड़े चम्मच कैसर ड्रेसिंग या क्रीमी कैसर ड्रेसिंग
60 ग्राम कद्दूकस पारमेसन चीज़
2 नींबू वैजिस, परोसने के लिए
150 ग्राम छोटे चेरी टमाटर

1. प्रॉन पर काली मिर्च छिड़कें।

2. एक फ्राईंग पैन में कुकिंग ऑयल स्प्रे छिड़ककर तेज आंच पर रखें। अब प्रॉन डालकर 4 मिनट तक पकाएं व प्रॉन एक ओर रखें।

3. सलाद पत्ता, शिमला मिर्च, टमाटर, सलाद ड्रेसिंग व पारमेसन चीज़ एक कटोरे में डालकर टॉस करें।

4. सलाद को दो प्लेटों में निकालें व दोनों पर 6-6 प्रॉन रखें। नींबू वैजिस व पारमेसन चीज़ से सजाकर परोसें।

टेस्ट किचन से

आप ग्रिल्ड चिकन ब्रेस्ट या ग्रिल्ड सालमन पर भी इसे इस्तेमाल कर सकती हैं।

2 व्यक्तियों के लिए

पोषक जानकारी

1 हिस्सा (ड्रेसिंग रहित) से मिलेगा

प्रोटीन	:	1 सर्विंग
कैल्शियम	:	1 सर्विंग
विटामिन सी	:	4 सर्विंग
हरी पत्तेदार, पीली सब्जियां व फल	:	3 सर्विंग

कैसर ड्रेसिंग

वैसे तो इसे बिना अंडे के बनाते हैं, पर यह अंडा रहित व्यंजन आपके लिए ज्यादा फायदेमंद है।

1 बड़ा चम्मच कटा लहसुन
4 बड़े चम्मच ताजा नींबू का रस
3 बड़े चम्मच ऑलिव ऑयल
2 एंचोवी फिलेट (चाहें तो) साफ व कटे
60 ग्राम कद्दूकस पारमेसन चीज़
नमक व काली मिर्च

लहसुन, नींबू का रस, ऑलिव ऑयल, एंचोवी फिलेट व पारमेसन, प्रोसेसर में पीसकर ड्रेसिंग बना लें। इसमें नमक व काली मिर्च डालें, चाहे तो स्वाद के अनुसार ऑलिव ऑयल व चीज़ भी मिला सकती हैं।

125 मि.ली. के लिए

पोषक जानकारी

1 हिस्सा (60 मि.ली.) से मिलेगा

कैल्शियम	:	½ सर्विंग
विटामिन सी	:	½ सर्विंग
वसा	:	½ सर्विंग

जरा ध्यान दें

यदि लहसुन की बदबू से परेशान हैं तो उसके बीच वाला हिस्सा निकालकर प्रयोग में लाएं।

क्रोटन्स

सलाद में क्रंच लाने के दो मज़ेदार-लज़्ज़तदार उपाय पेश हैं :

पारमेसन क्रिस्प : ओवन को 160°C (325°F) या गैस मार्क 3 पर गर्म करें। ताजा कद्दूकस पारमेसन चीज़ बेकिंग शीट पर डालें, जिस पर तेल स्प्रे हुआ हो। चीज़ को चम्मच से दबा दें व 6 से 8 मिनट तक बेक करें। ठंडा होने पर वहां से निकालें। किसी भी चीज़ फ्रेंडली सलाद पर परोसें।

क्रंची चिकपी : ओवन को 190°C (375°F) या गैस मार्क 5 पर पहले से गर्म करें। चिकपी को सुखा लें। उन्हें बेकिंग शीट में रखें। तेल छिड़कें व उस पर कद्दूकस किया पारमेसन चीज़ डालें। इन्हें करीब 30 मिनट तक बेक करें। इन्हें क्रोटन के तौर पर इस्तेमाल करें या ऐसे ही खाएं।

क्रीमी कैसर ड्रेसिंग

क्रीमी कैसर ड्रेसिंग स्वाद में मजेदार है, किंतु वसा से भरपूर नहीं है।

60 मि.ली. बटर मिल्क
45 ग्राम सादा होल-मिल्क दही
30 ग्राम कद्दूकस किया पारमेसन चीज़
2 बड़े चम्मच ताजा नींबू का रस
2 बड़े चम्मच मेयोनीज़ या ऑलिव ऑयल
1 कली लहसुन
1 हरा प्याज, कटा हुआ
2 एंचोवी फिलेट, (चाहें तो) साफ व कटे
½ छोटा चम्मच वॉरसेस्टरशियर सॉस
नमक व काली मिर्च

बटर मिल्क, दही, पारमेसन चीज़, नींबू का रस, मेयोनीज़ या ऑलिव ऑयल, लहसुन, हरा प्याज, एंचोवी फिलेट व सॉस एक प्रोसेसर में पीसकर मिला लें। फिर स्वाद के अनुसार नमक-मिर्च व बाकी सामग्री डालें। चाहें तो ड्रेसिंग डालने के बजाय सलाद में पारमेसन चीज़ की मात्रा बढ़ा सकती हैं।

250 मि.ली. के लिए

पोषक जानकारी

1 हिस्सा (60 मि.ली.) से मिलेगा

कैल्शियम	:	**1 सर्विंग**
वसा	:	**½ सर्विंग**

प्रान आम सलाद के साथ तिल अदरक विनईग्रेट

इन गर्मियों में कुछ चिल्ड हो जाए! यह सलाद पके चिकन या टर्की के साथ भी बढ़िया लगेगा।

12 बड़े प्रॉन, शेल्ड व डी-वेंड
125 ग्राम कोई भी हरी पत्तेदार सब्जी
1 खीरा, छिला व पतले स्लाइस
1 पका आम, पतले स्लाइस
1 मध्यम आकार की शिमला मिर्च, पतले स्लाइस

1. प्रॉन को करीब 5 मिनट तक भाप में पकाएं।
2. अब हरी पत्तेदार सब्जी व खीरा को सलाद डोंगे में डालें। 60 मि.ली. तिल अदरक विनईग्रेट डालकर टॉस करें व सलाद दो प्लेटों में परोसें।

3. प्रॉन, आम व शिमला मिर्च डोंगे में रखें व बाकी ड्रेसिंग मिलाएं। अब हरे सलाद वाली प्लेटों पर आधा-आधा प्रॉन मिश्रण डाल दें।

टेस्ट किचन से

यदि आपके पास भुने तिल हों तो उन्हें डालने में देर न करें। सलाद पर एक चम्मच तिल डालें और क्रंची स्वाद पाएं।

2 व्यक्तियों के लिए

पोषक जानकारी

1 हिस्सा (ड्रेसिंग रहित) से मिलेगा

प्रोटीन	:	1 सर्विंग
विटामिन सी	:	3 सर्विंग
हरी पत्तेदार, पीली सब्जियां व फल	:	3 सर्विंग
अन्य फल	:	½ सर्विंग

तिल अदरक विनईग्रेट

इस एशियन ड्रेसिंग के खट्टे-मीठे स्वाद को आप भुला नहीं पाएंगी। यदि राइस सिरका न डालना चाहे तो अपनी मर्जी से कोई भी स्वीटनर डालें।

2 हरे प्याज, सफेद व हरा भाग, स्लाइस कटे हुए
1 बड़ा चम्मच कददूकस किया ताजा अदरक
1 बड़ा चम्मच कटा ताजा धनिया
1/4 छोटा चम्मच कटा लहसुन
75 मि.ली. राइस सिरका
1 बड़ा चम्मच एक्सट्रा वर्जिन ऑलिव ऑयल
1 बड़ा चम्मच लो-सोडियम सोय सॉस
1 बड़ा चम्मच तिल का तेल
काली मिर्च

हरा प्याज, अदरक, धनिया, लहसुन, राइस सिरका, ऑलिव ऑयल, सोया सॉस व तिल का तेल एक कटोरे में निकालकर फेंटे व स्वाद के अनुसार काली मिर्च मिलाएं।

125 मि.ली. के लिए

पोषक जानकारी

1 हिस्सा (60 मि.ली.) से मिलेगा

वसा	:	1 सर्विंग

साउथ वेस्ट रशियन ड्रेसिंग

अपने कॉब सलाद के साथ मजेदार साउथ वेस्ट रशियन ड्रेसिंग इस्तेमाल करें। यह कटे सलाद पत्ते व टमाटर के साथ भी ठीक रहेगी, बच जाए तो वैजिस डिप या सैंडविच स्प्रेड की तरह इस्तेमाल करें।

125 मि.ली. बटर मिल्क
60 मि.ली. रेडीमेड माइल्ड साल्सा
2 बड़े चम्मच मेयोनीज़
1 बड़ा चम्मच कटी पार्सले
2 छोटे चम्मच ताजा नींबू का रस
1/4 छोटा चम्मच सूखी सरसों
1 बड़ा चम्मच मीठे अचार का गूदा
नमक व काली मिर्च

बटर मिल्क, साल्सा, मेयोनीज़, पार्सले, नींबू का रस व सरसों मिलाकर ब्लैंडर में पीसें व घोल बना लें। अब इसे एक कटोरे में पलटें व लगातार चलाते हुए मीठा अचार मिला दें। नमक व काली मिर्च भी डालें। यह ड्रेसिंग फ्रिज में दो दिन तक ढककर रख सकती हैं।

टेस्ट किचन से

इसे मीठा बनाना चाहें तो सफेद अंगूर का जूस कंसन्ट्रेट, शहद या कोई भी स्वीटनर मिलाएं। तीखा बनाना चाहें तो हॉट सॉस मिलाएं।

250 मि.ली. के लिए

पोषक जानकारी

1 हिस्सा (60 मि.ली.) से मिलेगा

वसा	:	**½ सर्विंग**

■■■

मीट

रेड मीट पसंद करती हैं तो गर्भावस्था में इसे खाने के लिए तैयार रहें क्योंकि अब कॉलेस्ट्रॉल की चिंता नहीं करनी और दूसरे यह आयरन, प्रोटीन व गर्भावस्था में फायदेमंद अन्य कई पोषक तत्त्वों की भरपूर मात्रा भी देगा। अपने मनपसंद व्यंजन चुनें व उसका स्वाद लें।

मीट स्ट्यू

गाजर, आलू, मशरूम, प्याज, मीठे स्नैप पी के साथ टमाटर सॉस। स्ट्यू का तो मजा आ जाएगा, इसे एक-दो दिन बाद भी पी सकती हैं।

625 ग्राम मीट, बारीक कतरा हुआ
नमक व काली मिर्च
कुकिंग ऑयल स्प्रे
1½ छोटा चम्मच ऑलिव ऑयल
1 छोटा प्याज, कटा हुआ
3 कली लहसुन, पिसी हुई
600 मिली लो-सोडियम चिकन ब्रोथ
400 ग्राम डिब्बाबंद टमाटर
1 बड़ा चम्मच पिसा टमाटर
1 बड़ा चम्मच बालसैमिक सिरका
2 बड़े चम्मच ताजी थाइम पत्ती
1 बड़ा चम्मच पिसी ताजी रोज़मैरी
200 ग्राम बेबी गाजर
3 छोटे आलू, छिले व कटे हुए
250 ग्राम सफेद बटन मशरूम, क्यूब में कटे
150 ग्राम मीठे स्नैप पी
1/4 बड़ा चम्मच पिसी अजवायन

1. मीट के टुकड़ों पर नमक व काली मिर्च लगाएं। एक बड़े पैन में कुकिंग ऑयल स्प्रे करें, फिर ऑलिव ऑयल गर्म करें व मीट डालकर 5 से 7 मिनट तक भूनें। फिर पैन से निकाल लें।
2. सॉसपैन में प्याज व लहसुन डालकर नरम होने तक पकाएं।
3. मीट व जूस पैन में डालें। अब चिकन ब्रोथ, टमाटर, पिसा टमाटर, सिरका, थाइम व रोज़मैरी डालकर उबाल आने दें। फिर धीमी आंच पर मीट गलने तक पकाएं।
4. अब गाजर, आलू व मशरूम डालें और बिना रुके 45 मिनट तक पकाएं ताकि सब कुछ नरम हो जाए।

5. फिर मीठे स्नैप-पी डालकर 5 मिनट तक गर्म होने दें। यह स्ट्यू तीन दिन तक फ्रिज में रख सकती हैं, जब पीना हो तो गर्म करके इस्तेमाल करें।

4 व्यक्तियों के लिए

पोषक जानकारी

1 हिस्से से मिलेगा

प्रोटीन	:	1 सर्विंग
विटामिन सी	:	1 सर्विंग
हरी पत्तेदार, पीली सब्जियां व फल	:	2 सर्विंग
अन्य फल	:	1 सर्विंग

ब्रेज्ड रोस्ट मीट इन टमाटर सॉस

यह भुना मीट आपको भरपूर स्वाद व पोषण देगा। इसकी खुशबू भी दीवाना बना देगी। थोड़ी अधिक मात्रा बना लें, बचा हुआ भी इस्तेमाल हो जाएगा।

1 छोटा चम्मच सफेद सरसोंका तेल
½ कि. मीट के टुकड़े, भुने हुए
नमक व काली मिर्च
2 मध्यम प्याज, कटे हुए
2 बड़े चम्मच लो-सोडियम चिकन ब्रोथ
400 ग्राम डिब्बाबंद टमाटर, जूस सहित
1 बड़ा चम्मच ताजी थाइम पत्ती
1 बड़ा चम्मच कटी ताजी ऑरीगेनो
1 बड़ा चम्मच कटी ताजी रोज़मैरी
2 बड़े चम्मच वॉरसेस्टेशियर सॉस
5 कली लहसुन, छिली हुई
60 ग्राम गाजर, स्लाइस में कटी

1. ओवन को 150°C (300°F) या गैस मार्क 2 पर पहले से गर्म करें।

2. एक सॉसपैन में तेल गर्म करें। मीट को मैरीनेड कर भूनें व आंच से उतार लें।

3. अब प्याज भूनने के बाद ब्रोथ मिलाएं व उबाल आने दें। फिर तरल पदार्थ काफी हद तक सुखा लें।

4. मीट को कैसरोल डिश में रखें। प्याज, टमाटर, थाइम, ऑरीगेनो, रोज़मैरी व सॉस डालें। इसके आसपास गाजर व लहसुन फैला दें।

5. कैसरोल ढककर 3 से 4 घंटे तक बेक करें ताकि मीट नरम हो जाए। इसे आप फ्रिज में 2 दिन तक भी रख सकती हैं।

6 व्यक्तियों के लिए

पोषक जानकारी

1 हिस्से से मिलेगा

प्रोटीन	:	2 सर्विंग
विटामिन सी	:	½ सर्विंग
हरी पत्तेदार, पीली सब्जियां व फल	:	1 सर्विंग

अदरक मीट स्टिर फ्राई

ब्रोकली, लाल-पीली शिमला मिर्च, गाजर व मीट से बना मजेदार व्यंजन। इसमें डाला गया अदरक भी आपको स्वाद देगा। इस स्टिर-फ्राई को आप चिकन, टर्की, टोफू या प्रॉन से भी बना सकती हैं।

कुकिंग ऑयल स्प्रे
1 बड़ा चम्मच तिल का तेल
1 कली लहसुन, पिसी हुई
1 मध्यम पीली/लाल शिमला मिर्च
225 ग्राम छोटे ब्रोकली फूल
90 ग्राम बेबी गाजर
2 हरे प्याज, सफेद व हरा हिस्सा
60 मि.ली. लो-सोडियम चिकन ब्रोथ
अदरक सॉस
1 बड़ा चम्मच ताजा कटा धनिया
175 ग्राम पके ब्राउन राइस (परोसने के लिए)

1. एक बड़े पैन में कुकिंग ऑयल स्प्रे करें। 1 छोटा चम्मच तेल गर्म करके मीट भूनें व निकालकर एक ओर रखें।
2. फिर पैन में बाकी बचा तेल गर्म करें। 1 मिनट तक लहसुन भूनने के बाद शिमला मिर्च, ब्रोकली, गाजर व हरे प्याज को नरम होने तक भूनें। अब चिकन ब्रोथ डालकर सब्जियां करीब 3 मिनट तक पकाएं।
3. फिर मीट को पैन में डालें। आंच तेज करें, अदरक सॉस भी मिला दें व लगातार चलाते हुए कुछ देर तक भूनें। इस स्टिर फ्राई पर धनिया छिड़कें व ब्राउन राइस के साथ परोसें।

2 व्यक्तियों के लिए

अदरक (जिंजर) सॉस

यह स्वादिष्ट अदरक सॉस किसी भी स्टिर फ्राई के साथ इस्तेमाल कर सकती हैं। यदि आपको छाती में जलन महसूस हो तो हॉट सॉस न डालें।

1 बड़ा चम्मच ताजा कद्दूकस किया अदरक

2 बड़े चम्मच राइस सिरका

1 बड़ा चम्मच लो-सोडियम चिकन ब्रोथ

1 बड़ा चम्मच सफेद अंगूर का जूस कंसन्ट्रेट/स्पलैंडा/शहद/ब्राउन शुगर

2 बड़े चम्मच लो-सोडियम सोय सॉस

2 छोटे चम्मच तिल का तेल

हॉट सॉस (चाहें तो)

अदरक, राइस सिरका, चिकन ब्रोथ, कन्सन्ट्रेट, सोय सॉस, तिल का तेल व हॉट सॉस एक छोटे डोंगे में निकालकर फेंट लें।

75 मि.ली. के लिए

पोषक जानकारी

एक हिस्से से मिलेगा

प्रोटीन	:	1 सर्विंग
विटामिन सी	:	3½ सर्विंग
हरी पत्तेदार, पीली सब्जियां व फल	:	2½ सर्विंग
साबुत अनाज	:	1 सर्विंग
वसा	:	½ सर्विंग
आयरन	:	मीट से

स्टिर फ्राई है आसान

यह तो डिनर को टेबल तक लाने के सबसे आसान तरीकों में से हैं, बस सब्जियों को पैन तक लाने से पहले धोने व काटने-छीलने में समय लगता है। अब खुशखबरी यह है कि आप जो कुछ भी स्टिर फ्राई करना चाहें, वह पैन रेडी मिलता है, यानी सुपर मार्केट में चिकन, टर्की या मीट तो साफ व कटा मिलता ही है, साथ ही लहसुन, प्याज, ब्रोकली, पत्तागोभी, गाजर व शिमला मिर्च जैसी सब्जी भी कटी व पैकेटबंद मिलती है। अगर कुछ ताजी सब्जी के रूप में न भी मिलें तो फ्रोजन शेल्फ से इस्तेमाल के लिए तैयार सब्जियां ली जा सकती हैं।

मीट कबाब जीरा मैरीनेड के साथ

लीजिए, इस स्टिक को चावल व क्विनोवा के साथ रख दें तो खाना तैयार है। बस मीट को पहले से मैरीनेड करके रखें। अगर लकड़ी के स्कीवर्स इस्तेमाल कर रही हैं तो उन्हें पहले आधे घंटे के लिए पानी में भिगोना न भूलें।

250 ग्राम लीन मीट, बारीक कतरा हुआ
2 बड़े चम्मच लो-सोडियम सोय सॉस
2 बड़े चम्मच ताजा नींबू का रस
1 बड़ा चम्मच ऑलिव ऑयल
1 छोटा चम्मच पिसा जीरा
1 मध्यम लाल शिमला मिर्च, कटी हुई
½ छोटा लाल प्याज, कटा हुआ
12 सफेद बटन मशरूम, केवल ऊपरी हिस्सा
12 चेरी टमाटर

1. मीट, सोय सॉस, नींबू का रस, तेल व जीरा एक डोंगे में डालकर मीट को मैरीनेड करें इसे कम से कम 3 घंटे तक मैरीनेड करें।

2. ग्रिल को पहले से सेट करके गर्म करें।

3. फिर मैरीनेड मीट को 8 स्कीवर्स में लगाएं व इनके टुकड़ों के बीच शिमला मिर्च, प्याज, मशरूम व टमाटर भी लगाएं।

4. कबाब को मीट के नरम होने तक ग्रिल करें, बीच-बीच में पलटती रहें।

4 व्यक्तियों के लिए

टेस्ट किचन से

मीठा कबाब बनाना चाहें तो नींबू रस की बजाय 2 चम्मच अन्नानास जूस का कंसन्ट्रेट मिलाएं। मशरूम टमाटर चंक की बजाय आम व अन्नानास चंक डालें।

पोषक जानकारी

1 हिस्से से मिलेगा

प्रोटीन : 1 सर्विंग
विटामिन सी : 2½ सर्विंग
हरी पत्तेदार, पीली सब्जियां व फल : 1 सर्विंग
अन्य फल : 1½ सर्विंग

टमाटर लेयर्ड मिनी मीट लोब्स

आपका प्रिय व्यंजन! इसके बचे टुकड़े आराम से गर्म करके खाएं या ठंडे टुकड़े से मीट लोफ सैंडविच बना लें।

1 किलो लीन ग्राउंड पोर्क
125 ग्राम कतरा चेड्डर चीज़
2 बड़े चम्मच कैचप
1 बड़ा अंडा, हल्का फेंटा हुआ
3 बड़े चम्मच रोल्ड ओट्स
1½ छोटा चम्मच ताजी ऑरीगेनो
3/4 छोटा चम्मच कटी ताजा डिल
1/4 छोटा चम्मच पिसा लहसुन
1/4 छोटा चम्मच नमक
1/4 छोटा चम्मच काली मिर्च
2 मध्यम आकार के टमाटर, पतले स्लाइस

1. ओवन को 190°C (375°F या गैस मार्क 5 पर पहले से गर्म करें।

2. मीट, चेड्डर चीज़, कैचअप, अंडे, ओट, ऑरीगेनो, डिल, लहसुन, नमक व काली मिर्च एक बड़े डोंगे में मिला लें। इस आधे मिश्रण को 6 मफिन कप में एकसार डालें व ऊपर से टमाटर का स्लाइस रखें और बाकी बचा मिश्रण ऊपर से दबा-दबाकर डाल दें।

3. मीट के मफिन को पकने तक, कम से कम 20-25 मिनट तक बेक करें।

4. इन्हें मफिन टीन से निकालकर तुरंत परोसें। बचे लोव्स फॉयल में लपेटकर, फ्रिज में रखें। इन्हें दोबारा गर्म करने के लिए ओवन/माइक्रोवेव की मदद लें।

6 व्यक्तियों के लिए

पोषक जानकारी

एक हिस्से से मिलेगा

प्रोटीन : 1½ सर्विंग
कैल्शियम : 1 सर्विंग
विटामिन सी : ½ सर्विंग

पोर्क मेडालियंस रॉकेट और टमाटर के साथ

तुरंत बनने वाला यह व्यंजन आपके व्यस्त क्षणों के लिए बढ़िया रहेगी। थोड़े फालतू टेंडरलोन भून लें। ये बाद में रॉकेट व टमाटर के साथ स्वादिष्ट सैंडविच बनेंगे।

ऑलिव ऑयल कुकिंग स्प्रे
1 बड़ा चम्मच ऑलिव ऑयल
2 कली लहसुन, पिसी हुई
250 ग्राम पोर्क टेंडरलोन, 2.5 से.मी. मोटे स्लाइस में कटे हुए
नमक व काली मिर्च
2 बड़े चम्मच बालसैमिक सिरका
4 पके प्लम टमाटर, कटे हुए
1 पैकेट रॉकेट/बेबी पालक
60 ग्राम कद्दूकस पारमेसन चीज़

1. एक पैन में 2 बड़े चम्मच तेल स्प्रे करें व मध्यम आंच पर तेल गर्म करें। लहसुन डालकर 4 मिनट तक सुनहरा होने तक भूनें व निकालकर एक ओर रखें।

2. पोर्क स्लाइस पर नमक-मिर्च डालकर पैन में रखें, तेज आंच पर दोनों तरफ से 5-5 मिनट भूनें। पोर्क प्लेट में निकालें व गर्म रखने के लिए फॉयल से ढकें।

3. अब पैन को धीमी आंच पर गर्म करें व बचा तेल डालें। सिरका, टमाटर व लहसुन डालकर 1 मिनट तक भूनें। फिर रॉकेट डालकर टॉस करें व स्वादानुसार नमक व काली मिर्च मिलाएं।

4. पोर्क पर चम्मच से रॉकेट व टमाटर का मिश्रण डालें, ऊपर से पारमेसन चीज़ छिड़ककर झटपट परोसें।

2 व्यक्तियों के लिए

पोषक जानकारी

एक हिस्से से मिलेगा

प्रोटीन	:	**1 सर्विंग**
कैल्शियम	:	**½ सर्विंग**
विटामिन सी	:	**2 सर्विंग**
हरी पत्तेदार, पीली सब्जियां व फल	:	**3 सर्विंग**
वसा	:	**½ सर्विंग**

पोर्क क्वैसडिलास

पोर्क के साथ मैक्सिको का नया स्वाद हाज़िर है। पौष्टिक तत्त्वों से भरपूर पोर्क क्वैसडिलास में आपको टॉर्टिला से उचित प्रकार के कार्ब भी मिलेंगे। बाकी बचे व्यंजन को अगले दिन सैंडविच में खा सकती हैं।

मैरीनेड व पोर्क के लिए

2 बड़े चम्मच कटा ताजा धनिया
3 बड़े चम्मच ताजा नींबू का रस
1 बड़ा चम्मच ऑलिव ऑयल
1 छोटा चम्मच सफेद अंगूर का रस कंसन्ट्रेट/शहद/स्वीटनर
1 छोटा चम्मच पिसा जीरा
1 छोटा चम्मच पिसी लाल मिर्च
500 ग्राम टेंडर लीन पोर्क,½ सें.मी. मोटे स्लाइस में कटे हुए
ऑलिव ऑयल कुकिंग स्प्रे

क्वैसडिलास के लिए

6 हरे प्याज, सफेद व हरा हिस्सा, साफ व कटा
2 मध्यम लाल शिमला मिर्च, पतले स्लाइस
4 (गेहूं के आटे से बना) टॉर्टिला
125 ग्राम कतरा चेड्डर चीज़
1 मध्यम आकार का एवोकाडो, कटा हुआ
1 बड़ा पका टमाटर (चाहें तो)

1. **मैरीनेड :** नींबू, ऑलिव ऑयल, धनिया, अंगूर जूस, जीरा व लाल मिर्च एक डोंगे में डालकर मिलाएं। पोर्क स्लाइस मैरीनेड करें। इसे कम से कम 15 मिनट व अधिक से अधिक एक रात तक मैरीनेड कर सकती हैं।

2. पैन में ऑयल स्प्रे करें व पोर्क स्लाइस पैन में डाले। 6-6 मिनट तक दोनों ओर से भूनें व निकालकर एक तरफ रखें।

3. **क्वैसडिलास :** हरा प्याज व शिमला मिर्च पैन में डालकर 2 मिनट तक भूनें। फिर पोर्क में डालकर गर्म करें व आंच धीमी कर दें।

4. दूसरे पैन में हल्का तेल लगाकर, मध्यम आंच पर रखें। एक-एक टॉर्टिला को 30-30 सेकेंड दोनों ओर से गर्म करें।

5. अब टॉर्टिला रखकर चम्मच से पोर्क मिश्रण की समान मात्रा डालें। प्रत्येक टार्टिला पर 30-30 ग्राम चीज छिड़कें, बाकी टार्टिला को भरावन पर मोड़ दें।

6. इन्हें दो मिनट तक पैन में रखकर पकाएं। क्वैसडिलास पलटकर पकाएं ताकि चीज़ थोड़ा पिघल जाए। फिर हर क्वैसडिलास के वैजिस काटें। टमाटर व एवोकाडो से परोसें।

4 व्यक्तियों के लिए

पोषक जानकारी

एक हिस्से से मिलेगा

प्रोटीन	**: 1 सर्विंग**
कैल्शियम	**: 1 सर्विंग**
विटामिन सी	**: 2 सर्विंग**
हरी पत्तेदार, पीली सब्जियां व फल	**: 1 सर्विंग**
अन्य फल	**: ½ सर्विंग**
साबुत अनाज	**: 2 सर्विंग**

पोर्क कबाब

हवाई टच के साथ हल्का-फुल्का व्यंजन बनाने का मूड है तो खट्टे-मीठे पोर्क कबाब आजमाएं। लकड़ी के स्कीवर्स इस्तेमाल करें तो आधे घंटे तक पानी में भिगोना न भूलें। इस व्यंजन को चिकन या प्रॉन के साथ भी आजमाएं।

500 ग्राम लीन पोर्क टेंडरलोन
2 मध्यम आकार के शिमला मिर्च, 2.5 से.मी. टुकड़े में कटे हुए
400 ग्राम डिब्बाबंद अन्नानास चंकस
60 मि.ली. अन्नानास जूस कंसन्ट्रेट
2 बड़े चम्मच ताजा नींबू का रस
2 छोटे चम्मच सफेद सरसों का तेल
2 छोटे चम्मच कद्दूकस किया ताजा अदरक
1 छोटा चम्मच करी पाउडर
1 छोटा चम्मच पिसा लहसुन
350 ग्राम पके चावल/क्विनोवा

1. पोर्क, शिमला मिर्च व अन्नानास को स्कीवर्स पर लगाएं। ये कबाब एक ओर रख दें।

2. अब अन्नानास का जूस कंसन्ट्रेट, नींबू का रस, तेल, करी पाउडर व लहसुन एक प्लास्टिक बैग में मिला लें। इसमें कबाब डालकर बैग सील करें व अच्छी तरह हिला दें। इसमें कबाब को 30 मिनट तक मैरीनेड होने दें।

3. ग्रिल को पहले से ही सेट करके गर्म करें।

4. कबाब को मैरीनेड से उतारें व पोर्क पकने तक 10 मिनट तक ग्रिल करें। कबाब स्कीवर्स से उतारकर ब्राउन राइस के ऊपर रखकर परोसें।

4 व्यक्तियों के लिए

पोषक जानकारी

1 हिस्से से मिलेगा

प्रोटीन	:	**1 सर्विंग**
विटामिन सी	:	**3 सर्विंग**
हरी पत्तेदार, पीली सब्जियां व फल	:	**1 सर्विंग**
साबुत अनाज	:	**1 सर्विंग**

चिकन

चिकन के उस पुराने स्वाद से तंग आ गई हैं तो यहां बेकिंग और भूनकर बनाये जाने वाले बहुत से व्यंजन मौजूद हैं। आसानी से बनने वाले ये व्यंजन बेहद स्वादिष्ट होने के साथ-साथ पौष्टिक भी हैं। थोड़ा नयापन चाहिए तो 'चिकन अनार ग्लेज' बुरा नहीं है। कुछ पौष्टिक व क्रंची चाहिए तो 'ओवन फ्राइड चिकन ब्रेस्ट' हाजिर है। 'बास्क चिकन', 'तंदूरी चिकन के साथ आम व संतरा सलाद' व 'थाई चिकन करी' के साथ, दुनिया के अलग-अलग हिस्सों में बनने वाले व्यंजनों का स्वाद लें। 'चिकन कटलेट इन मशरूम सॉस' लेना न भूलें। इसके अलावा कुछ व्यंजन तो अधिक मात्रा में भी पकाकर रख सकती हैं। लंच के लिए बचा ठंडा चिकन कटलेट सैंडविच कैसा रहेगा?

रोज़मैरी नींबू चिकन

ताजी रोज़मैरी व टैंगी नींबू का स्वाद सुपर-सिंपल चिकन के व्यंजन को महका देगा और इसे आपके झटपट लंच या भरपेट डिनर के लायक बना देगा। पहले दिन गर्म परोसें व दूसरे दिन ठंडा ही खाएं। सलाद के कुछ स्लाइस रखें या लंच के लिए टेस्टी सैंडविच बना लें।

1 बड़ा चम्मच ताजी रोज़मैरी, कटी हुई
1 बड़ा चम्मच सूखे केपर्स
1 छोटा चम्मच कटा लहसुन
1 छोटा चम्मच ऑलिव ऑयल
1 मध्यम आकार के नींबू का रस
1 नींबू पतले स्लाइस में कटा
1 बड़ा चम्मच पाइन नट्स
4 चर्बी रहित, हड्डी रहित चिकन ब्रेस्ट (प्रत्येक 125 ग्राम)
नमक व काली मिर्च

चिकन बड़ा है?

व्यंजन में प्रति व्यक्ति 125 ग्राम चिकन/टर्की ली गई है क्योंकि आपको एक हिस्सा चाहिए, लेकिन अगर भूख ज्यादा लगी हो फ्रिज में चिकन ब्रेस्ट बड़ी हो तो उसे ले लें। 175 ग्राम से 1½ सर्विंग हो जाएगी। 250 ग्राम से पूरी 2 सर्विंग होगी।

1. ओवन को 180^{0}C (350^{0}F) पर या गैस के मार्क 4 पर गर्म करें।

2. रोज़मैरी, केपर्स, लहसुन, ऑलिव ऑयल नींबू का रस व पाइन नट एक कटोरे में डालकर मिलाएं व एक ओर रखें।

3. बेकिंग डिश पर नींबू स्लाइस की परत लगाएं ताकि उस पर चिकन ब्रेस्ट आ जाएं। हर चिकन ब्रेस्ट पर नमक व काली मिर्च छिड़ककर नींबू के स्लाइस पर रखें। हर चिकन ब्रेस्ट पर 1-1 चम्मच रोजमैरी मिश्रण डालें। चिकन को पकने तक लगभग 20-25 मिनट बेक करें। इसमें गुलाबीपन न रहे।

4 व्यक्तियों के लिए

पोषक जानकारी

1 हिस्से से मिलेगा

प्रोटीन	**:**	**1 सर्विंग**

ओवन फ्राइड चिकन ब्रेस्ट

चिकन बकेट लेने के लिए बाहर क्यों जाना? ये चिकन ब्रेस्ट बाहर से क्रंची है, अन्दर से नम है और पूरी तरह से चिकनाई रहित, लेकिन फिर भी आप अंगुलियां चाटती रह जाएंगी।

75 ग्राम गेहूं की ब्रेड का चूरा
30 ग्राम कद्दूकस पारमेसन चीज़
1 छोटा चम्मच काली मिर्च
½ छोटा चम्मच पिसा लहसुन
नमक व काली मिर्च स्वादानुसार
75 मि.ली. बटर मिल्क
1 बड़ा चम्मच डिजॉन मस्टर्ड (चाहें तो)
1 बड़ा चम्मच मेयोनीज़
2 चर्बी रहित हड्डी रहित चिकन ब्रेस्ट हाफ, (प्रत्येक 125 ग्राम)
ऑलिव ऑयल कुकिंग स्प्रे

1. ओवन को 200^{0}C (400^{0}F) या गैस मार्क 6 पर गर्म करें।

2. ब्रेड का चूरा, पारमेसन चीज़, पिसा लहसुन व काली मिर्च एक डोंगे में मिला लें, स्वादानुसार नमक भी डालें।

3. दूसरे बर्तन में बटर मिल्क, मस्टर्ड व मेयोनीज़ डालकर लगातार चलाएं।

4. चिकन ब्रेस्ट को बटर मिल्क के मिश्रण में डुबोएं। फिर ब्रेड के चूरे में लपेटें। बेकिंग शीट पर ऑलिव ऑयल लगाकर चिकन ब्रेस्ट रखें। चिकन ब्रेस्ट पर भी ऑलिव आयॅल छिड़कें। चिकन को करीब 25 मिनट तक बेक करें ताकि उसमें गुलाबीपन न रहे।

2 व्यक्तियों के लिए

पोषक जानकारी

1 हिस्से से मिलेगा

प्रोटीन	**:**	**1 सर्विंग**
कैल्शियम	**:**	**½ सर्विंग**
साबुत अनाज व लेग्यूम	**:**	**1 सर्विंग**
वसा	**:**	**½ सर्विंग**

चंकी टमाटर चिकन पारमेसन

मामा मियां! बेबी को यह पौष्टिक व्यंजन बेहद पसंद आएगा, आपको भी इसका स्वाद अच्छा लगेगा। विटामिन से भरपूर भुना लाल शिमला मिर्च, गाढ़ा टमाटर सॉस, ताजे कटे टमाटर व पुराने इतालवी स्वाद के साथ टॉप चिकन ब्रेस्ट। चिकन को होल-ग्रेन या सोय पास्ता के साथ परोसें।

45 ग्राम गेहूं की ब्रेड का चूरा
2 बड़े चम्मच कद्दूकस पारमेसन चीज़
2 चर्बी रहित, हड्डी रहित, चिकन ब्रेस्ट हाफ, (प्रत्येक 125 ग्राम)
नमक व दरदरी काली मिर्च
½ छोटा चम्मच सूखी ऑरीगेनो
½ भुनी लाल शिमला मिर्च, 8 पट्टियों में कटी
125 मि.ली. रेडीमेड टमाटर सॉस
125 ग्राम पके टमाटर, कटे हुए
2 स्लाइस प्रोवोलोन चीज़

1. ओवन को 180°C (350°F) या गैस मार्क 4 पर गर्म करें।
2. ब्रेड का चूरा व पारमेसन चीज़ एक कटोरे में निकालकर मिलाएं व एक ओर रखें।
3. चिकन ब्रेस्ट पर नमक, काली मिर्च तथा ऑरीगेनो छिड़कें। ब्रेड का चूरा चिकन ब्रेस्ट पर छिड़ककर उन्हें बेकिंग डिश में रखें। हर चिकन ब्रेस्ट पर भुनी शिमला मिर्च की पट्टियां, आधी सॉस व टमाटर रखें। हर ब्रेस्ट हाफ पर एक प्रोवलोन चीज़ रखें। चिकन को तकरीबन 25 मिनट तक बेक करें ताकि अच्छी तरह पक जाए व गुलाबीपन न रहे।

2 व्यक्तियों के लिए

पोषक जानकारी

1 हिस्से से मिलेगा

प्रोटीन	:	**1 सर्विंग**
कैल्शियम	:	**1 सर्विंग**
विटामिन सी	:	**1½ सर्विंग**
हरी पत्तेदार, पीली सब्जियां तथा फल	:	**½ सर्विंग**
साबुत अनाज व लेग्यूम	:	**½ सर्विंग**

ख़ूबानी व अदरक ग्लेजड चिकन

कुछ मीठा खाने की इच्छा? पर डिनर के मार्केट में कुछ मीठा नहीं। यहां इसका टिकट है। जी मिचलाने वाली मॉम के लिए भी फायदेमंद होगा : अदरक बड़ा गुणकारी होता है। चिकन को वाइल्ड राइस या सूखी ख़ूबानी तथा भुने बादाम स्लाइस से वाइल्ड राइस या क्विनोवा पुलाव के साथ परोसें।

1 बड़ा चम्मच ऑल-फ्रूट ख़ूबानी प्रिजर्वस
½ बड़ा चम्मच लो-सोडियम सोया सॉस
½ छोटा चम्मच पिसा अदरक
2 चर्बी रहित हड्डी रहित चिकन ब्रेस्ट हाफ, (125 ग्राम प्रत्येक)
नमक व काली मिर्च (चाहें तो)

1. ख़ूबानी प्रिजर्वस, सोया सॉस व अदरक एक छोटे कटोरे में लेकर मिलाएं। ख़ूबानी व अदरक ग्लेज को आधा करके एक ओर रखें।
2. ग्रिल सेट करें व तेज गर्म कर लें।
3. चिकन ब्रेस्ट पर चाहें तो हल्का नमक-मिर्च छिड़कें। फिर प्रत्येक के एक हिस्से पर आधा ग्लेज लगाएं। ग्लेजयुक्त सतह को ऊपर रखते हुए चिकन को ग्रिल करें, 5 मिनट प्रति सतह। ब्रेस्ट हाफ के दूसरे हिस्से पर बाकी ग्लेज लगाएं। चिकन अच्छी तरह पकाएं, उसमें गुलाबीपन न रहे।

4 व्यक्तियों के लिए

पोषक जानकारी

1 हिस्से से मिलेगा

प्रोटीन : 1 सर्विंग

चिकन अनार ग्लेज

125 मि.ली. अनार का रस

2 बड़े चम्मच साइडर सिरका

1 बड़ा चम्मच सफेद अंगूर के रस का कंसन्ट्रेट/स्पलैंडा/शहद/ब्राउन शुगर या मिठास के लिए कुछ भी

4 चर्बी रहित चिकन ब्रेस्ट हाफ, (125 ग्राम)

नमक व काली मिर्च

2 बड़े चम्मच ताजी कटी अजमोद

1. अनार का रस, सिरका व अंगूर का रस एक कटोरे में डालकर मिला लें व मध्यम आंच पर उबाल आने दें। फिर धीमी आंच पर जूस को तब तक पकाएं, जब तक वह 60 मि.ली. न रह जाए। अब ग्लेज को एक ओर रखें।
2. चिकन पर एक चुटकी नमक-मिर्च छिड़कें।
3. ग्रिल लगाकर पहले से गर्म करें।

4. जब चिकन पकाना हो तो 2 बड़े चम्मच अनार ग्लेज लगाएं, फिर परोसने से पहले बाकी ग्लेज चिकन पर लगाएं। चिकन को 5-6 मिनट तक प्रत्येक ओर से ग्रिल करें। उसमें गुलाबीपन न रहे।

5. पके चिकन पर ग्लेज व अजमोद लगाकर गर्म या कमरे के तापमान पर परोसें।

4 व्यक्तियों के लिए

पोषक जानकारी

1 हिस्से से मिलेगा

प्रोटीनः 1 सर्विंग

टेस्ट किचन से

अनार का रस आसानी से सुपर मार्केट में मिल जाता है। इसे ताजे उत्पादों में से लें या रेफ्रिजरेटिड सेक्शन से लें, नहीं मिले तो क्रॉनबेरी जूस इस्तेमाल करें, बस साइडर सिरका न डालें। अगर दो लोग ही खाना चाहें तो आधी डिश बनाएं या कल के सैंडविच सलाद के लिए बचा लें।

टेरियाकी चिकन

टर्की कटलेट, स्टीक, सालमन या पोर्टोबेलो मशरूम, कुछ भी बनाएं, टेरीयाकी स्टाइल में स्वाद ही निराला होता है। चिकन को ब्राउन राइस या वैजी स्टिर फ्राई से परोसें।

2 बड़े चम्मच लो-सोडियम सोय सॉस
1 बड़ा चम्मच सफेद अंगूर का जूस कन्सन्ट्रेट/शहद या ब्राउन शुगर
1½ छोटा चम्मच कद्दूकस किया अदरक या ½ छोटा चम्मच पिसा अदरक
1 छोटा चम्मच तिल का तेल
1 बड़ा चम्मच कटा धनिया
2 चर्बी रहित, हड्डी रहित चिकन ब्रेस्ट हाफ, (प्रत्येक 125 ग्राम)

1. सोय सॉस, अंगूर का रस, अदरक, तिल का तेल व धनिया एक डोंगे में मिला लें।

2. चिकन को बेकिंग डिश में रखकर इस पर टेरीयाकी मैरीनेड डालें ताकि वह ब्रेस्ट पर परत बना दे। फिर चिकन को 8 घंटे तक फ्रिज में मैरीनेड करें।

3. ग्रिल को पहले से ही गर्म कर लें।

4. चिकन को पकने तक ग्रिल करें; प्रति साइड 5 से 6 मिनट। चिकन में गुलाबीपन न रहे।

2 व्यक्तियों के लिए

पोषक जानकारी

1 हिस्से से मिलेगा

प्रोटीन : 1 सर्विंग

तंदूरी चिकन के साथ आम व संतरा सलाद

सूखे चिकन ब्रेस्ट से तंग आ गई हैं? दही इसे नम रखेगा और मसाले स्वादिष्ट बनाएंगे। बचे चिकन से यम्मी सलाद या सैंडविच बना सकते हैं।

150 ग्राम सादा लो-फैट दही
1 नींबू का रस
2 बड़े चम्मच कद्दूकस किया ताजा अदरक
½ छोटा चम्मच कटा लहसुन
½ छोटा चम्मच पिसा जीरा
½ छोटा चम्मच पिसा धनिया
½ छोटा चम्मच पिसी हल्दी
½ छोटा चम्मच पापरिका
1 चुटकी नमक
4 चर्बी रहित, हड्डी रहित चिकन ब्रेस्ट हाफ (125 ग्राम प्रत्येक)
आम व संतरा सलाद

1. दही, नींबू का रस, अदरक, लहसुन, जीरा, धनिया, हल्दी व मिर्च एक कटोरे में मिला लें।

2. चिकन ब्रेस्ट को दही मिश्रण से मैरीनेट करके 24 घंटे तक फ्रिज में रख सकते हैं।

3. ग्रिल को पहले ही तेज गर्म करें।

4. चिकन को दोनों तरफ से 5-6 मिनट तक ग्रिल करके पकाएं। इसमें गुलाबीपन न रहे। चिकन को आम व संतरा-सलाद से परोसें।

टेस्ट किचन से

कल रात तंदूरी चिकन ब्रेस्ट परोसना चाहती हैं, बढ़िया है-चिकन जितनी देर दही के मिश्रण में मैरीनेट रहेगा, उतना ही नम होगा।

4 व्यक्तियों के लिए

पोषक जानकारी

1 हिस्सा (सलाद रहित) से मिलेगा

प्रोटीन : 1 सर्विंग

आम व संतरा सलाद

आम, संतरा व पुदीने का बालसैमिक सिरका ड्रेसिंग के साथ ताजा सलाद। न केवल स्वाद से भरपूर बल्कि आंखों को भी भाएगा।

2 पके आम, छिले व गुठली रहित
2 मध्यम आकार के बीज रहित संतरे, सफेद रेशे निकालकर
2 बड़े चम्मच बालसैमिक सिरका
2 छोटे चम्मच कटा ताजा पुदीना

आम के पतले स्लाइस काटकर कटोरे में रखें। संतरे के टुकड़े भी मिलाएं। फिर पुदीना व बालसैमिक सिरका डालकर टॉस करें। सलाद तैयार है।

4 व्यक्तियों के लिए

पोषक जानकारी

1 हिस्सा से मिलेगा

विटामिन सी	**: 2 सर्विंग**
हरी पत्तेदार, पीली सब्जियां तथा फल	**: 1 सर्विंग**

थाई चिकन करी

एक मजेदार व क्रीमयुक्त करी पेश है–फीके नारियल के दूध का धन्यवाद। इसे ब्राउन राइस या नूडल्स से परोसें, एक बार का मील तैयार है। हां, चाहें तो सामग्री डबल करके ज्यादा बना लें, समय भी बचेगा।

1 बड़ा चम्मच सफेद सरसों का तेल

1 छोटा लाल प्याज, कटा हुआ

2 कली लहसुन, कुचली हुई

1 मध्यम आकार की लाल शिमला मिर्च, छोटे चंक

2 छोटे चम्मच ताजा अदरक

1 छोटा चम्मच पिसा धनिया

1 छोट चम्मच पिसा जीरा

1 छोटा चम्मच करी पाउडर

1 छोटा चम्मच पिसी हल्दी

2 छोटे चम्मच सफेद अंगूर का रस कंसन्ट्रेट/शहद या ब्राउन शुगर

400 ग्राम कटे टमाटर, जूस सहित

250 मि.ली. लो-फैट नारियल का दूध

1 बड़ा चम्मच लो-सोडियम सोय सॉस

250 ग्राम चर्बी रहित, हड्डी रहित चिकन ब्रेस्ट, 2.5 से.मी. क्यूब में कटे

175 ग्राम गोभी के फूल

75 ग्राम फ्रोजन मटर

आधे नींबू का रस

ताजा कटा धनिया

कटे भुने काजू, परोसने के लिए

1. नॉनस्टिक पैन में मध्यम आंच पर तेल गर्म करें। प्याज-लहसुन डालकर, 5 मिनट तक नरम गुलाबी होने तक भूनें।
2. आंच धीमी करें व इसमें शिमला मिर्च अदरक, धनिया, जीरा, करी पाउडर, हल्दी व अंगूर का रस कंसन्ट्रेट डालकर चलाएं। लगातार चलाते हुए 1 मिनट तक पकाएं।
3. अब टमाटर, नारियल का दूध व सोय सॉस डालें। आंच धीमी करें व उबाल आने दें। फिर 15 मिनट तक धीमी आंच पर पकाने के बाद चिकन व गोभी डालें और उबाल आने दें। फिर धीमी आंच पर लगातार चलाएं। चिकन पक जाना चाहिए उसमें गुलाबीपन न रहें। इसे करीब 8 मिनट तक पकाएं।
4. अब मटर डालकर 2 मिनट तक अच्छी तरह गर्म होने दें। करी पर नींबू का रस छिड़कें। धनिये या काजू से सजावट करके परोसें।

टेस्ट किचन से

विभिन्न सामग्रियों से सजी थाई चिकन करी को टर्की, प्रॉन या किसी भी दूसरे सी-फूड के साथ बनाएं। कोई भी सब्जी या मनपसंद फल मिलाएं, जैसे -कटी गाजरें व अन्नानास, चाहें तो थोड़ा पालक मिला लें। थोड़ा तीखा खाना चाहें तो लाल मिर्च व सॉस मिलाएं। (यह सुपर मार्केट के एशियन सैक्शन में मिलेगी।)

2 व्यक्तियों के लिए

पोषक जानकारी

1 हिस्से से मिलेगा

प्रोटीन	:	1 सर्विंग
हरी पत्तेदार, पीली सब्जियां तथा फल	:	1 सर्विंग
अन्य फल व सब्जियां	:	1 सर्विंग
वसा	:	½ सर्विंग

एक पैकेट में कुकिंग

आपको घर में खाना बनाना तो पसंद है, पर उसके बाद होने वाली गंदगी व जूठे बर्तनों से घबराती हैं तो आपके लिए पैकेट कुकिंग पेश है, आप इसमें पोल्ट्री, मीट, मछली या सब्जी कुछ भी पका सकती हैं। बस बहुत सारा एल्यूमीनियम फॉयल व थोड़ी-सी कल्पना चाहिए।

- जल्दी पकने वाली सामग्री लें; जैसे टंगड़ी की जगह चिकन ब्रेस्ट, गाजर के चंक की बजाय कतरी गाजर या विंटर स्क्वैश की जगह समर स्क्वैश।
- इतना बड़ा फॉयल लें कि उस पर सामग्री की पर्याप्त मात्रा आ जाए। सामग्री की परतें लगाते समय भारी से हल्की सामग्री पर आएं; जैसे प्याज सबसे नीचे व मशरूम ऊपर। फिर खूब सारे मसाले छिड़कें। अगर सामग्री में रस न हो तो थोड़ा ब्रोथ, सोया सॉस, नींबू का रस मिलाएं। मछली व पोल्ट्री के पैकेट में नींबू के स्लाइस भी अच्छे रहेंगे।
- फिर पैकेट को मोड़कर सील करें ताकि उसमें भाप टिक सकें। फिर पैकेट को ओवन में 200^0 C (400^0F) या गैस मार्क 6 पर पकाएं। पकाने का समय 15 से 25 मिनट के बीच सामग्रियों पर निर्भर होगा।
- एक खुशबूदार प्रेजेंटेशन के लिए फॉयल पैकेट को मेज पर रखकर खोलें, पर जरा इससे निकलने वाली भाप से हाथ व मुंह बचाकर चलें।

चिकन एंचिलाडास

इस पोषण से भरपूर एंचिलाडास में वसा की मात्रा काफी कम है और बची डिश का भी आनंद पा सकती हैं।

500 ग्राम चर्बी रहित, हड्डी रहित चिकन ब्रेस्ट, 1 1/4 से.मी. में कटी
1 मध्यम आकार की लाल शिमला मिर्च, छोटे टुकड़े में कटे हुए
2 छोटे लाल मिर्च
½ छोटा चम्मच सूखी ऑरीगेनो
1 चुटकी नमक
1 बड़ा व 2 छोटे चम्मच ऑलिव ऑयल

400 ग्राम डिब्बाबंद टमाटर (जूस सहित)
हरी मिर्च
450 ग्राम डिब्बाबंद बींस
300 ग्राम डिब्बाबंद एंचिलाडास सॉस
4 बड़े कॉर्न टॉर्टिया
125 ग्राम कतरा चेड्डर चीज़

1. ओवन को 150^0 C (300^0F) या गैस मार्क 2 पर गर्म करें।
2. एक बड़े डोंगे में चिकन, शिमला मिर्च, लाल मिर्च, ऑरीगेनो, नमक व 1 बड़ा चम्मच ऑलिव ऑयल डालकर मिलाएं।
3. बाकी बचे 2 चम्मच ऑलिव ऑयल को नॉनस्टिक फ्राइंग पैन में, मध्यम आंच पर गर्म करें। चिकन व शिमला मिर्च डालकर 5-7 मिनट तक पकाएं। फिर टमाटर व काली बींस डालकर, करीब 3 मिनट तक पकाएं।
4. एक छोटे पैन में एंचिलाडास सॉस डालकर, मध्यम आंच पर 3 से 5 मिनट तक पकाएं।
5. टॉर्टिला पर यह सॉस लगाएं, बीच में भरावन का मिश्रण डालकर टॉर्टिला को रोल करें। इन्हें बेकिंग डिश में रखें। बाकी बची सॉस सभी तैयार टॉर्टिला पर डाल दें और अब ऊपर से चेड्डर चीज़ छिड़कें।
6. एंचिलाडास को 15-20 मिनट, चीज़ पिघलने तक पकाएं। यदि अभी परोसना न हो तो ओवन को 100^0c पर या गैस मार्क ½ पर करें, वे परोसने तक गर्म रहेंगे।

4 व्यक्तियों के लिए

पोषक जानकारी

1 हिस्से से मिलेगा

प्रोटीन	:	**1½ सर्विंग,**
कैल्शियम	:	**1 सर्विंग**
विटामिन सी	:	**2 सर्विंग**
हरी पत्तेदार, पीली सब्जियां व फल	:	**1 सर्विंग**
साबुत अनाज व लेग्यूम	:	**2 सर्विंग**
आयरन	:	**बींस से**
वसा	:	**½ सर्विंग**

बास्क चिकन

टमाटर, ऑलिव व शिमला मिर्च के मेल से बना यह चिकन जबरदस्त मैडीटेरियन स्वाद देगा। इसे चावल या क्विनोवा के साथ परोसें।

2 छोटे चम्मच ऑलिव ऑयल

250 ग्राम चर्बी रहित, हड्डी रहित चिकन ब्रेस्ट, 2.5 से.मी. स्ट्रिप

½ स्पेनिश प्याज, बारीक स्लाइस

2 कली लहसुन, बारीक कटी

1 छोटी लाल शिमला मिर्च, जूलियन स्ट्रिप में कटी हुए

1 छोटी पीली या संतरी मिर्च, जूलियन स्ट्रिप में कटी हुई

4 पके टमाटर, बारीक कटे हुए

8 बीज रहित कलमाटा जैतून, दो टुकड़ों में कटा हुआ

2 छोटे चम्मच ताजी थाइम पत्तियां

1 छोटा चम्मच मोटी कुटी लाल मिर्च

60 ग्राम कटी ताजा अजमोद

नमक व काली मिर्च

1. एक चम्मच ऑलिव ऑयल एक नॉनस्टिक पैन में गर्म करें। चिकन को 5-7 मिनट भूनने के बाद आंच से उतारें व एक ओर रखें।
2. अब पैन में बचा ऑलिव ऑयल, प्याज, लहसुन व शिमला मिर्च के साथ डालें। आंच धीमी करें व इसके नरम होने तक पकने दें। लगातार चलाते हुए टमाटर, ऑलिव, थाइम, मिर्च व 2 बड़े चम्मच पार्सले डालें, लगातार चलाने के बाद मिलाएं। नमक-काली मिर्च छिड़कने के बाद पका चिकन डालें व अच्छी तरह गर्म करें। बाकी बचा 2 बड़े चम्मच पार्सले ऊपर से छिड़कें।

टेस्ट किचन से

वैसे इस चिकन पर अनपॉश्चराइज्ड शीप मिल्क चीज़ डालकर परोसते हैं, लेकिन आप गर्भवती हैं इसलिए आप चाहें तो पॉश्चराइज्ड फीटा से काम चला सकती हैं।

2 व्यक्तियों के लिए

पोषक जानकारी

1 हिस्से से मिलेगा

प्रोटीन	:	1 सर्विंग
विटामिन सी	:	5 सर्विंग
हरी पत्तेदार, पीली सब्जियां व फल	:	1½ सर्विंग
अन्य फल व सब्जियां	:	1 सर्विंग
वसा	:	½ सर्विंग

चिकन पॉट शेफर्ड्स पाई

हालांकि यह व्यंजन बनने में थोड़ा समय लेगी, पर इसके स्वाद से सारी भरपाई हो जाएगी। इसे बचाकर रखें व अगले दिन भी खाएं। आप चिकन पॉट शेफर्ड्स पाई का लाजवाब स्वाद भुला नहीं पाएंगी।

भरावन के लिए

500 मि.ली. सोडियम चिकन ब्रोथ

500 ग्राम चर्बी रहित, हड्डी रहित चिकन ब्रेस्ट हाफ, 2.5 से. मी. टुकड़े में कटे

3 गाजर, 1 1/4 से.मी. के चंक

2 डंडी सेलेरी, 1 1/4 से.मी. के चंक

1 बड़ा चम्मच व 2 छोटे चम्मच मक्खन व ऑलिव ऑयल

250 ग्राम बटन मशरूम, धुले व कटे हुए

150 ग्राम फ्रोजन मटर

1 छोटा प्याज, बारीक कटा

1 तेजपत्ता

2 छोटे चम्मच ताजी थाइम पत्तियां

1 छोटा चम्मच ताजी टैरागन पत्तियां

½ छोटा चम्मच सूखी मारजोरम
45 ग्राम मैदा
1 चुटकी पिसा जायफल
नमक व काली मिर्च

टॉपिंग के लिए
4 छोटे आलू, छिले व क्यूब में कटे
75 मि.ली. बटर मिल्क
60 ग्राम कतरा चेड्डर चीज़
30 ग्राम कद्दूकस पारमेसन चीज़
2 बड़े चम्मच ताजी पिसी चाइव्स
नमक व काली मिर्च

1. **भरावन के लिए :** एक पैन में चिकन ब्रोथ रखें व उबाल आने दें। फिर चिकन, गाजर व सेलेरी डालें तथा मध्यम आंच पर चिकन गलने तक पकाएं। फिर तैयार चिकन व सब्जियों को ब्रोथ से निकालें। दोनों अलग-अलग रखें।
2. 2 बड़े चम्मच मक्खन एक बड़े नॉनस्टिक पैन में गर्म करें, मशरूम मिलाएं व नमी सूखने तक चलाएं। अब पैन से मशरूम निकालें व चिकन के मिश्रण में मिला दें।
3. बाकी बचा मक्खन, धीमी आंच पर पैन में डालें; मटर, प्याज, तेजपत्ता, थाइम, टैरागन व मारजोरम मिलाकर लगातार चलाएं व 5 मिनट बाद मैदा डालें। 5 मिनट तक और चलाएं, अब धीरे-धीरे हिलाते हुए चिकन ब्रोथ मिला दें। स्वाद के अनुसार पिसा जायफल, नमक व काली मिर्च डालें। फिर धीमी आंच पर 5 मिनट तक पकने दें।
4. अब तेजपत्ता निकालें। ब्रोथ मिश्रण को चिकन व सब्जियों में डालें, अच्छी तरह मिलाएं। भरावन की सामग्री एक दिन पहले बनाकर भी फ्रिज में रख सकती हैं। यदि अभी प्रयोग करनी हो तो उसे पहले कमरे के तापमान पर आने दें।
5. ओवन को 220°C (425°F) या गैस मार्क 7 पर पहले से गर्म करें।
6. **टॉपिंग के लिए :** एक पैन में आलू लें, उनमें पानी डालें व उबाल आने दें। 15 मिनट पकाने के बाद आलू छान लें। इन्हें बटर मिल्क, पारमेसन चीज़ व चेड्डर चीज़ के साथ एक डोंगे में रखें। आलू मसल लें व लगातार चलाते हुए हरी मिर्चें डालें। फिर नमक व काली मिर्च छिड़कें। आलू का मिश्रण पूरी तरह से सूखा होना चाहिए।
7. चिकन का मिश्रण बेकिंग डिश में डालें। मसले आलू फैलाएं व 25 मिनट तक, सुनहरे-भूरे होने तक बेक करें।

4 व्यक्तियों के लिए

पोषक जानकारी

1 हिस्से से मिलेगा

प्रोटीन	:	**1 सर्विंग**
कैल्शियम	:	**1 सर्विंग**
विटामिन सी	:	**½ सर्विंग**
हरी पत्तेदार, पीली सब्जियां तथा फल	:	**1½ सर्विंग**
अन्य फल व सब्जियां	:	**2 सर्विंग**
वसा	:	**½ सर्विंग**

चिकन कटलेट इन मशरूम सॉस

मशरूम पसंद है, तो कुछ ही मिनटों में ट्रीट तैयार है। मशरूम, मटर, गाजर व ताजी हर्ब्स से बने इस व्यंजन को नूडल्स के साथ परोसें।

मैदा
2 चिकन कटलेट, (1 1/4 से.मी. मोटाई)
नमक व काली मिर्च
ऑलिव ऑयल स्प्रे
1 छोटा चम्मच तेल
2 छोटे चम्मच मक्खन
2 प्याज, पिसे हुए
250 ग्राम कटे वाइल्ड मशरूम
125 ग्राम कतरी गाजरें
75 ग्राम फ्रोजन मटर
1 छोटा चम्मच ताजी टैरागन पत्ती, पिसी हुई
2 बड़े चम्मच कटी पार्सले
2 बड़े चम्मच कटी ताजा चाइव्स
175 मि.ली. लो-सोडियम चिकन या मशरूम ब्रोथ

1. एक डोंगे में थोड़ा मैदा रखें। कटलेट पर नमक, मिर्च छिड़ककर उन्हें मैदे में लपेटें।

2. एक भारी नॉनस्टिक पैन में ऑलिव ऑयल लगाएं। 1 चम्मच तेल में कटलेट को दोनों ओर से 2-2 मिनट तक, भूरा होने तक पकाएं। फिर इन्हें पैन से निकालकर रखें।

3. पैन में फिर से तेल डालें व मक्खन भी पिघलाएं। 2 मिनट तक प्याज भूनने के बाद मशरूम डालें व 2 मिनट तक पकाएं।

4. अब गाजर, मटर, टैरागान, पार्सले, चाइव्स व ब्रोथ डालकर उबाल आने दें। फिर धीमी आंच पर 2 मिनट पकाने के बाद कटलेट मिला दें। 2 मिनट तक, सॉस गाढ़ी होने व टर्की के पकने तक पकाएं। नमक-काली मिर्च डालें। पार्सले व चाइव्स छिड़ककर परोसें।

2 व्यक्तियों के लिए

पोषक जानकारी

1 हिस्से से मिलेगा

प्रोटीन	:	**1½ सर्विंग**
हरी पत्तेदार, पीली सब्जियां और फल	:	**2 सर्विंग**
अन्य फल व सब्जियां	:	**3 सर्विंग**

नोट

अगर आपके चिकन कटलेट 1 1/4 से.मी से अधिक मोटे हैं तो उन्हें एकसमान मोटाई में लाने के लिए थोड़ा दबाएं।

चिकन ब्रेस्ट विद् कॉर्न एंड एडमम साल्सा

अब एडमम साल्सा के साथ चिकन ब्रेस्ट का कभी भी मजा लें। आपको स्वादिष्ट व पौष्टिक सोयाबीन का नया स्वाद मिलेगा।

4 प्लम टमाटर, बीज सहित, कटे हुए
125 ग्राम पका स्वीटकार्न
200 ग्राम पके सोयाबीन दाने
1 छोटा चम्मच लाल मिर्च
2 बड़े चम्मच कटा ताजा धनिया
2 बड़े चम्मच ऑलिव ऑयल
2 बड़े चम्मच ताजा नींबू का रस
नमक व काली मिर्च
250 ग्राम हड्डी रहित चिकन ब्रेस्ट के टुकड़े
½ छोटा चम्मच पिसा जीरा
ऑलिव ऑयल
पिसा लहसुन
1 छोटा एवोकाडो, स्लाइस
4 नींबू वैजिस, परोसने के लिए

1. टमाटर, स्वीटकार्न, सोयाबीन, लाल मिर्च, 1 बड़ा चम्मच धनिया, 1 बड़ा चम्मच ऑलिव ऑयल व नींबू का रस एक डोंगे में मिलाकर रखें। नमक, काली मिर्च व नींबू का रस स्वाद के अनुसार डालें व साल्सा को एक तरफ रखें।

2. अब एक तेज चाकू से चिकन ब्रेस्ट को 1 1/4 से.मी. के मोटे मैडेलियंस में काटें। बचा तेल व जीरे को एक कटोरे में डालकर मिलाएं। इसे चिकन पर लगाकर, उस पर नमक, काली मिर्च व पिसा लहसुन छिड़कें।

3. एक बड़े फ्राइंग पैन में ऑलिव ऑयल डालें व चिकन को 2 से 4 मिनट तक दोनों तरफ से पकाएं। चिकन में गुलाबीपन न रहे।

4. परोसने के लिए चिकन को साल्सा पर रखें। बचा धनिया छिड़ककर, एवोकाडो स्लाइस व नींबू वैजिस से सजावट करें।

टेस्ट किचन से

समय बचाने का टिप
ग्रिल करते समय चिकन का डबल हिस्सा ग्रिल करें। अगले दिन फ्रूटी चिकन सलाद का आनंद लें।

2 व्यक्तियों के लिए

पोषक जानकारी

1 हिस्से से मिलेगा

प्रोटीन	:	1½ सर्विंग
विटामिन सी	:	½ सर्विंग
अन्य फल व सब्जियां	:	1½ सर्विंग
साबुत अनाज व लेग्यूम	:	1 सर्विंग
वसा	:	1 सर्विंग

मछली और सी-फूड

आपको मछली पसंद हो या सी-फूड; बस ये व्यंजन आपका दिल जीत लेंगे। कुछ एक्जोटिक चाहें तो 'सॉटेड हेलीबट विद् जलकुंभी, आम व एवोकाडो' या 'सालमन पोच्ड इन थाई गाजर ब्रोथ' लें। कुछ आसान बनाना हो तो 'फ्लाउंडर मछली गाजर, फीनल व लीक के साथ' या 'सालमन फिलेट्स अदरक व केल के साथ' के बारे में क्या विचार है। मछली एक यादगार डिनर बन सकती है, कैसे? यहां देखें!

सॉटेड हेलीबट (मछली) विद जलकुंभी, आम व एवोकाडो

सॉटेड हेलीबट और जलकुंभी (वाटरक्रेस), उस पर आम व एवोकाडो का मीठा व टैंगी साल्सा। स्वाद व सुगंध, दोनों के क्या कहने!

½ बड़ा पका आम, टुकड़े में कटे

½ मध्यम आकार का एवोकाडो, टुकड़े में कटे

1 बड़ा चम्मच ताजा नींबू का रस

2 हेलीबट फिलेट, (175 ग्राम प्रत्येक)

नमक व काली मिर्च

½ छोटा चम्मच ताजा पुदीना पत्ती, कटी हुई

1 छोटा चम्मच गेहूं से बनी ब्रेड का चूरा

1 छोटा चम्मच ऑलिव ऑयल

2 गुच्छी जलकुंभी, मोटे तने हटाकर

1. आम, एवोकाडो व नींबू का रस एक कटोरे में मिला लें। इस साल्सा को परोसने तक एक ओर रखें।

2. प्रत्येक हेलीबट फिलेट पर नमक-काली मिर्च छिड़कें। फिर ½ छोटा चम्मच पुदीना व 1½ छोटा चम्मच ब्रेड का चूरा डालें।

3. बड़े फ्राइंग पैन में तेल गर्म करें व हेलीबट फिलेट करीब 3 मिनट तक पकाएं। कांटे से गोदकर देखें कि वे गले या नहीं। अब मछली को पैन से निकालें व एल्यूमिनियम फॉयल में थोड़ा ढीला लपेटकर रखें ताकि गर्म रहे।

4. अब आंच धीमी करें, जलकुंभी मिलाकर 1 मिनट नरम होने तक पकाएं।

5. जलकुंभी को दो प्लेटों में परोसें व प्रत्येक पर हेलीबट फिलेट रखें। फिलेट पर चम्मच से आम व एवोकाडो साल्सा डालें।

2 व्यक्तियों के लिए

पोषक जानकारी

1 हिस्से से मिलेगा

प्रोटीन	:	**1½ सर्विंग**
विटामिन सी	:	**1½ सर्विंग**
हरी पत्तेदार, पीली सब्जियां तथा फल	:	**1½ सर्विंग**
अन्य फल व सब्जियां	:	**1½ सर्विंग**
वसा	:	**½ सर्विंग**

अदरक वाली उबली हेलीबट

एल्यूमीनियम फॉयल पैकेट में न केवल हेलीबट बढ़िया बनेगी, बल्कि सब्जियों की लाजवाब सुगंध भी आएगी।

60 ग्राम बिना पकी कोसकोस
½ बड़ी लाल शिमला मिर्च, पतले स्लाइस
150 ग्राम मीठे स्नैप पीज़
45 ग्राम शीटेक मशरूम या इनोकी मशरूम के स्लाइस
30 ग्राम पालक के पत्ते
2 छोटे चम्मच कद्दूकस किया अदरक
नमक व काली मिर्च
60 मि.ली. वेज ब्रोथ या मछली ब्रोथ
2 हेलीबट या सालमन फिलेट (175 ग्राम)
4 ताजी तुलसी पत्ती (चाहें तो)

1. ओवन को 230°C (450°F) या गैस मार्क 8 पर पहले से गर्म करें।

2. अब मोटी एल्यूमीनियम फॉयल के दो बड़े टुकड़े लें। इन्हें बिछाकर, बीच में 2-2 चम्मच कोसकोस डालें।

3. एक डोंगे में शिमला मिर्च, मीठे स्नैप पीज़, मशरूम, पालक व अदरक डालकर मिला लें। वेज मिक्स पर नमक-काली मिर्च छिड़कें व दोनों फॉयल के बीच रखें।

4. फॉयल के किनारे ऊपर की ओर मोड़कर, दोनों में 2-2 बड़े चम्मच वेज ब्रोथ डालें।

5. अब मछली पर हल्का नमक-मिर्च छिड़ककर सब्जियों के ढेर पर रखें। चाहें तो हर मछली के फिलेट पर ताजी तुलसी पत्ती रखें।

6. पैकेट को दोनों किनारे मोड़कर सील करें। अंदर ऊष्मा के जाने की गुंजाइश रहे। फिर डबल फोल्ड करें व किनारे सील करें। दूसरे फॉयल से भी ऐसा ही पैकेट बनाएं।

7. फॉयल पैकेट टिम्ड बेकिंग शीट में रखें। 12 से 25 मिनट तक मछली पकाएं। पैकेट को आराम से खोलें।

अगर मछली पकी होगी तो वह आसानी से कांटे से गोदी जा सकेगी।

8. परोसने के लिए पैकेट सर्विंग प्लेट में रखकर, मेज पर खोलें। गर्म भाप से बचें।

मछली से भरपूर

हां, दी गई सामग्रियों में 175 ग्राम मछली की फिलेट के हिसाब से प्रोटीन की 1 1/4 सर्विंग बताई गई है। यदि 200 ग्राम मछली की फिलेट होगी तो प्रोटीन की सर्विंग 2 हो जाएगी।

2 व्यक्तियों के लिए

पोषक जानकारी

1 हिस्से से मिलेगा

प्रोटीन	:	½ सर्विंग
विटामिन सी	:	2 सर्विंग
हरी पत्तेदार, पीली सब्जियां तथा फल	:	1 सर्विंग
अन्य फल व सब्जियां	:	½ सर्विंग
साबुत अनाज व लेग्यूम	:	1½ सर्विंग
आयरन	:	पालक से

खीरा सॉस

कोई भी भुनी, सेंकी या तली मछली सॉस से अच्छी लगती है। अगर ये खीरा सॉस लेंगी तो अतिरिक्त कैलोरी से बचेंगी। यह दो लोगों के लिए पर्याप्त होगी।

1 पका टमाटर
125 मि.ली. सादा दही
2 खीरे, टुकड़े
1 बड़ा चम्मच कटी ताजा डिल
नमक व काली मिर्च

दही, खीरा व डिल एक प्रोसेसर में पीसें। अब टमाटर, नमक व काली मिर्च डालकर परोसें।

मछली फ्लाउंडर गाजर, फीनल व लीक के साथ

सेब के जूस में पोच्ड जड़ों वाली सब्जियां, मछली के फिलेट्स के साथ अच्छा स्वाद देती है।

125 मि.ली. स्पार्कलिंग सेब का रस
2 लीक, दोनों सफेद व हरे हिस्से, साफ, धुले व कटे हुए
1 मध्यम गाजर, पतले स्लाइस
1 छोटा फीनल बल्ब, बाहरी परत हटाकर तिरछा काटें

1 छोटा चम्मच ताजी थाइम पत्ती या 1/4 छोटा चम्मच सूखी थाइम
ऑलिव ऑयल कुकिंग स्प्रे
2 फ्लाउंडर, सोल या हेलीबट फिलेट, (प्रत्येक 175 ग्राम)
2 नींबू वैजिस या नींबू

1. ओवन को 230°C (450°F) या गैस मार्क 8 पर पहले से गर्म करें।

2. सेब का जूस एक छोटे सॉसपैन में रखें व मध्यम-धीमी आंच पर उबाल आने दें। अब लीक, गाजर, फीनल व थाइम मिलाकर; सब्जियां गलने तक; 3 मिनट तक पकाएं।

3. भारी एल्यूमीनियम फॉयल के 30 से.मी. के दो बड़े टुकड़े शेल्फ पर फैलाएं व उन पर तेल लगाएं।

4. हर फॉयल के बीच में एक मछली का फिलेट रखें। फॉयल को थोड़ा मोड़ें ताकि सब्जियों का रस न निकले। अब हर फिलेट में पोच्ड सब्जियां भरें।

5. अब फॉयल को डबल करके मोड़ें। अंदर ऊष्मा जाने की गुंजाइश रखें। सील ऐसी हो कि सब्जियों का रस बाहर न निकले। अब ऊपर से एक और फायल में लपेटें।

6. इन्हें बेकिंग शीट में रखें व 12 से 14 मिनट तक बेक करें। यह समय फिलेट की मोटाई पर निर्भर करता है। जांच के लिए पैकेट खोलें। तैयार मछली को आसानी से, कांटे से गोदा जा सकता है।

7. परोसने के लिए, पैकेटों को प्लेट में रखें व मेज पर खोलें। ध्यान दें, इसमें से गर्म भाप निकलेगी। नींबू वैजिस के साथ परोसें।

2 व्यक्तियों के लिए

पोषक जानकारी

1 हिस्से से मिलेगा

प्रोटीन	:	**1½ सर्विंग**
हरी पत्तेदार, पीली सब्जियां तथा फल	:	**1 सर्विंग**
अन्य फल व सब्जियां	:	**1½ सर्विंग**

मिनट मील

किसी भी मछली के व्यंजन के लिए माइक्रोवेव इस्तेमाल करें।
मछली के फिलेट को बेकिंग डिश में रखें व कोई भी मिश्रण प्रयोग में लाएं जैसेः
नींबू या संतरे के कद्दूकस छिलके, साबुत सरसों व मेयोनीज की कोटिंग।
फिर बेकिंग डिश को क्लिंगफिल्म से ढकें। फिर मछली को 2-3 मिनट तक, माइक्रोवेव पर पकाएं। नींबू का रस छिड़कें, डिनर तैयार है।

लाल स्नैपर आम साल्सा के साथ

टॉपिंग ग्रिल्ड रेड स्नैपर विद आम साल्सा से आइलैंड व्यंजन का स्वाद आएगा। आम साल्सा टर्की, पोर्क या चिकन के साथ भी परोस सकती हैं। इसे 2 दिन तक फ्रिज में रख सकते हैं।

1 मध्यम आकार का पका आम, टुकड़ों में कटा
½ मध्यम आकार की शिमला मिर्च, टुकड़ों में कटा
2 हरे प्याज, सफेद व हरे हिस्से कटे हुए
½ छोटा चम्मच डिब्बाबंद जलापीनो मिर्च स्लाइस (चाहें तो)
2 बड़े चम्मच नींबू का रस
2 बड़े चम्मच ताजा कटा धनिया
1 बड़ा चम्मच ऑलिव ऑयल
2 लाल स्नैपर फिलेट
नमक व काली मिर्च

1. ग्रिल को पहले गर्म कर लें।

2. आम, शिमला मिर्च, हरा प्याज, जलापीनो, नींबू का रस, धनिया व 1 चम्मच तेल, एक डोंगे में मिला लें व आम साल्सा तैयार करके अलग रखें।

3. बचे तेल को मछली के फिलेट पर लगाएं। नमक-काली मिर्च छिड़ककर, दोनों ओर से 4-5 मिनट तक बेक करें। कांटे से गोदकर देखें कि मछली पकी या नहीं।

4. फिश को ढेर आम मैंगो साल्सा के साथ परोसें।

टेस्ट किचन से

छाती की जलन से परेशान हैं। व्यंजन में जलापीनो मिर्च की बजाय 1 छोटा चम्मच पिसा जीरा डालें।

2 व्यक्तियों के लिए

पोषक जानकारी

1 हिस्से से मिलेगा।

प्रोटीन	:	**1½ सर्विंग**
विटामिन सी	:	**2 सर्विंग**
हरी पत्तेदार, पीली सब्जियां व फल	:	**1½ सर्विंग**
वसा	:	**½ सर्विंग**

ग्रीक सलाद स्नैपर

स्नैपर को स्वादिष्ट सॉस में बेक करें, साथ ही ग्रीक सलाद की सारी सामग्री भी मौजूद है। नतीजन आपके मुंह में पानी आ जाएगा।

1 एक बड़ा चम्मच ऑलिव ऑयल
2 हरे प्याज, सफेद व हरे हिस्से, साफ धुले व कटे हुए
2 पके टमाटर, 1 1/4 से.मी. टुकड़े
½ बड़ी लाल शिमला मिर्च, 1 1/4 से.मी. टुकड़े
1 छोटा चम्मच ताजी ऑरीगेनो
1 छोटा चम्मच सूखी केपर्स
6 बीज रहित कलमाटा ऑलिव, दो टुकड़ों में कटा हुआ
30 ग्राम कसा हुआ पॉश्चराइज्ड फीटा चीज़
2 बड़े चम्मच कटी अचमाद
ताजा नींबू का रस
2 लाल स्नैपर फिलेट, (प्रत्येक 175 ग्राम)
½ छोटा चम्मच सूखी डिल
नमक व काली मिर्च

1. ओवन को 200°C (400°F) या गैस मार्क 6 पर पहले से गर्म करें।

2. एक छोटे फ्राइंग पैन में तेल गर्म करें। 1 मिनट तक हरा प्याज भूनने के बाद टमाटर, शिमला मिर्च, ऑरीगेनो व केपर्स डालें; 4 मिनट तक सब्जियां नरम होने तक पकाएं। फिर आंच से उतारकर ऑलिव व फीटा चीज़ मिलाएं। नींबू का रस व काली मिर्च छिड़कें।

3. एक 20 से.मी. के आयताकार बेकिंग डिश में तेल लगाएं। इसमें मछली का फिलेट रखें; नमक-काली मिर्च व डिल छिड़कें। चम्मच से टमाटर व फीटा मिश्रण रखें। बेकिंग डिश को फॉयल से ढकें व 8 से 10 मिनट तक बेक करें। कांटे से गोदकर देखें कि व्यंजन पका या नहीं। व्यंजन को टमाटर व फीटा मिश्रण के साथ परोसें।

टेस्ट किचन से

लाल स्नैपर पसंद नहीं तो हैड्डोक, टिलापिया, ऑरेंज रफी, बास, कॉड, या फ्लाउंडर प्रयोग में लाएं।

2 व्यक्तियों के लिए

पोषक जानकारी

1 हिस्से से मिलेगा

प्रोटीन	:	**½ सर्विंग**
कैल्शियम	:	**1 सर्विंग**
विटामिन सी	:	**1½ सर्विंग**
हरी पत्तेदार, पीली सब्जियां व फल	:	**½ सर्विंग**
वसा	:	**½ सर्विंग**

भुने मैडिटेरेनियन सी-वास लाल शिमला मिर्च व सफेद बींस के साथ

यहां मैडिटेरेनियन स्वाद को आपकी मेज तक लाने का आसान तरीका मौजूद है। सफेद बींस व लाल शिमला मिर्च से वास का आसान, सादा पर संतुष्टिदायक बेस तैयार होगा।

4 हरे प्याज, सफेद व हरे हिस्से, साफ व कटे हुए
60 ग्राम ताजी अचमोद
60 मि.ली. वेज ब्रोथ
1 बड़ा चम्मच ऑलिव ऑयल
1 मध्यम आकार की लाल शिमला मिर्च, पतले स्लाइस
400 ग्राम डिब्बाबंद केनीलिनी बींस, धुली व छनी हुई
2 सी वास, हैलीबट या सालमन फिलेट, (प्रत्येक 175 गाम)
1 नींबू, आधा, बारीक स्लाइस में कटा हुआ

1. ओवन को 190^{0}C (375^{0}F) या गैस मार्क 5 पर पहले से गर्म करें।

2. हरा प्याज, अजमोद, वेज ब्रोथ व तेल को फूड प्रोसेसर में डालकर प्यूरी बना लें।

3. शिमला मिर्च व बींस को एक 20 से.मी. (8 इंच) के बेकिंग डिश में रखें। एक ओर 3 बड़े हरे प्याज व पार्सले प्यूरी रखें, फिर बाकी शिमला मिर्च व बींस पर डालें। इनके ऊपर मछली का फिलेट रखें व प्यूरी ऊपर डालें। ऊपर से नींबू के स्लाइस बिखेर दें।

4. मछली को 15 मिनट तक बेक करें। कांटे से गोदने पर पता चल जाएगा कि मछली पकी या नहीं। परोसने से पहले, मछली पर बाकी बचा नींबू छिड़कें।

2 व्यक्तियों के लिए

पोषक जानकारी

1 हिस्से से मिलेगा

प्रोटीन	:	**2 सर्विंग**
कैल्शियम	:	**½ सर्विंग**
विटामिन सी	:	**2 सर्विंग**
हरी पत्तेदार, पीली सब्जियां व फल:		**2 सर्विंग**
साबुत अनाज व लेग्यूम	:	**2½ सर्विंग**
आयरन	:	**बींस से**

मैरीनेटिड सालमन फिलेट अदरक व नींबू के साथ

सादी ग्रिल्ड मैरीनेटिड सालमन में अदरक व नींबू ने नया स्वाद ला दिया। इसे अगले दिन भी खा सकती हैं। चाहें तो यह मैरीनेट प्रॉन में भी आजमाएं।

4 चर्बी रहित सालमन फिलेट (प्रत्येक 175 ग्राम)
2 नींबू का रस व बारीक छिलके
2 छोटे चम्मच ऑलिव ऑयल
1 छोटे चम्मच लो-सोडियम सोया सास
1 छोटा चम्मच तिल का तेल
2 छोटा चम्मच कद्दूकस किया ताजा अदरक
3 हरे प्याज, सफेद व हरे हिस्से, साफ व कटे हुए

1. नींबू का छिलका व रस, तेल, सोया सॉस, तिल का तेल व अदरक एक छोटे डोंगे में डालकर अच्छी तरह मिलाएं।

2. सालमन को कांच की बेकिंग डिश में रखें। आधा नींबू व अदरक मिश्रण इस पर डालें। बाकी बचा एक ओर रख दें। सालमन को पलटें ताकि उस पर मैरीनेट अच्छी तरह लग जाएं।

3. ग्रिल सेट करें व पहले से ही गर्म कर लें।

4. सालमन को दोनों ओर से 3 से 5 मिनट तक ग्रिल करते हुए पकाएं। कांटे से गोदकर देखें कि पका या नहीं।

5. सालमन फिलेट एक प्लेट में रखें; उन पर बचा नींबू व अदरक मिश्रण डालें। फिलेट के टॉप पर हरा प्याज भी रखें।

4 व्यक्तियों के लिए

पोषक जानकारी

1 हिस्से से मिलेगा

प्रोटीन	:	**1½ सर्विंग**
वसा	:	**½ सर्विंग**

पैन रोस्टेड सालमन विद ए माइल्ड मस्टर्ड क्रस्ट

इस मस्टर्ड कोटिंग से तो सालमन और भी स्वादिष्ट हो जाती है। हां, इसे किसी हेलीबट पर आजमाना न भूलें या चिकन ब्रेस्ट भी बुरी नहीं है।

ऑलिव ऑयल कुकिंग स्प्रे
2 चर्बी रहित सालमन फिलेट (प्रत्येक 175 ग्राम)
नमक व काली मिर्च
1½ बड़ा चम्मच सरसों के दाने
2 छोटे चम्मच मेयोनीज़
2 छोटे चम्मच कटी ताजा डिल

1. ओवन को 190^0 C (375^0F) या गैस मार्क 5 पर पहले से गर्म करें।
2. एक चौकोर 20 से.मी. (8 इंच) के बेकिंग डिश में तेल छिड़कें। सालमन फिलेट इनमें रखें व इन पर थोड़ा-सा नमक व काली मिर्च बुरकें।
3. सरसों, मेयोनीज़ व डिल को छोटे डोंगे में मिलाकर रखें।
4. सालमन फिलेट्स पर सरसों मिश्रण फैलाएं।
5. सालमन को करीब 10 मिनट तक बेक करें व तैयार हो जाने पर परोसें।

2 व्यक्तियों के लिए

पोषक जानकारी

1 हिस्से से मिलेगा

प्रोटीन : 1½ सर्विंग

भुना सालमन व मसूर का सालन

पौष्टिक मसूर (लैंटिल्स) आपके भुने सालमन को अच्छी परत देती है। जिससे एक भरपूर मजेदार व्यंजन तैयार हो जाता है।

2 चर्बी रहित सालमन फिलेट (प्रति 175 ग्राम)
2 छोटे चम्मच ऑलिव ऑयल
2 छोटे चम्मच ताजी थाइम पत्ती
चुटकी भर नमक व काली मिर्च
1 बड़ा चम्मच बारीक कटी ताजी अजमोद
व मसूर का सालन

1. ओवन को 230°C (450°F) या गैस मार्क 8 पर पहले से गर्म करें।
2. सालमन फिलेट को 20 से.मी. (8 इंच) के चौकोर बेकिंग डिश में रखें व तेल मलें। अब सालमन पर थाइम, नमक व काली मिर्च बुरकें।
3. सालमन को 10-15 मिनट तक बेक करें। कांटे से गोदकर देखें कि वे पके या नहीं।
4. हर सालमन फिलेट पर परोसते समय मसूर का सालन, अजमोद छिड़ककर परोसें।

2 व्यक्तियों के लिए

पोषक जानकारी

1 हिस्से से मिलेगा

(सालमन व मसूर के बिना) मिलेगा

प्रोटीन	:	1½ सर्विंग

मसूर का सालन

इस व्यंजन की खूबी यह है कि आप इसे चिकन के साथ भी परोस सकती हैं। इसलिए अधिक मात्रा में बना लें।

2 छोटे चम्मच ऑलिव ऑयल
1 मध्यम आकार का प्याज, कटा हुआ
2 कली लहसुन, कुचली हुई
2 मध्यम आकार की गाजरें, कटी हुई
200 ग्राम हरी मसूर
1 गुच्छी ताजी थाइम
1 तेजपत्ता
750 मि.ली. लो-सोडियम चिकन ब्रोथ या वेज ब्रोथ
नमक व काली मिर्च

1. एक मध्यम आकार के सॉसपैन में धीमी आंच पर तेल गर्म करें। प्याज व लहसुन डालकर, करीब 3 मिनट तक भूनें।
2. अब गाजर डालकर लगातार 3 मिनट तक चलाएं। फिर मसूर, थाइम व तेजपत्ता डालकर, लगातार हिलाते हुए 1 मिनट तक पकाएं।
3. अब चिकन ब्रोथ मिलाकर उबाल आने दें। फिर आंच धीमी करके 20 मिनट तक पकाएं ताकि मसूर नरम हो जाए। नमक-काली मिर्च छिड़कें। परोसने से पहले थाइम व तेजपत्ता निकाल दें। मसूर को ढककर, फ्रिज में पांच दिन तक रख सकती हैं।

4 व्यक्तियों के लिए

पोषक जानकारी

1 हिस्से से मिलेगा

प्रोटीन	:	½ सर्विंग
हरी पत्तेदार, पीली सब्जियां तथा फल	:	1 सर्विंग
अन्य फल व सब्जियां	:	½ सर्विंग
साबुत अनाज व लेग्यूम	:	1½ सर्विंग

भूनना व सेंकना

ताजी मछली का स्वाद लाजवाब होता है। इसे भून लें। मछली फिलेट को रोज़मैरी, थाइम या सेज को बिछाकर उसकी परत के ऊपर रखें; मछली पर थोड़ा-सा नमक व काली मिर्च छिड़कें। अब ऑलिव ऑयल लगाने के बाद नींबू के पतले स्लाइस रखें। 230°C (450°F) या गैस मार्क 8 पर पकाएं। सब्जियों की परत पर भी मछली बेक हो सकती है, जैसे- गाजर, शलगम, स्वीड, बटरनट स्क्वैश, आलू चंक्स। इन्हें बेकिंग डिश के कोने में रखकर भून लें। फिर परोसते समय पहले इन्हें रखें, ऊपर से मछली फिलेट रखें। नमक-मिर्च व नींबू छिड़ककर पेश करें। चाहें तो कुरकुरे स्वाद के लिए थोड़ा और बेक करें।

सालमन तुलसी व टमाटर वाली

टमाटर व तुलसी का स्वाद सालमन को नया स्वाद व सुगंध देगा। 3-4 मिनट में ये पैकेट ओवन में तैयार होंगे व आप नया स्वाद पा लेंगी।

ऑलिव ऑयल कुकिंग स्प्रे
2 चर्बी रहित सालमन फिलेट
(175 ग्राम प्रत्येक)
12 चेरी टमाटर, आधे टुकड़े
12 ताजी तुलसी पत्ती
1 बड़ा चम्मच ऑलिव ऑयल
नमक व काली मिर्च

1. ओवन को 230°C (450°F) या गैस मार्क 8 पर पहले से तेज गर्म करें।

2. भारी एल्यूमीनियम फॉयल के दो बड़े टुकड़े प्रत्येक 30 से.मी. (12 इंच) फाड़कर फैलाएं व उन पर तेल लगाएं।

3. हर फॉयल के बीच एक सालमन फिलेट रखें। प्रत्येक फिलेट पर चेरी टमाटर व 6 तुलसी पत्ती रखें। 1-1 चम्मच ऑलिव ऑयल छिड़कें व नमक तथा काली मिर्च छिड़कें।

4. इस पैकेट को डबल मोड़कर सील करें। उसमें गर्म हवा जाने की गुंजाइश रहे। यह पैकेट इस तरह बनाएं कि सब्जियों के रस बाहर न निकलें, बाकी फॉयल से भी यही करें।

5. फॉयल पैकेट रिम्ड बेकिंग शीट में, 15-20 मिनट तक बेक करें। अगर सालमन में आसानी से कांटा गोदा जाए, तो जान लें कि वह तैयार है। वह अंदर से थोड़ी गुलाबी भी हो जाएगी।

6. परोसने के लिए पैकेट को प्लेट में रखें व मेज पर ही खोलें। इससे निकलती भाप से बचाव करें।

2 व्यक्तियों के लिए

पोषक जानकारी

1 हिस्से से मिलेगा

प्रोटीन	:	**1½ सर्विंग**
विटामिन सी	:	**1 सर्विंग**
वसा	:	**½ सर्विंग**

सालमन पोच्ड इन थाई गाजर ब्रोथ

तीखा अदरक, मीठा गाजर, धनिया व टैंगी नींबू। सालमन का यह व्यंजन तो वाकई बेजोड़ है।

500 मि.ली. गाजर का जूस
125 ग्राम कटी गाजरें
1 बड़ा चम्मच ताजा पिसा अदरक
1 छोटा चम्मच कद्दूकस किया नींबू का छिलका
2 बड़ा चम्मच ताजा नींबू का रस
3 हरे प्याज, सफेद-हरा हिस्सा, कटा व साफ
2 चर्बी रहित सालमन फिलेट (प्रत्येक 175 ग्राम)
2 बड़े चम्मच ताजा कटा धनिया
नमक व काली मिर्च

1. गाजर का जूस, गाजर व अदरक एक बड़े पैन में रखें ताकि उसमें सालमन फिलेट आ जाएं। अब उबाल आने के बाद आंच धीमी करके गाजर पकाएं। नींबू का रस व कतरा छिलका तथा हरा प्याज डालकर धीमी आंच पर 1 मिनट तक गर्म होने दें।

2. सालमन फिलेट पैन में डालें। धीमी आंच पर ढककर 10 मिनट तक पकाएं। बीच-बीच में इन पर गाजर ब्रोथ डालती रहें।

3. सालमन फिलेट उथले कटोरों में रखें। 2 बड़े चम्मच धनिया, नमक व काली मिर्च छिड़कें, चाहें तो थोड़ा नींबू का रस डालें। दोनों फिलेट्स पर गाजर ब्रोथ डालकर, धनिए से सजाकर परोसें।

टेस्ट किचन से

इस गाजर ब्रोथ को पोच्ड हैलीबट, सीवास, प्रॉन्स, स्कैलोप या चर्बी रहित,हड्डी रहित चिकन ब्रेस्ट के लिए भी इस्तेमाल कर सकते हैं।

2 व्यक्तियों के लिए

पोषक जानकारी

1 हिस्से से मिलेगा

प्रोटीन	:	1½ सर्विंग
हरी पत्तेदार, पीली सब्जियां तथा फल	:	2 सर्विंग

सालमन केक विद ट्रॉपिकल साल्सा

ताजी मछली लेने का समय नहीं तो डिब्बाबंद सालमन भी चलेगी। इसकी नरम हड्डियों से आपको कैल्शियम का बोनस मिल जाएगा। यदि केक बच जाए तो अगले दिन लंच में भी खा सकती हैं।

400 ग्राम डिब्बाबंद गुलाबी सालमन, कांटे से गुदी हुई
1 मध्यम आकार की लाल शिमला मिर्च, छोटे टुकड़े में कटे हुए
60 ग्राम कद्दूकस किया गाजर
1 बड़ा चम्मच सूखे केपर्स
1 बड़ा अंडा
आधे नींबू का छिलका, कतरा हुआ
4 बड़े चम्मच गेहूं से बनी ब्रेड का चूरा
2 बड़े चम्मच व्हीट जर्म या अलसी पाउडर
काली मिर्च
2 छोटे चम्मच ऑलिव ऑयल
150 ग्राम पके आम के टुकड़े
150 ग्राम अन्नानास चंक, ताजे या डिब्बाबंद
2 बड़े चम्मच बालसैमिक सिरका
1 चुटकी कुटी लाल मिर्च

1. सालमन, आधी शिमला मिर्च, गाजर, केपर्स, अंडे व नींबू के छिलके एक डोंगे में डालकर, अच्छी तरह मिलाएं।

2. व्हीट जर्म व ब्रेड का चूरा एक कटोरे में मिलाएं। आधा मिश्रण सालमन मिश्रण में डालकर हिलाएं। काली मिर्च डालकर अच्छी तरह चला लें।

3. सालमन मिश्रण को 6 बराबर हिस्सों में बांटकर केक पर डालें। सालमन केक को दोनों ओर से बची ब्रेड के चूरे में लपेटें।

4. एक फ्राइंग पैन में मध्यम आंच पर तेल गर्म करें। सालमन केक डालकर, करीब 4 मिनट तक, सुनहरे-भूरे होने व पकने तक पकाएं। अगर केक के बीच चाकू डालने पर वह गर्म होकर निकले तो जान लें कि केक तैयार हो गया है।

5. इसी दौरान बची शिमला मिर्च, अन्नानास, आम, सिरका व लाल मिर्च एक डोंगे में डालकर मिला लें।

6. अन्नानास साल्सा सर्विंग प्लेटों में डालें व उस पर सालमन केक रखें।

6 केक : 3 व्यक्तियों के लिए

पोषक जानकारी

1 हिस्सा (2 केक) से मिलेगा

प्रोटीन	:	1 सर्विंग
विटामिन सी	:	2 सर्विंग
कैल्शियम	:	1 सर्विंग
हरी पत्तेदार, पीली सब्जियां तथा फल	:	1 सर्विंग
साबुत अनाज व लेग्यूम	:	½ सर्विंग

पैन-फ्राइड ट्राउट टमाटर व पालक के साथ

कॉर्नमील क्रस्ट से ट्राउट भी क्रंची हो जाएगी। उस पर टमाटर-पालक का सलाद, क्या कहने!

75 ग्राम साबुत कॉर्नमील
2 बड़े चम्मच कद्दूकस किया पारमेसन चीज़ (चाहें तो)
1 छोटा चम्मच कद्दूकस किया नींबू का छिलका
नमक व काली मिर्च
पिसा लहसुन
1 बड़ा अंडा
60 मि.ली. बटर मिल्क
2 बड़े हड्डी रहित ट्राउट फिलेट हाफ, (प्रत्येक 175 ग्राम)
ऑलिव ऑयल कुकिंग स्प्रे
1½ बड़ा चम्मच तेल
1 बड़ा चम्मच ताजा नींबू का रस
4 पके टमाटर, कटे हुए
2 बड़े चम्मच ताजी टैरागन, कटी हुई

1 पैकेट बेबी पालक (150-175 ग्राम)
2 छोटे चम्मच पिसी चाइव्स
नींबू वैजिस, परोसने के लिए

1. कॉर्नमील, पारमेसन चीज़, नमक, मिर्च व लहसुन को एक डोंगे में डालकर मिलाएं। अंडे व बटर मिल्क को दूसरे डोंगे में डालकर फेंट लें।

2. हर ट्राउट फिलेट को पहले अंडे के मिश्रण में डुबोएं व फिर कॉर्नमील मिश्रण में अच्छी तरह, एकसार लपेटें।

3. एक बड़े फ्राइंग पैन में ऑलिव ऑयल स्प्रे करें। फिर ½ चम्मच ऑलिव ऑयल गर्म करें व ट्राउट को दोनों तरफ से 4-4 मिनट तक सुनहरा-भूरा होने तक पकाएं। अब इसे प्लेट में निकालकर फॉयल से ढकें ताकि ये गर्म रहें।

4. अब पैन में बचा तेल व नींबू का रस डालें। फिर टमाटर व टैरागन मिलाएं, 2 मिनट तक टमाटर गलाने के बाद पालक मिलाए। नमक व काली मिर्च डालें। ट्राउट को टमाटर व पालक मिश्रण से ढकें, चाइव्स छिड़ककर, हरी मिर्च व नींबू वैजिस से परोसें।

नोट : साबुत कॉर्नमील हैल्थ फूड स्टोर्स में मिलता है।

टेस्ट किचन से

ट्राउट व नट्स का रिश्ता काफी पुराना है, चाहें तो कॉर्नमील की बजाय भुने पीकन व हेजल नट्स प्रयोग में लाएं। यहां 4 बड़े चम्मच ताजी पार्सले, गेहूं की ब्रेड का चूरा, 1 चम्मच नींबू के छिलके की कतरन, नमक व काली मिर्च लें। अंडे व बटर मिल्क की बजाय ट्राउट फिलेट को दूध में भिगोकर चूरे में लपेटें, फिर नए मिश्रण में लपेटें। इन्हें थोड़े मक्खन व तेल के साथ पैन-फ्राई करें। फिर नींबू का रस छिड़कें। टमाटर व पालक सलाद की बजाय पुलाव के साथ परोसें।

2 व्यक्तियों के लिए

पोषक जानकारी

1 हिस्से से मिलेगा

प्रोटीन	:	**1½ सर्विंग**
विटामिन सी	:	**2 सर्विंग**
हरी पत्तेदार, पीली सब्जियां तथा फल	:	**3 सर्विंग**
साबुत अनाज व लेग्यूम	:	**½ सर्विंग**
आयरन	:	**पालक से**
वसा	:	**½ सर्विंग**

प्रॉन विद फीटा

यह पारंपरिक ग्रीक व्यंजन आप अपने घर में भी बना सकती हैं। जरा देखें कि इसे बनाना कितना आसान है। प्रॉन को अपने मनपसंद अनाज से परोसें।

1 बड़ा चम्मच ऑलिव ऑयल
1 मध्यम आकार की शिमला मिर्च, कटी हुई
1 छोटा फीनल बल्ब, साफ व तिरछा कटा हुआ
3 कली लहसुन, पिसी हुई
4 पके टमाटर, कटे हुए
1 बड़ा चम्मच पिसी ताजी ऑरीगेनो
350 ग्राम शेल्ड व डी-वेंड बड़े प्रॉन्स
ताजा नींबू का रस
काली मिर्च
हॉट सॉस (चाहें तो)
60 ग्राम मसला हुआ पॉश्चराइज्ड फीटा चीज़
30 ग्राम भुने पाइन नट्स
नमक (चाहें तो)
2 बड़े चम्मच कटी ताजी आजमोद

1. ऑलिव ऑयल एक मध्यम आकार के पैन में गर्म करें। शिमला मिर्च, सौंफ व लहसुन डालकर सब्जियां नरम होने तक पकाएं। टमाटर व ऑरीगेनो डालकर 2 मिनट तक चलाएं। फिर कड़छी चलाते हुए प्रॉन डालें व दोनों ओर से 4-4 मिनट तक पकाएं।

2. प्रॉन व सब्जियों में नींबू का रस, काली मिर्च व हॉट सॉस डालें। फीटा चीज़ मिलाएं। इसके पिघलने तक लगातार 30 सेकेंड तक चलाएं। फिर पाइन नट्स डाल दें। हो सकता है कि नमक न डालना पड़े क्योंकि फीटा चीज़ नमकीन होता है। ऊपर से अजमोद छिड़ककर परोसें।

टेस्ट किचन से

यदि प्रॉन न खाना चाहें तो चर्बी रहित, हड्डी रहित चिकन ब्रेस्ट या टर्की और यदि शाकाहारी हैं तो टोफू मिलाएं। चिकन या टर्की को सॉस में डालने से पहले पका लें। टमाटर व ऑरीगेनो के मिलाने के बाद टोफू मिलाएं।

2 व्यक्तियों के लिए

पोषक जानकारी

1 हिस्से से मिलेगा

प्रोटीन	:	1½ सर्विंग
कैल्शियम	:	1 सर्विंग
विटामिन सी	:	3 सर्विंग
हरी पत्तेदार, पीली सब्जियां तथा फल	:	1 सर्विंग
वसा	:	½ सर्विंग

इटालियन प्रॉन और ब्रोकली

इटालियन नाम सुनते ही दिमाग में स्टिर-फ्राई आता है न? वैसे यह व्यंजन दो व्यंजनों के मेल से बनी है। ब्रोकली का पैकेट लेंगी तो समय बचेगा। प्रॉन को चावल या पास्ता से परोसें।

325 मि.ली. लो-सोडियम चिकन ब्रोथ/वेज ब्रोथ
1 छोटा चम्मच कॉर्नफ्लोर
1 बड़ा चम्मच ऑलिव ऑयल
350 ग्राम शेल्ड व डी-वेंड बड़े प्रॉन
1 बड़ा चम्मच पिसा लहसुन
350 ग्राम ब्रोकली फूल
2 पके टमाटर, कटे हुए
3 बड़े चम्मच कटी ताजी तुलसी
3 बड़े चम्मच कटी ताजी पार्सले
आधा नींबू का रस व नींबू वैजिस, सर्विंग के लिए (चाहें तो)

1. 150 मि.ली. चिकन ब्रोथ में कॉर्नफ्लोर मिलाकर एक ओर रखें।

2. 2 बड़े चम्मच तेल, एक मध्यम आकार के पैन में गर्म करें, प्रॉन व 1½ चम्मच लहसुन डालकर पकाएं। प्रॉन को 3-4 मिनट बाद पलटती रहें। फिर इन्हें एक डोंगे में निकालकर गर्म रखें।

3. बाकी तेल एक पैन में डालकर गर्म करें, बचा लहसुन व ब्रोकली डालकर 1 मिनट तक पकाएं। फिर बचा चिकन ब्रोथ मिलाकर उबाल आने दें। अब ढक्कन लगाकर 3-4 मिनट तक ब्रोकली नरम होने तक पकाएं। ब्रोकली को प्रॉन वाले डोंगे में डालें।

4. बचा ब्रोथ व कॉर्नफ्लोर मिश्रण, टमाटर, 2 बड़े चम्मच तुलसी व अजमोद पैन में डालें। तेज आंच पर टमाटर गलने तक 3 मिनट तक लगातार चलाएं, फिर पके प्रॉन, ब्रोकली व नींबू का रस डालकर लगातार हिलाएं ताकि सब कुछ गर्म हो जाए। बाकी बची तुलसी व अजमोद छिड़ककर, नींबू वैजिस के साथ फटाफट परोसें।

टेस्ट किचन से

प्रोटीन की अधिक मात्रा चाहें तो इटालियन प्रॉन व ब्रोकली को लीक व टमाटर क्विनोवा के साथ परोसें।

2 व्यक्तियों के लिए

पोषक जानकारी

1 हिस्से से मिलेगा

प्रोटीन	:	**1½ सर्विंग**
विटामिन सी	:	**2½ सर्विंग**
हरी पत्तेदार, पीली सब्जियां तथा फल	:	**2½ सर्विंग**
वसा	:	**½ सर्विंग**

सी-स्कैलॉप्स ऑन सूकोटॉश

सिल्केन समुद्री घोंघे के लिए क्रंची सूकोटाश के साथ बढ़कर और क्या हो सकता है।

250 ग्राम सी-स्कैलोप (घोंघे)
2 छोटे चम्मच ताजा नींबू का रस
2 छोटे चम्मच ऑलिव ऑयल
3/4 छोटा चम्मच ताजी टैरागन
या 1/4 छोटा चम्मच सूखी टैरागन
सोयाबीन
½ नींबू का छिलका
½ छोटा चम्मच पिसी ताजी डिल
½ छोटा चम्मच पिसी अजवायन
नमक व दरदरी काली मिर्च

1. घोंघे एक डोंगे में रख लें। नींबू का रस, तेल व टैरागन डालकर अच्छी तरह मिलाएं। अब इन्हें 30 मिनट तक, फ्रिज में मैरीनेट होने के लिए रख दें।

2. ग्रिल पहले से ही सेट करें व तेज गर्म करें।

3. घोंघों को 2-3 मिनट तक, दोनों ओर से सुनहरे-भूरे होने तक ग्रिल करें।

4. सूकोटॉश को नींबू के कद्दूकस किए छिलके, डिल व अजवायन से टॉस करके, 2 सर्विंग प्लेटों में एकसार रखें। अब पके घोंघों पर हल्का नमक व काली मिर्च छिड़कें। इन्हें प्लेटों में निकालकर फटाफट परोसें।

2 व्यक्तियों के लिए

पोषक जानकारी

1 हिस्से से मिलेगा

(1 सूकोटॉश के बिना)

प्रोटीन : 1 सर्विंग

सीरड स्कैलॉप्स सफेद बींस व केल के साथ

बींस व टमाटर से सजा यह स्पेनिश व्यंजन अपने स्कैलॉप्स के साथ भरपेट स्वाद व मजा देता है। आजमाकर तो देखें।

2 छोटे चम्मच ऑलिव ऑयल
1 छोटा प्याज, कटा हुआ
2 कली लहसुन, कुचली हुई
1 तेजपत्ता
400 ग्राम डिब्बाबंद टमाटर
150 ग्राम कटी केल
175 ग्राम केनीलिनी बींस
1 बड़ा चम्मच कटी अजमोद
नमक व काली मिर्च
1 छोटा चम्मच मक्खन
2 छोटा चम्मच ताजा नींबू का रस
बींस के लिए नींबू का रस (चाहें तो)
250 ग्राम सी-स्कैलोप

1. एक बड़े नॉनस्टिक पैन में तेल गर्म करें। प्याज, लहसुन व तेजपत्ता डालकर भूनने के बाद टमाटर व केल मिलाकर 10 मिनट तक पकाएं। फिर बींस व अजमोद डालकर मिलाएं। नमक, काली मिर्च व नींबू का रस डालें। इस तैयार बींस मिश्रण को एक ओर रखें।

2. ग्रिल को पहले से गर्म कर लें।

3. एक छोटे पैन में कम आंच पर मक्खन पिघलाएं। चलाते हुए 2 छोटे नींबू का रस डालें। घोंघों को ग्रिल पर रखते समय आधा नींबू-मक्खन मिश्रण लगा दें। उन्हें एक ओर से 2-3 मिनट तक ग्रिल करें। फिर पलटें व बचा मिश्रण लगाकर ग्रिल करें। फिर घोंघों को अच्छी तरह पकने तक ग्रिल करें।

4. बींस के मिश्रण को 2 सर्विंग प्लेटों में रखें, घोंघों पर हल्का नमक-मिर्च छिड़ककर, उन पर रखें। यदि चाहे तो कटी पार्सले छिड़ककर परोसें।

टेस्ट किचन से

सफेद बींस के साथ भुनी या तली मछली, सी-फूड, पोल्ट्री या मीट का भी मजा लिया जा सकता है।

2 व्यक्तियों के लिए

पोषक जानकारी

एक हिस्से से मिलेगा

प्रोटीन	:	**1½ सर्विंग**
विटामिन सी	:	**1½ सर्विंग**
हरी पत्तेदार, पीली सब्जियां तथा फल	:	**1 सर्विंग**
अन्य फल व सब्जियां	:	**½ सर्विंग**
साबुत अनाज व लेग्यूम	:	**1 सर्विंग**
आयरन	:	**बींस से**
वसा	:	**½ सर्विंग**

स्पीडी साल्सा

तली/भुनी मछली, मीट या पोल्ट्री पर कोई भी साल्सा लें, सभी जायकेदार हैं।

- कटे-पके टमाटर, कलमाटा ऑलिव, लाल प्याज, लहसुन व नींबू का रस।
- कटे टमाटर, ताजे पीले आड़ू, ताजा पुदीना, बालसैमिक सिरका व ऑलिव ऑयल।
- कटा अन्नानास, लाल शिमला मिर्च, जलापीनो, काली मिर्च व ताजा धनिया।
- कटे - पके टमाटर, भुने स्वीटकार्न, कटी-भुनी शिमला मिर्च, लाल प्याज, ताजा धनिया व नींबू का रस।
- कटे आम, पीली शिमला मिर्च, जलापीनो, काली मिर्च, जीरा, नींबू का रस व ऑलिव ऑयल।
- काली बींस, कटे टमाटर, पीली शिमला मिर्च, धनिया, हरा प्याज, नींबू का रस व ऑलिव ऑयल।

सब्जियां व अन्य साइड डिश (सहायक व्यंजन)

आप भी सोचती होंगी कि सब्जियों और सहायक व्यंजनों में क्या मजा होगा। खुशकिस्मती से हमारे व्यंजन आपकी गलतफहमी मिटाने आ गए हैं। ताजी सब्जियां, बूटियां, मसाले, अनाज व बींस आपकी पोषण संबंधी जरूरतें पूरी करने के अलावा मजेदार स्वाद व रंग-रूप भी देंगे।

कोशिश यही करें कि ताजी सब्जियां इस्तेमाल की जाएं। हमें पूरी उम्मीद है कि ये सहायक व्यंजन आपके मुख्य भोजन की लिस्ट में आ जाएंगी।

अस्पारागस व पारमेसन कर्लस्

इसे मछली, चिकन या मीट, किसी के भी साथ परोस सकती हैं।

250 ग्राम अस्पारागस गुच्छी
2 छोटे चम्मच ऑलिव ऑयल
½ नींबू, छिलका व रस
नमक व काली मिर्च
30 ग्राम पारमेसन या प्रोवोलन चीज़

1. अस्पारागस गुच्छी के सख्त भाग निकालकर छांट लें।

2. उन्हें अस्पारागस के हिसाब से 4 से 5 मिनट तक भाप में पकाएं।

स्टीमिंग सैवी

सब्जियों को भाप में पकाना, एक अच्छा विकल्प होता है, इससे उनकी पौष्टिकता बरकरार रहती है। यदि सब्जियां उबालें तो उनके बचे पानी को फेंकने की बजाय प्रयोग में लाएं। भाप में पकाने से खुशबू, स्वाद व पौष्टिकता तीनों बचे रहेंगे। एक बड़े बर्तन में थोड़ा पानी डालें, उसमें स्टीमर बॉस्केट व सब्जियां रखें। अब सब्जियां गलने तक पानी उबलने दें। उन्हें नींबू छिड़ककर परोसें या किसी भी व्यंजन में डालें। स्टीमिंग की मदद से प्रॉन भी झटपट पका सकती हैं।

3. इसके सूखने के बाद दो प्लेटों में परोसें। ऑलिव ऑयल व नींबू का रस छिड़ककर, नींबू के छिलकों से सजाएं। नमक-काली मिर्च छिड़कें व चीज़ रखकर पेश करें।

2 व्यक्तियों के लिए

पोषक जानकारी

1 हिस्से से मिलेगा

कैल्शियम : ½ सर्विंग
विटामिन सी : 1 सर्विंग

टेस्ट किचन से

एक साथ काफी अस्पारागस को भाप में पकाकर रख लें। इसे बचाकर रखें, अगले दिन सलाद में खाएं। किसी व्यंजन में ब्रोकली की जगह भी इस्तेमाल कर सकती हैं।

ब्रोकली विनईग्रेट

सलाद कहें या सहायक व्यंजन, यह जड़ी-बूटी युक्त ब्रोकली का व्यंजन बहुत मजेदार है। दरदरे नट्स का भी अपना ही मजा होता है। वैसे इसे अगले दिन भी खा सकती हैं।

500 ग्राम ब्रोकली के फूल
2 छोटे प्याज, पिसे हुए
2 बड़े चम्मच ताजा नींबू का रस
2 बड़े चम्मच एक्सट्रा वर्जिन ऑलिव ऑयल
2 छोटे चम्मच कटी टैरागन
2 छोटे चम्मच कटी चाइव्स
नमक व काली मिर्च
30 ग्राम कटे, भुने दरदरे काजू-पिस्ता

1. ब्रोकली को 4-5 मिनट तक भाप में पकाने के बाद एक बड़े डोंगे में रखें।

2. अब एक छोटे कटोरे में प्याज, नींबू का रस, तेल, टैरागन व चाइव्स डालकर मिलाएं व स्वादानुसार नमक-मिर्च डालें। यह हर्ब मिश्रण ब्रोकली पर डालकर हिला लें। परोसने से ठीक पहले काजू-पिस्ते से सजावट करें।

4 व्यक्तियों के लिए

पोषक जानकारी

1 हिस्से से मिलेगा
विटामिन सी : 1 सर्विंग
हरी पत्तेदार, पीली सब्जियां तथा फल : 1½ सर्विंग
वसा : ½ सर्विंग

ब्रोकली व टोफू स्टिर फ्राई

यह पौष्टिक चाइनीज स्वाद पाने के लिए आपका शाकाहारी होना जरूरी नहीं है। ब्राउन राइस या सोया नूडल्स के साथ यह स्वादिष्ट भोजन बन जाता है।

200 मि.ली. वेज ब्रोथ
2 बड़े चम्मच लो-सोडियम सोय सॉस
2½ छोटे चम्मच कॉर्नफ्लोर
2 छोटे चम्मच फीका राइस सिरका
2 छोटे चम्मच तिल का तेल
1 बड़ा चम्मच सफेद सरसों का तेल
250 ग्राम थोड़ा सख्त टोफू, क्यूब
1 चुटकी नमक
350 ग्राम ब्रोकली फूल
2 छोटे चम्मच कुचला लहसुन
1 छोटा चम्मच ताजा कद्दूकस किया अदरक
90 ग्राम शिटेक मशरूम के स्लाइस
लाल कतरा हुआ शिमला मिर्च (चाहें तो)

1. 2 बड़े चम्मच वेज ब्रोथ, सोया सॉस, कॉर्नफ्लोर, राइस सिरका व तिल का तेल एक कटोरे में डालकर फेंटें। इस मिश्रण को एक ओर रख दें।

2. सरसों के तेल को एक बड़े पैन में गर्म करें। इसमें टोफू व नमक डालें, लगातार चलाते हुए, टोफू को सुनहरा-भूरा होने तक पकाएं। करीब 8 मिनट पकाने के बाद टोफू को आंच से उतारें।

3. फिर ब्रोकली, वसा, ब्रोथ व लहसुन को पैन में रखें, ढककर पकाएं व बीच-बीच में हिलाती रहें। तकरीबन 4 मिनट बाद मशरूम मिलाएं व 2 मिनट तक पकाएं। फिर इसमें सोया मिश्रण व टोफू मिलाकर लाल मिर्च (चाहें तो) डालें। धीमी आंच पर सॉस गाढ़ी होने तक 2 मिनट पकाएं। फिर गर्म-गर्म परोसें।

2 व्यक्तियों के लिए

पोषक जानकारी

1 हिस्से से मिलेगा

प्रोटीन	:	**½ सर्विंग**
विटामिन सी	:	**2 सर्विंग**
हरी पत्तेदार, पीली सब्जियां तथा फल	:	**2 सर्विंग**
अन्य फल व सब्जियां	:	**1 सर्विंग**
वसा	:	**1 सर्विंग**

ब्रोकली व टोफू करी

अनाज, हरी सब्जियों व विटामिन 'सी' से भरपूर, यह व्यंजन आपके डेली डज़न बेस को बखूबी पूरा करता है। हालांकि सामग्री की सूची काफी लंबी है, पर इसे बनाना बेहद आसान है।

400 ग्राम टोफू

1 बड़ा चम्मच तिल का तेल

1 मध्यम आकार की लाल शिमला मिर्च, स्लाइस में कटी

1 मध्यम आकार का लाल प्याज, बारीक स्लाइस

2 छोटे चम्मच ताजा अदरक कद्दूकस किया

1 छोटा चम्मच करी पाउडर

1 छोटा चम्मच पिसा धनिया

1 छोटा चम्मच पिसी हल्दी

275 ग्राम भाप में पके ब्रोकली के फूल

400 ग्राम कटे टमाटर (जूस सहित)

2 बड़े चम्मच वेज ब्रोथ

1 बड़ा चम्मच लो-सोडियम सोय सॉस

1 बड़ा चम्मच सफेद अंगूर का रस कंसन्ट्रेट/स्पलैंडा/ब्राउन शुगर/शहद

1 छोटा चम्मच लाल मिर्च व लहसुन का सॉस

नमक व काली मिर्च

3 बड़े चम्मच कटा ताजा धनिया

2 बड़े चम्मच कटे-भुने काजू

175 ग्राम पके ब्राउन राइस

1. टोफू को 1 1/4 से.मी. के क्यूब में काटें व पेपर टॉवल के बीच रखकर दबाएं।
2. थोड़ा तिल का तेल एक पैन में रखकर आंच मध्यम करें, शिमला मिर्च व प्याज डालकर 4 से 5 मिनट तक भूनें।
3. फिर आंच धीमी करके, अदरक, करी पाउडर, पिसा धनिया व हल्दी डालकर पकाएं; लगातार 2 मिनट तक चलाएं।
4. फिर टोफू, ब्रोकली, वेज ब्रोथ, टमाटर, सोय सॉस, अंगूर जूस कंसन्ट्रेट, लाल मिर्च व लहसुन सॉस मिला दें। आंच तेज करें व उबाल आने दें। आंच धीमी करें व बीच-बीच में चलाएं। तकरीबन 10 मिनट पकाने के बाद उतारें। यदि मिश्रण थोड़ा सूख जाए तो थोड़ा वेज ब्रोथ और मिला लें।
5. मसाले जांचे। जरूरत लगे तो लाल मिर्च व लहसुन सॉस तथा नमक-मिर्च डालें। धनिए व काजू से सजाकर गर्म ब्राउन राइस के साथ परोसें।

2 व्यक्तियों के लिए

पोषक जानकारी

1 हिस्से से मिलेगा

प्रोटीन	:	1 सर्विंग
विटामिन सी	:	4½ सर्विंग
कैल्शियम	:	½ सर्विंग
हरी पत्तेदार, पीली सब्जियां तथा फुल	:	2½ सर्विंग
अन्य फल व सब्जियां	:	1 सर्विंग
साबुत अनाज व लेग्यूम	:	1 सर्विंग
आयरन टोफू	:	आयरन
वसा	:	½ सर्विंग

नोट : लाल मिर्च व लहसुन का सॉस सुपर मार्केट के एशियम फूड सैक्श्न में उपलब्ध होगी।

भुने बटरनट स्क्वैश

विटामिन 'ए' से भरपूर यह व्यंजन पेट को आराम देगा व अगले दिन भी काम आएगा।

ऑलिव ऑयल कुकिंग स्प्रे
1 मध्यम आकार का बटरनट स्क्वैश, छिला व क्यूब में कटा
1 बड़ा चम्मच ऑलिव ऑयल
1 बड़ा चम्मच ताजी थाइम पत्तियां या 1 छोटा चम्मच सूखी थाइम
125 ग्राम कद्दूकस पारमेसन चीज़

1. ओवन को 200°C (400°F) या गैस मार्क 6 पर गर्म करें।
2. बेकिंग डिश पर ऑलिव ऑयल कुकिंग स्प्रे करने के बाद स्क्वैश रखें, उस पर ऑलिव ऑयल व थाइम छिड़ककर टॉस करें।
3. स्क्वैश को सुनहरा-भूरा व नरम होने तक लगभग 25 मिनट बेक करें। परोसने से पहले पारमेसन चीज़ छिड़कें।

4 व्यक्तियों के लिए

पोषक जानकारी

1 हिस्से से मिलेगा

कैल्शियम	:	½ सर्विंग
हरी पत्तेदार, सब्जियां		
अन्य फल	:	2 सर्विंग
वसा	:	½ सर्विंग

ब्रूसल्स स्प्राउट्स व अंजीर

भुना आपके कड़वे ब्रूसल्स स्प्राउटस को मिठास के साथ-साथ खनिज भी देंगे। नतीजन एक बढ़िया व्यंजन आपके सामने होगा।

1 छोटा चम्मच मक्खन
2 छोटे प्याज, कुचले हुए
1 कप स्पार्कलिंग सेब का रस
250 मि.ली. लो-सोडियम चिकन ब्रोथ वेज ब्रोथ
275 छोटे ब्रूसल्स स्प्राउट, छांटे व साफ किए हुए
(सख्त हिस्से निकालकर काटें)
6 सूखे अंजीर, आधे कटे हुए
नमक व ताजी पिसी काली मिर्च

1. मध्यम आकार के सॉसपैन में मक्खन पिघलाएं। कुचले प्याज डालकर, लगातार चलाते हुए सुनहरे-भूरे होने तक पकाएं।

2. अब सेब का रस व चिकन ब्रोथ डालकर आंच तेज करें, फिर धीमी कर दें। ब्रूसल्स स्प्राउट व अंजीर डालकर ढक दें। धीमी आंच पर 7 से 10 मिनट तक, नरम होने तक पकाएं, बीच-बीच में चलाती रहें। ब्रूसल्स स्प्राउट जितने बड़े होंगे, समय उतना अधिक लगेगा।

3. अब ब्रूसल्स स्प्राउट को छलनी से निकालकर अलग रखें। आंच मध्यम करके मिश्रण को 3 से 5 मिनट तक सुखाएं ताकि वह करीब 60 मि.ली. रह जाएं।

4. अब निकाले गए ब्रूसल्स स्प्राउट व अंजीर, इसमें टॉस करें। नमक व काली मिर्च डालकर गर्म परोसें।

टेस्ट किचन से

ब्रूसल्स स्प्राउट ज्यादा मीठे न चाहें तो परोसने से पहले नींबू का रस डालें।

2 व्यक्तियों के लिए

पोषक जानकारी

1 हिस्से से मिलेगा

विटामिन सी	**: 1½ सर्विंग**
अन्य फल व सब्जियां	**: 2 सर्विंग**

बालसैमिक ब्रेज्ड लाल पत्तागोभी

इस व्यंजन का खूबसूरत रंग व स्वाद, दोनों ही आपको भाएंगे। क्रॉनबेरी भी पोषण के साथ एक टैंगी स्वाद देगी।

400 ग्राम लाल पत्तागोभी स्लाइस, कटी हुई
500 मि.ली. वेज ब्रोथ लो-सोडियम चिकन ब्रोथ
60 मि.ली. बालसैमिक सिरका
1/4 कप सफेद अंगूर जूस कन्सन्ट्रेट/ शहद/ ब्राउन शुगर
150 ग्राम ताजी क्रॉनबेरी
30 ग्राम सूखी क्रॉनबेरी

1. ओवन को 200°C (400°F) या गैस मार्क 6 पर पहले से गर्म करें।
2. पत्तागोभी, वेज ब्रोथ, बालसैमिक सिरका, अंगूर जूस कंसन्ट्रेट, ताजा व सूखी क्रॉनबेरी एक डोंगे में डालकर मिलाएं। पत्तागोभी मिश्रण को फ्लेमप्रूफ बेकिंग डिश में पलटें। मिश्रण को मध्यम आंच पर उबालें। फिर बेकिंग डिश को एल्यूमीनियम फॉयल से ढकें।
3. पत्तागोभी मिश्रण को 45 मिनट तक बेक करें। पत्तागोभी को कमरे के तापमान पर ही गर्म करें। पत्तागोभी को ढककर, फ्रिज में दो दिन तक रख सकती हैं।

टेस्ट किचन से

पकाने का ज्यादा समय नहीं है तो व्यंजन की सामग्री को एक सॉसपैन में डालें व मध्यम आंच पर रख दें। इसे ढक कर 10 मिनट तक पकाएं। दो दिन पहले से बनाकर रखेंगी तो स्वाद ज्यादा आएगा। बस परोसने से पहले कमरे के तापमान पर लाएं या थोड़ा गर्म कर लें।

4 व्यक्तियों के लिए

पोषक जानकारी

1 हिस्से से मिलेगा

विटामिन सी	:	**1 सर्विंग**
अन्य फल व सब्जियां	:	**1 सर्विंग**

नींबू गाजर विद रोज़मैरी

भुना चिकन या रेडीमेड रोटिसरी के साथ गाजर, नींबू व रोज़मैरी से बना यह व्यंजन बहुत मजा देगा। चाहें तो मछली से परोसें।

2 छोटे चम्मच ऑलिव ऑयल
175 ग्राम बेबी गाजर
60 मि.ली. लो-सोडियम चिकन ब्रोथ/वेज ब्रोथ
1 कली लहसुन - कुचला हुआ
2 छोटे चम्मच ताजी कटी रोज़मैरी या ½ छोटा चम्मच सूखी रोज़मैरी
1 छोटा चम्मच नींबू का छिलका, कद्दूकस किया
नमक व काली मिर्च
ताजा नींबू का रस

1. एक नॉनस्टिक पैन में मध्यम आंच पर एक छोटा चम्मच ऑलिव ऑयल गर्म करें। गाजर डालकर नरम होने तक 2 मिनट तक पकाएं। लगातार चलाते हुए ब्रोथ डालें व उबाल आने दें। आंच कम कर दें, गाजर को करीब 10 मिनट तक पकने दें। फिर इसे एक कटोरे में डालकर ढकें व गर्म रहने दें।

2. बाकी बचा ऑलिव ऑयल उसी पैन में गर्म करें। लहसुन डालकर भूनें। फिर रोज़मैरी, नींबू के छिलके व पकी गाजरें डालकर अच्छी तरह चलाएं।

3. गाजरों को आंच से उतारें। नमक, काली मिर्च व नींबू का रस स्वादानुसार डालें व परोसें।

टेस्ट किचन से

चाहें तो इस व्यंजन में रोज़मैरी की जगह थाइम पत्तियां भी मिला सकते हैं। ½ छोटा चम्मच सूखी डिल भी ठीक रहेगी।

2 व्यक्तियों के लिए

पोषक जानकारी

1 हिस्से से मिलेगा

हरी पत्तेदार, पीली सब्जियां तथा फल	:	**3 सर्विंग**

ग्लेज गाजर व अन्नानास

गाजर विटामिन 'ए' का भरपूर स्रोत है। इस रेसिपी में अन्नानास व अदरक से गाजर की मिठास और भी बढ़ जाएगी। मार्केट से बेबी गाजर लें, वे जल्दी तैयार हो जाएंगी। आपका काफी समय बचेगा।

500 ग्राम छिली बेबी गाजरें

250 ग्राम वेज ब्रोथ

3 से 4 बड़े अन्नानास जूस कंसन्ट्रेट

1 बड़ा चम्मच कुचला ताजा अदरक

½ छोटा चम्मच पिसी दालचीनी

½ छोटा चम्मच साबुत पिसा साबुत जीरा

½ छोटा चम्मच जीरा

4 हरे प्याज, सफेद व हरे हिस्से, साफ किए व कटे

1. गाजर, वेज ब्रोथ, अन्नानास जूस कंसन्ट्रेट, अदरक, दालचीनी, पिसा जीरा व साबुत जीरा एक सॉसपैन में मध्यम आंच पर रखें। गाजर को 8-10 मिनट तक पकाएं। फिर इस पर हरा प्याज लगाकर गर्म या कमरे के तापमान पर परोसें। बचे व्यंजन को फ्रिज में रखकर, दो दिन तक खा सकती हैं।

4 व्यक्तियों के लिए

पोषक जानकारी

1 हिस्से से मिलेगा

विटामिन सी : ½ सर्विंग

हरी पत्तेदार पीली सब्जियां तथा फल : 2½ सर्विंग

टेस्ट किचन से

गाजर व अन्नानास मिलाकर पकाएं, बेहद स्वाद लगेगा।

मिंटी मेडले

पुदीना, मशरूम, मटर व गाजर के जबरदस्त मेल से बना मिंटी मेडले खाकर देखें तो प्लेट में एक कतरा भी नहीं छूटेगा। अगर समय बचाना चाहें तो फ्रोजन मटर व गाजर इस्तेमाल करें।

125 ग्राम ताजे मटर के दाने या 125 ग्राम फ्रोजन मटर
60 ग्राम गाजर की बारीक स्लाइस
1 बड़ा चम्मच ऑलिव ऑयल/मक्खन
90 ग्राम शीटेक मशरूम, स्लाइस में कटे
1 प्याज, पिसा हुआ
1 बड़ा चम्मच कटा ताजा पुदीना
नमक व लाल मिर्च

1. गाजर व मटर को अलग-अलग हल्के नरम होने तक भाप में पकाएं। यदि माइक्रोवेव में पका रही हैं तो माइक्रोवेव में ½ मिनट मक्खन रखें व गाजरों को लगभग 2½ मिनट तक रखें।

2. एक सॉसपैन में मध्यम आंच पर ऑलिव ऑयल गर्म करें। मशरूम व छोटे प्याज मिलाकर नर्म होने तक भूनें। अब पके मटर, गाजर व पुदीना डालकर गर्म होने तक चलाएं। इस मिश्रण को आंच से उतारें व नमक-काली मिर्च डालकर परोसें।

2 व्यक्तियों के लिए

पोषक जानकारी

1 हिस्से से मिलेगा

विटामिन सी	:	**½ सर्विंग**
हरी पत्तेदार, पीली सब्जियां तथा फल	:	**1 सर्विंग**
अन्य फल व सब्जियां	:	**1 सर्विंग**
वसा	:	**½ सर्विंग**

माइक्रोवेव मैजिक

माइक्रोवेव की मदद से आप चार मिनट से भी कम समय में ताजी सब्जियां पका सकती हैं। अधिक समय बचाना है तो ऐसी सब्जियां लें, जो पहले से ही कटी, छिली व साफ हों। इनकी एक्सपायरी डेट देखना न भूलें। माइक्रोवेव करते समय सब्जियों को एक सिंगल परत में रखें। टुकड़े एकसमान आकार के हों। 2 छोटे चम्मच वेज या चिकन ब्रोथ डालें। ताजे हर्ब्स, काली मिर्च, नमक व नींबू का रस भी छिड़क सकती हैं। गोभी व ब्रोकली तो थोड़े टमाटरों से भी लजीज स्वाद देंगी। इन्हें क्लिंगफिल्म लगाकर बनाएं। सब्जियां माइक्रोवेव करने के बाद, उसे 5 मिनट तक पड़ी रहने दें, उसके बाद ही परोसें।

गोभी और चीज़

कैल्शियम व स्वाद युक्त क्रीमी चीज़ सॉस, गोभी व चीज़ के इस व्यंजन में चार चांद लगा देगी।

1 छोटी फूलगोभी, धोकर सुखाएं व फूल काटे
250 मि.ली. दूध
2 छोटे चम्मच कॉर्नफ्लोर
125 ग्राम कद्दूकस चेड्डर चीज़
नमक व काली मिर्च स्वादानुसार

1. गोभी को 5 से 6 मिनट तक भाप में पकाने के बाद, एक ओर ढककर गर्म रखें।

2. एक छोटे पैन में दूध व कॉर्नफ्लोर मिलाकर, कॉर्नफ्लोर घुलने तक पकाएं। दूध में उबाल आने के बाद आंच धीमी करें व मिश्रण गाढ़ा होने तक, तकरीबन 4 मिनट पकाएं।

3. अब सॉसपैन को आंच से उतारें, चेड्डर चीज डालें व घुलने तक लगातार चलाएं। इस चीज सांस में स्वादानुसार नमक व काली मिर्च डालें। फिर भाप में पकी गोभी पर सॉस डालें।

टेस्ट किचन से

आप चाहें तो सॉस में चेड्डर व पारमेसन चीज़ दोनों ही मिला सकती हैं। ब्रोकली को भी चीज पसंद है, इसलिए भाप में पकी ब्रोकली पर भी यह सॉस डालें या ब्रोकली व गोभी पकाएं।

4 व्यक्तियों के लिए

पोषक जानकारी

1 हिस्से से मिलेगा

कैल्शियम	:	**1 सर्विंग**
विटामिन सी	:	**1 सर्विंग**

इटालियन हरी बींस

कोई भी सब्जी, टमाटर, इटालियन जड़ी-बूटियों व पारमेसन चीज़ के साथ लाजवाब हो जाती है। भाप में पकी ब्रोकली का भी बढ़िया स्वाद आता है। विटामिन की मात्रा बढ़ानी हो तो अतिरिक्त चीज़ डालें।

200 ग्राम हरी बींस, बारीक कटी
125 मि.ली. डिब्बाबंद इटालियन मसाले युक्त टमाटर
1½ छोटा चम्मच कुचली हुई ताजी ऑरीगेनो/ तुलसी
या½ छोटा चम्मच सूखी ऑरीगेनो/ तुलसी
2 बड़े चम्मच कद्दूकस पारमेसन चीज़
1 चुटकी लाल मिर्च पाउडर (चाहें तो)

1. हरी बींस को थोड़ी नरम होने तक (4 से 5 मिनट) भाप में पकाएं।

2. अब हरी बींस एक सॉसपैन में डालें। टमाटर, ऑरीगेनो, पारमेसन चीज़ व लाल मिर्च फ्लेक डालकर चलाएं। करीब 1 मिनट पकाएं ताकि सब कुछ एकसार गर्म हो जाए, फिर गर्मागर्म परोसें।

2 व्यक्तियों के लिए

पोषक जानकारी

1 हिस्से से मिलेगा

विटामिन सी	:	**½ सर्विंग**
अन्य फल व सब्जियां	:	**1 सर्विंग**

स्पाइसी ग्रीन्स विद अदरक ड्रेसिंग

आप इस स्पाइसी ग्रीन्स विद अदरक ड्रेसिंग का स्वाद भुला नहीं पाएंगी।

3 बड़े चम्मच मसाले युक्त राइस सिरका
1 बड़ा चम्मच हल्की सोय सॉस
1 बड़ा चम्मच तिल का तेल
2 छोटे चम्मच कुचला ताजा अदरक
2 बड़े चम्मच कटा हरा धनिया (चाहें तो)
3 हरे प्याज, सफेद व हरा हिस्सा, कटा हुआ
150 ग्राम एशियन सलाद मिक्स/पालक
1 बड़ा चम्मच भुने तिल

1. राइस सिरका, सोय सॉस, तिल का तेल व अदरक एक पैन में डालकर धीमी

आंच पर रखें व लगातार चलाते हुए गर्म करें। ध्यान रखें कि उबाल न आए। फिर चाहें तो हरा धनिया डाल दें।

2. हरा प्याज व सलाद मिक्स एक डोंगे में मिलाकर टॉस करें; हॉट ड्रेसिंग को उस मिश्रण पर डालें व भुने तिल डालकर टॉस करें व झटपट परोसें।

नोट : एशियन सलाद मिक्स में पालक, मिजूना, चार्ड व लाल मस्टर्ड का मिश्रण होता है। बाजार में पैकेट उपलब्ध है।

2 व्यक्तियों के लिए

पोषक जानकारी

1 हिस्से से मिलेगा

विटामिन सी	:	**1 सर्विंग**
हरी पत्तेदार, पीली सब्जियां तथा फल	:	**3 सर्विंग**
आयरन	:	**पालक से**
वसा	:	**½ सर्विंग**

केल व शीटेक मशरूम सलाद

ये सलाद हो या स्टिर फ्राई आप सब भुलाकर इसके स्वाद का मजा लें। हरी व पीली सब्जियों के साथ सोय प्रोटीन बोनस होगा।

1 छोटी गुच्छी केल, जड़ें व सख्त हिस्सा निकालें, धोकर सुखाएं

2 बड़े चम्मच वेज ब्रोथ

1 बड़ा चम्मच लो-सोडियम सॉस

1 बड़ा चम्मच तिल का तेल

200 ग्राम फ्रोजन दाने सोयाबीन (एडमैम)

150 ग्राम शीटेक मशरूम के स्लाइस

30 ग्राम कतरी गाजर

2 बड़े चम्मच राइस सिरका

2 छोटे चम्मच ऑलिव ऑयल

1 बड़ा चम्मच भुने तिल

1. केल को 1 1/4 से.मी. की पट्टियों में काटें।

2. वेज ब्रोथ, सोय सॉस व तिल का तेल एक पैन में डालकर मध्यम आंच पर रखें। उबाल आने पर केल व सोयाबीन डालें। पैन ढककर 2 से 3 मिनट तक पकाएं। फिर सब्जियों को सलाद डोंगे में पलटें।

3. शीटेक मशरूम व गाजर, पैन में डालकर नरम होने तक पकाएं। फिर मशरूम मिश्रण को केल मिश्रण में डालकर, कमरे के तापमान पर आने दें।

4. राइस सिरका व ऑलिव ऑयल एक छोटे कटोरे में डालकर मिला लें। परोसने से ठीक पहले, केल मिश्रण पर ड्रेसिंग डालें व उस पर भुने तिल छिड़कें।

2 व्यक्तियों के लिए

पोषक जानकारी

1 हिस्से से मिलेगा

प्रोटीन	:	½ सर्विंग
कैल्शियम	:	1 सर्विंग
विटामिन सी	:	1 सर्विंग
हरी पत्तेदार, पीली सब्जियां तथा फल	:	3 सर्विंग
अन्य फल व सब्जियां	:	1½ सर्विंग
साबुत अनाज व लेग्यूम	:	1 सर्विंग
वसा	:	1 सर्विंग

ओवन रोस्टेड कॉटेज आलू

ओवन रोस्टेड कॉटेज आलू; सुनहरा व चिकनाई रहित है। इसे आपकी प्लेट तक आने में मुश्किल से पच्चीस मिनट लगेंगे।

ऑलिव ऑयल कुकिंग स्प्रे
2 लाल आलू मध्यम आकार के (350 ग्राम)
1 बड़ा चम्मच ऑलिव ऑयल
नमक व दरदरी काली मिर्च

1. ओवन को 220^0 C (425^0 F) या गैस मार्क 7 पर पहले से गर्म करें। बड़ी बेकिंग शीट पर ऑलिव ऑयल लगाएं।
2. आलू को ½ से.मी. मोटे स्लाइस काटें। कपड़े से सुखाकर डोंगे में रखें व ऑलिव ऑयल लगाकर टॉस करें।
3. फिर आलू बेकिंग डिश में लगाकर नमक व काली मिर्च छिड़कें।
4. इन्हें ऊपर से सुनहरा-भूरा होने तक लगभग 15 मिनट बेक करें। फिर आलू पलटें व दूसरी ओर से सुनहरा-भूरा होने तक बेक करें। थोड़ा क्रिस्पी चाहें तो ज्यादा समय तक बेक करें, ध्यान रहे कि आलू जल न जाए।

टेस्ट किचन से

अगर आलू को चिप्स के रूप में चाहें तो इन्हें थोड़ा और कुरकुरा होने तक बेक करना होगा। व्यंजन की विधि यही रहेगी। इस पर कद्दूकस पारमेसन चीज़, पिसा लहसुन व पिसी मिर्च छिड़ककर स्वाद को और बढ़ा सकती है।

2 व्यक्तियों के लिए

पोषक जानकारी

1 हिस्से से मिलेगा

विटामिन सी	:	1 सर्विंग
वसा	:	½ सर्विंग

ग्रीन मैशर्स

इसका स्वाद ऐसा है कि आप इन्हें बार-बार परोसना चाहेंगी। प्रोटीन की भरपूर खुराक, आलू व सोयाबीन के साथ।

200 ग्राम फ्रोजन व छिली एडमेम (सोयाबीन)
2 छोटे आलू, 2.5 से.मी. टुकड़ों में कटे हुए
400 ग्राम लो-सोडियम चिकन/वेज ब्रोथ
75 मि.ली. दूध या बटर मिल्क
2 छोटे चम्मच ऑलिव ऑयल
60 ग्राम कद्दूकस पारमेसन चीज़
नमक व काली मिर्च

1. एक सॉसपैन में तेज आंच पर पानी उबलने दें। फिर सोयाबीन डालकर उबाल आने दें। अब आंच धीमी करके, 10-12 मिनट तक सोयाबीन नरम होने तक पकाएं व छानकर रखें।

2. आलू व ब्रोथ एक छोटे सॉसपैन में डालें व तेज आंच पर उबाल आने दें, फिर आंच धीमी करें, 10-15 मिनट तक आलू नरम होने तक पकाएं। आलू छानकर रखें व इसका पानी भी संभाले।

3. एक छोटे माइक्रोवेव सेफ बॉउल में दूध लें व 45 सेंकेड तक माइक्रोवेव करें।

4. पके सोयाबीन व आलू का बचा पानी 2 बड़े चम्मच लें तथा प्रोसेसर में दोनों को पीस लें। इसे डोंगे में निकालकर; पके आलू, गर्म दूध, ऑलिव ऑयल व पारमेसन चीज़ मिलाएं। मैशर्स से आलू थोड़े मैश कर लें। गाढ़ी या पतली तरी के हिसाब से ब्रोथ डालें। नमक व काली मिर्च डालकर गर्म परोसें।

2 व्यक्तियों के लिए

पोषक जानकारी

1 हिस्से से मिलेगा

प्रोटीन	:	**½ सर्विंग**
कैल्शियम	:	**½ सर्विंग**
विटामिन सी	:	**½ सर्विंग**
साबुत अनाज व लेग्यूम	:	**1 सर्विंग**

माइक्रोबेक्ड आलू

यदि आलू को माइक्रोवेव करना चाहें तो आलू में छोटे-छोटे छेद करें, फिर उसे माइक्रोवेव सेफ पेपर टॉवल में लपेटें। 17 मिनट तक माइक्रोवेव करें। कांटे से गोदकर देखें, अगर आलू में आसानी से घुस रहा है तो जान लें कि तैयार है, वरना एकाध मिनट के लिए फिर से रखें।

भुनी हर्ब्ड शकरकंदी

पोल्ट्री या मीट भूनत (रोस्ट) समय शकरकंदी वैजिस को भी ओवन में रखें। फिर कभी इनके स्वाद व खुशबू का आनंद लें।

ऑलिव ऑयल कुकिंग स्प्रे
शकरकंदी, छिलके सहित 250 ग्राम
1 बड़ा चम्मच ऑलिव ऑयल
1 बड़ा चम्मच ताजी कटी रोज़मैरी
1 बड़ा चम्मच कटी ताजी ऑरीगेनो या 1 बड़ा चम्मच सूखी ऑरगिनो
थोड़ा-सा जायफल
थोड़ा-सा पिसा जीरा
नमक व काली मिर्च

1. ओवन को 220^0C (425^0F) या गैस मार्क 7 पर पहले से गर्म करें। छोटी बेकिंग डिश पर ऑलिव ऑयल छिड़कें।
2. शकरकंदी को लंबाई में आधा काटें व 6-6 वैजिस बनाएं।
3. एक डोंगे में शकरकंदी, ऑलिव ऑयल, रोज़मैरी, ऑरीगेनो, जायफल, जीरा व नमक-काली मिर्च निकालें व एक साथ मिला लें।
4. अब शकरकंदी वैजिस को बेकिंग डिश में रखें व बिना रुके करीब 45 मिनट तक सुनहरे-भूरे व नरम होने तक बेक करें, बीच में हल्का-सा हिला लें।

2 व्यक्तियों के लिए

पोषक जानकारी

1 हिस्से से मिलेगा

विटामिन सी	:	**½ सर्विंग**
हरी पत्तेदार, पीली सब्जियां तथा फल	:	**1 सर्विंग**
वसा	:	**½ सर्विंग**

शकरकंदी के चिप्स

शर्त लगा लें, आप एक शकरकंदी का चिप्स खाकर संतुष्ट नहीं होंगी। हो भी क्यों, जब आप इनकी भरपूर मात्रा खा सकती हैं व साथ में विटामिन 'ए' भी तो मिलेगा।

ऑलिव ऑयल कुकिंग स्प्रे
250 ग्राम शकरकंदी
1 बड़ा चम्मच ऑलिव ऑयल
2 बड़े चम्मच कद्दूकस किया पारमेसन चीज़
1 छोटा चम्मच कटी रोजमैरी/थाइम
नमक व काली मिर्च (चाहें तो)

1. ओवन को 220^0C (425^0F) या गैस मार्क 7 पर पहले से गर्म करें। बेकिंग

शीट पर ऑलिव ऑयल कुकिंग स्प्रे लगाएं।

2. शकरकंदी छीलकर ½ से.मी. के मोटे स्लाइस काटें। इन्हें कागज पर रखकर पानी सुखा लें, फिर बेकिंग डिश में रखें व ऊपर से थोड़ा ऑलिव ऑयल लगा दें।

3. करीब 15 मिनट तक बेक करें ताकि ऊपरी परत सुनहरी-भूरी हो जाएं बीच-बीच में इनकी साइड बदलें। अगर क्रिस्पी चिप्स चाहें तो थोड़ा ज्यादा बेक करें, पर ध्यान रहे कि वे जल न जाएं।

4. इन पर पारमेसन चीज़ छिड़कें, हर्ब्स, नमक व काली मिर्च डालकर परोसें।

2 व्यक्तियों के लिए

पोषक जानकारी

1 हिस्से से मिलेगा

विटामिन सी	:	**½ सर्विंग**
हरी पत्तेदार, पीली सब्जियां तथा फल	:	**1 सर्विंग**
वसा	:	**½ सर्विंग**

इटालियन स्विस कार्ड

हरी पत्तेदार सब्जियों के साथ इसका भरपूर स्वाद आएगा।

1 गुच्छी स्विस कार्ड, धुली व पोंछी हुई
175 मि.ली. चिकन ब्रोथ/वेज ब्रोथ
2 छोटे चम्मच ऑलिव ऑयल
1 कली लहसुन, कुचली हुई
1 प्याज, पिसा हुआ
30 ग्राम कद्दूकस किया पारमेसन चीज़
2 बड़े चम्मच भुना पाइन नट्स
नमक व काली मिर्च

1. स्विस कार्ड की जड़ें काटकर, पत्तों को हाथ से तोड़ें व तने को तिरछे टुकड़ों (1 1/4 सें. मी.) में काटें।

2. चिकन ब्रोथ को एक छोटे पैन में, मध्यम आंच पर रखें। आंच धीमी करें, 8 से 10 मिनट तक, नरम होने तक पकाएं। फिर छानकर, एक ओर रखें।

सदाबहार हरी सब्जियां

आप सलाद में जो कच्ची हरी सब्जियां खाती हैं वे आसानी से पच जाती हैं। इस व्यंजन में भी स्विस कार्ड की जगह वे चीजें लें जो जल्दी गलती हैं, जैसे पालक या रॉकेट आदि। इन्हें सहायक व्यंजन या मछली व चिकन के लिए स्वादिष्ट परत के तौर पर इस्तेमाल करें।

3. एक नॉनस्टिक पैन में ऑलिव ऑयल गर्म करें। लहसुन व प्याज मिलाकर 2 मिनट भूनें। फिर स्विस कार्ड के पत्ते व तने मिलाकर पकाएं। 1 या 2 मिनट बाद आंच से उतारें।

4. स्विस कार्ड में पारमेसन चीज़ व पाइन नट्स डालें व लगातार चलाते हुए मिलाएं। अब नमक व काली मिर्च डालकर परोसें।

2 व्यक्तियों के लिए

पोषक जानकारी

1 हिस्से से मिलेगा

कैल्शियम	:	**½ सर्विंग**
विटामिन सी	:	**½ सर्विंग**
हरी पत्तेदार पीली सब्जियां तथा फल	:	**2 सर्विंग**

पैन-रोस्टेड वैजिस

आप साल में कभी भी इस डिश का आनंद पा सकती हैं। केवल बसंत का इंतजार क्यों करें?

ऑलिव ऑयल कुकिंग स्प्रे

4 मध्यम आकार के लाल आलू (शकरकंदी)

4 मध्यम आकार के चुकंदर , छीले हुए

4 मध्यम आकार की गाजर, छिली हुई

छोटी स्वीड की 250 ग्राम छिली व 2.5 से.मी. में कटी हुई

1 बड़ा फीनल बल्ब, साफ व चार टुकड़ों में कटा हुआ

2 बड़े चम्मच ऑलिव ऑयल

1 बड़ा चम्मच ताजी थाइम

नमक व काली मिर्च

1 नींबू का कतरा छिलका (चाहें तो)

1. ओवन को 220^{0}C (425^{0}F) या गैस मार्क 7 पर पहले से गर्म करें। रोस्टिंग पैन में ऑलिव ऑयल कुकिंग स्प्रे करें।

2. शकरकंदी, चुकंदर, गाजर, स्वीड व फीनल एक रोस्टिंग पैन में रखें। इन पर थोड़ा तेल लगाकर थाइम छिड़कें। नमक व काली मिर्च बुरक कर, पैन को फॉयल से ढकें।

3. सब्जियां करीब 25 मिनट तक बेक करें। फिर 20 मिनट तक नरम व सुनहरी-भूरी होने तक तैयार करें।

4. सब्जियां एक प्लैटर में रखें व नींबू का कतरा छिलका छिड़कें । इन्हें दो दिन तक ढककर फ्रिज में रख सकती हैं। खाने से पहले 180^{0}C (350^{0}F) या गैस

मार्क 4 पर 10 मिनट तक गर्म करें।

4 व्यक्तियों के लिए

टेस्ट किचन से

भूनने से सब्जी में स्वाद आता है व आप किसी भी सब्जी को पैन रोस्ट कर सकती हैं, जैसे लाल प्याज, शलगम, सेलेरी, लहसुन, चुकंदर व बटरनट स्क्वैश आदि। बस ये तकरीबन एक आकार में कटे हों। भुनी गोभी के साथ जीरा, हरी बींस के साथ ऑरीगेनो, तुलसी के साथ टमाटर व रोजमैरी के साथ कोई भी सब्जी स्वाद देगी।

पोषक जानकारी

1 हिस्से से मिलेगा

विटामिन सी	:	½ सर्विंग
हरी पत्तेदार, पीली सब्जियां तथा फल	:	
(लाल आलू)	:	2 सर्विंग
(शकरकंदी)	:	2½ सर्विंग
अन्य फल व सब्जियां	:	2 सर्विंग
वसा	:	½ सर्विंग

एडमम सूकोटॉश

ये सूकोटॉश कैफेटेरिया का पौष्टिकता विहीन सूकोटॉश नहीं। क्रिस्प अस्पारागस, लाल शिमला मिर्च, स्वीटकॉर्न व सोयाबीन से पका यह व्यंजन प्रोटीन से लबालब है। यह मछली के फिलेट व चिकन ब्रेस्ट का बेड (निचला परत) भी बन सकता है।

1 बड़ा चम्मच ऑलिव ऑयल
60 ग्राम कटी लाल शिमला मिर्च
125 मि.ली. वेज ब्रोथ
12 अस्पारागस, साफ टुकड़े
200 ग्राम फ्रोजन एडमम (सोयाबीन)
125 ग्राम पीले स्वीटकॉर्न ताजे/फ्रोजन
2 बड़े चम्मच कटी अजमोद
नमक व काली मिर्च

मध्यम आकार के नॉनस्टिक पैन में धीमी आंच पर ऑलिव ऑयल गर्म करें। शिमला मिर्च डालें व तीन मिनट तक नरम होने तक पकाएं। फिर वेज ब्रोथ डालकर धीमी आंच पर पकने दें। अब अस्पारागस, सोयाबीन, स्वीटकॉर्न व अजमोद मिलाकर, धीमी आंच पर 4 मिनट तक, ढक कर पकाएं। सूकोटॉश को परोसने से पहले नमक व काली मिर्च छिड़कें।

4 व्यक्तियों के लिए

पोषक जानकारी

1 हिस्से से मिलेगा

प्रोटीन	:	½ सर्विंग
विटामिन सी	:	1 सर्विंग
हरी पत्तेदार, पीली सब्जियां व फल	:	1 सर्विंग
साबुत अनाज व लेग्यूम	:	½ सर्विंग
अन्य फल व सब्जियां	:	½ सर्विंग
वसा	:	½ सर्विंग

ग्रिल्ड टोफू

टोफू ग्रिल होने के बाद मीट टैक्सचर में बदल जाता है। इसे सहायक व्यंजन की बजाय मुख्य व्यंजन कहना बेहतर होगा, खासतौर पर जब स्पाइसी ग्रीन विद अदरक ड्रेसिंग या सैंडविच से परोसा जा रहा है।

1 पैकेट 400 ग्राम टोफू
60 मि.ली. लो-सोडियम सोय सॉस
2 छोटे चम्मच तिल का तेल
1 छोटा चम्मच सफेद सरसों का तेल
1 बड़ा चम्मच सफेद अंगूर का जूस कंसन्ट्रेट/स्पैलेन्डा/शहद/ब्राउन शुगर
2 छोटे चम्मच पिसा लहसुन
1 छोटा चम्मच मिर्च व लहसुन का

1. टोफू के क्रॉसवाइज 8 स्लाइस काटें। इन्हें बेकिंग डिश में सिंगल परत में रखें।
2. सोय सॉस, तिल का तेल, रैपसीड ऑयल, सफेद अंगूर का जूस कंसन्ट्रेट, मिर्च व लहसुन का सॉस एक कटोरे में निकालकर मिलाएं। इस मैरीनेड को टोफू पर डालें तथा 10 मिनट के लिए मैरीनेट करें। टोफू को कई बार पलटें।
3. इसी दौरान ग्रिल को मध्यम आंच पर गर्म कर लें।
4. जब पकाने लगें तो ग्रिल ग्रेट पर तेल लगाएं। टोफू को मैरीनेड से हटाकर एक ओर रखें। टोफू को दोनों तरफ से 3-4 मिनट तक ग्रिल करें। बीच-बीच में बचा मैरीनेड भी लगाएं।

टेस्ट किचन से

नटी स्वाद व क्रंच के लिए, मैरीनेड टोफू को ग्रिल करने से पहले थोड़े तिल छिड़कें।

2 व्यक्तियों के लिए

पोषक जानकारी

1 हिस्से से मिलेगा

प्रोटीन	:	1 सर्विंग
कैल्शियम	:	½ सर्विंग
विटामिन सी	:	1 सर्विंग
आयरन	:	टोफू से
वसा	:	½ सर्विंग

नोट : चिली गार्लिक सॉस बाजार में उपलब्ध है।

ब्राउन राइस पुलाव

पारंपरिक पुलाव में एक मीठा स्वाद! यह तब काम आएगा, जब आपकी मॉर्निंग सिकनेस लंच तक हावी रहेगी।

200 ग्राम ब्राउन राइस
750 मि.ली. वेज ब्रोथ
125 मि.ली. सफेद अंगूर/सेब जूस कंसन्ट्रेट
½ छोटा चम्मच पिसी दालचीनी
½ छोटा चम्मच पिसा जीरा
60 ग्राम किशमिश या कटी सूखी ख़ूबानी
30 ग्राम कटे-भुने अखरोट

1. ब्राउन राइस, वेज ब्रोथ, जूस कंसन्ट्रेट, दालचीनी, जीरा व किशमिश पैन में रखकर चलाएं। उबाल आने पर आंच धीमी करें। करीब 45 मिनट तक, चावल गलने तक पकाएं। बीच-बीच में चावल हिलाती रहें ताकि वे तले से न चिपकें। यदि जरूरत लगे तो थोड़ा ब्रोथ और गिलाएं।

2. सॉसपैन को आंच से उतारें व ढककर 10 मिनट तक पड़ा रहने दें। परोसने से ठीक पहले अखरोट छिड़कें। राइस पुलाव को चार दिन तक ढककर फ्रिज में रख सकते हैं।

4 व्यक्तियों के लिए

पोषक जानकारी

1 हिस्से से मिलेगा

विटामिन सी	:	**1 सर्विंग**
हरी पत्तेदार, पीली सब्जियां तथा फल	:	**½ सर्विंग**
अन्य फल व सब्जियां	:	**½ सर्विंग**
साबुत अनाज व लेग्यूम	:	**1 सर्विंग**
आयरन	:	**मेवों से**

बार्ली रिसोट्टो विद वाइल्ड मशरूम

इस क्रीमी चीज़ी व्यंजन में पारंपरिक चावल के सभी गुण हैं। चिकन व मछली से इसका भरपूर स्वाद आएगा। जौ में भी रेशे व प्रोटीन की भरपूर मात्रा होती है।

1 बड़ा चम्मच ऑलिव ऑयल
2 बड़े प्याज, कटे हुए
175 ग्राम दरदरे कटे मशरूम (पोर्टोवेलो, सरेमिनी, ओयस्टर या बटन मशरूम)
1½ बड़ा चम्मच कटी ताजी अजमोद
2 छोटी चम्मच ताजी थाइम
2 कली लहसुन, कुचला हुआ
100 ग्राम बार्ली
600 मिली वेज ब्रोथ/लो-सोडियम चिकन ब्रोथ
1 बड़ा चम्मच पिसा टमाटर
90 ग्राम कद्दूकस पारमेसन चीज़
नमक व काली मिर्च

1. एक नॉनस्टिक पैन में ऑलिव ऑयल डालें व मध्यम आंच पर रखें। प्याज मिलाकर, करीब 4 मिनट तक नरम होने तक भूनें।

2. सॉसपैन में मशरूम डालें व करीब 10 मिनट तक पकाएं ताकि उनका रंग भूरा हो जाए।

3. अजमोद, थाइम, लहसुन व बार्ली मिलाकर लगातार चलाएं ताकि सब कुछ गर्म हो जाए।

4. फिर 500 मि.ली. वेज ब्रोथ मिलाकर, उबाल आने दें। फिर आंच धीमी करें। 20-25 मिनट तक मिश्रण सूखने व बार्ली (जौ) के गलने तक पकाएं।

5. बाकी बचा 160 मि.ली. वेज ब्रोथ व टमाटर पेस्ट भी मिला दें। बार्ली के नरम व क्रीमी होने तक, बिना ढके पकाएं व बीच-बीच में चलाएं। यदि बार्ली काफी सूख जाए तो थोड़ा-सा वेज ब्रोथ और मिलाएं।

6. लगातार चलाते हुए पारमेसन चीज़ डालें। स्वादानुसार नमक व काली मिर्च डालकर परोसें।

2 व्यक्तियों के लिए

पोषक जानकारी

1 हिस्से से मिलेगा

प्रोटीन	:	**½ सर्विंग**
कैल्शियम	:	**1½ सर्विंग**
अन्य फल व सब्जियां	:	**सर्विंग**
साबुत अनाज व लेग्यूम	:	**1 सर्विंग**
वसा	:	**½ सर्विंग**

अनार पुलाव

क्रंची अनार के दाने, ख़ूबानी, वाइल्ड राइस तथा बार्ली से भरा यह सुगंधित व स्वादिष्ट पुलाव मजेदार स्वाद का आनंद देगा।

1 बड़ा चम्मच ऑलिव ऑयल
1 प्याज, बारीक कटा
60 ग्राम बार्ली (जौ)
60 ग्राम वाइल्ड राइस, धुला हुआ
300-500 मि.ली. लो-सोडियम चिकन ब्रोथ/वेज ब्रोथ
30 ग्राम कटी सूखी ख़ूबानी
1 छोटा चम्मच नींबू का छिलका, कद्दूकस किया हुआ
1 बड़ा चम्मच कटी अजमोद
2 बड़े चम्मच कट-भुने पीकन
½ अनार के दाने

1. एक मध्यम आकार के नॉनस्टिक पैन में ऑलिव ऑयल गर्म करें। इसमें प्याज डालकर, 2 मिनट तक नरम होने तक भूनें।
2. वाइल्ड राइस व जौ भूनने के बाद ब्रोथ मिलाएं व उबाल आने दें। फिर आंच धीमी करके पैन ढकें, मिश्रण सूखने व अनाज के गलने तक पकाएं। करीब 45 से 50 मिनट तक, चाहें तो और ब्रोथ मिलाएं।
3. अनार के दाने, ख़ूबानी, नींबू का छिलका, अजमोद व पीकन, पुलाव में डालें तथा परोसने से पहले कांटे से हिला लें।

2 व्यक्तियों के लिए

पोषक जानकारी

1 हिस्से से मिलेगा

हरी पत्तेदार, पीली सब्जियां तथा फल	:	**½ सर्विंग**
साबुत अनाज व लेग्यूम	:	**1 सर्विंग**
वसा	:	**½ सर्विंग**

अनाजों की दुनिया

अब साबुत अनाजों की दुनिया में कदम रखें। हालांकि इनके नाम अटपटे हैं, पर स्वाद व पौष्टिकता कहीं अधिक है। हो सकता है कि पकाने में ज्यादा वक्त लगे, पर आप लेफ्ट ओवर का भी प्रयोग कर सकती हैं। याद रखें, यह आपके लिए रेशा, प्रोटीन, विटामिन बी व खनिज लवणों से भरपूर आहार है।

क्विनोवा पर्ल्स विद वाइल्ड मशरूम

चाहें इसे कीन-वाह कहें या क्विनोवा; ये मोती जैसा अनाज आपके व्यंजन को मजेदार बना देगा। इसे पोल्ट्री या मीट से परोसें।

250 मिली वेज ब्रोथ/ लो-सोडियम चिकन स्टॉक
100 ग्राम क्विनोवा
1 छोटा चम्मच ताजी कटी थाइम
1/8 छोटा चम्मच नमक
1 बड़ा चम्मच ऑलिव ऑयल
175 ग्राम शीटेक मशरूम, स्लाइस में कटे
1 प्याज, पिसा हुआ
1 बड़ा चम्मच कटी अजमोद
2 छोटे चम्मच बालसैमिक सिरका

1. वेज ब्रोथ को मध्यम आकार के सॉसपैन में रखें व उबाल आने दें। क्विनोवा, थाइम व नमक मिलाकर, फिर से उबाल आने दें। फिर आंच धीमी करके पैन ढकें व 15 मिनट तक क्विनोवा के नरम होने तक पकाएं।

2. इस दौरान एक नॉनस्टिक फ्राईंग पैन में ऑलिव ऑयल गर्म करें। मशरूम, प्याज व अजमोद मिलाकर 5 मिनट तक पकाएं। फिर सिरका डालकर, 30 सेकेंड तक गर्म होने दें। अब आंच से उतारें व पके क्विनोवा तथा मशरूम के साथ टॉस करें।

2 व्यक्तियों के लिए

पोषक जानकारी

1 हिस्से से मिलेगा

प्रोटीन	:	**½ सर्विंग**
अन्य फल व सब्जियां	:	**2 सर्विंग**
साबुत अनाज व लेग्यूम	:	**1 सर्विंग**
आयरन	:	**क्विनोवा से**
वसा	:	**½ सर्विंग**

लीक व टमाटर क्विनोवा

पहले कभी क्विनोवा नहीं बनाया? आइए, इसे बनाने का आसान तरीका सीखें।

100 ग्राम क्विनोवा
275 मि.ली. वेज ब्रोथ
1 बड़ा चम्मच ऑलिव ऑयल
1 बड़ी लीक; सफेद व हरे हिस्से, साफ व बारीक कटे हुए
1 टमाटर, बीज रहित व कटा हुआ
2 बड़े चम्मच ताजी कटी तुलसी/अजमोद
½ बड़ा चम्मच नींबू का रस

नमक व काली मिर्च
30 ग्राम कद्दूकस किया पारमेसन चीज़

1. क्विनोवा व 1 कप वेज ब्रोथ मिलाकर उबाल आने दें। आंच धीमी करें, 15 मिनट तक क्विनोवा नरम होने तक पकाएं। फिर छानकर एक ओर रखें।

2. इस दौरान एक बड़े फ्राइंग पैन में ऑलिव ऑयल गर्म करें। लीक मिलाकर, करीब 5 मिनट तक पकाएं।

3. अब 2 बड़े चम्मच वेज ब्रोथ मिलाकर पैन ढकें। 5 मिनट तक धीमी आंच पर लीक को नरम होने तक पकाएं।

4. पका क्विनोवा पैन में डालकर, 3 मिनट तक गर्म होने तक लगातार चलाएं।

5. अब टमाटर, तुलसी व नींबू का रस मिलाएं। फिर स्वाद के हिसाब से नमक-मिर्च डालकर हिलाएं। ऊपर से पारमेसन चीज़ छिड़ककर परोसें।

2 व्यक्तियों के लिए

पोषक जानकारी

1 हिस्से से मिलेगा

प्रोटीन	:	**½ सर्विंग**
कैल्शियम	:	**½ सर्विंग**
विटामिन सी	:	**½ सर्विंग**
साबुत अनाज व लेग्यूम	:	**1 सर्विंग**
आयरन	:	**क्विनोवा से**
वसा	:	**½ सर्विंग**

थ्री-इन-वन पुलाव

बल्गर, क्विनोवा व भुने फाफर दलिया से बना यह पुलाव पौष्टिकता से भरपूर होने के साथ-साथ अत्यंत स्वादिष्ट भी है। मटर या एडमम (सोयाबीन) मिलाने से यह और भी अधिक पौष्टिक व रंगीन बन जाएगा।

1 बड़ा चम्मच सफेद सरसों का तेल
2 बड़े प्याज, कटे हुए
45 ग्राम दरदरा बल्गर
60 ग्राम क्विनोवा, धुला व साफ
30 ग्राम भुना फाफर दलिया
75 मि.ली. वेज ब्रोथ
1 चुटकी नमक व काली मिर्च
75 ग्राम फ्रोजन या छिले मटर/ सोयाबीन

1. एक मध्यम आकार के पैन में धीमी आंच पर तेल गर्म करें। प्याज डालकर नरम होने तक भूनें।

2. अब बल्गर, क्विनोवा और फाफर का दलिया डालकर 2 मिनट तक भूनें।

3. इसमें वेज ब्रोथ, नमक व काली मिर्च

डालकर उबाल आने दें। पैन ढककर धीमी आंच पर पकाएं ताकि मिश्रण का पानी सूख जाए व अनाज नरम हो जाए। इस प्रक्रिया में करीब 20 मिनट लगेंगे।

4. अब मटर डालकर धीमी आंच पर 5 मिनट तक रखें। परोसने से पहले नमक-मिर्च छिड़कें। बचा पुलाव तीन दिन तक फ्रिज में रख सकती हैं।

4 व्यक्तियों के लिए

पोषक जानकारी

1 हिस्से से मिलेगा

साबुत अनाज व लेग्यूम : 1 सर्विंग

बाजरे वाली भरवां लाल शिमला मिर्च

किसी भी त्योहार के लिए बढ़िया व्यंजन। थोड़ी शिमला मिर्च की मात्रा बढ़ाएं तो अगले दिन भी खा सकती हैं। यह बाजरा तो अफ्रीका व एशिया के प्रमुख अनाजों में से है।

45 ग्राम बाजरा, धुला व साफ
1 कप वेज ब्रोथ
1 चुटकी नमक
125 ग्राम ताजा नींबू का रस
1 छोटा चम्मच कटा ताजा अदरक
2 हरे प्याज, सफेद व हरे हिस्से, कटे हुए
150 ग्राम कटे टमाटर
125 ग्राम कटी पीली शिमला मिर्च
1 बड़ा चम्मच ऑलिव ऑयल
नमक व काली मिर्च
2 बड़ी लाल शिमला मिर्च, बीज रहित आधी कटी हुई

1. ओवन को 190^0C (375^0F) या गैस मार्क 6 पर पहले से गर्म करें।

2. बाजरे को एक पैन में डालें। 2-3 मिनट तक धीमी आंच पर भूनें।

3. फिर वेज ब्रोथ व नमक मिलाकर उबाल आने दें। फिर ढक्कन लगा दें। करीब 20 मिनट तक मिश्रण का पानी सूखने तक पकाएं।

4. अब स्वीटकॉर्न मिलाकर 5 मिनट तक

गर्म करें। सॉसपैन को आंच से उतारें। धनिया, नींबू का रस, अदरक, हरा प्याज, टमाटर, पीली शिमला मिर्च, ऑलिव ऑयल को इस मिश्रण में डालकर मिलाएं। फिर नमक व काली मिर्च छिड़कें। इस मिश्रण को आधी कटी शिमला मिर्च के खोलों में बराबर-बराबर भरें।

5. भरवां शिमला को बेकिंग शीट पर रखें; 20-25 मिनट तक सुनहरी-भूरी होने तक बेक करें।

4 व्यक्तियों के लिए

पोषक जानकारी

1 हिस्से से मिलेगा

विटामिन सी	:	**3 सर्विंग**
हरी पत्तेदार, पीली सब्जियां व फल	:	**1 सर्विंग**
अन्य फल व सब्जियां	:	**½ सर्विंग**
साबुत अनाज व लेग्यूम	:	**½ सर्विंग**

लाल शिमला मिर्च, गाजर व लाल प्याज के साथ व्हीट बेरी सलाद

अब आप व्हीटबेरी, क्रंची सब्जियों और लाइट ड्रेसिंग को मिलाती हैं तो क्या बनता है? एक संतुष्टिदायक सहायक व्यंजन, जो समर बारबेक्यू के लिए भी अच्छा है।

500 मि.ली. वेज ब्रोथ नमक
500 मि.ली. पानी
100 ग्राम व्हीट बेरी
2 बड़े चम्मच ऑलिव ऑयल
½ मध्यम आकार में लाल प्याज, बारीक कटा
2 बड़े चम्मच बालसैमिक सिरका
2 हरे प्याज, सफेद व हल्के हरे, साफ व कटे हुए
1 मध्यम आकार की गाजर, छिली व कटी
1 मध्यम आकार की लाल शिमला मिर्च
काली मिर्च

1. एक बड़े सॉसपैन में वेज ब्रोथ, नमक व पानी डालकर उबाल आने दें। व्हीट बेरी डालकर आंच धीमी करें। धीमी आंच पर ही 45 मिनट से 1 घंटे तक पकने दें।

2. इसी दौरान 1 बड़ा चम्मच ऑलिव ऑयल, एक नॉनस्टिक पैन में, मध्यम

आंच पर रखें। लाल प्याज डालकर 5 मिनट तक पकाएं। जब वे नरम हो जाएं तो आंच से उतार लें।

3. बाकी बचा ऑलिव ऑयल व सिरका एक कटोरे में फेंटे व प्याज के मिश्रण में मिलाकर रखें।

4. पकी व्हीट बेरी, हरा प्याज, गाजर व शिमला मिर्च एक डोंगे में रखें व लाल प्याज का मिश्रण डालें। नमक व काली मिर्च छिड़कें। व्हीट बेरी सलाद गर्म या कमरे के तापमान पर परोस सकते हैं। इसे ढककर तीन दिन तक फ्रिज में भी रख सकते हैं।

2 व्यक्तियों के लिए

पोषक जानकारी

1 हिस्से से मिलेगा

विटामिन सी	:	2 सर्विंग
हरी पत्तेदार, पीली सब्जियां तथा फल	:	2 सर्विंग
साबुत अनाज व लेग्यूम	:	1 सर्विंग
वसा	:	½ सर्विंग

■ ■ ■

मॉकटेल व स्मूदी

आप सोचती हैं कि गर्भवती होने से पार्टी का आनंद जाता रहता है। नहीं, ऐसा नहीं होता। जब कभी वीकएंड ब्रंच, बारबेक्यू या नए साल के ओपन हाउस के लिए बार में स्टॉक रख रही हों तो अपने लिए मनपसंद मॉकटेल या स्मूदी रखना न भूलें ताकि आप भी टेस्ट कर सकें। वैसे किसी मौके का भी इंतजार क्यों करें? कहीं भी, कभी भी मजे से पिएं। कभी नाश्ते के साथ लें तो कभी कुछ खाने का समय न होने पर गटक लें। या कुछ ठोस अंदर न जा रहा हो, तो भी ये बेहतर विकल्प हो सकते हैं।

फर्स्ट ब्लश

ये इतना मीठा व मजेदार है कि कहीं आपका पहला ब्लश दूसरा न हो जाए। फ्रोजन या ताजी स्ट्रॉबेरी के साथ थोड़ा स्पार्कलिंग वाटर मिला लेंगी तो चुस्कियां भरने में और भी मजा आ जाएगा।

150 ग्राम कटा बीज रहित तरबूज
125 ग्राम फ्रोजन स्ट्रॉबेरी
250 मि.ली. कैल्शियम युक्त संतरे का रस
2 बड़े चम्मच सफेद अंगूर/ सेब या अन्नानास के रस का कंसन्ट्रेट
8 ताजा पुदीना पत्ती
125 मि.ली. स्पार्कलिंग वाटर (चाहें तो)

एक प्रोसेसर या ब्लैंडर में तरबूज, स्ट्रॉबेरी, संतरे का रस, सफेद अंगूर के रस का कंसन्ट्रेट व पुदीना पत्तियां डालकर पीसें व अच्छी तरह मिलाएं। ड्रिंक को 2 लंबे गिलासों में डालें। चाहें तो स्पार्कलिंग वाटर की 60 मि.ली. मात्रा डालें। मजे से परोसें।

2 व्यक्तियों के लिए

टेस्ट किचन से

फर्स्ट ब्लश को फर्स्ट क्लास स्मूदी में बदलना चाहें तो 200 ग्राम वनीला योगर्ट मिलाएं। इस तरह½ कैल्शियम सर्विंग 1 में बदल जाएगी।

पोषक जानकारी

1 हिस्से से मिलेगा

कैल्शियम	:	½ सर्विंग
विटामिन सी	:	2 सर्विंग प्लस

एसिड के बिना सूप

हो सकता है नियमित रूप से पीने पर संतरे का रस गर्भवती मां के पेट में हलचल मचा दे, इसलिए लो-एसिड युक्त जूस इस्तेमाल करें, जैसे सफेद अंगूर। कई कम एसिड वाले जूस कैल्शियम युक्त भी होते हैं।

साइट्रस ब्लूबेरी ब्लास्ट

बहुत-बहुत पौष्टिक व स्वादिष्ट आनंददायक ब्लूबेरी, एंटीऑक्सीडेंट से भरपूर, सफेद अंगूर व संतरे के रस के मेल ने इस मॉकटेल में जान डाल दी है।

150 ग्राम फ्रोजन ब्लूबेरी
125 मि.ली. फीका सफेद अंगूर का रस (कैल्शियम युक्त)
250 मि.ली. संतरे का रस (कैल्शियम युक्त)
250 मि.ली. स्पार्कलिंग वाटर

ब्लूबेरी, संतरे व अंगूर का रस एक प्रोसेसर में डालकर चलाएं। मिश्रण को मिलाने के बाद 2 लंबे गिलासों में परोसें। प्रत्येक गिलास में 125 मि.ली. स्पार्कलिंग वाटर डालकर सर्व करें।

2 व्यक्तियों के लिए

पोषक जानकारी

1 हिस्से से मिलेगा

कैल्शियम	:	½ सर्विंग
विटामिन सी	:	1½ सर्विंग
अन्य सब्जियां तथा फल	:	1 सर्विंग

ठंडा तरबूजा पेय

ताजगी से भरपूर – हो सकता है कि रोज की आवश्यकता पूरी न करें, पर प्यास लगने पर तरोताजा अहसास तो मिल ही सकता है।

60 ग्राम ताजा पुदीना पत्ती
3 बड़े चम्मच संतरे या सफेद अंगूर के रस का कंसन्ट्रेट
500 ग्राम कटा तरबूज
बर्फ के टुकड़े
1½ लीटर पानी

पुदीना पत्ती व रस को थोड़ा मसल लें। फिर इसमें तरबूज के टुकड़े, बर्फ व पानी मिलाएं व लगातार चलाएं। गिलासों में डालें। इसकी चुस्की लेते समय फल के टुकड़े भी खाएं।

3 लीटर के लगभग बनेगा

ट्रॉपिकल टैंपटेशन

आप विटामिन पीना चाहती हैं। संतरा, गाजर, आड़ू व आम के जबरदस्त स्वादों का मेल - यह मॉकटेल ट्रॉपिक का स्वाद देने के साथ-साथ पोषण भी देने वाला है।

125 मि.ली. कैल्शियम युक्त संतरे का रस
125 मि.ली. गाजर का जूस
150 ग्राम ताजे आम या पीले आड़ू के स्लाइस
1 बड़ा चम्मच सफेद अंगूर का रस कंसन्ट्रेट/अन्नानास का रस कंसन्ट्रेट/ शहद

संतरे का रस, गाजर का रस, आड़ू व अन्नानास का रस ब्लैंड करें ताकि फल भी पिस जाए। अब इस मिश्रण को अच्छी तरह मिलाकर गिलासों में परोसें।

1 व्यक्ति के लिए

पोषक जानकारी

1 हिस्से से मिलेगा

कैल्शियम	**:**	**½ सर्विंग**
विटामिन सी		
(आड़ू के साथ)	**:**	**1 सर्विंग**
(आम के साथ)	**:**	**3 सर्विंग**
हरी पत्तेदार, पीली सब्जियां तथा फल		
आड़ू के साथ	**:**	**3 सर्विंग**
(आम के साथ)	**:**	**4 सर्विंग**
अन्य फल तथा सब्जियां		
(आड़ू के साथ)	**:**	**1 सर्विंग**

ओशियन ब्रीज

ट्रॉपिक का एक और स्वाद, भरपूर विटामिन के साथ मौजूद है। आप चाहें तो इसे कागज की छतरी के साथ सर्व कर सकती हैं। यदि स्मूदी में बदलना चाहें तो वनीला दही हाजिर है। एक कैल्शियम सर्विंग बढ़ जाएगी।

150 ग्राम कटा खरबूजा/आम
150 ग्राम डिब्बाबंद अन्नानास चंक जूस सहित
125 मि.ली. संतरे का रस (कैल्शियम फोर्टीफाइड)
250 मि.ली. स्पार्कलिंग वाटर
2 ताजी पुदीना पत्ती

खरबूजा, अन्नानास व संतरे का रस अच्छी तरह मिला लें। मिश्रण अच्छी तरह मिल जाए तो 2 लंबे गिलासों में लगातार हिलाते हुए डालें। साथ ही स्पार्कलिंग वाटर भी मिलाएं। गिलास को पुदीना पत्ती से सजाकर पेश करें।

2 व्यक्तियों के लिए

पोषक जानकारी

1 हिस्से से मिलेगा

कैल्शियम	:	**½ सर्विंग**
विटामिन सी	:	**2 सर्विंग**
हरी पत्तेदार व पीली सब्जियां तथा फल	:	**1 सर्विंग**

सेब अन्नानास स्मूदी

अपनी मॉर्निंग सिकनेस को शांत करना चाहें तो ये बिग ममा स्मूदी आजमाएं। इसे भोजन में बदलना चाहें तो दही, पिसी अलसी मिलाएं। फ्रोजन केलों के स्लाइस से स्मूदी और भी गाढ़ी हो जाएगी।

250 मि.ली. अन्नानास का रस
150 ग्राम डिब्बाबंद अन्नानास चंक, छने हुए
1 छोटा सेब, बीज रहित व कटा हुआ
1 पका केला, स्लाइस
1 अदरक का टुकड़ा, 2.5 से.मी.

अन्नानास के रस, डिब्बाबंद अन्नानास, केला, सेब तथा अदरक को ब्लैंडर में पीसकर मिश्रण तैयार करें। लंबे गिलासों में डालकर सर्व करें।

1 व्यक्ति के लिए

पोषक जानकारी

1 हिस्से से मिलेगा

विटामिन सी : 3 सर्विंग
अन्य फल
व सब्जियां : 2 सर्विंग

ब्रेकफास्ट बूस्टर शेक

नाश्ता खाने का समय नहीं, तो पी तो सकती हैं। अगर कुछ ठोस अंदर नहीं जा रहा तो ब्लैंडर में तैयार यह नाश्ता शायद पेट में टिक जाएं।

250 मि.ली. संतरे का रस (कैल्शियम युक्त)
100 ग्राम वनीला दही
½ मध्यम आकार का पका आम, स्लाइस में कटी
75 ग्राम फ्रोजन या ताजी ब्लूबेरी
½ केला, स्लाइस
3 बर्फ के क्यूब (चाहें तो)

संतरे का रस, दही, आम, ब्लयूबेरी, केला व बर्फ एक साथ मिलाकर पीसें। फिर इस गाढ़े व क्रीमी ड्रिंक को गिलास में परोसें।

नोट : अगर गाढ़ा शेक चाहें तो केले के स्लाइस जमा लें। अगर ताजी ब्लूबेरी व सादा केला इस्तेमाल कर रही है, तो शेक ठंडा करने के लिए बर्फ मिलाएं।

टेस्ट किचन से

इन टिप्स को आजमाकर बूस्टर शेक बनाएं।

1. 1 या 2 बड़े चम्मच व्हीट जर्म या पिसी अलसी मिलाएं।
2. यदि स्वाद में बदलाव लाए बिना प्रोटीन बूस्ट चाहें तो 1/4 कप सोया टोफू मिलाएं।
3. आम की जगह 75 ग्राम खरबूजा, आडू या खूबानी के स्लाइस डालें।
4. यदि मिठास चाहें तो मिठास लाने के लिए कंसन्ट्रेट, स्पलैंडा या शहद मिलाएं।

1 व्यक्ति के लिए

पोषक जानकारी

1 हिस्से से मिलेगा

कैल्शियम : 1½ सर्विंग
विटामिन सी : 3 सर्विंग
हरी पत्तेदार,
पीली सब्जियां
तथा फल : 1 सर्विंग
अन्य फल
व सब्जियां : 1½ सर्विंग

रेज़लबेरी

यह गाढ़ा व क्रीमी ड्रिंक सर्व करें या स्पार्कलिंग वाटर मिलाकर पतला कर लें। जैसे भी लें, यह यम्मी है।

275 ग्राम फ्रोजन रसभरी

250 मि.ली. संतरे का रस कैल्शियम युक्त

12 ताजी पुदीना पत्ती (चाहें तो)

2 बड़े चम्मच लो फैट वनीला दही/नरम टोफू

2 बड़े चम्मच सफेद अंगूर के रस का कंसन्ट्रेट या शहद (चाहें तो)

250 मि.ली. स्पार्कलिंग वाटर (चाहें तो)

रसभरी, संतरे का रस, पुदीना पत्ती, दही व सफेद अंगूर के रस का कंसन्ट्रेट एक ब्लैंडर में डालकर पीसें। गाढ़ा व क्रीमी ड्रिंक तैयार करें। इसे दो लंबे गिलासों में परोसें। यदि पतला करना चाहें तो पेश करने से पहले स्पार्कलिंग वाटर मिला लें।

2 व्यक्तियों के लिए

पोषक जानकारी

1 हिस्से से मिलेगा

कैल्शियम	**:½ सर्विंग**
विटामिन सी	**: 2 सर्विंग**

खूबानी नैक्टर

हो सकता है कि आपको यह गाढ़ी स्मूदी पीने की बजाय खानी पड़े। स्ट्रॉ की बजाय चम्मच से काम लें। अगर इसे कम क्रीम युक्त बनाना चाहें तो फ्रोजन की जगह ताजा कटा केला इस्तेमाल करें।

150 ग्राम डिब्बाबंद, दो टुकड़ों में कटी खूबानी

छना हुआ फल का रस

1 फ्रोजन केले का स्लाइस

250 मि.ली. वनीला सोया दूध/वनीला दही

खूबानी, केला, सोय दूध या दही को एक ब्लैंडर या प्रोसेसर में डालें व मिश्रण को गाढ़ा व क्रीमयुक्त होने तक पीसें। इसे 2 लंबे गिलासों में डालकर परोसें।

1 व्यक्ति के लिए

पोषक जानकारी

1 हिस्से से मिलेगा

कैल्शियम	:	1 सर्विंग
विटामिन सी	:	½ सर्विंग
हरी पत्तेदार व पीली सब्जियां तथा फल	:	2 सर्विंग
अन्य फल व सब्जियां	:	1 सर्विंग

सूथिंग स्मूदी

जी हां, स्मूदी बड़ी आसानी से गले के नीचे उतरती हैं, कुछ पकाने का मन न हो तो यह खाने का भी काम करती है। यहां कुछ स्मूदी बनाने के टिप्स प्रस्तुत हैं :

■ तरल से आरंभ करें; फलों का रस, दूध या सोया दूध/पीने योग्य स्मूदी के लिए 250 मि.ली. तरल इस्तेमाल करें। चम्मच से खाने लायक स्मूदी चाहें तो थोड़ा दही मिलाएं। यदि जूस डालना हो तो कैल्शियम युक्त ही लें।

■ स्मूदी को क्रीमी व कस्टर्ड युक्त बनाने के लिए ताजे फलों की बजाय फ्रोजन फल लें। फल ताजे हों तो पहले काटें।

■ स्मूदी की पौष्टिकता बढ़ाना चाहें तो 1 या 2 बड़े चम्मच व्हीट जर्म, पिसी अलसी, नॉन-फैट मिल्क पाउडर या नरम टोफू मिलाएं।

■ दही की स्मूदी में दही की जगह टोफू भी मिला सकती हैं। अपनी इच्छानुसार मिठास के लिए कुछ भी डालें या वनीला सोया दूध इस्तेमाल करें।

■ अदरक भी प्यास पर काबू पाता है व जी मिचलाने पर आराम देता है। किसी भी स्मूदी में थोड़ा अदरक भी मिला सकती हैं।

■ स्मूदी को वास्तव में मीठा करना चाहें तो शहद या जूस कंसन्ट्रेट मिलाएं। अपने मनपसंद फल का स्वाद चुनें; जैसे ट्रॉपिकल शेक में आम या अन्नानास का रस मिला सकती हैं।

आम टैंगो

जबरदस्त पोषण से भरपूर यह पेय आपकी स्वादग्रंथियों को आनंदित कर देगा। ऐसा लगेगा मानो एक गिलास में पूरे स्वर्ग का आनंद आ गया हो।

150 ग्राम पके, कटे हुए व ठंडे आम के टुकड़े
250 मि.ली. ठंडा अन्नानास रस
100 ग्राम कम वसा युक्त वनीला दही,
½ छोटा चम्मच वनीला एसेंस
2 से 3 बर्फ के टुकड़े (चाहें तो)

आम के टुकड़े, अन्नानास का रस, दही, वनीला एसेंस व बर्फ के क्यूब एक ब्लैंडर या फूड प्रोसेसर में डालकर प्रोसेस करें ताकि फलों की प्यूरी तैयार हो जाए। इसे एक लंबे गिलास में डालकर परोसें।

टेस्ट किचन से

डेयरी फ्री रखना चाहें तो आप दही की जगह टोफू भी मिला सकती हैं। इसे जूस कंसन्ट्रेट, हनी या वनीला सोया दूध से स्वादानुसार मिठास दें।

1 गिलास पेय बनेगा

पोषक जानकारी

1 हिस्से से मिलेगा

कैल्शियम	:	**½ सर्विंग**
विटामिन सी	:	**4 सर्विंग**
हरी पत्तेदार, पीली सब्जियां तथा फल	:	**2 सर्विंग**

मीठे व्यंजन

मीठे व्यंजन का नाम सुनते ही प्रायः दिमाग में हैल्दी शब्द नहीं आता। अत्यधिक मीठा खाना ठीक नहीं होता और यह तब तक पौष्टिक नहीं होता जब तक आप इसके नाम पर कोई पका फल नहीं खाती। वैसे यहां दिए गए मीठे व्यंजन सेहत से भी भरपूर हैं। हमारी कुकीज, केक, पाई आपको स्वाद व सेहत, दोनों का खजाना देती है। जी हां, इन लज्जतदार केक व कुकीज को खाने पर आपको पछतावा भी नहीं होगा और आप मजे से दोबारा खा सकेंगी क्योंकि ये पोषण से भरपूर जो हैं।

फ्रूटी ओटमील कुकीज

ये चबाने में आपकी सामान्य ओटमील कुकीज से कहीं बेहतर है व पौष्टिक भी। हां, जरा ध्यान से खाएं ताकि ये चूरा-चूरा न हो।

200 ग्राम रोल्ड ओट्स (जई)
45 ग्राम पिसी अलसी
30 ग्राम व्हीट जर्म
2 छोटे चम्मच पिसी दालचीनी
30 ग्राम मक्खन, पिघला हुआ
1 बड़ा अंडा, हल्का फेंटा हुआ
175 मि.ली. सफेद अंगूर का जूस कंसन्ट्रेट
60 ग्राम किशमिश, कटी हुई
30 ग्राम सूखी ब्लूबेरी,
क्रॉनबेरी/कटी खूबानी
45 ग्राम कटे व भुने अखरोट

1. ओवन को 160°C (325°F) पर पहले से गर्म करें। नॉनस्टिक बेकिंग शीट अलग रखें।
2. ओट, अलसी, व्हीट जर्म व दालचीनी एक डोंगे में मिलाएं। फिर मक्खन डालकर अच्छी तरह चलाएं।
3. दूसरे कटोरे में अंडा व अंगूर का रस मिलाकर, पहले मिश्रण डालें फिर किशमिश, ब्लूबेरी और मेवे डालकर मिलाएं।
4. इस घोल को बड़े चम्मच से बेकिंग शीट पर डालकर कुकीज बनाएं। चाहें तो गीले कांटे से थोड़ा चपटा करें।
5. कुकीज को हल्का भूरा होने व किनारे

पकने तक, तकरीबन 15 मिनट तक बेक करें। परोसने से पहले ठंडी करें। इन्हें डिब्बाबंद जार में पांच दिन तक या एक महीने तक फ्रीजर में रख सकती हैं।

30 के करीब कुकीज बनेगी

पोषक जानकारी

1 हिस्से (2 कुकीज) से मिलेगा

विटामिन सी	:	**½ सर्विंग**
साबुत अनाज व लेग्यूम	:	**½ सर्विंग**
आयरन	:	**मेवों से**
वसा	:	**½ सर्विंग**

ट्रॉपिकल बार नोन्स

चंकी व मजेदार, मुसली के कटोरे जितनी पौष्टिक। इसकी मिठास का मजा लें।

वेजिटेबल ऑयल कुकिंग स्प्रे
150 ग्राम रोल्ड ओट्स
30 ग्राम कटे मेवे (बादाम, अखरोट, ब्राजील नट्स, हैजल नट्स)
15 ग्राम व्हीटजर्म
2 छोटे चम्मच पिसी दालचीनी
½ छोटा चम्मच पिसी अदरक (चाहें तो)
15 ग्राम +1 बड़ा चम्मच नारियल पाउडर
150 मि.ली. सफेद अंगूर का जूस कंसन्ट्रेट
2 बड़े चम्मच ब्राउन शुगर
125 ग्राम सूखी ख़ूबानी
125 ग्राम सूखे आम/अन्नानास के टुकड़े
3 बड़े चम्मच ऑल-फ्रूट ख़ूबानी प्रिजर्वस
2 बड़े चम्मच अन्नानास जूस कंसन्ट्रेट

1. ओवन को 180°C (350°F) या गैस मार्क 4 पर गर्म करें। एक नॉनस्टिक स्कवेयर केक पैन पर थोड़ा वनस्पति का तेल छिड़कें।

2. ओट्स, मेवे, व्हीट जर्म, दालचीनी व अदरक को पीस कर दरदरा कर लें। फिर अंगूर का कंसन्ट्रेट व ब्राउन शुगर मिलाकर पीसें।

3. ओट के मिश्रण को दो हिस्सों में बांटें। अंगुलियां हल्की गीली करें। आधे मिश्रण को केक पैन के तले पर फैलाएं।

4. ख़ूबानी, सूखा अन्नानास, प्रिजर्वस, जूस कंसन्ट्रेट व बचा अंगूर का जूस कंसन्ट्रेट एक प्रोसेसर में डालकर पीसें। फिर

यदि मेवे/नट्स न चाहें तो?

वैसे तो मेवे काफी फायदेमंद होते हैं, पर अगर आप स्वाद की वजह से उन्हें न खाना चाहें या आपको मेवों से एलर्जी हो तो उनकी जगह कटे सूखे फल मिला सकती हैं। अगर मूंगफली की जरूरत हो तो उसकी जगह पिसी अलसी, व्हीटजर्म या ओट इस्तेमाल करें।

फलों के मिश्रण को केक पैन के घोल पर फैलाएं।

5. इसे गीली अंगुलियों से थपथपाएं ताकि सारा मिश्रण फैल जाए। अब 1 बड़ा चम्मच नारियल डालकर फैला दें।

6. हल्का भूरा होने तक 25 से 30 मिनट तक बेक करें।

7. ठंडा होने पर टुकड़ों में काटें। ये बार एयरटाइट जार में चार दिन तक व फ्रीजर में एक माह तक रख सकती हैं।

नोट : हैल्थ फूड स्टोर्स में मिठास रहित नारियल का चूरा (बुरादा) भी मिलते हैं।

टेस्ट किचन से

अगर आपको कोई भी ट्रॉपिक फल पसंद नहीं तो सूखी बेरी, सेब या नाशपाती चुनें व अन्नानास जूस कंसन्ट्रेट की जगह उन्हीं के जूस कंसन्ट्रेट लें।

16 बार के लिए

पोषक जानकारी

1 हिस्से (2 बार) से मिलेगा

विटामिन सी : ½ सर्विंग
हरी पत्तेदार, पीली सब्जियां तथा फल : ½ सर्विंग
वसा : ½ सर्विंग

हैवेनली चॉकलेट केक

किसी भी चॉकलेट दीवाने को डीप, डार्क चॉकलेट केक एक पल में खुश कर देगी। क्या आप जानते हैं कि चॉकलेट केक से विटामिन 'सी' की पूर्ति भी हो सकती है।

वेज ऑयल कुकिंग स्प्रे
125 ग्राम भुने बादाम
75 ग्राम मैदा
75 ग्राम गेहूं का आटा
45 ग्राम पिसी अलसी/व्हीटजर्म
2 छोटे चम्मच बेकिंग पाउडर
1 छोटा चम्मच बेकिंग सोडा
90 ग्राम मिठास रहित कोको
60 ग्राम मक्खन, पिघला हुआ
3 बड़े अंडे
1 बड़ा चम्मच वनीला सत

1. ओवन को 160^0C (325^0F) या गैस मार्क 3 पर पहले से गर्म करें। नॉनस्टिक केक पैन पर हल्का-सा वेज ऑयल कुकिंगस्प्रे करें।

2. भुने बादाम प्रोसेसर में पीसें। आपके पास 60 ग्राम पिसा बादाम होना चाहिए।

3. मैदा, गेहूं, पिसी अलसी, बेकिंग पाउडर, बेकिंग सोडा, कोको व पिसे बादाम एक डोंगे में डालकर अच्छी तरह चलाएं।

4. जूस कंसन्ट्रेट, मक्खन, अंडे व वनीला दूसरे डोंगे में रखें व मिला लें।

5. फिर मैदे के मिश्रण को इसमें मिलाएं व हल्के हाथ से हिलाते रहें, जरूरत से ज्यादा न मिलाएं। घोल को पहले से तैयार केक पैन में डालें।

6. केक को करीब 30 मिनट तक बेक करें, यदि वह खाने से ऊपर की तरफ उठे तो जान लें कि वह तैयार है।

7. इसे ठंडा होने के बाद ही परोसें या निर्देशानुसार फ्रिज में स्टोर करें।

रिलैक्स जस्ट फ्लैक्स

वैसे तो यह ओमेगा - 3 फैटी एसिड से भरपूर है, पर अगर आप न खाना चाहें तो व्हीटजर्म, ओट या मूंगफली प्रयोग में ला सकती है।

नोट : अगर चॉकलेट का ज्यादा स्वाद नहीं चाहिए तो कोको की थोड़ी मात्रा इस्तेमाल करें।

टेस्ट किचन से

चॉकलेट केक के साथ ताजी फेंटी क्रीम का मजा ही कुछ और है। वैसे वनीला फ्रोजन दही से भी टॉपिंग हो सकती है।

अंदाजन 18 टुकड़े

पोषक जानकारी

1 टुकड़ा (एक हिस्से से मिलेगा)

विटामिन सी : 1 सर्विंग

ब्लैक फॉरेस्ट चेरी केक

चॉकलेट, नारियल, अखरोट व चेरी के मेल से बना केक। इसके ऊपर एक स्कूप जमा दही या आइसक्रीम डालकर खाएं।

वेज ऑयल कुकिंग स्प्रे
225 ग्राम अखरोट
75 ग्राम मैदा
75 ग्राम गेहूं का आटा
45 ग्राम पिसी अलसी
60 ग्राम मिठास रहित कोको
2 छोटे चम्मच बेकिंग पाउडर
1 छोटा चम्मच बेकिंग सोडा
250 मि.ली. काले चेरी का जूस कंसन्ट्रेट
250 मि.ली. काले सफेद अंगूर का जूस कंसन्ट्रेट
60 ग्राम मक्खन, पिघला हुआ

3 बड़े अंडे
150 ग्राम ऑल-फ्रूट चेरी प्रिजर्वस
1 बड़ा चम्मच वनीला सत
75 ग्राम दरदरी कटी, बीज रहित चेरी
30 ग्राम नारियल का बुरादा, बिना मिठास के
60 ग्राम सूखी चेरी
125 ग्राम भुने अखरोट, टुकड़े में
फेंटी क्रीम (परोसने के लिए)

1. ओवन को 160°C (325°F) या गैस मार्क 3 पर गर्म करें। पैन में वेज ऑयल कुकिंग स्प्रे लगाएं।

2. 225 ग्राम अखरोट को पीस लें। अब गेहूं, मैदा, अलसी, कोको ,बेकिंग पाउडर, बेकिंग सोडा व पिसे अखरोट एक कटोरे में निकालकर फेंटें।

3. चेरी तथा सफेद अंगूर का जूस कंसन्ट्रेट, मक्खन, अंडे व चेरी प्रिजर्वस दूसरे डोंगे में रखें। इलेक्ट्रिक मिक्सर में पीस लें।

4. अब आटे व जूस का मिश्रण आराम से मिलाकर, पहले से तैयार केक पैन में पलटें।

5. केक को 35 मिनट तक, स्पंजी होने तक बेक करें।

6. केक को पहले ठंडा होने दें, फिर परोसें। चाहें तो फेंटी क्रीम के साथ परोसें। बचे केक को निर्देशानुसार फ्रिज में स्टोर करें।

अनुमानित 18 टुकड़े

पोषक जानकारी

एक हिस्से (1 टुकड़ा) से मिलेगा

विटामिन सी : 1 सर्विंग

नोट : वैसे तो काले चेरी का जूस कंसन्ट्रेट बाजार में उपलब्ध है। अगर न मिले तो अंगूर के जूस कंसन्ट्रेट की मात्रा बढ़ा दें।

गाजर अन्नानास केक

हल्का-सा तीखा, अखरोट, बादाम, गाजर, नारियल और अन्नानास से भरा यह पौष्टिक स्नैक बड़ा मजेदार है। पीली सब्जियों को परोसने का इससे मीठा तरीका नहीं हो सकता।

वेज ऑयल कुकिंग स्प्रे
250 ग्राम कतरी गाजर
150 मि.ली. अन्नानास का जूस कंसन्ट्रेट
1 बड़ा चम्मच कद्दूकस किया ताजा अदरक
125 ग्राम सलटानास
60 ग्राम अखरोट
275 ग्राम गेहूं का आटा
90 ग्राम पिसी अलसी, जई या व्हीटजर्म
2 छोटे चम्मच बेकिंग पाउडर

1 छोटा चम्मच पिसा दालचीनी
1 छोटा चम्मच पिसा अदरक (चाहें तो)
500 मि.ली. सफेद अंगूर का जूस कंसन्ट्रेट
60 मि.ली. सफेद सरसों का तेल
4 बड़े अंडे
1 बड़ा चम्मच वनीला सत
60 ग्राम भुने अखरोट
75 ग्राम बिना मिठास के सूखा व कुचला अन्नानास
75 ग्राम कटे सूखे अन्नानास चंक

1. ओवन को 180^0C (350^0F) या गैस मार्क 4 पर पहले से गर्म करें। 23 से.मी. के दो नॉनस्टिक पैन में थोड़ा वेज ऑयल लगाएं।

2. एक सॉसपैन में गाजर, अन्नानास का जूस कंसन्ट्रेट, अदरक व पानी डालकर मध्यम आंच पर रखें। उबाल आने पर आंच धीमी करें व गाजर गलने तक 10 मिनट पकाएं।

3. पके मिश्रण को फूड प्रोसेसर में डालें व किशमिश डालकर पीसें। फिर एक ओर रखें।

4. प्रोसेसर में अखरोट डालकर पीस लें। यदि ज्यादा पीसेंगी तो वह घोल बन सकता है।

5. गेहूं का आटा, पिसी अलसी, बेकिंग पाउडर, बेकिंग सोडा, पिसी दालचीनी, अदरक व पिसा अखरोट एक कटोरे में डालकर मिलाएं।

6. फिर अंगूर जूस का कंसन्ट्रेट, तेल, अंडे, वनीला व आटे को मिक्सर में मिला लें। फिर उसमें पहला मिश्रण डालें व इन्हें तैयार केक पैन में बराबर बराबर पलटें।

7. केकों को लगभग 35 मिनट तक बेक करें। टूथपिक बीच में डालकर देखें, अगर वह साफ निकलती है तो केक तैयार है।

8. उन्हें वायर रैक पर ही ठंडा होने दें। फिर बाहर निकालकर क्रीम चीज आइसिंग से टॉपिंग करें। फिर दूसरे को उस पर रखें व टॉप को फ्रॉस्ट करें। आइसिंग के बाद इसे फ्रिज में रखें। इसे ढककर, एक सप्ताह तक फ्रिज में रख सकती हैं।

फ्रीजर में रखें

हो सकता है कि आपका दिल करे पर एक बार में ही सारा केक नहीं खाया जा सकता। केक के सिंगल टुकड़े करके सिल्वर फॉयल में लपेटें व फ्रीजर में लगा दें। ये केक स्लाइस महीने तक टिके रहेंगे। बस जब खाना हो, कमरे के तापमान पर लाकर खा लें।

8 से 12 व्यक्तियों के लिए

पोषक जानकारी

1 हिस्से (1/8 हिस्सा केक का) से मिलेगा

विटामिन सी	:	2 सर्विंग
हरी पत्तेदार, पीली सब्जियां तथा फल	:	2 सर्विंग
साबुत अनाज व लेग्यूम	:	1 सर्विंग
आयरन	:	किशमिश से
वसा	:	½ सर्विंग

नोट : यदि फ्रॉस्टिंग न करना चाहें तो भी केक में स्वाद होगा।

क्रीम चीज़ आइसिंग

कैरेट केक के टॉपिंग के लिए क्रीग चीज आइसिंग से बेहतर क्या होगा। पर यह केवल वसा व चीनी युक्त आईसिंग नहीं है। सूखा अन्नानास व वनीला इसे सुगंध देंगे। इसे सूखे मेवे व केले के केक पर भी लगा सकती हैं।

60 ग्राम सूखे अन्नानास चंक
250 ग्राम हल्का क्रीम चीज (कमरे के तापमान पर)
2 छोटे चम्मच वनीला सत
3 बड़े चम्मच शहद/सफेद अंगूर जूस का कंसन्ट्रेट या कोई भी मिठास

अन्नानास को प्रोसेसर में पीसकर क्रीम चीज़, वनीला व जूस कंसन्ट्रेट मिलाकर प्रोसेस करें। मिठास चाहें तो कुछ भी मिलाएं। अब यह आइसिंग इस्तेमाल के लिए तैयार है।

अदरक ब्रेड मम

अदरक आपके लिए फायदेमंद तो है ही, पर स्वादिष्ट भी कम नहीं होगा।

वेज ऑयल कुकिंग स्प्रे
150 ग्राम गेहूं का आटा
45 ग्राम पिसी अलसी
20 ग्राम रोल्ड ओट/व्हीट जर्म
2 छोटे चम्मच पिसा अदरक
1 छोटा चम्मच पिसा दालचीनी
2 छोटे चम्मच बेकिंग सोडा
250 मि.ली. सफेद अंगूर का जूस कंसन्ट्रेट
2 बड़े अंडे, हल्के फेंटें
60 मि.ली. सफेद सरसों का तेल
2 छोटे चम्मच ताजा कुचला अदरक

1. ओवन को 180°C (350°F) या गैस मार्क 4 पर गर्म करें। एक नॉनस्टिक केक पैन पर कुकिंग ऑयल लगाएं।

2. मैदा, अलसी, ओट, अदरक, दालचीनी व बेकिंग सोडा एक डोंगे में डालकर मिला लें।

3. अंगूर का जूस कंसन्ट्रेट, अंडे, तेल व ताजे अदरक को दूसरे कटोरे में डालकर इलैक्ट्रिक मिक्सर से मिला दें।

4. अब दोनों मिश्रण हल्के हाथ से मिलाएं व तैयार घोल को पहले से तैयार केक पैन में पलटें।

5. केक को करीब 30 मिनट तक बेक करें, जब वह दबाने से ऊपर की ओर उठे तो जान लें कि केक तैयार है।

6. केक को परोसने से पहले ठंडा करें। यदि फ्रिज में रखना चाहें तो निर्देशानुसार स्टोर करें।

8 से 12 सर्विंग

पोषक जानकारी

1 हिस्से (केक का 1/8 भाग) से मिलेगा

विटामिन सी	:	**1 सर्विंग**
साबुत अनाज व लेग्यूम	:	**1 सर्विंग**
वसा	:	**½ सर्विंग**

सूखे मेवे व केलों का केक

केला प्रेमी तो इस केक को बेहद मजे से खाएंगे। आप भी दूध या कॉफी ब्रेक में इसका मजा ले सकती हैं।

वनस्पति तेल
125 ग्राम अखरोट
2 मध्यम केले, चंक्स किए हुए
60 मि.ली. सफेद सरसों का तेल
3 बड़े अंडे
250 मि.ली. सफेद अंगूर जूस कंसन्ट्रेट
2 छोटे चम्मच वनीला सत
150 ग्राम मैदा
1/4 कप पिसी अलसी
20 ग्राम रोल्ड ओट्स
2 छोटे चम्मच बेकिंग सोडा
1 छोटा चम्मच बेकिंग पाउडर
2 छोटे चम्मच दालचीनी
1 छोटा चम्मच पिसा अदरक
1/4 छोटा चम्मच पिसा जायफल
60 ग्राम दरदरे कटे-भुने अखरोट

1. ओवन को 160^0C (325^0F) या गैस मार्क 3 पर गर्म करें। एक नॉनस्टिक केक पैन पर कुकिंग ऑयल लगाएं।

2. अखरोट को प्रोसेसर में डालकर पीस लें। ज्यादा पीसने से वे ढीले हो सकते हैं।

3. पिसे अखरोट, केला, वनस्पति तेल, अंडे, अंगूर जूस और वनीला सत को अच्छी तरह मिलाएं। हल्के हाथ से फेंटे।। ज्यादा न फेंटे, ध्यान रखें। फिर कटे अखरोट भी मिला दें। इस घोल को केक पैन में डालें।

4. मैदा, ओट्स, पिसी अलसी, बेकिंग

सोडा, बेकिंग पाउडर, दालचीनी पाउडर, अदरक की अच्छी तरह मिला लें।

5. केले के मिश्रण को इसमें डालकर मिक्सर में कम स्पीड पर अच्छी तरह मिला लें। फिर इसे पहले से गर्म केक पैन में डालें।

6. केक को 30 मिनट तक बेक करें। यदि टूथपिक डालने पर साफ निकल आए तो जान लें कि केक पक गया है।

7. केक को वायर रैक पर ही ठंडा होने दें, उसके बाद परोसें। चाहें तो फ्रिज में स्टोर भी कर सकती हैं।

18 पीस

टेस्ट किचन से

अगर आप इस केक में अखरोट के अलावा और भी कुछ मीठा डालना चाहते हो, तो 60-90 ग्राम किशमिश या सूखे फलों के टुकड़े भी डाल दें।

पोषक जानकारी

1 हिस्सा (2 टुकड़े) से मिलेगा

विटामिन सी	:	½ सर्विंग
साबुत अनाज व लेग्यूम	:	½ सर्विंग
वसा	:	½ सर्विंग

ब्लूबेरी ओटमील केक

नाश्ते में एक गिलास दूध या स्मूदी के साथ इस केक का मजा दुगना हो जाएगा।

वनस्पति तेल कुकिंग स्प्रे
125 ग्राम मैदा
45 ग्राम पिसी अलसी
45 ग्राम व्हीट जर्म, ओट ब्रान
100 ग्राम रोल्ड ओट्स
2 छोटे चम्मच बेकिंग पाउडर
1 छोटा चम्मच बेकिंग सोडा
2 छोटे चम्मच पिसा अदरक
2 छोटे चम्मच पिसी दालचीनी
1/4 छोटा चम्मच पिसा जायफल
350 मि.ली. सफेद अंगूर का जूस कंसन्ट्रेट
60 ग्राम मक्खन (पिघला हुआ)
2 बड़े अंडे, हल्के फेंटे हुए
2 छोटे चम्मच वनीला सत
75 ग्राम ताजी/फ्रोजन ब्लूबेरी
60 ग्राम सूखी ब्लूबेरी

1. ओवन को 80^0C (350^0F) या गैस मार्क 4 पर गर्म करें, केक पैन में वनस्पति स्प्रे करें।

2. मैदा, अलसी, व्हीट जर्म, ओट, बेकिंग पाउडर, बेकिंग सोडा, दालचीनी, अदरक व जायफल एक कटोरे में मिला लें।

3. दूसरे डोंगे में अंगूर का जूस , मक्खन, अंडे तथा वनीला सत मिलाएं व इलैक्ट्रिक मिक्सर में धीमी गति पर मिलाएं।

4. अब दोनों मिश्रणों को धीरे-धीरे मिला दें। ज्यादा न फेंटें। इस घोल में ताजी व सूखी ब्लूबेरी डालें। घोल को तैयार केक पैन में पलटें।

5. केक को 40 मिनट तक बेक करें ताकि ऊपरी परत स्पंजी हो जाए।

6. इसे वायर रैक से बाहर निकालने से पहले ठंडा होने दें व पैन में ही परोसें। पुस्तिका में दिए गए निर्देशों के अनुसार फ्रिज में स्टोर करके रखें।

8 से 12 सर्विंग

पोषक जानकारी

1 हिस्सा (केक का 1/8 भाग) से मिलेगा

विटामिन सी : $1\frac{1}{2}$ सर्विंग
साबुत अनाज व लेग्यूम : 1 सर्विंग
वसा : ½ सर्विंग

ट्रॉपिकल फ्रूट केक

ये आपकी आंटी के हाथ बना फ्रूट केक नहीं, इसमें तो अन्नानास, आडू, नारियल, मेवों का स्वाद भरा है। जरा चखकर तो देखें।

वेज ऑयल कुकिंग स्प्रे
30 ग्राम नारियल का बुरादा
75 ग्राम अन्नानास चंक
1 बड़ा पका आडू, बीज निकाला व कटा हुआ
60 ग्राम कटे ब्राजील नट्स
2 छोटे चम्मच ब्राउन शुगर
150 ग्राम गेहूं का आटा
250 ग्राम मैदा
45 ग्राम पिसी अलसी
एक बड़ा चम्मच पिसी दालचीनी
2 छोटे चम्मच बेकिंग पाउडर
1 छोटा चम्मच बेकिंग सोडा
250 मि.ली. सफेद अंगूर का जूस कंसन्ट्रेट
125 मि.ली. अन्नानास का जूस कंसन्ट्रेट
3 बड़े अंडे
60 ग्राम सफेद सरसों का तेल
1 बड़ा चम्मच वनीला सत
60 ग्राम कटे व सूखे अन्नानास, आडू या आम

1. ओवन को 160°C (325°F) या गैस मार्क 3 पर गर्म करें। केक पैन में तेल स्प्रे करें। नारियल, अन्नानास, आडू व ब्राजील नट्स एक कटोरे में मिलाएं। चाहें तो 2 बड़े चम्मच स्पलैंडा डालें।

2. दूसरे डोंगे में गेहूं, मैदा, अलसी, दालचीनी, बेकिंग पाउडर, बेकिंग सोडा डालकर अच्छी तरह मिला लें। अब दूसरे डोंगे में जूस, अंडे, तेल व वनीला मिलाकर फेंटे ताकि सब अच्छी तरह मिल जाएं।

3. अब दोनों मिश्रण धीरे-धीरे मिला दें। ज्यादा न मिलाएं। इस घोल में नारियल का मिश्रण व मेवे डालें। घोल को तैयार केक पैन में पलटें।

4. केक को 40 मिनट तक बेक करें ताकि ऊपरी परत स्पंजी हो जाए।

5. इसे वायर रैक से बाहर निकालने से पहले ठंडा होने दें व पैन में ही परोसे या दिए गए निर्देशानुसार फ्रिज में स्टोर करें।

तकरीबन 18 टुकड़े

पोषक जानकारी

1 हिस्सा (2 टुकड़े) से मिलेगा

विटामिन सी	:	**1½ सर्विंग**
साबुत अनाज व लेग्यूम	:	**1 सर्विंग**
वसा	:	**½ सर्विंग**

नोट : मिठास रहित नारियल पाउडर भी बाजार में उपलब्ध है।

सेब क्रॉनबेरी क्रिप्स

फेंटी क्रीम, ब्रेकफास्ट ट्रीट या स्नैक टॉप योगर्ट के साथ इस क्रिस्प का स्वाद आएगा। सेब व क्रॉनबेरी बेक करने से बड़ा प्यारा खट्टा-मीठा स्वाद बनता है।

टॉपिंग के लिए

60 ग्राम रोल्ड ओट्स
60 ग्राम भुने अखरोट या बादाम
45 ग्राम मैदा
3 बडे चम्मच सफेद अंगूर जूस कंसन्ट्रेट
3 बड़े चम्मच स्पलैंडा/ब्राउन शुगर
30 ग्राम मक्खन
3 छोटे चम्मच पिसी दालचीनी
½ छोटा चम्मच पिसा जायफल
1/4 छोटा चम्मच नमक (चाहें तो)

भरावन के लिए

6 मध्यम आकार के सेब, छिले, बीज रहित व आधे-आधे स्लाइस में कटे

थोड़ा और मीठा हो जाए

यहां बेक सामग्री में मिठास तो है, किंतु वह फलों की प्राकृतिक मिठास है जो ज्यादा नहीं होती। यदि ज्यादा ही मीठा खाना पसंद है तो 2 से 4 बड़े चम्मच स्पलैंडा, शहद या चीनी मिला सकती हैं।

60 ग्राम सूखी क्रॉनबेरी
30 ग्राम किशमिश
250 मिली सफेद अंगूर का जूस कंसन्ट्रेट
2 बड़े चम्मच जल्दी पकने वाला टैपियोका
1 बड़ा चम्मच पिसी अलसी
2 छोटे चम्मच पिसी दालचीनी
वेज ऑयल कुकिंग स्प्रे

1. ओवन को 190^0C (375^0F) या गैस मार्क 5 पर गर्म करें।

2. **टॉपिंग के लिए :** ओट, अखरोट, मैदा, अंगूर का जूस कंसन्ट्रेट, स्पलैंडा, मक्खन, दालचीनी, जायफल व नमक मिलाकर प्रोसेसर में पीस लें।

3. **भरावन के लिए :** सेब, क्रॉनबेरी, किशमिश, अंगूर का जूस कंसन्ट्रेट, टैपियोका, अलसी व दालचीनी एक कटोरे में डालकर मिलाएं।

4. एक नॉनस्टिक बेकिंग पैन को वेज ऑयल से स्प्रे करें। थोड़ा बड़ा पैन होगा तो ठीक रहेगा। फल का मिश्रण पैन में डालकर एकसार फैलाए। फिर उस पर टॉपिंग फैलाएं। एक चम्मच से थपथपाएं।

5. 35 मिनट तक बेक करें ताकि टॉपिंग सुनहरी-भूरी हो जाए। थोड़ा ठंडा हो जाए तो गर्म परोसें। बचे क्रिस्प को फ्रिज में रखकर तीन दिन तक परोस सकती हैं। उसे ओवन में 150^0C (300^0F) या गैस मार्क 2 पर गर्म कर सकती हैं।

टेस्ट किचन से

इसी तरीके से आप और भी विविध प्रकार के क्रिस्प बना सकती हैं। इसके अलावा आप पके हुए अन्नानास के टुकड़े या आड़ू के टुकड़े भी डाल सकती हैं।

पोषक जानकारी

1 हिस्से (1/8 क्रिप्स) से मिलेगा

विटामिन सी	:	**1 सर्विंग**
फल व सब्जियां	:	**1 सर्विंग**
वसा	:	**½ सर्विंग**

चेरी कॉबलर

फ्रोजन चेरी बाजार में मिलती हैं। आप साल में कभी भी क्रंची ओट टॉपिंग वाले इस व्यंजन का मजा ले सकती हैं।

भरावन के लिए
500 ग्राम बीज रहित स्वीट चेरी, दो टुकड़ों में कटा
45 ग्राम ऑल-फ्रूट काली चेरी प्रिजर्वस
60 मि.ली. सफेद अंगूर का जूस कंसन्ट्रेट
60 मिली चेरी का जूस कंसन्ट्रेट
45 ग्राम टैपियोका
45 ग्राम स्पलैंडा/ब्राउन शुगर

वेज ऑयल कुकिंग स्प्रे

टॉपिंग के लिए

45 ग्राम मैदा
60 ग्राम रोल्ड ओट्स
30 ग्राम भुने कतरे बादाम
15 ग्राम नारियल का बुरादा (चाहें तो)
60 मि.ली. सफेद अंगूर का जूस कंसन्ट्रेट
30 ग्राम बिना नमक का मक्खन
2 बड़े चम्मच स्पलैंडा/ब्राउन शुगर
1 छोटा चम्मच पिसी दालचीनी

1. ओवन को 180°C (350°F) या गैस मार्क 4 पर गर्म कर लें।
2. **भरावन के लिए :** चेरी, चेरी प्रिजर्वस, दोनों जूस कंसन्ट्रेट, टैपियोका व स्पलैंडा एक कटोरे में निकालकर मिलाएं। पैन में तेल स्प्रे करें। फलों का मिश्रण इसमें डालें व एकसार परत बनाएं। इसे 10 मिनट तक रखें ताकि जम जाए।
3. **अब भरावन बना लें :** मैदा, ओट, बादाम, नारियल, अंगूर का जूस कंसन्ट्रेट, मक्खन, स्पलैंडा व दालचीनी, फूड प्रोसेसर में डालकर पीस लें। टॉपिंग को मिश्रण पर फैलाकर चम्मच से थपथपा दें।
4. टॉपिंग के सुनहरा-भूरा होने तक, कॉबलर को 35-40 मिनट तक बेक करें। ठंडा होने पर कमरे के तापमान पर परोसें। बचे कॉबलर को फ्रिज में ढककर तीन दिन रख सकती है। इसे फिर 150°C (300°F) या गैस मार्क 2 पर गर्म करके परोसें।

8 से 10 सर्विंग

पोषक जानकारी

1 हिस्सा (1/8 भाग) से मिलेगा

विटामिन सी	:	1 सर्विंग
अन्य फल व सब्जियां	:	½ सर्विंग

टेस्ट किचन से

ताजी चेरी नहीं है? कोई बात नहीं, फ्रोजन चेरी लें, उन्हें आधा-आधा काट कर पोंछ लें वरना कॉबलर में पानी-पानी हो जाएगा व मिठास नहीं आएगी। फ्रोजन चेरी से भी अच्छा व्यंजन बना सकती हैं, बस आपको सही जूस कंसन्ट्रेट व प्रिजर्वस प्रयोग में लाना है।

टॉपिंग

पाई व कॉबलर पर एक बढ़िया टॉपिंग चाहते हैं तो अगली बार एक चम्मच फेंटी क्रीम, एक स्कूप आइसक्रीम या फ्रोजन योगर्ट डालकर खाना न भूलें।

पाई गाढ़ी है

कॉबलर या पाई में मिठास लाने से चिपचिपापन न आ जाए, इसलिए इसमें टैपियोका मिलाया जाता है।

बेरी आड़ू पाई

ताजा बेरी के मौसम में बेकिंग करना न भूलें। ताजे आड़ू व ब्लूबेरी का मेल जबरदस्त होगा। समय व मेहनत बचाना चाहें तो गेहूं के आटे की रेडीमेड पेस्ट्री बाजार से ले लें।

पाई तथा भरावन के लिए

1 फ्रोजन पेस्ट्री केस (गेहूं के आटे का) पिघला हुआ

1 बड़ा अंडा, थोड़ा फेंटा हुआ

8 मध्यम आकार के पीले आड़ू

150 ग्राम ताजी ब्लूबेरी

150 मि.ली. सफेद अंगूर का जूस कंसन्ट्रेट

100 ग्राम ऑल-फ्रूट आड़ू प्रिजर्वस

3 बड़े चम्मच टैपियोका

2 बड़े चम्मच स्पलैंडा/ब्राउन शुगर

टॉपिंग के लिए

60 ग्राम सूखे आड़ू/ख़ूबानी

60 ग्राम रोल्ड ओट्स

100 ग्राम बादाम/अखरोट

45 ग्राम मैदा

5 बड़े चम्मच सफेद अंगूर का जूस कंसन्ट्रेट

30 ग्राम मक्खन

2 बड़े चम्मच स्पलैंडा/ब्राउन शुगर

1 छोटा चम्मच पिसी दालचीनी

1. ओवन को 200°C (400°F) या गैस मार्क 6 पर गर्म करें।

2. **पाई के लिए :** पेस्ट्री केस पर फेंटा अंडा लगाएं व इसे इसके फॉयल में ही 10 मिनट तक बेक करें।

3. इसी दौरान, भरावन बनाएं। आड़ू के स्लाइस, ब्लूबेरी, अंगूर का जूस कंसन्ट्रेट, आड़ू प्रिजर्वस, टैपियोका, स्पलैंडा व ब्राउन शुगर एक कटोरे में डालकर मिला लें।

4. **टॉपिंग के लिए :** सूखे आड़ू, ओट, बादाम, मैदा, अंगूर का जूस कंसन्ट्रेट, मक्खन, स्पलैंडा/ब्राउन शुगर व दालचीनी मिलाकर प्रोसेसर में पीसें। मिश्रण को अच्छी तरह पीस लें।

5. भरावन को बेक्ड पेस्ट्री केस में डालें व एकसार परत फैलाएं। टॉपिंग इस तरह फैलाएं कि वह फल को ढक ले। फिर इसे चम्मच से थपथपाएं।

6. पाई एक बेकिंग शीट पर रखें। 10 मिनट तक बेक करने के बाद आंच को 180°C (350°F) या गैस मार्क 4 पर लाएं। फिर 20 मिनट तक सुनहरा भूरा होने व किनारे व बुलबुले फूटने तक बेक करें। अगर पेस्ट्री जल्दी भूरी होने लगें तो इसे एल्युमीनियम फॉयल से ढकें।

7. पाई को परोसने से पहले वायर रैक पर ही ठंडा होने दें। इसे ढककर, तीन दिन तक फ्रिज में भी रख सकती हैं। कमरे के तापमान पर लाएं व परोसने से पहले 150°C (300°F) या गैस मार्क 2 पर गर्म करें।

टेस्ट किचन से

सिर्फ आडू और ब्लूबेरी तक ही न रुकें। अपने पाई को स्ट्रॉबेरी, रसभरी, ब्लैकबेरी या ग्रीष्मकालीन फलों से भरें। आपको 500 ग्राम फलों की जरूरत होगी। आप फ्रोजेन फलों का भी उपयोग कर सकती है, मिश्रण और फिलिंग बनाने के लिए। सेब और अन्नानास के टुकड़ों से भी आप पाई बना सकते हैं।

8 से 12 सर्विंग

पोषक जानकारी

1 हिस्सा (1/8 पाई, पेस्ट्री के बिना) से मिलेगा :

विटामिन सी : 1 सर्विंग
हरी पत्तेदार,
पीली सब्जियां
तथा फल : 1 सर्विंग

रोलिंग इन डो

वैसे गेहूं के आटे की पेस्ट्री के बिना पाई का मजा अधूरा है। यदि घर में बनाना चाहें तो विधि प्रस्तुत है।
एक व्हीटी पेस्ट्री केस के लिए 30 ग्राम व्हीट जर्म लें जो कि प्रति 100 ग्राम मैदे के लिए होगा। यदि इतनी व्हीटी न चाहे तो अनुपात को बदले : 100 ग्राम + 2 बड़े चम्मच मैदा को 2 बड़े चम्मच व्हीट जर्म में मिलाएं। दूसरा विकल्प : गेहूं के आटे व मैदे को किसी भी अनुपात में मिलाएं, जो भी आपको सूट करें। एक-दो बार बनाने के बाद अपने स्वाद के अनुसार अनुपात हाथ में आ जाएगा।

पंपकिन क्रीम पाई

जो लोग क्रीमियर स्वाद पसंद करते हैं, यह उन्हीं के लिए हैं। हल्के-नो बेक पंपकिन फिलिंग पैक्स।

1 फ्रोजन पेस्ट्री केस, पिघला हुआ
2 एनवेलप बिना फ्लेवर का जिलेटिन
300 मि.ली. सफेद अंगूर का जूस कंसन्ट्रेट
450 ग्राम बिना मिठास के डिब्बाबंद पंपकिन (कद्दू) प्यूरी
2 छोटे चम्मच वनीला सत
2 छोटे चम्मच पिसी दालचीनी
1 छोटा चम्मच पिसा अदरक

½ छोटा चम्मच पिसा जायफल
2 बड़े चम्मच स्पलैंडा या ब्राउन शुगर
½ कप भारी क्रीम (फेंटी हुई)

1. पेस्ट्री केस को निर्देशानुसार पैकेट में ही बेक करें व ठंडा होने के लिए रखें।

2. एक पैन में 125 मि.ली. अंगूर जूस व जिलेटिन मिलाकर रखें। जिलेटिन नरम हो जाए तो उसे आंच पर रखकर उबाल आने दें। लगातार चलाते रहें और फिर सॉसपैन आंच से उतारें।

3. जिलेटिन घुलने तक लगातार हिलाएं। पंपकिन, बचा अंगूर जूस कंसन्ट्रेट, वनीला, जायफल, दालचीनी, अदरक व ब्राउन शुगर एक कटोरे में मिलाकर हिलाएं। जिलेटिन मिश्रण डालकर इलैक्ट्रिक मिक्सर से मिला दें। इसे गाढ़ा होने तक, करीब 20 मिनट फ्रिज में रखें, पर जमने न दें।
4. इस दौरान भारी क्रीम को फेंट कर हल्का नरम व उफानयुक्त बना लें। इन दोनों मिश्रणों को आपस में मिला लें।
5. इस पंपकिन मिश्रण को ठंडे पेस्ट्री केस में डालें। पाई को फ्रिज में लगाएं, क्लिंगफिल्म से ढीला ढकें। 2 घंटे बाद तैयार हो जाएगा। इन्हें 2 दिन तक फ्रिज में रख सकते हैं।

टेस्ट किचन से

अगर इसे डाइजेस्टिव बिस्कुट बेस पर रखकर खाएंगी तो और भी आनंद आएगा।

8 से 12 व्यक्तियों के लिए

पोषक जानकारी

1 हिस्सा (1/8 पाई, क्रस्ट के बिना)

विटामिन सी	:	**1 सर्विंग**
हरी पत्तेदार, पीली सब्जियां तथा फल	:	**2 सर्विंग**
वसा	:	**½ सर्विंग**

पोच्ड नाशपाती अदरक

जी हां, ये नाशपाती आपके लिए बड़े काम के हैं। स्वादिष्ट व्यंजन बनाएं व लेफ्टोवर को नाश्ते या स्नैक के समय खाएं।

4 नाशपाती
750 मि.ली. मिठास रहित सेब का जूस (विटामिन सी फोर्टीफाइड)
250 मि.ली. सफेद अंगूर का जूस कंसन्ट्रेट
1 छोटा चम्मच वनीला सत
1 छोटा टुकड़ा ताजा अदरक, स्लाइस
4 छोटे वैजिस चेड्डर चीज़

1. नाशपाती छीलें। उन्हें गहरे पैन में पास-पास रखें। फिर पैन में सेब का

जूस व अंगूर का जूस कंसन्ट्रेट, वनीला, अदरक व इतना पानी डालें कि वह नाशपातियों को ढक लें।

2. सॉसपैन को मध्यम आंच पर रखें ताकि पोचिंग में उबाल आ जाए। फिर आंच धीमी करके पैन आधा ढकें व करीब 20 मिनट तक पकने दें।

3. नाशपाती पोचिंग तरल में, कमरे के तापमान पर आ जाएं तो उन्हें निकाल लें।

4. सॉसपैन तेज आंच पर रखें। पोचिंग तरल पर उबाल आने दें। 10 मिनट तक पकाएं ताकि उसकी मात्रा आधी रह जाए।

5. परोसने के लिए, नाशपाती को प्लेट में रखकर, उस पर थोड़ा पोचिंग मिश्रण छिड़के। हर नाशपाती के साथ चेड्डर चीज़ का एक टुकड़ा भी रखें।

4 व्यक्तियों के लिए

पोषक जानकारी

1 हिस्से से मिलेगा

कैल्शियम	:	**1 सर्विंग**
विटामिन सी	:	**2 सर्विंग**
फल और विटामिन्स	:	**2 सर्विंग**

कूल फ्रूट जैली

जब आपको कुछ ठंडा व मीठा खाने की इच्छा हो तो झट से ये जैली खाएं। इसे पौष्टिक बनाना चाहें तो अपनी मर्जी से कोई भी फल मिला सकती हैं।

4 एनवेलप बिना मिठास का जिलेटिन
500 मि.ली. मिठास रहित फल का रस (कॉम्बो भी चलेगा)
125 मि.ली. सफेद अंगूर का जूस कंसन्ट्रेट
300 ग्राम ताजे फल, जैसे : ब्लूबेरी, कटी स्ट्रॉबेरी, कटा केला, आम के टुकड़े या आड़ू के टुकड़े (चाहें तो)

1. जिलेटिन व 250 मि.ली. फ्रूट जूस को एक कटोरे में रखें। इसे मिलाने के बाद 1 मिनट तक रखें ताकि जिलेटिन पिघल जाए।

2. अब बचा जूस व अंगूर का जूस कंसन्ट्रेट एक पैन में डालकर, धीमी आंच पर पकने दें।

3. गर्म जूस का मिश्रण आंच से उतार कर जिलेटिन मिश्रण में मिलाएं। जिलेटिन के लगातार घुलने तक चलाएं।

4. जूस मिश्रण को 20 से.मी. की आयताकार कांच की डिश में पलटें और फल मिलाएं। 2 घंटे तक फ्रिज में रखें ताकि जम जाए।

5. फ्रूट जैली को 5 से.मी. के टुकड़ों में काटे। इन्हें तीन दिन तक, ढककर फ्रिज में रख सकती हैं।

16 फ्रूट जैली बनेंगे

नोट : पोषक जानकारी प्रयोग में लाए गए जूस व फल पर निर्भर है।

तरबूजा सूप

मीठे व्यंजन में सूप? क्यों नहीं – खासतौर पर जब ये इतना यम्मी है। यह फ्रूट सूप नाश्ते के लिए भी अच्छा रहेगा।

½ पका तरबूजा, ठंडा, छिलके व बीज रहित, टुकड़े में कटा
125 मि.ली. अनार का जूस
½ नींबू का छिलका
4 ताजी पुदीना पत्ती
250 मि.ली. नींबू या वनीला लो-फैट दही
150 ग्राम ताजी बेरी, जैसे-स्ट्रॉबेरी, ब्लूबेरी या रसभरी। धोकर सुखाएं

1. तरबूजा, अनार का जूस, नींबू का छिलका व पुदीना एक प्रोसेसर में डालकर पीसें। सूप को ठंडा होने तक फ्रिज में रख सकती हैं।

2. सूप को 2 सर्विंग कटोरों में डालें। 2-2 चम्मच दही के साथ ऊपर से बेरीज डालें । नींबू वैजिस के साथ फटाफट परोसें।

2 व्यक्तियों के लिए

नोट : अनार का जूस सुपर मार्केट के ताजा व फ्रोजन दोनों सेक्शनों में मिलता है।

टेस्ट किचन से

तरबूजे की जगह दो पके आम ले सकती हैं।

पोषक जानकारी

1 हिस्से से मिलेगा

विटामिन सी		
(स्ट्रॉबेरी)	**:**	**3½ सर्विंग**
(ब्लूबेरी)	**:**	**2 सर्विंग**
(रस भरी)	**:**	**2½ सर्विंग**
हरी पत्तेदार, पीली सब्जियां तथा फल	**:**	**2 सर्विंग**

■■■

व्यक्तित्व विकास

अच्छा इंसान सफल विजेता कैसे बने
शशिकांत 'सदैव'

डेल कारनेगी
लोक व्यवहार
प्रभावशाली व्यक्तित्व की कला

टॉपर्स के टॉप टिप्स

डेल कारनेगी
चिंता छोड़ो सुख से जियो

कहानियाँ जो जीना सिखाएं

कहानियाँ जो राह दिखाएं
सुख, समृद्धि और सफलता की पारसमणि
जे.पी.एस. जौली

मैनेजमेंट एवं कॉरपोरेट गुरु चाणक्य

डॉ. उज्ज्वल पाटनी
सफल वक्ता सफल व्यक्ति

सफलता पाने की 8 शक्तियां

सफलता की नई तकनीक

टाइम मैनेजमेंट

आप और आपका व्यवहार
सूर्या सिन्हा

सोच बदलो सफलता पाओ

क्या है नेटवर्क मार्केटिंग जानिए
सूर्या सिन्हा

जीत लो ख्वाबों को

हार के बाद ही जीत है

www.ingramcontent.com/pod-product-compliance
Ingram Content Group UK Ltd.
Pitfield, Milton Keynes, MK11 3LW, UK
UKHW021708190726
13853UKWH00001B/461

9 789350 832486